普通高等教育“十一五”国家级规划教材

面向21世纪课程教材

高等学校劳动与社会保障专业主干课程教材

社会保险基金管理

Management of Social Insurance Fund

（第四版）

林义　主编

中国劳动社会保障出版社

图书在版编目(CIP)数据

社会保险基金管理/林义主编. -- 4版. -- 北京：中国劳动社会保障出版社，2023
高等学校劳动与社会保障专业主干课程教材
ISBN 978-7-5167-5750-5

Ⅰ.①社… Ⅱ.①林… Ⅲ.①社会保险基金-基金管理-中国-高等学校-教材 Ⅳ.①F842.61

中国版本图书馆 CIP 数据核字(2022)第 237960 号

中国劳动社会保障出版社出版发行
（北京市惠新东街1号 邮政编码：100029）
*
北京市科星印刷有限责任公司印刷装订 新华书店经销

787毫米×1092毫米 16开本 20印张 338千字
2023年1月第4版 2023年12月第2次印刷
定价：69.00元

营销中心电话：400-606-6496
出版社网址：http://www.class.com.cn

第四版总前言

第四版的《社会保险》《社会保障理论》《社会保障国际比较》《社会保险基金管理》《劳动经济学》和《人力资源开发与管理》是在“面向21世纪课程教材”、“高等学校劳动与社会保障专业主干课程教材”、教育部普通高等教育“十一五”国家级规划教材的基础上（《人力资源开发与管理》除外），再次修订出版的一套供劳动与社会保障专业选用的主干课程教材。

“面向21世纪课程教材”“高等学校劳动与社会保障专业主干课程教材”是教育部立项项目“劳动与社会保障专业课程结构、主干课程及其主要教学内容研究”的开创性成果，它的出版不仅填补了当时我国高等学校劳动与社会保障专业主干课程体系建设的空白，而且对这一专业的健康发展、学科建设以及专业人才培养起到了重要作用。2012年，《社会保险（第三版）》还被列为教育部普通高等教育“十二五”国家级规划教材。经过对原教材结构体系的调整和内容的修订与充实，再版后供各高校选用至今。

“面向21世纪课程教材”“高等学校劳动与社会保障专业主干课程教材”第三版自2013年陆续出版至今，中国的劳动与社会保障事业取得了重大的发展和一系列成就，是就业和社会保障制度改革力度大、发展迅速的时期。以习近平同志为核心的党中央着眼于实现中华民族伟大复兴的中国梦，协调推进“四个全面”战略布局，坚持以人民为中心的发展思想，高度重视民生建设，做出一系列重大决策部署，采取一系列政策措施，推动我国就业和社会保障工作取得重大进展，发生了一系列历史性变化。坚持实施就业优先战略和更加积极的就业政策，就业规模持续扩大；就业结构更加优化，就业形式更加多元；创业带动就业效应进一步发挥；高校毕业生等重点群体就业保持平稳，公共就业服务不断加强。以增强公平性、适应流动性、保证可持续性为重点，社会保障制度建设取得突破，世界上规模最大的多层次社会保障体系逐步健全，越来越多的群众享有基本保障；社会保障水平稳步提高，促进经济社会发展成果共享；基金规模不断扩大，安全水平进一步提高；经办管理服务体系基本形成，服务更加方便、快捷、高效。我国就业和社会保障事业的社会化发展，不仅有效地保障和改善民生，使人民群众从国家的发展进步中享受到更多的物质文明成果，同时也对改革发展稳定大局发挥了积极作用。

与此同时，国内外劳动与社会保障理论与实践涌现出许多新成果、新问题，为了吸纳这些最新理论和实践成果，有必要根据新的发展形势及时对本套主干课程系列教材进行调整、补充和完善。根据劳动与社会保障学科建设和专业教学需要，经公共管理类专业教学指导委员会劳动与社会保障专业教学指导委员会分会研究决定，在原6本教材的基础上增加两本，分别是《社会保险精算》和《社会保障法》。

这一版教材的修订编写，继续贯彻“面向21世纪课程教材”“高等学校劳动与社会保障专业主干课程教材”第一版、第二版、第三版的指导精神，把质量放在第一的位置，坚持先进性、科学性和适用性的基本原则。首先，要求教材广泛吸纳最新的优秀学术成果，注重学术规范，正确处理好继承与发展的关系，突出教材内容的创新价值。其次，要求教材中涉及的重要观点和分析得出的结论要有科学依据，教材内容和章节安排应符合教学规律和有利于教书育人。最后，要求教材既蕴涵丰富的基础理论与基本知识，又嵌入必要的基本技能与人文因素内容，将理论、知识、能力和素质融为一体。

与“面向21世纪课程教材”“高等学校劳动与社会保障专业主干课程教材”第三版相比，这一版教材在保留原有的结构和框架的基础上，吸收了一线教师的意见，对原有的内容进行了精简和压缩，力求言简意赅，简单即是美；同时又吸收了该领域最新的理论动态、实践动态和研究成果，并将党的十九大、二十大报告中的精神引入到教材中，使教材内容与时俱进，更加新颖、合理和完善；此外，按照编写体例要求，使教材形式更加生动活泼，增强可读性、启发性和引导性，为学习者做了必要的启迪。

总之，“面向21世纪课程教材”“高等学校劳动与社会保障专业主干课程教材”的出版，得到教育部高教司有关领导、劳动与社会保障领域专家学者、广大一线教师以及中国劳动社会保障出版社的大力支持和厚爱，在此，我们表示衷心感谢！同时，因修订时间仓促，加之我们编写水平有限，本套教材中的疏漏和不足之处在所难免，欢迎广大读者批评指正！

教育部21世纪劳动与社会保障专业主干课程教材编写组

2022年12月

第四版前言

《社会保险基金管理》教材是根据全国普通高等学校的教学需要和学科建设的需要编写的，是普通高等教育“十一五”国家级规划教材。

《社会保险基金管理》教材初版于2001年，2007年出版第二版，2015年出版第三版。《社会保险基金管理（第四版)》以习近平新时代中国特色社会主义思想为指导，立足我国社会保险基金管理改革的理论探索和实践创新，广泛吸收国内外社会保险基金管理教材的长处，体现社会保险基金管理运行机制、运行规律的内在要求，着重介绍社会保险基金管理的基本框架、基本原理、政策演化、主要技术和方法，介绍国内外社会保险基金管理的新发展，力求全面和系统地反映我国社会保险基金管理研究的新进展，体现专业课教材的特色。

《社会保险基金管理（第四版)》在体系和总体结构上保持了第三版的优点。教材在第三版的基础上，进行了较大范围修改完善和内容充实。教材改版注重反映近年来我国社会保险基金改革发展的新调整。尤其是在社会保险基金数字化管理，国际社会保险基金管理和社会保障储备基金发展的新趋势、新特点，国内外社会保险基金管理案例等方面吸收了最新发展的相关研究成果。在联系我国社会保险基金改革实践方面，教材改版力求反映和体现新时代我国社会保险基金管理改革发展的新动态。

《社会保险基金管理（第四版)》由西南财经大学林义教授主编，并由林义教授修改定稿。编写分工：西南财经大学林义教授编写绪论、第二章、第五章；中山大学申曙光教授、西华大学成欢副教授编写第六章；中国人民大学伊志宏教授、西南财经大学陈志国教授编写第四章和第七章；西南财经大学陈滔教授编写第八章；浙江大学何文炯教授、西华大学成欢副教授编写第三章、第十章；四川大学林熙副教授编写第九章。西华大学成欢副教授补充更新完善了教材多章内容及数据资料，为本教材的修改付出了很多努力。

感谢教材审纲会上各位专家的宝贵意见和建议，感谢中国劳动社会保障出版社编辑的辛勤付出。

由于社会保险基金管理的复杂性以及经济金融环境下社会保险基金管理面临不断调整和完善，同时，囿于编写人员水平所限，教材编写难免存在不足，欢迎专家和读者批评指正。

主　编

2022年12月

第三版前言

《社会保险基金管理》教材是根据全国普通高等学校的教学需要和学科建设的需要编写的，是普通高等教育“十一五”国家级规划教材。

《社会保险基金管理》教材初版于2001年，2007年出版了第二版。《社会保险基金管理（第三版）》立足我国社会保险基金管理改革实际，广泛吸收国内外社会保险基金管理教材的长处，努力探索社会保险基金管理运行机制、运行规律的内在要求，着重介绍社会保险基金管理的基本框架、基本原理、主要技术和方法，介绍国内外社会保险基金管理的发展特点，力求较全面和系统地反映我国社会保险基金管理研究的新进展，体现教材的特色。

《社会保险基金管理（第三版）》在体系和总体结构上保持了第二版的优点，并在第二版的基础上，根据教师和同学的意见反馈，增加、修改了部分章节的内容及数据更新。尤其是注重吸收和反映近年来国际社会保险基金管理改革发展的新特点，补充了国际金融危机对社会保险基金管理的影响，补充了我国社会保险基金管理改革发展、社会保险基金预算改革、社会保险基金监管的新成果，补充了作为应对人口老龄化挑战战略储备：全国社会保障基金的相关内容。在联系我国社会保险基金管理改革实践方面，力求反映和体现我国社会保险基金管理改革发展的新动态。教材在每章补充了案例和延伸阅读资料。

《社会保险基金管理（第三版）》由西南财经大学林义教授主编，并由林义教授修改定稿。编写分工：西南财经大学林义教授编写绪论、第二章、第五章、第九章；中山大学申曙光教授编写第六章和第一章第一、二节，陈志国编写第一章第三节；中国人民大学伊志宏教授、西南财经大学陈志国教授编写第四章和第七章；西南财经大学陈滔教授编写第八章；浙江大学何文炯教授编写第三章和第十章第一、二节，林义教授编写第十章第三节。西南财经大学成欢博士补充更新完善了第一至五章的内容、林熙博士补充更新了第九章的内容。

由于社会保险基金管理的复杂性以及经济金融环境下社会保险基金管理面临不断调整和完善，同时，囿于编写人员水平所限，教材难免存在不足，欢迎专家和读者批评指正。

主　编

2015年3月

第二版前言

《社会保险基金管理》立足于我国社会保险改革实际，广泛吸收国内外社会保险基金管理的一些最新研究成果，探索社会保险基金管理及投资营运的运行机制，着重介绍社会保险基金管理的基本框架、基本原理、主要技术与方法，介绍国内外社会保险基金管理的新发展，力求全面和系统地反映我国社会保险基金管理研究的新成果，体现教材的特色。

《社会保险基金管理（第二版)》是在高等学校劳动与社会保障专业面向21世纪课程教材《社会保险基金管理》的基础上修订而成的。本教材在原有体系和总体结构的基础上，进一步优化了结构，增加和补充了社会保险基金的运行条件和平衡条件，增加了社会保险基金与金融市场互动发展方面的新内容，对社会保险基金与金融市场的互动关联分析进一步深入，反映了社会保险基金与金融市场互动研究的最新动态，突出了理论与政策研究的内容，增加了社会保险基金的投资决策与投资策略、影响社会保险基金投资策略因素、社会保险基金投资管理模式及其投资监管原则等新内容，丰富了社会保险基金投资风险与投资原则，强调养老基金投资对金融工具创新影响程度的分析，反映了社会保险基金投资发展的最新动态，吸收了社会保险基金投资管理的最新数据，进一步深化了对社会保险基金与中国资本市场结构完善问题的探索，补充了国外社会保险基金管理的最新发展动态及典型案例分析。

在联系我国社会保险基金管理改革实践方面，力求反映一些新发展和新动态，补充了养老保险基金管理监管体系构建政策思路的内容等。教材力求在体系上有所完善，补充和增加了深度阅读和补充阅读。

本书的编写分工：西南财经大学林义教授编写绪论、第二章、第五章、第九章；中山大学申曙光教授、西南财经大学陈志国博士编写第一章，其中申曙光教授编写第一、二节，陈志国博士编写第三节；申曙光教授编写第六章；中国人民大学伊志宏教授、西南财经大学陈志国博士编写第四章、第七章，其中伊志宏教授和陈志国博士编写第四章第一、二、三节，第七章第一、三节，陈志国博士编写第四章第四节，第七章第二、四节；西南财经大学陈滔教授编写第八章；浙江大学何文炯教授编写第三章、第十章。

由于社会保险基金管理的复杂性以及处于不断调整和完善过程中，同时囿于编写人员水平所限，书中难免存在不足，恳请专家和读者批评指正。

编　者

2007年6月于成都光华园

第一版前言

本书立足我国社会保险改革实际，广泛吸收国外社会保险基金管理的最新研究成果，努力探索社会保险基金管理及投资营运和监管的运行机制、运行规律，着重介绍社会保险基金管理的基本理论、基本原理、主要方法与技术，以及国内外社会保险基金管理的新发展。本书在体系和总体结构上，力求既注重内容的系统性，又突出体系的完整性，并反映国内外社会保险基金管理的最新发展动态，力求为我国的社会保险基金管理提供较系统的理论和决策与分析基础。

本书由西南财经大学社会保障研究所所长、博士生导师林义教授担任主编。

本书编写分工：西南财经大学林义教授编写绪论、第二章、第六章、第十章；中山大学申曙光教授编写第一章、第七章；中国人民大学伊志宏副教授编写第四章、第五章、第八章；浙江大学何文炯副教授编写第三章、第十一章；西南财经大学陈滔博士编写第九章。

本书由中国社会科学院博士生导师郑秉文教授，北京大学博士生导师郭崇德教授，武汉大学博士生导师邓大松教授，辽宁大学博士生导师穆怀中教授，中南财经政法大学博士生导师赵曼教授审定。

由于社会保险基金管理的复杂性以及正处于不断调整和完善过程中，同时囿于编写人员水平所限，书中难免存在不足，恳请专家和读者予以批评指正。

编　者

2001 年 8 月

主编简介

林义，西南财经大学中国金融研究院教授、博士生导师，西南财经大学老龄化与社会保障研究中心主任。享受国务院政府特殊津贴专家，兼任国家社会科学基金学科组专家、中国社会保障学会副会长、中国社会保险学会常务理事、中国社会保险学会教研委员会副主任委员、人力资源社会保障部企业年金评审专家、北京大学中国保险与社会保障研究中心专家委员会委员、四川省决策咨询委员会委员、四川省学术和技术带头人、四川省老年学学会副会长。

林义教授自20世纪80年代中期以来，致力于社会保险和保险问题的研究，共出版专著多部、译著两部。在美、英、德、日及国内学术刊物《人民日报》《光明日报》《经济日报》《社会学研究》《经济学家》《经济学动态》等发表论文一百余篇。代表性著作包括《社会保险制度分析引论》《风险管理》《养老保险改革的理论与政策》《农村社会保障的国际比较及启示研究》《企业年金的理论与政策研究》《统筹城乡社会保障制度建设研究》《多层次社会保障体系优化研究》《养老金计划管理》（译著）等。

近年来，林义教授承担国家社会科学基金重大招标和国家社会科学基金重大专题项目，国家自然科学基金、教育部人文社会科学项目，财政部、民政部、人力资源社会保障部、国家老龄委等多项国家级、省部级研究课题。主编普通高等学校“十一五”国家级规划教材《社会保险》，主编普通高等学校“十一五”国家级规划教材《社会保险基金管理》。主编教材《人身保险与风险管理》。林义教授曾获中国人民银行优秀教师、霍英东高校优秀教师奖、国家级优秀教学成果二等奖、四川省社会科学优秀成果一等奖，获教育部新世纪优秀人才支持计划奖励。

林义教授在20世纪90年代初被国际社会保障协会（ISSA）吸收为第一位中国籍个人会员，曾在维也纳经济大学劳动法与社会保障研究所进修与合作研究。1997—1999年，受德国洪堡基金会Allianz-Fellowship资助，赴德国不来梅大学社会政策研究中心从事博士后研究。多次赴德国、英国、瑞典、奥地利、匈牙利、比利时、瑞士、日本、韩国进行国际学术交流和参加国际学术会议。

林义教授当前主要研究领域包括老龄金融与养老保障、社会保障基金与投融资管理、社会风险管理理论与政策。

内容提要

《社会保险基金管理（第四版）》教材在着重介绍社会保险基金管理的基本框架、基本原理的基础上，注重结构的完整性、内容的新颖性和系统性。本教材立足于我国社会保险基金管理改革实际，尽可能地吸收社会保险基金管理的最新研究成果，探索社会保险基金管理及投资营运的机制。在第三版的基础上，修改、充实了部分章节的内容。尤其是注重吸收和反映近年来我国社会保险基金数字化管理、国际社会保险基金管理及社会保障储备基金发展的新特点、新趋势，力求反映和体现我国社会保险基金改革发展的新动态。

《社会保险基金管理（第四版）》既可作为社会保障专业的教材，也可作为人社系统及社会保险基金管理相关领域干部的培训教材。

目　　录

第二章　社会保险基金管理概述

第三章　社会保险基金管理模式

绪 论

一、社会保险基金管理的重要意义

社会保险基金和基金管理是社会保险制度体系的重要组成部分和社会保险制度健康运行的经济基础。因此，社会保险基金管理具有重要意义。

（一）社会保险基金管理对社会保险制度的正常稳定运行具有关键意义

在我国，随着社会保险制度的改革与深化，社会保险覆盖面已扩大至广大职工和城乡居民，缴费规模随之增大，社会保险基金规模日益扩大。同时，全面建成多层次社会保险制度框架，也将积累起规模巨大的社会保险基金。根据人力资源社会保障部《2021年度人力资源和社会保障事业发展统计公报》数据，2021年全年基本养老保险、失业保险和工伤保险三项社会保险基金收入合计为68 205亿元，基金支出合计为62 687亿元。年末基本养老保险基金累计结存63 970亿元。我国在2000年建立的积极应对人口老龄化挑战的战略储备基金——全国社会保障基金的规模也日益扩大。如何管理好规模日益扩大的社会保险基金，对社会保险制度的正常稳定运行、实现社会保险的政策目标，具有十分重要的意义。能否有效管理社会保险基金并促使社会保险基金在动态经济中实现保值增值，能否有效抵御通货膨胀风险，是实现社会保险政策目标的关键环节。因为积累的长期性使社会保险基金非常容易受到通货膨胀的严重影响，导致基金贬值，若不妥善处置则既会影响社会保险基金的实际购买力，又会影响积累的社会保险基金的总体支付能力。因此，强调社会保险基金通过有效的投资运营以获得较高投资收益，是最终实现社会保险政策目标的重要政策思路。

（二）社会保险基金管理有助于减轻政府日益增大的社会保险费用负担

受人口老龄化发展趋势、经济发展面临的波动风险的制约和社会保险自身发展规律的内在约束，社会保险费用负担持续增长，社会保险基金面临不同程度的支付压力。为弥补社会保险资金不足，政府将承担兜底补贴，进而可能会影响国家财政收支平衡计划。因此，实施社会保险基金管理，注重基金的投资运营，既有助于保证基金的保值增值，又有助于增强基金的经济实力，减轻各级政府财政压力。

（三）社会保险基金管理是社会保险制度可持续发展的一个关键要素

完善社会保险基金管理，确保实现社会保险基金财务收支的中长期平衡，对实现社会保险制度的可持续发展具有关键意义。在我国新发展阶段，强化社会保险基金管理，强化基金保值增值，对于减轻国家的财政负担，实现社会保险应保尽保和各项政策目标具有重要意义。

（四）完善社会保险基金管理制度有利于促进经济发展

各国社会保险制度的运行及走势表明，它已经不再是传统意义上简单地为国民提供经济保障的一种货币收支计划，而是成为制约和影响一国经济运行的不可忽略的重要方面。社会保险制度的运行对储蓄、投资、财政金融状况、金融市场乃至国家经济活动均会产生重要的影响。通过强化社会保险基金管理，提高社会保险基金的投资运营效果，注重投资方向与结构的调整，强化基金风险管理，将有利于促进老龄金融和经济发展，促进国家基础设施的较快发展，促进老龄金融市场的创新发展。经济的稳定与协调发展，又是社会保险健康发展的不可或缺的前提条件。在此意义上，注重社会保险基金管理对经济的促进作用，已成为新时代社会保险制度改革发展的重要特点。

二、社会保险基金管理的研究对象

社会保险基金管理是研究社会保险基金的征缴、保管、投资运营、保值增值管理、监管等运行机制、制度规范及其规律的一门新兴的、综合性、边缘性的管理科学。社会保险基金是社会保险制度的物质基础和实现社会政策目标的核心条件。社会保险基金的安全、有效运营和在动态经济中的保值增值是社会保险制度成败的关键。由于社会保险基金管理是一个极为复杂的社会系统工程，涉及亿万劳动者的切身利益和社会稳定大局，涉及几十年的时间跨度和几代劳动者的收入再分配关系，横跨国家经济、法律、财政、税收、金融、保险等诸多领域，因而，社会保险基金管理侧重研究的是全局性而非局部性的问题，是长期性而非单纯短期性的问题，是制度性的而非单纯技术性的问题，是一门涉及经济、法律等诸多学科的跨学科研究主题，而非单纯某一专业和学科的研究主题。

社会保险基金管理的研究对象应当围绕以下几个有机联系的方面展开。其一，研究社会保险基金管理的法律及制度规范。社会保险是法定保险，具有法律强制性，社会保险基金的征缴比例、基金管理及监管模式、基金投资方式及投资组合限制必须纳入国家法律管理体系。其二，研究社会保险基金管理过程所必然体现的同国家经济运行与经济制度、财政预算管理、金融管理与金融市场的诸多复杂关系，透过复杂关系的外表，揭示出社会保险基金管理的运行规律和制度约束条件。其三，研究社会保险基金管理的社会政策目的性。社会保险基金有效管理的终极目标在于实现社会保险的既定社会政策目标。在社会保险基金管理过程中，规模庞大的社会保险基金投资运营必然对经济发展、财政稳定和金融市场发展具有重大的影响作用和互动效应，但不能因此而忽视社会保险基金管理自身的终极目标。否则，注重基金投资的短期绩效会不同程度地挤压社会保险基金管理的长期战略目标，这是社会保险基金管理过程尤其应关注的一条主线，对于实现社会保险制度预设的社会政策目标具有关键性意义。

三、社会保险基金管理的研究方法

社会保险基金管理既是一门新兴的边缘学科和综合学科，又是当前社会关注的热点研究领域。在大数据时代，研究方法至关重要。缺乏正确的思维方式和研究方法，人们不仅难以有效运用不断膨胀的、呈超几何级数增长的海量信息资源，而且难以识别和运用有用信息，缺乏识别和清扫信息垃圾的基本能力。为加强对社会保险基金的有效管理，就需要高度重视研究方法。

（一）管理哲学

哲学是关于世界观和方法论的学说，是对自然科学和社会科学知识的总结和概括，旨在提供一种思维方式和分析视角，对人们从总体上把握事物运行的内在轨迹和规律具有十分重要的方法论意义。管理哲学是在现代管理科学基础上适应社会对整体思想巨大需求背景下出现的一种新的决策思维理念。一般管理科学侧重于将管理知识应用于管理实务或仅关注管理知识的运用和技术化，而管理哲学则强调发展整体思想以充实管理知识，提升管理科学与知识决策化的程度。① 因而，管理哲学是人类在21世纪具有广阔前景和生命力的思维方式和方法论，它超越于一般的技术和规则设定，具有更高层次的整体性、融合性、创造性的思维特性。对于社会保险基金管理这一极其复杂的社会系统工

① 成中英. C理论：中国管理哲学［M］. 上海：学林出版社，1999.

程，管理哲学及其思维方式无疑具有重要价值。

（二）跨学科研究方法

社会保险基金管理涉及经济、政治、社会、法律、人口、财政、金融等诸多学科的边缘研究领域，由此决定了用任何单一学科和方法研究社会保险基金管理都存在局限性。只有通过多学科的知识结构与研究方法的综合运用，才能更好揭示社会保险基金管理的内在规律。事实上，社会保险基金运行及其管理，虽然表现为基金的征缴、保管、投资运营和监管等具体环节，但实际上这些环节和管理运行同法律制度、宏观经济运行、财政收支状况、货币收支状况、货币资金流量和金融市场发展以及诸多社会条件具有非常密切的内在联系，甚至与国民社会心理、公众对法律及规则的认同程度、社会信用的认知程度，与社会保险基金投资运营及监管绩效等都关系极大。因此，应当强调充分运用经济学、法学等各学科较为广泛的知识结构和方法，以更全面地认识和把握社会保险基金管理的内在脉络，实现社会保险基金的有效管理。

（三）综合运用现代经济管理科学的各种方法

社会保险基金运行过程中，更多地涉及现代金融学、保险学、社会保险学、精算学、财政学、投资学等知识领域，社会保险基金的收支及其平衡条件，必然同国家经济发展密切相关。社会保险基金的投资运营及其方式、投资组合比例制定，受一国资本市场完善程度的制约，社会保险基金与资本市场的互动、社会保险基金入市的约束条件及其监控能力同保险市场、金融市场的发展不可分离，同国家的金融保险、证券监管的现状、水平和能力紧密相连，并同国家金融监管部门的短期、中期及长期任务相交织，构成非常复杂的社会系统工程。社会保险基金管理离不开现代经济管理各学科知识的综合运用。不仅如此，还必须充分运用国内外先进的管理技术与方法，如现代资产负债管理方法、现代资产组合理论、证券指数化理论与方法、风险分析与风险管理理论、金融创新理论等。

（四）精算学的研究方法

精算学是应用现代数学、概率论与数理统计方法，依据利息理论和风险理论两大基本理论，综合运用经济、金融、保险、投资市场、人口等基本原理，研究经济生活中风险发生、风险规避和分散以及进行科学管理的综合性学科。精算学早期主要运用于寿险业并扩展至养老金领域，目前已深入金融服务的诸多领域，如风险分析、证券投资组合、公司资产评估等。

社会保险基金管理运用精算学研究方法，主要用于测算社会保险基金的费用征缴比例和各类社会保险待遇水平，预测社会保险基金规模及其运行条件、各类准备金的提留比例尤其是风险保障基金的建立，同时，也运用于社会保险基金投资分析的各类业务、社会保险基金投资监管指标测定和现代资产组合理论等。社会保险精算方法在社会保险基金管理的全过程都具有十分重要的作用。

四、社会保险基金管理的主要研究内容

（一）社会保险基金与基金管理的基本理论

对社会保险基金管理的研究，需要首先明确社会保险基金的内涵、性质、来源与构成、分类、特点、功能和作用，以及社会保险基金与共同基金的区别和联系。正确认识社会保险基金的这些基本规定与特性，有助于更好地把握社会保险基金管理的运行轨迹。在此基础上，进一步研究社会保险基金管理的内涵与外延，强化对社会保险基金管理的必要性和重要意义的认识。由于社会保险制度自身的定位和政府在社会保险基金管理中的定位，需要政府运用各种方式对社会保险基金的收缴、投资运营和保值增值过程进行管理与监管。社会保险基金管理的首要任务在于实现社会保险制度的社会政策目标。同时，社会保险基金在运行过程中必然对经济发展和金融市场发展有着重要的促进作用。在多层次社会保险的制度构架中，社会保险基金管理的框架和侧重点存在着差异，第一层次社会保险基金的管理强调以实现其肩负的基本社会政策目标为首要任务，对基金投资范围、管理方式均有严格的限制，以突出社会保险基金管理的安全性原则，而对补充层次社会保险基金管理则相对灵活。社会保险基金的分层管理模式具有重要意义。

（二）社会保险基金管理模式选择

社会保险基金管理模式选择是社会保险基金管理必须回答的重要理论问题。在各国社会保险制度的长期发展过程中，形成了多种社会保险基金管理模式：有由政府集中管理的基金管理模式，如新加坡中央公积金模式；有由政府委托专业机构进行管理的模式，如美国的社会保险信托基金、法国的社会保险基金会等；也有具备私营竞争性，强调按市场化原则运作的基金管理模式，如智利等拉美国家和东欧国家的改革模式等。应当指出，社会保险基金管理模式的选择不应简单化，不应只强调技术机制的简单移植，而应重视研究各国特定经济、政治、社会传统等制度条件对社会保险基金管理的内在制

约作用。我国社会保险基金管理模式面临新的选择，既需要强调适度引用市场化的方式提升社会保险基金的投资，同时又需要扬长避短充分发挥政府有效调控下的投资模式，如发行长期特种国债项目引导社会保险基金的基础设施领域投资。

（三）社会保险基金投资运营及风险控制

社会保险基金投资运营是社会保险基金管理的重要内容。随着社会保险基金规模的扩大，经济发展与资本市场宏观环境的变化，社会保险基金的投资运营必然会受到更广泛的关注。社会保险基金投资运营过程，必须强调基金投资的基本原则，注重投资运营风险分析与风险控制，立足我国的现实国情，认真借鉴学习国外社会保险基金投资运营的先进技术和方法，借鉴和学习社会保险基金投资组合的国际经验，研究社会保险基金投资与金融工具创新的新经验和新方法，探索基金管理的创新性投资策略等。

（四）社会保险基金与国家财政经济

社会保险基金与国家财政经济的互动问题是社会保险基金管理的重要理论问题。一方面，社会保险基金的筹集、给付与国家财政转移支付，社会保险基金与国家财政收支，社会保险基金预算与国家财政预算，社会保险基金的管理与财政管理，均有十分密切的内在联系。由于社会保险计划由政府强制实施并体现政府的社会政策职责这一基本界定，决定了国家财政必然参与社会保险基金管理过程并承担终极责任。另一方面，社会保险基金的收支对国家财政收支状况具有重要影响，尤其是在人口老龄化背景下的社会保险基金支出的不断扩大，必然会对国家财政收支状况产生极为严重的影响，基于风险的考虑，不少国家的大部分社会保险基金只允许购买国债。应当指出，社会保险基金同国家财政的关系及其协调是社会保险基金管理的重要内容，社会保险基金通过不同方式参与国家财政收支的过程也是实现社会保险基金与经济发展良性互动的重要方式。

（五）社会保险基金与金融市场的互动发展

社会保险基金与金融市场、资本市场的互动问题是当前国内外社会保险基金管理的热点及前沿课题。一方面，社会保险基金的规模及其在未来的较强增长势头，必然在广度和深度上对金融市场尤其是资本市场的发展规模、构成及未来的发展走势产生重大的影响效应，成为资本市场上最大的机构投资者，对资本市场的供给、投资组合偏好、制度组织形式、金融创新工具乃至资本市场的正常运作轨迹均有不可低估的影响。另一方面，稳健、规范、有序的金融市场制度环境又是社会保险基金安全投资运营、实现一定投资收益水平的基本条件。尤其是立足于战略投资的高度，研究社会保险基金与金融市场的互动效应具有特别重要的意义。

（六）社会保险基金监管

社会保险基金自身的特点以及在现代金融市场条件下的投资运营，需要对其进行全面系统的监管。社会保险基金的监管构成多层次社会保险制度选择条件下最受关注的重要问题之一。社会保险基金监管是一个极为复杂的社会系统工程，既受宏观经济环境、金融市场发展、制度演化历史进程、法律条件的制约，又受社会心理及制度文化因素的制约，很难通过单一的规则体系就能保证基金监管的有效性。应借鉴社会保险基金监管有益的国际经验，立足各国实际，合理选择社会保险基金的监管模式，严格审定基金运营机构的资格条件，制定和逐步完善社会保险基金监管的各类法律法规，实施有效的风险控制机制、监控机制和安全保护机制，这对于立足于长期发展的社会保险基金监管体系意义重大。

第一章
社会保险基金的构成及运行条件

第一节　社会保险基金的内涵与功能

一、社会保险基金的含义与特点

（一）社会保险基金的含义

社会保险是指国家通过立法强制实施，运用保险方式处置劳动者面临年老、疾病、伤残、失业、生育及死亡等特定社会风险，并为其在暂时或永久性失去劳动能力或劳动机会，失去劳动收入时提供基本收入保障的法定保险制度。①

社会保险是广义保险范畴中的一个部分，是处理社会风险的一种手段和机制。人们在劳动和生活中会遇到各种风险与困难，其中与劳动者切身利益关系最密切的就是由于丧失劳动能力或劳动机会所造成的收入损失，这直接影响劳动者及其家庭基本生活的安定，进而对社会生产和社会秩序造成影响。社会保险正是国家针对特定社会风险所采取的一种经济补偿手段，专门为全部或部分丧失劳动能力或劳动机会的劳动者及其家庭提供一定的物质生活保障。

保证社会保险实现其对劳动者基本生活保障功能的经济基础是社会保险基金。所谓基金，是指经过国民收入初次分配和再分配后形成的、具有规定用途的物质资料的实物形式和货币形式的统一体。社会保险基金是指为保障劳动者在丧失劳动能力或失去劳动机会时的基本生活需要，在法律的强制规定下，通过向劳动者及其所在单位征缴社会保险费，或由国家财政直接拨款而集中起来的资金。社会保险基金问题是社会保险的核心

① 林义. 社会保险（第五版）[M]. 北京：中国金融出版社，2022.

问题。

社会保险基金一般由养老保险基金、医疗保险基金、失业保险基金、工伤保险基金和其他社会保险项目的基金构成，通过雇主与雇员共同缴纳社会保险费的方式构成法定社会保险基金的基本形式。虽然经过了一百多年的发展，但社会保险基金仍大都通过雇主与雇员缴费，国家在税收、利率和财政上资助的三方负担原则来筹集社会保险基金，并主要通过货币支付方式提供各险种的社会保险金。

（二）社会保险基金的特点

因其自身的性质，社会保险基金具有许多区别于其他基金的重要特点。

1. 法律强制性

社会保险是一种政府行为，是国家的社会政策，通过立法手段在全社会强制推行。任何单位和个人都不能根据自己的意愿决定是否参加社会保险。凡属于法律规定范围的，成员都必须无条件参加，并按规定履行缴纳保险费的义务。社会保险的缴费标准和待遇项目、保险金的给付标准等均由国家的法律法规或地方性法规统一确定，劳动者个人作为被保险人一方无自由选择与更改的权利。

强制性是社会保险的显著特征之一，也是社会保险的基本特征。之所以如此，是因为只有强制征集，社会保险基金才能获得稳定可靠的经济来源，才能实现国家的社会目标与政策目标。国家作为社会全体成员的代言人，有责任保障每个劳动者的基本生存权利，而且劳动者又是社会财富的创造者，社会财富是国家乃至全社会赖以生存和发展的物质条件，所以国家应采取强制手段保障劳动者的基本生活。

社会保险基金的筹集、管理和使用都具有法律强制的特性。如雇主和雇员必须依法按时、按法定费率缴纳社会保险费。基金管理机构对社会保险基金的投资运营、投资组合与投资数额的确定均须依法进行，以确保基金具有稳定的资金来源和安全有效的基金管理方式。而商业性保险基金、金融性信托基金则是在自愿的基础上依据商业契约而建立，基金管理及规则要相对宽松一些。

2. 社会政策目的性

社会保险基金的建立与管理都带有明显的社会政策目的性，即国民在遭受社会风险的背景下，为其提供基本的收入保障，以保证社会稳定和经济、社会的协调发展。社会保险基金的管理和运营虽然具有经济目标和促进经济发展的功效，但最终应服从于社会保险应遵循的社会政策目标。

社会政策目的性也表明社会保险基金在很大程度上有别于商业保险基金，政府通过社会保险基金实现其特定社会政策目的，往往会对社会保险基金的管理运营进行不同程度的干预。这种干预在社会保险基金的筹集、精算测定原则、社会保险基金收支平衡上都能得到体现，这种干预还体现在政府以隐性债务的方式承担劳动者代际收入再分配的责任。

社会保险基金的社会政策目的性意味着，国家承认对丧失劳动能力和失去劳动机会的劳动者的基本生活保障是政府的责任，因此需要借助整个社会力量保障劳动者的基本生活。与此同时，在解决社会风险所引起的生活困难方面，个人应承担相应的责任。

3. 保障对象特定性

社会保险基金对工薪劳动者具有普遍保障责任，是对劳动者采取的一种保障措施。劳动者一旦丧失劳动能力或劳动机会，国家应依法提供收入损失补偿，以保障其基本生活需要；社会保险财务一旦出现赤字，其运行受到影响时，国家财政负有最后的责任。

社会保险的保障对象主要是工薪劳动者，这一劳动群体享有劳动收入，只是在发生意外失去劳动收入时才需要接受补偿。因此在他们有劳动收入时，有义务分担社会保险费用。这一特点也表明，社会保险费用不能完全由国家统包下来，而应由国家、单位、劳动者共同负担。在其他社会成员中，没有任何收入、靠其他人抚（扶）养的人，如儿童、学生、残疾人等，解决他们的生活保障问题需要依靠社会救济和社会福利部门，他们没有能力缴纳社会保险费用，只能被动地接受保障。随着社会保障制度的不断完善和发展，部分未参加任何社会保险的无保障劳动适龄人口也被纳入社会保险制度的覆盖范畴，我国城乡居民养老保险正是发挥着这一制度补缺功能。

4. 统筹互济性

通常，在现收现付的筹资模式下，社会保险通过国民收入的初次分配和再分配，形成专门基金，将不同比例的资金统一调剂使用，使劳动者共同承担社会风险。一般地，在形成社会保险基金的过程中，高收入的劳动者比低收入的劳动者缴纳更多的保险费；而在使用的过程中，一般都是根据实际需要进行调剂，不是完全按照缴纳保险费的多少给付保险金。可见，社会保险具有较强的统筹互济因素，个人享受的权利与承担的义务并不严格对应。

5. 储存性和增值性

理论上，社会保险基金的运转总是先征集保险费，形成基金，再分配使用。从每个劳动者的生命历程来看，也是在劳动者具有劳动能力的时候，社会就以各种方式将其所创造的一部分价值逐年逐月进行强制性扣除，经过长年储存积累，在其丧失劳动能力或劳动机会、收入减少或中断时，从积累的资金中为其提供补偿。社会保险基金的储存性意味着这种资金最终要返还给劳动者，因而这种资金不能移作他用，保险的经办机构只能利用时间差和数量差使之增值，使劳动者因基金增值而得益，从而进一步体现社会保险的福利性。

与储存性相对应，社会保险基金还具有增值性。被保险人领取的保险金有可能高于其所缴纳的保险费，其差额除了单位（雇主）缴纳和政府资助外，还需要保险基金的运营收入来补充。从投保开始到领取给付，物价在不断上涨，基金只有投入运营才能保值增值，否则就达不到社会保险的保障目的。

二、社会保险基金的种类与性质

（一）社会保险基金的种类

社会保险基金的种类可以根据基金的不同性质和特征进行划分。研究社会保险基金的类型及其性质，可以为采用科学合理的基金管理方式提供理论依据。

1. 按社会保险项目的专门用途及其功能分类

按社会保险项目的专门用途及其功能分类，社会保险基金主要分为养老、医疗、失业、工伤和生育保险基金。

养老保险是社会保险子系统中最重要的项目，也是整个社会保障制度中最为重要的项目。许多国家都把发展养老保险作为建立社会保险制度的重要突破口。养老保险基金是指在政府立法确定的范围内，依法征缴的用于支付劳动者退休养老待遇的专项基金。养老保险基金一般都是由不同层次的基金构成，主要有基本养老保险基金、企业补充养老保险基金和个人养老保险基金三个层次，每个层次各有相应的资金来源。

医疗保险基金是指以社会保险形式建立的，为劳动者提供治疗疾病所需医疗费用的资金。具体来说，这一保险是通过国家立法，强制性地由国家、单位、个人集资建立医疗保险基金，当个人因疾病需要医疗服务时，由社会保险机构提供医疗费用补偿。医疗保险基金主要来自国家、单位和被保险人三方。但是，各国医疗保险制度类型不同，基金来源也有差异。实行国家医疗保险模式的国家，其基金主要来自国家；实行医疗社会保险的国家，其基金主要为单位（雇主）和被保险人缴纳的保险费、政府的补贴；而实行商业性医疗保险和储蓄医疗保险的国家，其费用主要由个人支付。

失业保险基金是由国家立法，强制征收失业保险费而建立起来的，对因非自愿失业而造成的劳动风险损失给予补偿的资金。参加失业保险的有关各方都必须按照法律和政策规定，及时足额地缴纳失业保险费，以保证失业保险基金有足够的、可靠的、稳定的来源。与其他社会保险基金不同，失业保险基金应当适度征集，以避免丰裕的失业保险基金带来过高标准的失业保障待遇。

工伤保险基金是指劳动者因工作而受伤、患病、残疾乃至死亡，暂时或永久丧失劳动能力时，从国家和社会获得医疗、生活保障及必要的经济补偿所需要的资金。同其他社会保险基金相比，工伤保险基金具有显著的赔偿性质，因此保险费一般都由单位负担，劳动者个人不缴费。

生育保险是针对女性劳动者的一种社会保险制度。女性劳动者除了要参加劳动和工作外，还负有生育子女、使劳动力再生产不断延续的重要责任。而女性劳动者在生育期间，由于暂时中断劳动，一方面需要得到医疗保健保障，另一方面需要得到基本生活保障。生育保险基金就是女性劳动者在因生育子女而暂时中断劳动时，从社会和国家得到保健服务和物质帮助所需要的资金。生育保险基金的来源有个人、单位和国家三种渠道，在不同的国家有不同的分担方式。需要指出的是，在我国，按照 2019 年 3 月国务院办公厅印发的《关于全面推进生育保险和职工基本医疗保险合并实施的意见》要求，各省（区、市）2019 年年底前实现两项保险合并实施，生育保险基金并入医疗保险基金。

此外，长期护理保险在一些国家也作为社会保险的单独险种存在，主要是为被保险人在丧失日常生活能力、年老患病或身故时，侧重于提供护理保障和经济补偿的制度安排。长期护理保险的资金筹集由个人、社会、单位、政府多方责任共担。我国在制度建立之初，各地试点多由社会医疗保险基金结存来承担部分筹资责任。

2. 按筹资模式分类

社会保险基金的筹集按资金调剂范围可分为社会统筹模式和个人账户模式，前者主要体现为社会成员之间横向的收入调剂和风险分担，后者主要体现为职工一生收入的纵向调剂和风险分担。按是否有基金积累可分为现收现付制和基金积累制。在实践中通常是上述两种划分方式的结合，派生出四种模式：一是现收现付社会统筹制；二是个人账户储存基金制；三是社会统筹部分基金积累制；四是社会统筹和个人账户相结合的部分基金积累制。

现收现付社会统筹制是由社会保险基金征收机构按以支定收的原则筹资，即由雇主和雇员（或全部由雇主）按工资总额的一定比例（统筹费率）缴纳保险费（或税）。这种方式是以支定收、不留积累，其主要特点是费率调整灵活，社会共济性强，易于操作，比较容易克服基金受通货膨胀和利率波动的影响，具有通过再分配达到以公平为主导的特征，它是各国包括养老、医疗、失业等所有社会保险险种采用的传统的筹资模式。但这种模式已面临人口老龄化的挑战，因为随着退休人员与在职职工的比例日益提高，就业的年轻一代所承担已退休一代的经济负担日益加重，因而各国政府都将面临退休高峰期养老金支付危机，并将严重影响经济发展和社会稳定。

个人账户储存基金制是从职工参加工作起，按工资总额的一定比例（缴费率）由雇主和雇员（或只有一方）缴纳保险费，记入个人账户，作为长期储存积累增值的基金，其所有权归个人，按照基金领取的条件一次性领取或按月按用途领取。该模式的主要特点是激励机制强，透明度高，利于监督管理，能形成预筹基金进入资本市场经营，长期积累增值，利于个人为未来作出长远保障，具有以效率为主导的特性，一定程度上能够应对人口老龄化风险，弱化代际转嫁负担大的社会矛盾。个人账户储存基金制源于企业雇主为职工建立的养老金制度。

社会统筹部分基金积累制是在社会统筹制度的框架内建立部分基金积累。这种模式在许多国家建立养老保险初期存在一段时间，随着退休人员增多和支出额的增加，事实上都转入了现收现付社会统筹制，而现在出于抵御人口老龄化可能出现的支付危机，再度建立部分基金积累。我国养老保险制度改革初期提出“以支定收，略有结余，留有部分积累”原则，就是这种模式。但从国际上看，在社会统筹制度的框架内建立部分基金积累能否实现投资运营管理保值增值尚未有成功经验。

社会统筹和个人账户相结合的部分基金积累制是一种创新模式。从理论上看，在维持社会统筹现收现付制度框架的基础上引入个人账户储存基金制的形式，积累基金建立在个人账户的基础上，具有激励和监督的双重功能，同时又保持了社会统筹互济的重要特征，既聚集了“两制”之长，又防止和克服了“两制”的弱点和单独运行可能出现的问题。我国现阶段养老和医疗保险制度的改革正是采用社会统筹和个人账户相结合的模式。

此外，随着社会保障实践的发展，除以上四种模式外，各国社会保险基金管理改革也出现实践创新，名义账户制（NDC）便是制度模式的新发展之一。它自 20 世纪 90 年代后半期在欧洲国家兴起后，逐渐成为国际社会保险改革热议的焦点。该模式遵循确定缴费制（DC）的制度设计，具有激励效应，与劳动力市场关联更紧密；其积累的基金又沿袭现收现付的运行实质，同时具备向财政补贴型制度（FDC）转化的可能性。名义账户制的发展，为社会保险基金管理改革提供了新的思路，尤其在转制成本和个人账户空账运行的历史约束下，凸显其设计优势。

3. 按基金所有权分类

按基金所有权分类，社会保险基金可分为公共基金、个人基金和机构基金。

公共基金为公共所有，其来源有财政拨款、按法律规定由雇主或雇员缴纳的社会保险费（税）、社会捐赠、国际赠款。例如养老、医疗、失业、工伤、生育等社会保险基金中属于社会“统筹”的部分。

个人基金是归个人所有的非财政性社会资金，但它不同于银行存款和各种有价证券的资金。它是按法律、法规、规章缴费并记入个人账户用于专门用途的基金。例如，个人账户的养老保险基金等。

机构基金是单位为其职工建立的福利性社会保险基金，所有权归集体或部分地归集体，按照国家的政策和单位的规章对符合条件的职工给予补贴的资金。例如，用人单位的福利基金等。

4. 按基金的运营管理方式分类

按基金运营管理方式分类，社会保险基金可分为财政性基金、市场信托管理基金、公积金基金。

财政性基金按我国目前管理方式又分为预算内管理资金和预算外管理资金。1996 年国务院发布的《关于加强预算外资金的管理决定》（以下简称《决定》）明确指出，凡是体现政府职能并凭借或依靠国家所赋予的职权取得的收入都属财政性资金，应纳入财政管理范围；预算外资金是指国家机关、事业单位和社会团体为履行或代行政府职能，依据国家法律、法规和具有法律效力的规章而收取、提取和安排使用的未纳入国家预算管理的各种财政性资金。社会保险各类保险基金中的社会统筹基金属于公共所有的基金，按上述《决定》规定纳入国家预算外管理，建立财政专户，收入上缴财政专户，支出由财政部门按预算外资金收支计划从专户中核拨。2010 年，国务院发布《关于试行社会保险基金预算的意见》明确，先行将企业职工基本养老、失业、城镇职工基本医疗、工伤、生育五项社会保险基金分别纳入 2010 年预算编制范围，这是我国在全国范围内建立起社会保险基金预算制度的重要标志。2020 年 10 月 1 日新修订施行的《中华人民共和国预算法实施条例》，进一步明确了包括社会保险基金预算管理在内的全口径政府预算管理。

市场信托管理基金的来源按契约或章程，由用人单位和职工（或用人单位一方）缴存，记入个人账户，由基金法人委托受托人管理基金，基金运营管理（包括投资运营）

通过市场竞争委托金融中介机构（基金管理公司、投资管理公司）具体运作。凡个人账户储存积累式的基金均可按这种管理方式管理，如企业补充养老保险基金，受益人是拥有个人账户的职工，基金会法人是基金资产的名义持有人，作为资产所有人的法人行使基金管理决策职能，委托金融中介机构运营管理。

公积金基金是按照法律、法规规定，由用人单位和职工缴存，记入个人账户，产权归个人所有的基金。不属于财政性资金，也不同于银行储蓄资金，由法律规定用途和领取条件，并由法定机构（属金融机构）运营管理，综合用于养老、医疗等保障功能，如新加坡的中央公积金制度。

（二）社会保险基金的性质

首先，社会保险是一种社会政策，服务于既定社会目标；其次，它是劳动者的一种权利，是由国家法律保障实施的，在履行缴纳保险费义务之后，每一个劳动者都有权通过社会保险来维持个人及其家庭的基本生活；最后，社会保险是一种有效的经济补偿手段，通过所有劳动者的互助互济实现对少数遇险劳动者的收入损失补偿。从这个角度讲，社会保险是由国家根据全体劳动者的共同需求，采取保险的形式对个人收入实行调节，是一种特殊性质的个人消费品再分配手段。

社会保险的这种性质与本质决定了社会保险基金的性质。社会保险基金是社会保险制度的物质基础，也是各国社会保险法的中心内容。一国的社会保险制度实际上就是围绕社会保险基金的筹集和使用范围、形式、标准等内容设计制定的。同时，在社会保险制度运行过程中，如果不能及时足额地征集社会保险基金并合理有效地使用社会保险基金，社会保险制度就难以贯彻落实，社会保险制度的保障作用就有可能落空。

从社会保险基金的来源和使用方向来考察其性质，社会保险基金是在国民收入的初次分配及再分配过程中形成的，是从国家财政收入、企业收入和劳动者收入中分解出来而用于社会保险事业的一种社会后备基金。具体来说，一方面，国民收入经过初次分配形成国家、企业或集体、个人的原始收入，政府通过财政拨款、企业或单位统筹及个人缴费等方式来建立社会保险基金；另一方面，根据一定的法定条件实现国民收入再分配，向不同项目的社会保险对象提供经济援助。因此，社会保险基金的建立在实践中是先积累后支付的，从而客观上表现为社会后备基金形态。

三、社会保险基金的功能

劳动者生产出来的物质资料是经济与社会发展的基础。因此，为维持社会生产正常进行，保护社会劳动力再生产，保障劳动者及其家庭生活安定，国家有必要建立一种制度，用一定的方式筹集备用基金，当劳动者因社会风险而受到损失时，即由基金出资给予一定的经济补偿。社会保险正是这样一种制度。因此，对劳动者及其家庭提供基本生活保障，是社会保险基金的基本功能。同时，由于社会保险的运行方式和本质特征，社会保险基金还具有下述五个方面的具体功能。

（一）稳定社会的“减震器”

劳动者的老、弱、病、残、孕以及丧失劳动能力，在任何时代和任何社会制度下都是普遍存在的客观现象。在现代社会里，随着生产的高度社会化和分工协作的发展，风险因素更是日益增多，危害程度也在加剧。在为数众多的劳动者因各类风险和收入损失而陷入生计无着并得不到及时解决的时候，就会成为社会的一种不安定因素。对遇到劳动风险的劳动者及其家庭提供社会保险基金补偿，可以保障其基本生活，从而有效地消除这种不安定因素，减少社会的动荡。

（二）社会劳动力再生产顺利进行的重要保证

劳动者因疾病、伤残、失业而失去正常的劳动收入，会使劳动力再生产过程陷入不正常状态。有了社会保险基金，劳动者在遇到上述社会风险时，可获得必要的经济补偿和生活保障，使劳动力得以恢复。例如，医疗保险所提供的医药费补贴和治疗服务，有助于患病和受伤的劳动者早日恢复健康，重返工作岗位。

（三）调节收入差距的特殊手段

在市场经济条件下，由于人们在劳动能力、社会机遇等方面的差异，劳动能力较弱或家庭负担较重的劳动者，平时生活比较困难，若遇上风险事故，其个人及家庭生活就可能陷入困境，社会分配差距会进一步扩大。对这种分配差距若不加以适时的调节，就会激化社会成员之间的社会矛盾，这对社会稳定和生产发展都是不利的。社会保险可以通过法律手段，强制征集保险基金，再按照社会公平原则分配给收入较低或失去生活来源的劳动者，帮助他们渡过难关，这在一定程度上调节了劳动者的收入差距，有利于实现社会的公平分配。

（四）对经济发展的促进作用

一方面，经济的发展需要稳定的社会环境，社会保险通过社会保险基金的筹集和发放，对劳动者收入水平进行调节，对劳动者基本生活提供多方面的保障，避免了一部分劳动者因生活陷入困境而产生对抗社会的现象，缓和了劳动者的阶层矛盾，从而为经济发展营造稳定的社会环境，这是社会保险基金对经济发展的最大贡献。另一方面，社会保险通过对劳动者多方面的保障又直接促进着经济的发展，如社会保险既是劳动力资源高效配置的关键性机制，又是促进劳动者身体、心理及技能素质提高的重要保障机制，从而对经济发展起着直接的促进作用。此外，雄厚的社会保险基金还能够有力地支撑经济发展，并对资本市场和经济发展的格局产生影响。

（五）对社会文明发展的促进作用

社会保险是一种社会互助共济的经济形式，体现了互助合作、同舟共济的思想。公民参加社会保险，遵循的是权利与义务基本对等的原则，体现了公民先尽义务、后享有权利的关系，有利于处理好个人利益与社会利益、眼前利益与长远利益之间的关系，这对于增强公民的责任感具有积极的意义。社会保险基金的筹集和发放还为发扬敬老爱幼、扶贫济困、友爱互助精神创造了良好的社会物质条件。这些都表明，社会保险基金具有促进社会文明发展的作用。

四、社会保险基金与社会保障基金

（一）社会保险基金与社会保障基金的区别

社会保障基金的内涵和外延大于社会保险基金。社会保障基金是指国家和社会从已有的社会财富中提存、积累，并用于援助或补偿社会保障对象的资金。[①] 它是根据国家有关法律、法规和政策的规定，为实施社会保障制度而建立起来、专款专用的资金。[②] 从社会保障制度的建立和基金来源看，一方面，国民收入经过初次分配，形成国家、企业或集体、个人的原始收入，政府通过财政预算拨款、企业或单位和个人缴费等方式来建立社会保障基金；另一方面，根据一定的法定条件实现国民收入再分配，向不同项目的社会保障对象提供现金援助和福利，其功能在于解除受保护对象的后顾之忧，保障国民的基本生活并不断增进国民福利。

按照不同分类标准，社会保障基金可分为不同类别。按照基金运营管理方式，它可分为财政拨款形成的社会保障基金、强制性征缴形成的社会保障基金和多元组合形成的社会保障基金；按照社会保障项目的专门用途及其功能，它可分为社会救助基金、社会保险基金、社会优抚基金和社会福利基金等。

---

① 郑功成．社会保障学［M］．北京：中国劳动社会保障出版社，2005；郑功成．社会保障学：理念、制度、实践与思辨［M］．北京：商务印书馆，2000.

② 张左己，等．领导干部社会保障知识读本［M］．北京：中国劳动社会保障出版社，2002.

为积极应对人口老龄化，多元化筹集和积累社会保障资金，合理分摊社会保障转型成本，我国政府于2000年建立全国社会保障基金，并设立全国社会保障基金理事会对其进行运营管理。全国社会保障基金作为国家重要的战略储备基金，其资金来源于中央财政预算拨款、国有股减持收入、发行彩票收入和投资收益等，它在社会保险基金和社会救助基金出现财务危机时发挥补充、调剂的作用。从狭义上看，全国社会保障基金在很多场景下被特别简称为社会保障基金。

（二）社会保险基金与社会保障基金的联系

除社会政策目的性和储存性以外，社会保险基金与社会保障基金还具有一些共同的特点和属性。

一是国家法定性。社会保险基金与社会保障基金均需要依法运作，法律法规明确规定了它们的性质、来源、运营、监管等，无论是资金筹集、投资还是支付，都要严格依据国家法律法规。除此之外，由于社会保险制度是国家通过立法在全社会强制推行，凡属于法律法规规定范围的单位和个人都必须无条件参加社会保险，并按规定履行缴费义务，因此，社会保险基金还具备法律强制性。

二是专款专用性。社会保险基金与社会保障基金均是依据国家法律法规，专门用于社会保险和更大范围的社会保障事业的基金，其特定用途是为了保障全体社会成员在面临年老、疾病、失业、工伤、贫困、自然灾害等风险时，可以通过保险保障基金摆脱生存危机、维持基本生活水平。两种基金的使用不能偏离社会保险和社会保障事业，无论是筹集还是投资，都是为了满足社会成员的保障需求，不能用于社会保险和社会保障事业以外的目的。例如，五项社会保险基金各有其覆盖的风险，均需专款专用单独核算；在特定重大社会救助基金中，也遵循专款专用的基本原则。

三是统筹互济性。不论是社会保险基金还是社会保障基金，从基金的用途和功能来看，通过对国民收入的初次分配与再分配，使社会成员共同承担风险，都具有不同程度的统筹互济性。由于社会统筹账户和现收现付筹资模式的存在，社会保险基金能够在劳动者之间、劳动者与非劳动者之间实现一定程度的互助共济；社会救助与社会福利基金来自劳动者的剩余劳动，同样体现劳动者之间的共济，以及劳动者对非劳动者的无偿援助。统筹互济性使得社会成员个人享受的权利与承担的义务不完全对应。

四是覆盖广泛性。社会保险基金和社会保障基金惠及对象很广泛，其覆盖的风险种类涵盖社会成员一生中可能遭遇的各类主要风险。劳动就业者和退休人群是社会保险基金的主要覆盖群体；弱势人群是社会救助基金的主要惠及人群；社会优抚基金针对军烈属等特定群体；社会福利基金则把受益对象扩展到更广泛的群体，乃至全体社会成员。

第二节　社会保险基金运行的构成要素

一、社会保险基金的来源

社会保险险种不同，其基金的来源也不同。从各个国家的实际情况来看，除工伤保险基本上完全由单位负担外，其他保险项目的基金一般均由劳动者个人、单位及国家三方出资形成。① 大体上可以分为四种出资模式：个人、单位和国家共同分担的出资模式，单位和国家分担的出资模式，个人和单位分担的出资模式，个人和国家分担的出资模式。② 社会保险基金主要来源于个人缴费、企业缴费、政府资助或补贴、基金的投资收益四种形式。

在世界上实行社会保险的国家和地区中，有半数以上在养老保险基金的来源上，均实行三方负担原则，所有被保险人都要按工资收入的一定百分比缴费（或按统一数额缴费），养老保险大都是强制性的，一般是采取定期从工资中扣除的形式；单位按职工工资总额的一定百分比为职工缴纳；国家财政也给予不同形式的支持。

一些国家的失业保险基金的来源与养老保险基金来源相类似。目前，大部分国家的失业保险基金主要来自被保险人和单位缴纳的保险费。在另外一些国家，失业保险费全部由单位负担，职工个人不需缴费，如美国。在大多数国家，国家财政负担部分失业保险费用，或者向保险项目提供补贴。例如，在日本，财政一般负担 25%的失业保险费用，如果失业保险出现赤字，国家财政则要负担 1/3 的费用；德国政府向失业保险项目提供补贴，并负责弥补全部赤字；在加拿大，失业保险所需费用的 80%来自被保险人和单位缴纳的保险费，20%来自国家财政。

总之，社会保险基金一般实行三方负担原则，首先要求被保险人在劳动适龄期间从事有收入劳动，按收入的一定比例缴纳社会保险费，年老退休或发生其他意外时才有资格享受社会保险待遇。同时，单位也要负担部分费用。单位缴费一般是以职工工资总额

---

① 我国生育保险职工个人不缴费。

② 这一出资模式随着多层次养老保险体系中“零支柱”及匹配缴费制（MDC）的兴起而发展，在我国集中表现在城乡居民基本养老保险制度的筹资方式中。

或工资总额加退休费总额两项之和为基数，采用社会保险主管部门统一确定的比例提取，列入单位的生产成本或营业外支出。对于职工来讲，这是一种福利，而从单位的角度来看，为职工缴纳的保险费是作为对劳动力价格的扣除记入成本的。这笔费用最终要转移到消费者身上，它既是人工成本的一个组成部分，又是利润、产品服务价格、收益和税收的一部分。因此，实际上，这部分资金是由全社会负担的。国家在保险资金的来源上也负有一定责任。国家财政向保险基金拨款，用来弥补个人和单位缴纳保险费与实际开支之间的差距，或者直接承担部分保险费开支，或者弥补行政管理费开支。国家的主要资金来源是税收，也有少数来自专门指定用途的税式货物（如烟草、汽油和酒精饮料等）。此外，还有其他经营性收入，如利息、利润以及社会捐赠等也可进入社会保险基金。

二、社会保险基金的筹集方式

（一）社会保险基金筹集的含义与意义

社会保险基金的筹集是指由专门的社会保险基金征收机构按照社会保险制度所规定的计征对象和方法，定期向劳动者所在单位或劳动者个人征收社会保险基金的行为。

社会保险基金的筹集需要处理以下几个方面的问题。

第一，国家、单位和个人分担比例的确定。这种比例关系直接体现了各方在社会保险中的权利与义务关系，对社会保险制度的有效性具有直接的影响。它需要考虑的因素很多。例如，既要考虑国家的财政负担能力，又要考虑保证单位的合理积累和发展，还要保证劳动者的合法权益。

第二，社会保险基金筹集的具体方式。即国家、单位和个人应分担的社会保险费通过什么途径进入社会保险基金。

第三，社会保险费征收的比率。同一征收比率，对于效益较好的单位或高收入群体的劳动者可能无足轻重，但对于低收入者来说就可能成为沉重的负担。因此，社会保险费率必须慎重确定。

第四，社会保险费征收的基础。即如何确定社会保险费征收的计算基数。例如，是以在职人员的工资为基数征收，还是以在职人员的总收入为基数征收；征收基数是否应包括诸如利息、其他所得等。在收入来源多层次化的情况下，社会保险费征收基数的确定影响着社会保险对社会分配的调节功能的发挥。

第五，社会保险费征收基准的上限和下限。社会保险费在什么标准内征收，涉及劳动者基本生活水准和最低收入线问题。收入低于下限标准，就须按下限标准缴纳社会保险费；收入达到一定上限，超过部分就不再征收。所以征收的上限和下限，关系到低收入者和高收入者的实际利益，更关系到社会保险社会公平效能的发挥。

社会保险基金是劳动者个人或所在单位缴纳的社会保险费，但其本质上是劳动者新创造价值的一部分，是专门用于补偿丧失劳动能力或失去工作机会的劳动者的经济收入损失、保障劳动者基本生活的那部分剩余产品。因此，从性质上讲，社会保险基金是社会后备基金的一种。社会后备基金除社会保险基金外，还有集中形式的社会后备基金、分散自保形式的后备基金，以及商业保险形式的后备基金。我国由全国社会保障基金理事会管理的社会保障基金就是国家为应对人口老龄化挑战而建立的一项特殊的战略储备基金。集中形式的社会后备基金主要用于大规模自然灾害和突发事件时的紧急支付，对于局部地区以及单位和个人的劳动风险事故和经济收入损失，不能保证补偿；分散自保形式的后备基金主要为个别经济单位自身存留准备金，其能力十分有限，也不能做到完全分散风险损失，无法满足较大数额的补偿费需求；商业保险所形成的后备基金只用于参加商业保险的社会成员，不能超越等价交换的原则而使用；而社会保险基金则是在国家的社会保障基金和个别经济单位之自保资金以外的、由社会保险专门机构根据大数法则和实际开支需求，以法律保证大范围强制集中起来的专用基金，因此它是应付劳动风险损失、确保劳动者基本生活需要和社会安定的最稳定、最可靠和最科学的手段。

社会保险基金的筹集和管理是社会保险制度的基础和核心，如果无法征集到社会保险所需要的基金，社会保险的保障作用就无从谈起。社会保险的强制性也主要体现在社会保险基金的筹集中，通过强制手段保证有关单位或劳动者个人履行社会保险义务。

征集社会保险基金是合理负担社会保险费用的需要，社会保险基金的征集过程实质上是分摊社会保险费用的过程，征集社会保险基金也是提高社会保险保障能力的需要。社会保险的保障能力表现在两个方面，一是对多大范围的劳动者提供社会保险，二是对劳动者的保障水平如何。提高保障能力既要扩大对劳动者的保障面，又要提高保障标准，而这两个方面都取决于社会保险基金状况，取决于社会保险基金征集的状况。

社会保险基金筹集既要注重效率，保证社会经济运行的效率性，又要重视公平，发挥社会收入的二次分配功能，体现互助共济；在收支平衡的原则下，保证社会保险基金筹集的稳定和制度运行的可持续。

（二）社会保险筹资的具体形式及其选择

1. 社会保险筹资的具体形式

（1）社会保险税

社会保险税是国家为确保用于各种社会保险项目所需要资金而对雇主及受益人取得的工薪收入征收的一种税。

开征社会保险税是大多数国家普遍采用的一种筹资形式。在建立社会保障制度的180多个国家中，有130多个国家开征了社会保险税。[①] 通过开征社会保险税筹资的国家，保险项目简单明了，缴税和支付均遵循统一的章法。以这种筹资形式筹集的社会保险基金直接构成政府的财政收入，成为政府预算的重要组成部分，因此社会保险收支平衡的状况直接影响到政府财政收支平衡，组织和管理社会保险收支是财政部门的一项经常性工作。

美国的社会保险制度建立得较晚，但却在世界上最早采用税收手段筹集社会保险基金。在经历了20世纪30年代初期经济危机的严重打击后，美国人感到个人、私有企业或者地方政府都没有能力为失去工作的人提供充分的社会保障，于是在1935年开征了社会保险税。最初，社会保险税的征税范围较小，税率只有1%，后来征税范围逐步扩大，税率也逐渐提高，社会保险税收入急剧增长，在美国联邦税收总收入中的比重不断上升。20世纪40年代以来，随着广泛实行所得税制度的第一次较大的税制改革浪潮的到来，美国个人所得税长期居于首位，1989年个人所得税占43%，社会保险税居第二，占32%；经过4年，到了1993年，社会保险税跃居首位，占41%。目前，社会保险税仍在联邦税收中占较大比重，2012年为34.5%，低于个人所得税11.7个百分点，位居第二；2014年略降至33.9%，达10 235亿元。[②] 2021年，尽管美国社会保险税低于个人所得税20个百分点，但其比重仍位居第二，占31%，达1.2万亿美元。[③] 通过社会保险税，美国政府为整个社会保险制度筹集资金，对老年人、疾病患者、失业者和其他低收入阶层实行社会保险，因而社会保险税在美国的经济运行和社会发展过程中较好地发挥了“安全阀”的作用。

社会保险税在美国的率先开征并取得成功，对西方国家税收产生了自开征所得税以

① 数据来源于国际货币基金组织（IMF）2010年的报告。

② Government Revenue in the US. www.usgovernmentrevenue.com；Tax Policy Center，www.taxpolicycenter.org.

③ Sources of Revenue for the Federal Government，https://datalab.usaspending.gov/americas-finance-guide/revenue/categories/.

来的又一次重大影响，于是社会保险税得到普遍推行。东欧国家社会保险基础较好，20世纪90年代初政治经济制度转型后，一般都开征了社会保险税。目前，社会保险税在一些国家中已成为仅次于个人所得税的第二大税种，在另一些国家中已超过了个人所得税而跃居第一位。

社会保险税是一种目的税，专门为社会保险筹集资金，其收入规模直接与社会保险及社会保障计划的开支规模有关。由于社会保险税专款专用，因而免受政府财政预算恶化时所造成的不利影响。一般地，社会保险税多由雇主和雇员分摊。各国的税率不一，其水平高低主要取决于社会保险的覆盖面及受益人的受益程度。税率的形式有两种，一种是比例税率，即在规定的税基限额下均适用一个税率；另一种是累进税率，即根据工薪收入的不同级距设置不同税率。

美国社会保险税的纳税人为雇主、雇员和自营人员（含自由职业者），其征税范围包括养老、伤残、医疗、失业等项目。目前，老年、遗属、残障保险按6.2%的综合比例分别对雇主和雇员支付或领取的年工资、薪金总额征收等量税金，没有起征点，但有最高限征额的规定。雇员应纳税金由雇主在支付工资、薪金时代扣代缴；自营人员的缴纳比例为12.4%。医疗保险雇主和雇员的税率为1.45%，自营人员为2.9%。①

英国的社会保险税以工资计征，由雇主和雇员共同向国民保险计划（national insurance）缴税。2021年，雇主税率为13.8%，雇员税率自2020年由12%上调至14%。②

德国的社会保险税由雇主和雇员按工资收入的一定比例共同缴纳，2021年年末，其合并缴费率为40.21%，其中雇主为19.98%，雇员为20.23%。养老保险、失业保险、健康保险和长期护理保险总费率分别为18.6%、2.4%、14.6%和3.05%，由雇主和雇员均分。③

意大利的社会保险税对工资收入征收，其税率随地区和雇员类别的不同而变化。应税工资无上限规定，故工资收入越高者支付的税金越多。

（2）社会保险统筹缴费

社会保险统筹缴费即由雇主和雇员以缴费的形式来筹集社会保险基金。社会保险基金由政府指定专门机构负责管理和运营，不直接构成政府财政收入，不足部分由财政专款补助。因此，政府财政部门不直接参与社会保险基金的管理和运营，但对社会保险收

① Payroll Tax Rates，https://www.taxpolicycenter.org/statistics/payroll.

② United Kingdom Social Security Rate For Employees，https://tradingeconomics.com/united-kingdom/social-security-rate-for-employees.

③ Worldwide Tax Summaries，https://taxsummaries.pwc.com/germany/individual/other-taxes.

支进行监督。实行社会保险统筹缴费的国家，保险项目比较繁杂，且每一项目都有一套相对独立的缴费办法。

（3）预算基金账户制

预算基金账户制是一种强制性储蓄。具体方法是将雇员的缴费和雇主为雇员的缴费存入个人账户。这笔款项及由此产生的利息之所有权归雇员个人，政府仅有部分使用权和调剂权。新加坡是实行这一制度的代表国家。

2. 社会保险筹资具体形式的比较与选择

将以上三种筹资形式加以比较，可以得出如下结论：

第一，社会保险税和预算基金账户制比社会保险统筹缴费更符合效益原则，这主要表现在管理效率上。社会保险税的征收管理主要集中在财政部门，预算基金的收缴和发放都集中在公积金部门，而统筹缴费则是将不同类型的社会保险费交给不同部门管理，管理比较分散，管理成本较高。

第二，社会保险税和预算基金账户制比统筹缴费有更强的约束机制。社会保险税的征收、管理和支付都有严密的法律规定，受到严格的法律约束；预算基金账户制是企业和个人按规定比率将社会保险金存入个人账户，没有收入就没有支出，具有很强的利益约束机制。而统筹缴费形式中保险费的收、管、用都是由地方、部门颁布的一些条例规定的，因而法律约束性不强，与缴费者个人利益关系不紧密，其约束机制明显不如前两者。

第三，社会保险税和预算基金账户制比统筹缴费更能体现市场经济所要求的公平。社会保险税和预算基金账户制不论收入高低，不受主客观条件的限制，参加社会保险的企业、个人都按统一的税率或费率缴纳保险费，否则不能享受均等的社会保险待遇。而统筹缴费形式则在费率和缴纳条件上划分收入高低差别、年龄差别和职业差别，尽管参加者都能享受社会保险待遇，但常因费率和待遇上的差别而挫伤一部分人的积极性，消极因素较多。

第四，社会保险税比预算基金账户制更具有适应性。预算基金账户制下的缴费比例较高，且须建立个人账户，管理较复杂，适用于人口较少、地区差别不大、个人收入差别不悬殊、经济发展水平和管理水平均较高的国家。社会保险税的征收则没有这么多要求，只要能保证收支略有结余，社会保险法规较完善，利用已有的税收征管机构和国家预算执行系统就能实施征收和管理。

三、社会保险基金支付方式

社会保险基金支付是指社会保险基金管理机构按照法律法规规定的条件、标准和方法支付各类社会保险金，以实现保障社会保险计划参与者基本生活需要的目标。社会保险基金转化为各种社会保险金给付，也是社会保险政策最终目标与其保障功能实现的体现。社会保险基金的最终支付，一般是以货币形式，如养老保险金、失业保险金和部分医疗保险津贴；部分是以实物形式和服务形式支付，如养老服务和医疗服务。

社会保险基金支付的具体方式与具体的社会保险种类以及该种类的特征、功能是紧密相关的。以养老金支付为例，养老金由于是用于劳动者退休后的养老生活保障，因此大多数国家都禁止将养老金账户金额一次性支付给领取者，而一般要求通过退休年金、分期支付等方式进行。在养老金退休给付方式上，拉美许多国家采用年金、定期给付、递延年金三种给付方式，而中东欧国家的年金给付是其唯一方式。

第三节　社会保险基金的运行条件和平衡条件

社会保险基金能否有效运行决定和影响着社会保险制度的绩效，社会保险基金运行需要必要的运行条件和平衡条件。由于社会保险基金内在的特殊性，社会保险基金的运行条件和平衡条件受诸多因素的制约。

一、社会保险基金的运行条件

立足于社会保险制度体系而言，社会保险基金能否正常运行，取决于社会保险制度是否具有可持续性、社会保险基金管理模式的合理性与社会保险基金管理与监督的有效性；而立足于社会保险基金运行的外部环境而言，社会保险基金能否正常运行还取决于宏观经济环境、金融市场环境、财政环境以及人口和法律环境等因素。

（一）稳健的经济发展环境与完善的金融市场

经济发展水平制约社会保险制度的保障范围和保障程度，经济发展程度决定了人们对社会保险的需求程度，也决定了有关经济主体是否有能力为社会保险制度提供资金支持。经济的健康发展，保证了在既定社会保险制度下良好的缴费能力，在一定程度上保证或者提高社会保险制度的筹资能力；富有效率的经济发展水平，意味着微观经济主体企业有良好的经济效益和利润水平，这也为社会保险基金投资于其准许投资的项目提供了投资利润的来源。立足于更高的整合层面，与经济发展水平相适应的社会保险制度，才有可能实现社会保险制度与经济增长的相互促进。

完善且具有效率的金融市场是社会保险基金投资运营的重要前提条件，是社会保险基金保值增值的重要场所。金融市场的成熟度、金融机构监管系统的完善程度和风险控制能力也将制约和影响社会保险基金的发展，具体体现在金融市场的成熟度，决定了社会保险基金管理模式的选择，决定了社会保险基金的投资范围与具体的投资工具种类，决定了社会保险基金管理的监督模式选择。金融市场的开放程度决定社会保险基金投资的资产质量与资产结构，金融市场的效率及其资源配置功能决定和影响社会保险基金管理的效率。完善的金融市场也是社会保险基金与金融市场互动的重要经济条件，没有一个完善的金融市场，难以实现社会保险基金与金融市场的互动；没有规模巨大的社会保险基金在金融市场的参与，金融市场也难获得长足的发展。

（二）可持续发展的社会保险制度

社会保险制度是社会保险基金运行的制度载体。只有一个可持续发展的社会保险制度，才能保证社会保险基金的筹资、投资与代内或代际支付的连续性；只有一个可持续发展的社会保险制度，才有可能形成对社会保险制度的可信任度和制度良性预期，进而形成社会保险基金稳健运行的制度基础；只有一个体现公平与效率的社会保险制度，才能充分体现社会保险制度的保障性和内在激励性，使社会公众参加到社会保险制度体系中来，形成日益强大的社会保险基金。

（三）有效的社会保险基金管理模式

在健康的经济发展环境和完善的金融市场条件下，具有良好制度基础的社会保险基金要保证其良好运行，还应该选择和社会保险制度相适应的有效的社会保险基金管理模式。目前，社会保险基金管理有多种模式，有强调政府集中管理的模式，如新加坡、马来西亚等国的中央公积金；有强调按委托而建立的信托基金管理模式，如美国、日本等的管理模式；有按私营竞争性原则运作的基金管理模式，如智利的管理模式。根据不同的社会保险制度模式，选择与其相适应的社会保险基金管理模式，强调对不同社会保险基金的分类管理和分层管理，是社会保险基金管理的重要内容。

（四）富有效率的社会保险基金投资运营与监管管理

社会保险基金的投资运营与管理是社会保险基金管理的核心内容。富有效率的社会保险基金投资运营，能够充分保证社会保险基金的保值增值，在完全的现收现付的财务制度中，在一定的条件下可以减少现行制度参与者的缴费率，进而增加制度参与者的可支配收入，增强企业在国内与国际市场中的竞争力；在完全基金制的财务制度中，在缴费基础相对稳定的条件下，较高的投资收益率可以形成制度参与者较高的养老金价值。因此，确定社会保险基金的投资范围，运用现代投资组合技术与社会保险基金的投资组合策略，选择有效的战略性资产配置与战术性资产配置技术，注重资产负债管理与整合风险管理技术的运用，是社会保险基金投资运营的重要内容。

社会保险基金运营的监督管理是社会保险基金能否正常运行的重要保证，缺失有效监督管理的社会保险基金必然影响甚至动摇社会公众对社会保险制度的信任，最终影响社会保险基金管理和社会保险制度的良性运行。社会保险基金监管包括社会保险基金监管模式选择、社会保险基金投资运营各项规则的建立与完善、投资运营机构的认定、投资运营与行政管理的各类制度准则、信息披露制度的建立与完善、监管体制及其职能划分等内容。

（五）相适应的财政经济条件

社会保险基金的社会目标性与政府干预性决定财政在社会保险基金管理中的特定地位与作用。诚然，不同的社会保险基金筹资模式（如现收现付制与基金制）与财政的关系有所不同，但都离不开财政的参与和支持，特别是财政对社会保险基金管理和社会保险制度承担终极责任（如最低保障养老金制度、社会救助性养老金等）。各项社会保险基金的筹集、支付范围与支付标准都将影响到国家财政收入与支出的水平。在实行社会保险税筹资的社会保险制度中，社会保险资金筹集直接形成政府的财政收入；在实行社会保险费的社会保险制度中，财政的转移支付能力与水平影响和制约着社会保险基金的财务平衡状况，政府对社会保险缴费的有关税收优惠规定也直接影响着政府的财政收入和社会保险基金的收支状况（如我国企业年金的税收优惠问题）。社会保险基金较大盈余也将减轻财政在社会保险基金转移支付中的压力，使财政资金能够用于其他投资项目。因此，社会保险基金管理模式选择、社会保险金给付水平、社会保险基金的筹资与投资能力，都必须充分考虑到国家现实的财政条件。

二、社会保险基金的平衡条件

社会保险基金的筹资模式有现收现付制、基金制以及部分基金制三种模式，在技术机制上这三种运行模式各有不同，但都必须遵循其内在的平衡条件，即社会保险的各项资金来源应该与社会保险金的各项支出项目保持某种程度的平衡。社会保险基金的平衡既应包括短期平衡，又应充分关注其中长期平衡。

不同种类社会保险基金的平衡条件有其具体的运行机理，现以养老保险的现收现付制与完全基金制筹资模式来分析养老保险基金的平衡条件。①

（一）现收现付制养老保险基金的平衡条件

现收现付制养老保险基金的财务平衡机制是“以支定收，略有结余”，完全现收现付制的养老保险基金的平衡条件可理解为“用缴费者当年保费收入支付退休者当年养老金给付”（这一代人的缴费作为上一代人的养老金给付）。假定：

$$\text{保费率}(R_c) = \text{保费收入} / \text{工资总额}$$

基金平衡条件：

$$\text{当年保费收入} = \text{当年养老金给付}$$

$$\text{工资替代率}(B) = \text{养老金}(P) / \text{社会平均工资}(W)$$

$$\text{制度赡养率}(D) = \text{退休人口}(R) / \text{在职人口}(E)$$

$$R_c = \frac{\text{养老金给付总额}}{\text{工资总额}} = \frac{\text{养老金}(P) \times \text{退休人口}(R)}{\text{社会平均工资}(W) \times \text{在职人口}(E)} = \frac{P}{W} \times \frac{R}{E}$$

$$R_c = \text{工资替代率}(\frac{P}{W}) \times \text{制度赡养率}(\frac{R}{E})$$

在现收现付制度中，养老保险基金保费收入取决于缴费率和工资总额，保费支出则取决于工资替代率和制度赡养率，工资替代率取决于养老金给付水平和社会平均工资状况，制度赡养率取决于人口年龄结构和退休年龄。

因此，在现收现付制养老保险基金中，要让每一代人承担的缴费水平和工资替代率水平基本相当，则要求制度赡养率相对稳定。而在人口老龄化背景下，制度赡养率会越来越高，要保证现收现付制养老保险基金的收支平衡，或者是提高养老保险缴费率，或者是降低这一代人或下一代人的工资替代率（养老金给付水平）。而缴费率具有一个相对的上限，工资替代率具有相对的刚性，这都对现收现付制养老保险基金的收支平衡形成较大影响。

（二）完全基金制养老保险基金的收支平衡分析

完全基金制养老保险制度是代内的自我赡养保障模式，其财务平衡机制体现为制度参与者“保费及投资收益在退休时的终值=未来养老金给付在退休时的现值”。

① 李珍．养老社会保险的平衡问题分析［J］．中国软科学，1999（12）：19.

假定：

雇员第一年有供款 cW（c 为费率，W 为起始工资）；

工资增长率为 g；

基金收益率为 r；

供款每年以 $1+g$ 的速度增长；

基金积累以 $1+r$ 的速度复利增长；

纳费年数为 n 年；

领取年数为 m 年，给付率为 b。

退休基金在 n 年末的累积值为未来 m 年给付额在 n 年末的现值，平衡条件：

$$cW[(1+r)^n+(1+g)(1+r)^{n-1}+\cdots+(1+g)^{n-1}(1+r)]$$

$$bW(1+g)^n\left[1+\frac{1+g}{1+r}+\frac{(1+g)^2}{(1+r)^2}+\cdots+\frac{(1+g)^{m-1}}{(1+r)^{m-1}}\right]$$

退休基金 n 年末的积累值=未来 m 年给付额在 n 年末的现值：

$$cW[(1+r)^n+(1+g)(1+r)^{n-1}+\cdots+(1+g)^{n-1}(1+r)]=$$

$$bW(1+g)^n\left[1+\frac{1+g}{1+r}+\frac{(1+g)^2}{(1+r)^2}+\cdots+\frac{(1+g)^{m-1}}{(1+r)^{m-1}}\right]$$

在工资增长率 g 等于基金收益率 r 时，所需的保费率：

$$c=b\times\frac{m}{n}$$

如果基金收益率 r 低于工资增长率 g，所需的保费率：

$$c>b\times\frac{m}{n}$$

可见，在完全基金制条件下，影响养老保险基金收支平衡的因素不仅有保费率、预期退休金水平和自我负担率，还与基金收益率、退休年龄等因素相关。在养老保险缴费一定的情况下，养老基金投资收益率越高，退休年龄延长，退休养老金的累积价值就会越大；反之，在未来退休金累积价值一定时，养老基金投资收益率越高，工作期间缴费时间越长，工作期间缴费率则相对较低。而在经济现实中，由于经济增长具有周期性，投资收益具有变动特征，人均寿命总体上具有延长趋势，完全基金制下的养老保险基金平衡是在一种动态条件中的不断调整的过程。

补充阅读

做大做强全国社保基金（节选）

党的十九届五中全会提出："健全多层次社会保障体系""实施积极应对人口老龄化国家战略"。这是以习近平同志为核心的党中央深刻把握我国经济社会发展形势，立足全局、着眼长远作出的重大部署。全国社会保障基金（以下简称全国社保基金）作为国家社会保障储备基金，是多层次社会保障体系的重要组成部分，也是应对人口老龄化的重要财力基础。全国社会保障基金理事会（以下简称社保基金会）作为社保基金的管理运营机构，肩负着为积极应对人口老龄化提供坚实资金保障的职责。做大做强全国社保基金，更好发挥其在社会保障体系中的"压舱石"作用，对于我国经济社会持续健康发展具有重要意义。

推动实施积极应对人口老龄化国家战略

"十四五"时期是应对人口老龄化的重要窗口期，也是社会保障制度补短板的关键时期。加快健全包括多层次、多支柱养老保险体系在内的社会保障体系，实施积极应对人口老龄化国家战略，对于抓住用好这个重要窗口期具有重大意义。全国社保基金主要用于人口老龄化高峰时期的养老保险等社会保障支出的补充和调剂，做大做强全国社保基金必须紧紧围绕实施积极应对人口老龄化国家战略，助力国家成功应对人口老龄化。

助力健全完善社会保障体系。党的十八大以来，以习近平同志为核心的党中央作出一系列重大部署，推动社会保障制度改革取得突破性进展，建成了世界上规模最大的社会保障体系。党的十九届五中全会提出，要健全覆盖全民、统筹城乡、公平统一、可持续的多层次社会保障体系；推进社保转移接续，健全基本养老、基本医疗保险筹资和待遇调整机制；实现基本养老保险全国统筹，实施渐进式延迟法定退休年龄；发展多层次、多支柱养老保险体系。这为健全完善我国社会保障体系提供了改革路径、明确了发展蓝图。当前，必须抓住我国经济社会高质量发展、人口老龄化程度相对较轻的有利时机，进一步增加社会财富积累，做大做强全国社保基金，助力健全完善社会保障体系，为社会保障可持续发展、积极应对人口老龄化奠定坚实财力基础。

助力养老保险体系均衡、可持续发展。当前，我国养老保险体系发展还不够均衡。作为第一支柱的基本养老保险总体规模依然偏小，但在三支柱中的占比却较高。这说明作为第二支柱的企业（职业）年金的覆盖面较窄、资金积累规模有限；作为第三支柱的个人储蓄性养老保险和商业养老保险发展滞后。截至2019年年底，我国基本养老保险基金累计结余约6.28万亿元，全国社保基金已有2万多亿元的战略储备，但两者总和占国内生产总值（GDP）的比重还不够高。促进养老保险体系均衡、可持续发展，一方面需要继续壮大作为第一支柱的基本养老保险规模，加快发展第二和第三支柱，实现三大支柱均衡发展、协同发力；另一方面需要采取多种措施做大做强全国社保基金，拓宽基金收入来源、增加基金积累、加强运营管理。

助力明晰各方责任边界。为满足人民群众日益增长的养老需求，做大做强全国社保基金需要在明确责任边界的基础上科学测定未来养老金的收支发展态势，夯实国家养老储备。在明晰各方责任边界方面，首先需要处理好中央与地方的关系。建立健全养老保险责任分担机制，坚持“统筹”不“统揽”，明确不同层级政府在基本养老保险制度中的事权责任，发挥好中央和地方两个积极性。其次需要处理好政府与企业的关系。政府的主导作用体现在围绕“兜底线、织密网、建机制”要求投入资源，设计更为合理的制度安排。企业作为市场主体，应按规定履行缴费等社会保障责任和义务，在发展补充保险、商业保险中发挥积极作用。同时，健全和完善多缴多得、长缴多得的激励机制，引导全民积极参与，实现参保者权利与义务相统一。

资料来源：做大做强全国社保基金．人民日报，2021-04-26.

深度阅读

1. 林义．社会保险（第五版）［M］．北京：中国金融出版社，2022.

2. 郑功成．社会保障学：理念、制度、实践与思辨［M］．北京：商务印书馆，2000.

3. 吕学静，江华．社会保障基金管理（第五版）［M］．北京：高等教育出版社，2020.

4. 郑秉文．中国养老金发展报告（2020）［M］．北京：经济管理出版社，2021.

本章小结

本章主要分析社会保险基金的构成及其运行条件，包括社会保险基金的内涵与功能、社会保险基金运行的构成要素、社会保险基金的运行条件和平衡条件三个方面的内容。

社会保险基金是指为保障劳动者在丧失劳动能力或失去劳动机会时的基本生活需要，在法律的强制规定下，通过向劳动者及其所在单位征缴社会保险费，或由国家财政直接拨款而集中起来的资金。社会保险基金一般由养老保险基金、医疗保险基金、失业保险基金、工伤保险基金和其他社会保险项目的基金构成。

社会保险基金具有法律强制性、社会政策目的性、保障对象特定性、统筹互济性、储存性和增值性等特点。

社会保障基金的内涵和外延大于社会保险基金。两者均具有国家法定性、专款专用性、统筹互济性、覆盖广泛性等特点。

社会保险基金按社会保险项目的专门用途及其功能分类，主要有养老、医疗、失业、工伤和生育保险基金；按筹资模式分类，有现收现付社会保险基金和基金制社会保险基金；按基金所有权分类，有公共基金、个人基金和机构基金；按基金运营管理方式分类，有财政性基金、市场信托管理基金、公积金基金。

社会保险基金是在国民收入的初次分配及再分配过程中形成的，是从国家财政收入、企业收入和劳动者收入中分解出来而用于社会保险事业的一种社会后备基金。社会保险基金是社会保险制度的物质基础，是稳定社会的“减震器”，是社会劳动力再生产顺利进行的重要保证，是调节收入差距的特殊手段，在一定条件下对经济发展有重要的促进作用。

除工伤保险基本上完全由企业负担外，其他保险项目的基金，一般均由劳动者个人、企业及国家三方出资形成，我国职工也不缴纳生育保险费。大体上可以分为四种出资模式，即个人、企业和国家共同分担的出资模式，企业和国家分担的出资模式，个人和企业分担的出资模式，个人和国家分担的出资模式。社会保险基金主要来源于个人缴费、企业缴费、政府资助或补贴、基金的投资收益四种形式。

社会保险基金筹资的具体形式包括社会保险税、社会保险费、建立预算基金账户制等。社会保险基金的最终支付一般是以货币形式，其支付的具体方式与社会保险种类以及该种类的特征、功能紧密相关。

社会保险基金的运行条件包括稳健的经济发展环境与完善的金融市场、可持续发展的社会保险制度、有效的社会保险基金管理模式、富有效率的社会保险基金投资运营和监督管理、相适应的财政条件等。社会保险基金的平衡条件总体上体现为社会保险的各项资金来源应与社会保险的各项支出项目保持某种程度的平衡，养老保险基金的平衡条件在现收现付制与完全基金制的养老保险制度中有其特定表现。

重要概念

社会保险　社会保险基金　社会保障基金　基金来源　基金筹资　筹资形式　运行条件　平衡条件

复习思考题

1. 什么是社会保险基金？社会保险基金有何特点？
2. 社会保险基金有哪些种类？
3. 社会保险基金的性质和功能是什么？
4. 什么是社会保障基金？社会保险基金与社会保障基金有哪些区别和联系？
5. 社会保险基金的来源有哪些形式？
6. 社会保险税与社会保险费有何区别？
7. 试述社会保险基金的运行条件和平衡条件。

第二章
社会保险基金管理概述

第一节　社会保险基金管理的内涵与外延

一、社会保险基金管理的含义

（一）什么是社会保险基金管理

社会保险基金管理是为实现社会保险的基本目标和制度的稳定运行，对社会保险基金的运行条件、管理模式、投资运营、监督管理进行全面规划和系统管理的总称，是社会保险基金制度安全运行的核心环节。

社会保险自身的特点决定了社会保险基金管理是一个综合的管理系统，它不仅包括作为长期和短期货币收支计划的基金管理制度和方式，而且涉及经济、社会、法律、人口尤其是财政、金融等诸多领域。社会保险基金管理的绩效直接关系到社会保险制度的成败，对一国的社会稳定和经济发展，对财政收支状况、金融市场的繁荣稳定具有重大影响。

（二）社会保险基金管理的基本内容

1. 社会保险基金管理的法律法规体系

社会保险基金作为国家社会保险制度的重要经济基础，对其管理必须纳入法治轨道。不同国家社会保险基金管理的立法不尽相同，大体分两种情况：一种是在社会保障法或社会保险法中对基金管理的问题有专门的法律条文；一种是通过专门的社会保险基金投资法或退休基金法规定、制定社会保险基金的收缴、投资运营、投资组合及监管条款，如智利、波兰等国都颁布有专门的退休基金法。[①] 受各国的政治、经济、社会及文化传统方面的影响，各国的社会保险基金管理的法律基础也不尽相同。必须从本国实际出发，借鉴有益的国际经验，逐步完善适合各国国情的社会保险基金管理法律体系，这是社会保险基金管理的一项重要内容。

2. 社会保险基金的构成

（1）社会保险基金主要是按照特定的负担原则，由单位、个人和政府三方负担。这是世界上大多数国家社会保险基金来源的主要渠道，强调社会保险费用由单位、个人和政府按一定的方式和比例实行分摊，具体负担方式和分摊比例根据各国的政治、经济、社会及历史传统有所不同，许多国家由单位负担主要部分，个人负担小部分，而政府采取直接投入，如德国、日本；或政府部门承诺在基金出现赤字时予以弥补，如美国。但也有例外，如新加坡公积金模式采取单位和个人负担的方式，智利只规定个人缴费。到目前为止，世界上大多数国家社会保险基金的主要来源，还是通过单位、个人和政府三方负担方式，征集社会保险税（费）。

（2）特别捐税补助。这是指政府除依法从财政预算中直接拨付社会保险款项外，为扩大社会保险基金来源而开设的特别捐款，其收入直接进入社会保险基金特别账户中，由有关社会保险机构独立支用。如征收特别财政税、超额所得税、出口税、专项消费税、汽油费、烟草税等，用于弥补社会保险基金的不足。

（3）基金运营收入。在传统社会保险制度中，社会保险基金运营收入一般是作为社会保险基金的来源之一，随着各国逐步实现部分基金制或基金制的财务机制，基金的规模不断扩大，基金的投资运营收入将会作为社会保险基金的重要来源，对社会保险基金各项待遇水平具有十分关键的制约作用。

（4）滞纳金和罚金收入。将企业以各种方式违法欠缴、隐瞒少缴社会保险费而征收的滞纳金和罚款收入全部归入社会保险基金。

社会保险各项费用的征缴、保管构成社会保险基金管理的一项重要内容，而基金征缴率的高低，直接制约社会保险基金的短期平衡及中长期平衡。

3. 社会保险基金的运行条件与平衡条件

社会保险基金不同于一般货币收支计划，不但具有政府强制征收的基本特征，还涉及几代劳动者的经济利益、收入分配关系，其时间跨度长达几十年。因而，社会保险基

① 李珍．社会保险制度与经济发展［M］．武汉：武汉大学出版社，1998.

金的运行条件和平衡条件构成基金管理的重要内容。通常来说，社会保险的筹资模式在具体的运作方式和侧重点上各有不同，但都应当建立在人口精算估计、经济预测与估计、法律制度条件和特定的经济发展和金融市场条件的基础之上，都必须遵循一个基本原则，即社会保险的各项资金来源（包括预期投资收益）应与社会保险金的各项支出项目保持短期平衡尤其是中长期平衡，必须立足于长期发展战略和制度的可持续发展进行制度设计。而实现基金供求的平衡必须高度重视社会保险基金运行条件和平衡条件的实现程度。由于社会保险基金的规模直接受制于缴费人数和受益人数，以人口精算估计为基础的精算估计具有十分重要的意义，它在很大程度上制约着一国社会保险基金运行与收支平衡状况。对基金制运行条件下的社会保险基金管理来说，宏观经济稳定和金融市场条件对社会保险基金运行与收支平衡则具有关键意义。

经济预测与估计对不同的社会保险基金管理模式均具有密切的内在关联和重要影响。在传统的经济估计因素中，将工资及收入增长率、通货膨胀率、利息率、投资收益率、失业率作为制约社会保险基金的运行条件与平衡条件是极为关键的因素。由于经济预测和估计的复杂性、动态性和不可控性，通常会影响基金运行的精算估计结果。而个人账户的基金制运行，在更大程度上受宏观经济运行状况、金融市场条件、利率和通货膨胀等动态因素的制约，对基金运营和监控的难度明显增大。

法律及制度因素对社会保险基金运行发挥着越来越重要的制约作用。社会保险基金的筹集、管理与投资运营都必须置于法律的严格监控之下，法律法规的完善程度及人们对法律法规的自觉遵守意识，将是十分重要的制约因素，不应低估。此外，若干非经济的制度因素也对社会保险基金运行产生潜在的重要制约作用。

4. 社会保险基金管理模式选择

对于规模庞大的社会保险基金，通过什么方式实施管理，是政府专门机构直接管理，还是委托有关金融服务机构实施分散化管理，或是通过私营化、市场化的方式进行管理，乃是社会保险基金管理的核心内容之一。不仅如此，如何根据各国自身的经济、政治、社会、法律及人文条件，探索适合各国国情的社会保险基金管理模式更是基金管理的枢纽之点。显而易见，社会保险基金管理绝非技术机制的简单移植，而是在深层次受制度条件的制约。目前，社会保险基金管理存在多种模式，有强调政府集中管理的模式，如新加坡；有强调按委托代理而建立的信托基金管理模式，如美国；也有按直接私营竞争性原则运作的基金管理模式，如智利。多层次社会保险模式已成为各国在 21 世纪的目标模式，选择不同类型的社会保险基金管理模式，强调对基本保险和补充保险进行分层管理，对于有效实施社会保险基金管理意义重大，也是国际社会保险基金管理的前沿及热点课题。

5. 社会保险基金的投资运营及风险管理

随着部分积累模式和多层次社会保险基金框架的确立并受到日益广泛的关注，社会保险基金的投资运营及风险管理已成为基金管理的核心内容。如何在动态经济条件下实现社会保险基金的安全运营、有效投资、保值增值及风险管理，成为多层次社会保险制度稳定运行的关键性约束条件之一。遵循社会保险基金投资的安全性、营利性、流动性原则，对社会保险基金投资运营进行有效管理，并按照现代投资组合理论与技术，实施资产负债管理、投资组合管理和风险管理，体现基金投资多样化和分散型的投资理念，遵循投资项目期限匹配原则、货币匹配原则，在稳健有序的资本市场上，按照一定的投资组合规则，实现基金安全运营原则下的较高投资收益。

6. 社会保险基金监管

社会保险基金监管在全球范围内是一个新课题。基金监管通常是国家授权专门机构依法对社会保险基金征缴、安全运营、投资活动及基金保值增值等过程进行严格监控。社会保险基金监管的主要内容包括：其一，建立和完善社会保险基金投资运营的各项规则，进行保险基金运营机构资格认定，制定各类监管准则；其二，通过具体的监管方式和监管手段，监督实施各类基金管理规则，实施对社会保险基金投资运营的有效监管；其三，立法监管、经济监管、行政监管和其他多种监管方式的共同作用，是实现社会保险基金管理规范、有序和稳健发展的重要制度保证。

7. 社会保险基金管理与财政金融的互动效应

社会保险基金的征缴、保管、投资运营、保值增值以及基金监管的全过程，都不同程度地与财政金融具有联系和互动效应。社会保险基金的筹集与社会保险待遇的给付同国家财政的预算及财政管理关系密切。良好的社会保险基金运营绩效无疑会较大幅度减轻国家财政负担，反之则会增大国家财政负担。而社会保险基金购买国债的投资行为不但较大程度地影响财政发行国债的规模和吸收能力，还对社会保险基金的安全运营具有积极的影响。社会保险基金同国家财政收支的密切关联及其协调，是社会保险基金管理的重要内容。

社会保险基金与金融市场、资本市场的互动效应，是基金管理非常重要的组成部分。社会保险基金介入资本市场的规模与结构，对完善资本市场发展具有重要的促进作用。而资本市场的规范和有序发展，又是社会保险基金投资运营的基本约束条件，尤其对基金制和统账结合的社会保险制度而言，金融市场的完善程度及其在未来的健康发展更是至关重要的制度性约束。

8. 社会保险基金管理的内外部条件的协调

社会保险基金管理是一个极为复杂的系统工程。它既同经济发展、宏观经济运行乃至国际经济运行密切相关，又同资本市场和金融市场、财政收支状况、法律制度环境具有十分密切的内在关联。不仅如此，社会保险基金管理的绩效还在很大程度上取决于社会成员对各项规则的自觉遵从意识，取决于信任和信用关系的基础性制度环境的约束。在某种意义上，制度文化条件的约束对社会保险基金管理的可持续发展具有十分关键的意义。

（三）社会保险基金管理的范围

随着各国社会保险制度改革进程的加速，社会保险基金管理的范围已逐步突破传统欧美国家社会保险基金管理的既有模式，即由强调国家财政管理为中心的社会保险信托基金管理方式，向多元化管理模式发展，包括基金模式的多元化和投资方式、投资渠道的多元化。不仅如此，还呈现出社会保险基金管理多元化的发展趋势。

一般而言，社会保险基金管理的范围主要包括传统社会保险制度构架中养老、医疗、失业和工伤保险各项基金的费用征缴，基金保管与各类保险金支付，基金的投资运营与监管，社会保险统账模式中基金的分层管理等。同时，也包括各类补充社会保险基金项目，尤其是补充养老保险基金管理，包括多层次社会保险构架中其他组成部分基金管理。不仅如此，社会保险基金的投资范围还将逐步扩大到金融市场上的各类金融资产。虽然目前只有智利、英国等少数国家将社会保险基金投资范围的外延确定得很宽泛，但多数国家的改革走势也呈现出基本保险项目的投资限制有所放宽（当然，仍会有相当多的限制），而对补充保险类基金管理的投资组合限额似有逐步放宽的趋势。

二、社会保险基金管理的特点

（一）社会政策目的性

社会保险基金管理的一个基本特点是社会政策的目的性。无论选择何种社会保险改革模式和运行机制，其基本目标是实现既定的社会政策目标，基金的安全运营、保值增值和有效监管等必须围绕实现国家社会政策目标这一核心宗旨，这也是将社会保险基金管理同其他类型基金管理区别开来的一个重要标志。在当前国际社会保险改革的大辩论中，一个重要的分歧在于如何评价社会保险的社会政策作用、如何评价社会保险促进经济发展的作用。显而易见，社会保险基金管理的社会政策目的性这一基本特征，决定了社会保险基金投资与管理的首要目标是实现基本保障的社会政策目标。当然，也必须肯定社会保险投资运营在促进经济发展中的重要作用，但毕竟这是第二位的。如果单纯强调社会保险基金投资与管理在促进经济增长中的作用，就很容易将社会保险基金投资混同于一般基金投资，而忽略其长期的社会政策目标。

（二）法律监控性

社会保险作为法定保险的基本特性决定了社会保险基金管理的全过程，包括费率的确定、基金征缴支付、基金保管、投资运营、投资组合、投资限额等均需置于国家有关法律法规的严格监控之下，体现出很强的依法管理的特征。如社会保险基金的筹集通常由社会保险经办机构依法进行费用征缴，不得截留和少缴。社会保险基金的支付也必须严格按照法律规定的原则、条件、项目、标准和方式，支付法定范围内的各类社会保险待遇。社会保险基金强调依法管理、专款专用，任何单位和个人不得随意挪用和挤占保险基金项目。同时，社会保险基金担负的特殊的社会政策使命，也使社会保险基金法律监控程度比其他种类的基金投资监管要重得多。因而，社会保险基金监管必须置于法律的严格监控之下。立法和执法的严格规范对社会保险基金的有效管理具有十分重大的意义，也是构成基金管理的重要内容之一。

（三）综合性与交叉性

社会保险基金管理具有很强的综合性和交叉性特征。区别于一般货币收支计划及其管理，社会保险基金运营与管理既体现经济政策，又在相当程度上体现社会政策；既与企业、个人和国家财政资金有密切关联，又同资本市场、国债市场和整个金融市场具有更为直接的联系。随着社会保险制度改革的深化，社会保险基金的规模日益扩大，其对经济发展和金融市场的完善有更直接的作用，同国内资本流动乃至国际资本流动都有不可忽视的内在联系。因而社会保险基金管理应当同财政、银行、证券、保险、审计等监管部门相互配合和协调。不仅如此，社会保险基金管理重大政策的出台，还必须充分体现政策监管部门的综合配套、相互协调的管理过程，否则，社会保险基金管理的有效性将大打折扣。

由于社会保险基金自身的长期性、社会政策目的性和基本特征，在很大程度上不同于一般企业基金、信贷基金和共同基金，在强调实现社会保险基金投资盈利目标的同时，必须高度重视基金的安全运营特性，以及基金投资较低的流动性风险，并形成与基金特征相关联的强调战略性的投资组合策略。此外，在社会保险基金管理过程中，无论是基金的筹集、费用征缴、投资运营，还是保险金给付都不同程度地享受政府税收方面的政策优惠，这是社会保险基金管理不同于一般机构投资者和共同基金的重要特点。

三、社会保险基金管理的主要途径

（一）财政集中型基金管理途径

在一些欧美国家的社会保险制度构架中，采取财政集中型基金管理途径来实施社会保险基金的管理，即以建立社会保险预算或直接列入国家财政预算的方式管理社会保险基金。前者强调社会保险预算与政府总预算项目分离，作为专项预算，在政府预算中保持相对独立性，不能直接动用社会保险基金弥补财政赤字。后者则将社会保险收支与政府预算融为一体，当社会保险基金收大于支时，政府可将其用于安排其他支出甚至用于弥补财政赤字；当社会保险基金收不抵支时，则通过财政预算款予以弥补。

通过财政实施集中的基金管理途径，不论在具体运作方式上存在何种差异，都体现出国家财政对社会保险基金管理所担负的最后责任。由于社会保险费（税）的征缴由政府立法强制实施，也在很大程度上体现出政府的行为而非单纯的市场行为，应当置于政府财政的直接监控之下。一些国家，如英国、法国、日本，将社会保险基金收支纳入国家预算进行管理。英国建立专项社会保险预算并将其编入统一的政府预算报告，议会通过政府的预算后，由社会保障部门按照国家预算中的社会保险预算安排社会保险支出，既与国家预算相联系，又有相对独立性。而一些北欧国家，并不明确规定社会保险支出的专项资本来源，而是会同国家预算收入的其他项目一并考虑，社会保险费用支出均在国家预算计划中列支。

受各种因素的制约，一些国家已改变将社会保险收支项目与国家预算计划捆绑的做法。一个基本的考虑是厘清各项收支计划的关系，明确界定企业、个人及国家所应承担的社会保险责任，避免用社会保险收支的盈余（基金制和部分基金制社会保险计划通常会有巨大的资金盈余）弥补政府预算赤字，例如美国依据社会保险项目调整社会保险基金预算类型，其中养老保险基金、遗属保险基金和伤残保险基金属于预算外基金，医疗保险基金和失业保险基金等属于预算内基金。在东欧经济转轨国家，20 世纪 90 年代社会保险制度改革的一个重要内容就是使社会保险收支同国家预算计划脱钩，强调对社会保险基金的集中管理，防止政府包揽过多的社会保险责任。

财政集中的基金管理途径，注重以较高比例（一些国家在80%~90%）购买一级市场的国债。定向社会保险的特种债券，具有风险较低、保障收益和易于操作等优点，但由国家承担投资风险，投资收益明显低于直接投资于金融市场的补充养老保险基金。国外社会保险基金管理的发展显示，欧美国家长期采用的这一基金管理途径正受到基金投资市场化的严峻挑战。

（二）多元分散型或多元竞争型基金管理途径

多元分散型基金管理途径是指社会保险专门机构委托银行、信托、投资公司、基金管理公司等金融机构对社会保险基金在法律允许的范围内进行信托投资，并规定最低投资收益率的基金管理途径。多元分散型或多元竞争型基金管理途径具有较高效率、较高投资收益，同时具有投资方式种类、投资组合上的较大的灵活性。由于多元竞争的特点，在一定程度上分散了基金投资风险，增进了基金运营的透明度和投资绩效，强化了市场机制的作用，成为近年来世界上许多国家社会保险基金管理决策与改革的热点问题，受到许多国家的重视。当然，这种途径也受到经济环境、金融环境、法律法规完善程度的制约。对这类基金管理途径，金融市场的完善程度和规范的市场运作是其重要的约束条件。我国社会保险基金管理在初期也主要采取由社会保险机构委托国有商业银行划拨，存入社会保险基金专户，规定购买专项国债的方式。尽管该种方式确保了社会保险基金的安全性，但是也对基金的保值增值带来了极大的限制。随着社会保险基金管理的现实需要，在风险管理制度和能力不断提升，金融资本市场环境不断成熟的基础上，企业年金、基本养老保险、职业年金等基金计划陆续通过委托/受托等方式进入市场化投资阶段。从基金安全性出发，监管部门依据基金所处层次和类型的不同，有区别地规定了基金的投资渠道和范围，有效实现了基金投资策略的差异性、风险和收益的匹配性、生命周期财务规划的选择性。

（三）专门机构的集中基金管理途径

专门机构基金管理途径是指由相对独立和集中的社会保险银行、社会保险基金管理公司或基金会等专门机构负责社会保险基金的管理和投资运营。社会保险基金管理专门机构的董事会由财政、金融、人力资源社会保障、工会、审计和社会保险机构等有关方面代表组成。通过严格规范、严格监控的方式，集中管理社会保险基金，负责实施基金投资运营，制定投资组合政策，实现基金保值增值目标。在东南亚国家的社会保险基金管理中，专门机构的集中管理途径较为普遍。例如，新加坡中央公积金制度由中央公积金局负责基金管理运营，基金预算实行单独管理，收支均不纳入政府预算。

第二节　社会保险基金管理的重要意义

一、社会保险基金管理的必要性

按照西方新古典经济学派的解释，现代社会保险制度在西方社会登台，主要是因为商业寿险市场普遍存在着逆选择和道德风险，存在着市场失灵，因而需要政府扮演并发挥“家长”的作用。政府强制性社会保险的制度安排被认为是为克服市场失灵而作出的选择。英国养老保险基金管理专家戴维斯在1995年以类似的思路指出了养老保险基金中存在的三类市场失灵，即由于信息不对称性而产生的市场不完全、外部性和垄断，需要政府实施管理和监管。他认为，养老保险基金在其投资运营的过程中，由于各种委托代理关系会遇到许多信息不对称问题，养老保险计划的主办人或缴费人在选择基金管理公司进行投资运营时，很难得到足够充分的信息。因而，需要政府制定规则实施管理。这一解释对于日益扩大的第二、第三层次补充社会保险基金管理具有一定的说服力。因为对补充社会保险基金而言，在其运营过程中，从基金的缴纳、保管、投资到保险金给付，大致会涉及几种类型的经济主体，即基金的缴费人与受益人、基金主办人、基金管理人、基金托管人（如保险公司或者商业银行等）。其主要机制是基金的所有权、经营权、监督权的三权分立及其相互制约。由于补充社会保险基金的运营过程存在着广泛的委托—代理关系，在信息不对称的情况下，一方面需要建立有效的激励机制，另一方面则需要健全外部机制。同时，在确定缴费型计划下，由社会成员承担所有投资风险，因此，需要有效管理和监管，降低投资风险，并通过建立有效的风险防范机制来保护劳动者的利益。①

由于社会保险基金的长期性特征，不论选择何种基金管理模式，都需要强调有效的监督管理，保护社会成员的经济利益，防范投资过程中的种种风险，需要综合考虑经济增长率、工资收入波动情况、社会保险替代率、利率和投资收益率等动态因素，保证社会保险基金作为实现社会政策目标的经济基础，这些都具有非常重要的意义。如何在政府专门机构管理社会保险基金的制度构架中，有效防止政府机构对基金的逆向干预，即

---

① 伊志宏. 养老金改革模式选择及其金融影响［M］. 北京：中国财政经济出版社，2000.

挪用、动用、滥用社会保险基金，防止政府官员的腐败，更需要从立法及严格的制度设计方面考虑基金监管。因而，社会保险基金自身的特点及其同政府与市场的复杂关系，动态的经济因素，企业、个人和社会保险机构等对社会保险基金的认同程度等，都需要予以高度重视。从基金管理的法律、制度、改革和环境等多方面入手，确保社会保险基金征缴、运营、支出全过程的顺利实现。

二、社会保险基金管理的重要意义

（一）有助于社会保险制度的正常稳定运行

随着我国社会保险制度的改革与深化、保障范围的扩大，企业、个人和国家投入的规模将随之增大，基金增长的幅度将随之提高。同时，多层次社会保险目标模式的确定，第二、第三层次保险计划的逐步推行，必然会积累规模巨大的社会保险基金。2020年，我国基本养老保险、基本医疗保险（含生育保险）、失业保险、工伤保险四项社会保险基金收入全年合计 75 512 亿元，支出合计 78 612 亿元，基金累计结存达 94 378 亿元。[①] 有效管理规模巨大的社会保险基金，对于社会保险正常稳定运行，社会政策目标的实现，增强对社会保险制度的认同，培植社会保险的理念具有至关重要的意义。一般而言，社会保险基金的首要问题是基金的安全运营，防止基金投资决策的失误，有效抵御通货膨胀风险的侵蚀。否则，社会保险的预设目标，轻则大打折扣，重则危及制度的稳定运行。强调有效的基金管理意义重大，这是高度重视和强调社会保险基金管理的首要任务。

（二）有助于减轻政府日益增大的社会保险费用负担

许多国家社会保险制度运行的经验教训表明，社会保险制度无论在最初设计中如何考虑和体现理性决策，但在后来的发展进程中，受种种因素制约，都呈现出待遇水平不断攀升、费用负担急剧增长的格局，使社会保险基金的收支出现巨大缺口，不得不通过提高基金征缴率或巨额财政补贴的方式弥补基金亏空，导致企业负担加重和政府考虑赤字膨胀的诱因。强调社会保险基金的有效管理，促进其在安全运营的前提下，实现较高的投资回报，实现基金保值增值的较好绩效，既可以降低费用征缴率，又可较大幅度减轻政府财政负担压力，具有非常重要的短期和中长期政策意义。在通常情况下，社会保

---

① 数据来源：2020 年人力资源和社会保障事业发展统计公报，http://www.mohrss.gov.cn/SYrlzyhshbzb/zwgk/szrs/tjgb/202107/t20210726_419319.html；2020 年全国医疗保障事业发展统计公报，http://www.nhsa.gov.cn/art/2021/6/8/art_7_5232.html.

险基金预期投资收益率越高，企业、个人缴费率就会越低，社会保险制度的总体费用负担也会越低。相反，预期的基金投资收益率越低，企业和个人的缴费率会设定得越高，社会保险制度的总体费用负担也会越高。同时，在基金制社会保险制度中，社会保险待遇的高低在很大程度上取决于基金的投资运营状态和资本市场条件。对政府举办的社会保险制度，无论具体形式和模式怎样，政府都将承担最后的责任。在基金制社会保险模式下，基金的有效运营管理、较高的投资收益和健全的金融市场，乃社会保险制度运行成败的关键。

（三）有助于提高政府的公共治理能力

社会保险基金管理是一项系统性工程，涉及基金筹集、基金稽核、基金运行、基金监管和基金发放等诸多环节，包括社会保险基金预算管理、社会保险基金财务管理、社会保险基金投资管理和社会保险基金信息化管理等。不论是在管理流程方面，还是在管理内容上，均考验着各级政府的公共治理能力。社会保险基金征缴的税费模式和预算管理改革、政府公共财税体制改革密切相连；社会保险基金投融资管理体系成为国家金融体系和资本市场发展的重要晴雨表；社会保险基金信息化建设更是作为国家政务信息平台和打造“智慧政府”的重要实现途径，发挥着异常重要的作用。处理动态市场环境下社会保险基金管理问题，同时也是考验政府应对复杂经济社会形势的驾驭能力和决策水平。随着社会保险制度改革的不断深化，政府应对复杂环境的社会保险制度设计水平和公共治理能力也将得到强化和提高。

（四）有利于资本市场的完善和促进经济发展

在各国构建多层次社会保险制度的进程中，社会保险基金的规模、范围及其在金融市场中的定位，都远远超过以往任何时代。由于全球性的人口老龄化压力，社会保险制度改革同经济发展的内在关联日益受到决策部门关注，它们希望能够选择基金制的养老保险制度，并强调社会保险基金在促进金融市场完善和经济发展中的重要作用。较之于传统社会保险制度，多层次的社会保险模式更注重基金的投资运营，注重社会保险基金同资本市场相协调的积极作用。不仅基金的规模会成倍增长，而且基金在扩大资本市场规模、投资工具的选择和投资组合方面都以不同方式广泛参与资本市场的投资。

社会保险基金管理与投资对资本市场的完善有多方面的促进作用。首先，社会保险基金规模的扩大，使社会保险性储蓄迅速增加，带动总储蓄的增长，为资本市场提供巨额资金来源。一项经济计量研究表明，智利养老保险基金的发展使本国总生产要素率每年提高 1 个百分点，对总生产要素率提高的贡献率为 50%。社会保险基金的增长为资本市场提供大量的资金来源，通过有效的投资运营促进经济增长。其次，有助于促进金融市场竞争，推动金融改革深化，加快金融创新步伐。社会保险基金尤其是补充养老保险基金的崛起，壮大了机构投资者的队伍，增加了金融市场的深度和广度，提高了市场流动性和运行效率。而机构投资者加入资本市场产生的直接后果，是创造出新型的金融工具和替代性的投资选择，进而有利于金融创新。再次，社会保险基金与资本市场的投资，对金融立法和监管提出了更高的要求，促使监管部门更好地维护市场的公正性，保护投资者的利益。社会保险基金的安全性、收益性与退休人员的收益及社会稳定息息相关，因而要求金融市场有良好的秩序，保持较高的公正性和有效性。社会保险基金的大规模运营，增大了资本市场运行的复杂性，客观上推动了监管部门提高监管水平，而社会保险基金的有效监管又有助于实现基金运营与资本市场的良性互动。最后，社会保险基金作为大型机构投资者，要求更好的信息披露，改善会计操作及增加透明度，从而实现较低风险情况下的投资收益，提高市场效率。如通过精算和结算系统，及时调整更新的价格信息及更佳的资源配置。①

需要指出，规范及健康有序的资本市场又是社会保险基金有效管理的先决条件，尤其是，唯有在高度重视和防范系统风险的资本市场环境下，社会保险基金投资组合和投资运营的绩效才得以真实地反映出来，而资本市场运行和基金运营的制度约束也是应当高度关注的问题。因而注重社会保险基金与资本市场、经济发展的良性互动问题的研究，构成国际社会保险领域的重要课题。

三、社会保险基金管理面临的机遇与挑战

（一）社会保险制度改革和制度定型

社会保险制度改革和发展是社会保险基金管理的前提，不同的社会保险模式和具体的制度设计对于基金管理的各方面都会带来直接影响。在经济社会不断发展的今天，尽管大多数国家社会保险制度从总体上保持了结构性稳定，但是制度的参数化改革一直都在依据时代的发展脉络不断地优化、调整和完善。这也就要求社会保险基金管理必须与时俱进，与社会保险制度改革形成同频共振。

随着社会保险制度顶层设计的持续深入，我国社会保险制度的结构改革逐步定型，

① 董克用，王燕．养老保险［M］．北京：中国人民大学出版社，2000.

参数改革的适应性调整将会对社会保险基金管理带来新的机遇和挑战。为了进一步降低社保费率、减轻企业缴费负担，2015 年以来先后 5 次降低或阶段性降低社保费率，涉及城镇职工基本养老保险、失业保险和工伤保险。2019 年《降低社会保险费率综合方案》的出台更大幅度地对社会保险缴费进行了调整，城镇职工基本养老保险单位缴费比例下降到 16%，继续阶段性降低失业保险和工伤保险费率。2020—2022 年新冠肺炎疫情期间，为了促进复工复产的顺利实施，国家对于社会保险缴费也制定了减免缓的支持政策。“十四五”期间按照“小步调整、弹性实施、分类推进、统筹兼顾”等原则，渐进式延迟法定退休年龄、提高领取基本养老金最低缴费年限等改革将稳步实施。

社会保险制度的参数改革从基金筹资和给付环节对现有基金管理提出了新的要求。尽管降低社会保险缴费比例仍有空间，但是较低费率与夯实缴费基数必须形成有机统一，才能实现社会保险基金筹资效率提升的最终目标。延迟退休和提高缴费年限等从收支两方面对于社会保险基金平衡都会带来影响，渐进式延迟法定退休年龄方案改革和最低缴费年限的修订无疑会对已经出现的基金平衡压力带来新的解决途径。

（二）社会保险管理体制的优化和调整

社会保险管理体制涉及政府、市场与社会的主体和功能定位，中央政府和地方政府之间的财权和事权关系，政府各部门在社会保险方面的管理职责和权限等多方面。社会保险管理体制的优化和调整对于明确社会保险基金管理参与主体权责关系和职能分工，促进社会保险基金管理效率提升有着重大的现实意义。

我国“十四五”期间社会保险管理体制改革的核心是完成城镇职工基本养老保险全国统筹、医疗和失业保险省级统筹，工伤保险省级统筹更加完善。社会保险统筹层次问题的实质在于中央和地方的财权和事权的统一以及央地责任的划分。以城镇职工基本养老保险为例，目前基本养老保险缺口主要是由于统筹层次低所带来的区域性和结构性缺口，部分省区的结存基金无法调剂使用。为了均衡地区间城镇职工基本养老保险基金负担，2018 年 7 月，建立实施了中央调剂制度，制度初期调剂比例为 3%，2020 年上升到 4%，2021 年为 4.5%，适度均衡了省际之间养老保险基金负担，迈出了全国统筹的第一步。2018 年至 2021 年，中央调剂制度实施四年间，共跨省调剂资金 6 000 多亿元，其中 2021 年跨省调剂的规模达到 2 100 多亿元，有力支持了困难省份，确保了养老金的按时足额发放。① 与此同时，2020 年全国各省份也相继完成了养老保险基金省级统筹统支。

① 资料来源：人力资源和社会保障部 2021 年第四季度新闻发布会，2022 年 2 月 22 日。

中央调剂制度的建立和省级统筹的完成为养老保险全国统筹奠定了前期基础。2022 年 1 月，养老保险全国统筹实施，这意味着在充分考虑央地责任的基础上逐步实现央地财权和事权的匹配，也充分注重养老保险制度和基金的财务可持续性。

在全国统筹的实现道路上，养老保险基金要充分做好集中投资和实现规模效应的准备。此外，异地就医住院和门诊费用结算、工伤和失业待遇异地领取等民生工程也亟须省级统筹的建立和完善，从而实现社会保险基金的跨地区使用和结算。

（三）深度老龄社会的冲击与挑战

预期寿命增加和生育率降低等多重因素叠加，全球人口增长率放缓和老龄化的趋势日益明显。联合国《世界人口展望 2019》指出，2019 年全球人口每 11 个人中有 1 个人是 65 岁以上的老人；到 2050 年，这一比例将增加到每 6 个人中就有 1 个人是 65 岁以上的老人，其中在欧洲和北美洲每 4 个人中将有 1 个人年龄在 65 岁及以上。我国 2021 年 5 月公布的第七次人口普查数据显示，截至 2020 年 11 月 1 日，我国 60 岁及以上老年人口达到 2.64 亿人，老年人口占比达到 18.7%；65 岁及以上老年人口 1.9 亿人，占比 13.5%。我国人口老龄化程度进入加速阶段。

持续深入的老龄化进程无疑会对社会保险，特别是养老保险基金的财务可持续性和长期的平衡稳定带来挑战。人口老龄化对劳动者原有生命周期规划的影响，也直接传导至养老保险制度本身。养老保险基金管理的原有制度参数，例如缴费比例、退休年龄、替代率水平、待遇给付条件等都将面临调整的现实需要，甚至原有的制度模式选择也面临深度改革。随着主要经济体国家生育意愿和人口出生率的下降，老年人口比重的持续上升和适龄劳动人口增速减缓，都会大大增加养老保险制度代际转移的难度。按照艾伦条件的基本原理，老龄化进程中人口增长率这一重要影响因子的趋势性变化会从根本上影响养老保险模式选择。在其他条件不变的基础上，人口增长率的下降将导致采取现收现付制的国家面临更大的压力和挑战。这无疑会成为制度改革的潜在诱因，进而带来基金管理模式的转变。

当然在人口老龄化的背景下，新兴的银发产业和银发经济也会成为经济发展新的引擎和动力，养老保险基金在秉持安全性的前提下也拥有了新的投资渠道和投资标的。养老保险基金可以充分分享银发经济的发展红利，多元化地提高基金保值增值的能力。

（四）经济发展面临不确定性

社会保险基金投资收益与经济发展和增长水平密切相关。社会保险与资本市场的互动发展，以及随之而来的基金积累都是经济发展成果分享和社会财富分配的结果。可以说，持续稳定的经济增长是社会保险基金保值增值的重要基础。

自进入21世纪以来，经济周期的波动逐步频繁，经济发展易于受到“黑天鹅”和“灰犀牛”的影响。在生产要素特别是资本要素全球化的背景下，世界经济的联动性更加深入，国家和地区之间的经济传导和影响更加明显，这突出地表现为经济波动的频繁性和易感性。经济社会风险的突发性特征也成为社会保险基金投资的重要影响因素。2020年受新冠肺炎疫情影响，世界主要经济体的增长都出现了不同程度的下滑，贸易保护主义和地缘政治的影响也极大冲击了全球产业链的发展，全球经济复苏疲软的态势将会持续。这对社会保险基金投资将会带来更多的不确定性。

2008年金融危机后，美国等主要西方国家广泛采取了量化宽松和近乎零利率的政策，尽管造就了资本市场的长期繁荣，但是也蕴藏着泡沫破灭和通货膨胀的巨大风险。无风险收益的降低也为社会保险基金投资收益的增长和基金保值增值带来了潜在的压力和风险。我国经济在进入新常态阶段后也在不断调整结构和增长方式，经济增速相较于高峰时期明显下降，L型走势逐渐形成。伴随着经济两位数增长时代的过去，与之关系密切的投资机会和投资收益随之减少，但结构性红利依然突出，科技创新背景下互联网和数字经济的活跃成为投资收益增长的新引擎。因此，在经济全球化深入发展的今天，经济发展的结构红利和创新红利依然值得期待，但是经济社会发展中风险的不确定性和突发性，也要求社会保险基金在投资过程中做好趋势研判和风险管理，从而有效实现基金管理的目标。

第三节　社会保险基金管理的基本框架

一、社会保险基金的分层管理模式及其重要意义

世界范围内多层次社会保险制度日益受到广泛的关注，随着第二层次各类补充性社会保险基金尤其是养老保险基金的异军突起，社会保险基金的管理逐步呈现多元化和多层次的重要特征。与这一趋势相伴而生的社会保险基金分层管理模式兴起，并将以不同的形式、不同的组合发挥日益重要的作用。

社会保险基金的分层管理模式是指在多层次社会保险制度的架构内，对社会保险基金的管理通过不同的制度设计和组织架构加以区分，并实施不同的基金管理运作方式和

监管策略的基金管理模式。具体而言，对国家基本社会保险基金（主要指基本养老保险基金，下同）采取严格管理的集中管理模式，强调以基金的安全运营和实现既定社会政策目标为第一选择的社会保险基金管理的制度构架，以维系社会保险制度的长期稳定和构筑社会公众对社会保险制度的信任基础。对补充社会保险基金的管理，则可以采取较为灵活、适度分散竞争和注重基金投资运营的方式，以实现投资收益较高并与资本市场良性互动的补充性社会保险基金管理模式。

纵观世界各国社会保险的制度深化路径，许多西方国家都经历或正在经历着由政府集中管理社会保险基金或政府委托中介机构间接管理基金的模式，向逐步放松对社会保险及其基金的政府管制，寻求市场化的方向发展。许多国家的经验还表明，完全的政府控制和完整意义上的私有化或市场化，都难以克服固有的“政府失灵”，而融合性基金管理模式似乎更能发挥不同模式的互补性制度功能，即可以扬长避短地探索适合各国特定制度环境的基金管理模式，进而避免从一个极端走向另一个极端。我国在社会保险改革中推行的社会统筹和个人账户相结合的模式，正是期望在公平和效率兼顾的基础上，充分发挥政府和市场在基金管理中的比较优势和价值取向，是社会保险制度改革和模式选择的有益探索。只是由于我国国情的特殊性和体制转型过程中诸多矛盾的凸显，使这一融合模式或基金的分层管理模式尚未达到预设目标，或出现了某些未曾预料的暂时性制度安排结果，如个人账户的空账运行，基金管理的安全性和收益性目标都受到不同程度的阻碍。因而，如果能有效实施基金的分层管理模式，并注重基金管理内外部制度环境的培植，那么，我国 20 世纪 90 年代以来推行的社会统筹和个人账户相结合及多层次社会保险的改革模式，无疑具有重要的、长期的和可持续发展的制度基础。

概而言之，实施社会保险基金的分层管理模式具有十分重要的战略意义。

其一，对基本社会保险基金管理强调采取政府控制、集中管理的模式，有利于体现政府对社会保险计划的最终责任。因为基金管理所肩负的社会保险政策目标，最终体现政府所必须承担的维护社会稳定的责任。如果基本社会保险的基金管理出现了重大失误，不论是基金流失、被挪用或受通货膨胀侵蚀等，国家财政都不得不承担弥补基金亏空的责任。因而，世界上许多国家都非常强调并高度重视对社会保险基金的监管和采取谨慎的基金投资运营政策，高度重视社会保险基金投资运营的风险防范。

其二，实施政府控制的社会保险基金管理模式既适应我国资本市场发展的现状，又有助于引导和促进资本市场未来的健康有序发展。近年来，我国资本市场虽然有大规模的发展，但仍有待进一步健全和规范，各种法律法规制度有待进一步完善。在我国资本市场发育尚不成熟的条件下，绝大部分社会保险基金还无法进行市场化的投资运营。通过政府控制的社会保险基金管理方式，将主要投资限制在国债和各类存款，待条件成熟后实施分层管理的模式，通过社会保障基金理事会，对中央社会保障基金委托专门机构负责基金的投资运营；通过构建专门的基金管理机构，对由省一级社会保险机构管理的社会保险基金进行投资运营。同时，加快补充社会保险基金构建的步伐，由专门基金管理机构实行市场化投资运营。

其三，实施社会保险基金的分层管理，有利于明晰基金管理公司的投资管理职能与社会保险机构的行政职能，进而有利于提高社会保险机构的管理效率和基金管理公司的投资运营效率。社会保险基金的分层管理模式把社会保险机构从目前的征缴、支付和运营中解脱出来，专门从事社会保险基金的征缴和统筹基金的管理，有利于实现社会保险机构的行政管理职能，提高行政效率。在严格监管下的社会保险基金管理公司专门从事投资运营，有利于基金的保值增值，避免社会保险基金的挪用挤占，增加社会公众对社会保险制度的信任度，有利于社会保险制度的长期稳定和协调发展。

二、基本社会保险基金管理的基本框架

（一）基本社会保险基金管理的主要内容

国家基本社会保险基金管理是指为了保障各类社会保险金的支付，对依法征缴的各类社会保险基金进行专项管理，实施严格的投资监控和管理，确保各项社会保险待遇的发放。这包括建立社会保险基金预算、社会保险基金筹集管理与投资运营、社会保险基金支付等内容。

社会保险基金预算是指由社会保险经办机构根据社会保险基金的收支状况，在经济和精算估计基础上编制的、经过法定程序审批的社会保险基金财务收支计划。有的国家将社会保险基金预算作为一个专门的预算项目与国家一般财政预算计划相分离，如美国、意大利等。而另有一些国家则将社会保险收支纳入国家预算进行管理，如英国、日本等。不论具体采取何种方式，社会保险基金的收支都必然同国家财政收支、货币收支及金融宏观调控具有十分紧密的联系，并对一国的财政金融状况产生十分重要的影响作用。因而，社会保险基金预算构成基本社会保险基金管理的重要内容之一。

社会保险基金筹集管理通常是指由单位、个人和政府按照三方负担的原则，按照经济和精算测定的缴费基数、缴费比例依法筹集和管理基金的过程及方式。社会保险基金的筹集，是制度稳定运行的基本前提。各国社会保险立法均对社会保险费用筹集方式、

负担比例、缴费基数及其上下限、缴费比例及其调整依据作了严格规定，并对隐瞒、截留、偷漏税（费）的违法行为规定了处罚条款。大多数国家社会保险基金的筹集，均规定由单位和个人按工资的一定比例缴纳，政府以不同方式予以资助。社会保险自身性质决定了从基金的征缴到基金的支付，通常有一个时间间隔，而养老保险基金从征缴到支付，通常需要数十年时间，涉及非常复杂的劳动者代际或代内不同生命周期的收入再分配，也需要对基金实施有效的管理或投资运营，以确保社会保险基金政策目标的实现。

社会保险基金支付是指由社会保险部门按照法律规定的支付原则、条件、项目、标准和方式，支付各项社会保险待遇。社会保险基金支付是社会保险政策目标的最终体现，涉及劳动者的切身利益和社会稳定的大局，必须依法实施。社会保险待遇的支付方式和支付水平因所选择的模式不同而存在某种差异。如选择确定给付型（defined benefit，DB）模式，社会保险支付水平取决于平均收入水平和政府规定的替代率高低，通常由单位承担收入变化及费用膨胀风险；若选择以个人账户为基础的确定缴费型（defined contribution，DC）模式，社会保险给付水平既取决于职工个人账户的积累额，又在更大程度上取决于基金的投资收益水平。

（二）基本社会保险基金的投资管理

传统欧美国家长期以来均实行现收现付的财务机制，只有新加坡、马来西亚等部分亚洲国家采取公积金模式。因而，从总体上说，社会保险基金的投资管理问题远不像目前基金制改革背景下受到人们的普遍关注。但现收现付机制在强调年度平衡的基础上，为预防收支波动风险或其他因素导致的年度收支失衡，各国都有一定的储备基金，主要用于应付基金短期收支波动。社会保险基金主要划分为应急储备基金和技术储备基金。前者用于应付年度内的收支波动缺口，后者用于弥补3~5年内基金收支波动的缺口。不论怎样，都不同程度地涉及基金投资运营管理，遵循社会保险基金投资安全性、收益性和流动性原则，尤其高度重视基金投资的安全性原则。这对任何类型的社会保险基金投资管理而言，都是必须充分关注的关键性链条。

对于政府强制征缴的社会保险基金，一般是由财政部门和社会保险部门负责管理，或由这两个部门为主要成员，组成专门的基金管理委员会，有雇主、雇员代表和专家参加，并接受社会公众的监督。财政部门对社会保险基金投资要进行专业监管，其主要职责是决定储备基金的管理，监督基金投资过程，确保基金投资运营的正常进行。对传统社会保险基金的投资管理而言，不少国家严格限制社会保险基金投资的领域，如必须投资于国债，而不能投资于股票和公司债券，严格限制社会保险基金进入资本市场投资。主要理由正在于社会保险基金规模过于庞大，而且由政府机构统一管理，如果允许社会保险基金大规模进入资本市场，一方面可能会对资本市场带来很大冲击，另一方面使社会保险基金投资风险增大，长期遵循的安全性原则受到威胁。这一在各国长期受到重视的国际经验值得我们认真借鉴。社会保险基金进入资本市场投资，需要高度完善、严格规范的资本市场的制度环境，需要其他诸多方面的协调配套，而对补充性社会保险投资的限制一般有所松动，但也高度重视基金投资的风险控制问题。因而，对基本社会保险基金采取谨慎保守的投资策略，对众多发展中国家而言，更是明智的战略取向。当然，在部分积累模式下，基本社会保险基金管理的方式面临调整，基金管理的制度及技术方面的难度增大，成为国际社会保障领域的热点及前沿问题。

三、补充社会保险基金管理的基本框架

随着多层次社会保险模式的出现，社会保险的保障空间在新的制度构架下不断拓展，补充社会保险基金的监管也逐步纳入广义的、多层次社会保险基金管理的体系，并发挥着日益重要的作用。

（一）补充社会保险基金管理的途径与方法

许多欧美国家补充社会保险基金管理的经验显示，区别于传统社会保险基金由政府直接管理的方式，补充社会保险基金管理通常采取自我管理、委托管理及市场化管理等多种方式。智利、阿根廷及波兰等国的养老保险基金管理公司采取在政府法规严格监控下的自我管理方式，这种运营方式一般比政府机构运营更有效率。但由于个人账户的频繁转移和各公司之间的竞争导致管理成本过高。另一类补充养老保险基金通过委托不同机构承担基金管理、投资、资产保管的方式，来降低基金的运营成本，提高投资收益，分散投资风险。

补充社会保险基金的运营管理方式，通常是通过基金理事会决定选择或设立有关机构，负责制定重大投资决定等，理事会通过投票表决或招标的方式选择基金所需服务机构。①

其一，基金管理机构。这是指由基金理事会选择的为基金提供管理服务的独立机构，是基金运营的主要参与机构之一，管理机构与理事会的关系是建立在特定法律背景

① 宋晓梧．中国社会保险基金营运管理［M］．北京：企业管理出版社，1999.

下的委托代理关系。管理机构的主要职责是负责基金的征缴，而参与基金管理的银行管理机构的主要职责在于管理基金的银行账目、投资综合会计记录、建立基金准备金、负责基金投资收益的年度调整、提供必要的信息披露等。

其二，资产保管机构。基金理事会通过公开招标的方式选择提供资产保管服务的机构，如商业银行和信托公司等。其主要职责包括保管基金的投资资产、按基金会的指示向投资机构发布投资命令、划拨投资款项、监督投资与投资收益的分配、向基金理事会提交投资报告等。

其三，投资机构。由基金理事会通过公开招标方式选择有关投资公司、基金管理公司等金融机构作为投资机构，其基本职责是根据理事会的投资命令进行具体的投资运作，按合约分配投资收益，向资产保管机构提供具体、翔实的投资报告等。

补充社会保险基金管理包括行政管理和日常运作管理。行政管理是由基金理事会负责制定政策，选择投资机构和投资经理，并通过各种方式监督投资机构的投资过程。日常运作管理则由投资经理依照理事会的既定投资策略，作出各项投资组合决定。在基金管理过程中，外部审计师、精算师、法律顾问、投资专家发挥着十分重要的作用。

（二）补充社会保险基金的投资管理

补充社会保险基金的投资运营在较大程度上遵循市场化管理的原则，投资的范围、领域及投资组合规定要比基本社会保险基金投资更为宽泛和灵活。为提高基金的收益水平，越来越多的国家都放宽了补充保险基金的投资限制，如投资股票比例增大，允许基金投资海外的限制也有所松动。补充社会保险基金的投资通常由基金理事会制定投资方针，指导所有重大投资决策。由理事会选择投资管理公司、保险公司或商业银行代表理事会经营管理养老基金资产。具体的基金投资计划由足以胜任投资管理的基金机构来实施。世界银行提供了选择投资管理公司的有关评估标准：①提供基金管理公司的一些重要信息，如分析公司的资本和结构，评价其管理经验、员工素质等；②分析投资决策的内部过程，这对于评价该机构投资业绩的可持续发展具有重要作用；③估计成本与费用支出，强调高效的运作机制。基金管理公司的投资活动通常由外部审计师和精算师进行评估，并报送基金理事会。

（三）补充社会保险基金的监督管理

补充社会保险基金的监管模式受诸多因素的制约，如补充社会保险计划的演化进程、资本市场发展状况及监管框架、经济发展水平及各国的法律制度环境等。对补充社会保险基金的监管通常有两种模式。

1. 谨慎人监管模式

谨慎人监管模式要求基金管理者按照谨慎人原则（prudent man rule）进行投资监管。其基本要点包括：①较高透明度；②资产分散化和多元化，避免风险过度集中；③严格限制基金管理的自营业务，防止利益冲突；④鼓励适度竞争，防止基金管理者幕后操纵市场。谨慎人监管模式是在资本市场规范发达、规则体系完善的制度框架下实施的较为宽松的监管模式，基金运营不受许可证管理的限制，监管机构在很大程度上依靠外部独立审计师、精算师等中介机构来完善监管过程，英、美、日等国补充社会保险基金投资监管多属此种类型。该模式投资限制较少，近年来也获得了较为可观的投资收益。

2. 较为严格的数量限制监管模式

较为严格的数量限制监管模式赋予监管机构较大的权限和独立性，对基金的结构、运作方式、投资组合和投资绩效等进行严格的限量监管，强调遵循多样化和分散性原则、期限匹配原则、货币匹配原则。其基本要点包括：①建立专门的养老保险基金管理公司，集中管理个人账户的基金；②基金管理公司只能从事与补充保险有关的业务，如费用征缴、投资管理和支付待遇等；③确立投资组合的标准和上、下限，严格限制对股票和外国证券的投资；④规定基金投资收益的最低标准。德国等欧洲大陆国家和智利等拉美国家实施这类监管模式。

四、我国社会保险基金管理的框架

目前，我国社会保险基金管理的基本框架以基金构成及内容为依据，包括三大板块：一是对安全性要求较高、管理周期较长的基本养老保险基金，尤其是积累规模较大的个人账户基金；二是安全性次之、投资管理更为灵活的企业年金、职业年金和理事会公共养老储备基金；三是管理周期相对较短，基金积累规模相对较小，基金流动更频繁的医疗、失业、生育和工伤保险基金。随着社会保险制度顶层设计的持续推进，制度覆盖面和覆盖群体不断扩大，社会保险基金积累规模也持续增加，2020 年年末基本养老保险基金累计结存 58 075 亿元，企业年金积累基金 22 497 亿元，职业年金投资规模 12 900 亿元，全国社会保障基金资产总额 29 226. 61 亿元，全国基本医疗保险基金（含生育保险）累计结存 31 500 亿元。尽管在过去 20 年间，社会保险基金占 GDP 比重增速显著，但是与发达国家以及老龄社会发展态势相比，基金规模仍然需要不断积累和扩大。

（一）社会保险基金预算管理

从预算的逻辑看，我国目前实行的社会保险基金预算管理是我国公共预算体系中与政府公共财政预算平行的一个部分，独立于政府公共财政预算，单独编制。其基金主要来源于用人单位和个人的缴费，因此属于专项基金预算，包括基金收入、支出和结余。相关数据显示，截至 2020 年，社会保险基金收入合计 75 512 亿元，比上年减少 8 039 亿元，增长率为-9.6%（主要原因是新冠肺炎疫情期间降低和减免社会保险缴费政策的实施）；基金支出合计 78 612 亿元，比上年增加 3 266 亿元，增长率为 4.3%。除社会保险外的社会保障资金有的在政府公共财政预算内，有的在政府基金预算内，有的实行预算管理，这种编制体系有助于突出社会保险基金的特点及重要性，便于政府加强其管理的前瞻性、整体性和主动性。自 2010 年国务院颁布《关于试行社会保险基金预算的意见》后，我国开始在全国范围内试编城镇企业 5 种社会保险基金预算，至 2012 年扩大至城乡居民等 9 种社会保险基金。2014 年，国务院编报全国人大审批的政府预算报告中，首次包括了全国社会保险基金预算。

（二）社会保险基金投资管理

从投融资的逻辑看，在多层次社会保险体系架构内，我国社会保险基金投融资体系遵循分层分类管理的原则。从社会保险基金构成方面看，各类养老保险基金成为基金中的最重要部分，约占总基金的 70%，医疗保险基金约占 20%，工伤、失业、生育保险基金约占 10%。由于各类基金中，养老保险基金最具长期积累性质，因而养老保险基金的投资管理效率是影响社会保险基金发展的关键性问题。

1. 基本社会保险基金

目前我国各项社会保险制度中，除了基本医疗保险（含生育保险）由国家医疗保障局主管外，其余制度均由人力资源社会保障部门管理和经办。管理层级上，2018 年 7 月我国建立实施中央调剂制度，2020 年我国全面实现了基本养老保险省级统筹，2022 年 1 月养老保险全国统筹实施；基本医疗保险在巩固市级统筹的基础上，不断探索市地级以下医疗保障部门垂直管理，并在有条件的省份开展省级统筹工作；失业保险和工伤保险也逐步开始实现省级统筹。从整体上看，基金管理层次较低，导致基金过于分散，使用效率受到一定影响。相比养老保险基金的规模和管理周期，医疗、工伤、生育、失业等保险制度的财务机制现收现付特征较为明显，基金运行主要满足当期支付需要，其投资要求以中短期保值为主。

按照各项制度的具体规定，除全国社会保障基金和企业年金基金进行市场化运营之外，其他社会保障基金均纳入社会保障基金财政专户进行管理。按照我国《社会保障基金财政专户管理暂行办法》规定，财政专户基金主要保值增值渠道为银行存款和国家债券。随着2015年国务院《基本养老保险基金投资管理办法》的出台，基本养老保险基金开始进入基金投资阶段，基金投资范围主要限于境内投资，可以通过适当方式参与国家重大工程和重大项目建设，对于国有重点企业改制、上市可以进行股权投资。基金投资比例按照数量监管原则进行了明确的规定。截至2020年，全国所有省份均启动实施基本养老保险基金委托投资工作，基本养老保险基金权益总额为12 444.58亿元，其中直接投资4 700.06亿元，占比37.77%；委托投资7 744.52亿元，占比62.23%。基本养老保险基金自2016年12月受托运营以来，累计投资收益额为1 986.46亿元，年均投资收益率为6.89%，而2020年的投资收益率为10.95%。

2. 理事会公共养老储备基金

按照市场化运营的全国社会保障基金投资手段更为多样化，作为社会保障储备基金，由专门的资产管理机构——全国社会保障基金理事会进行投资管理运营。全国社会保障基金理事会采用直接投资与委托投资相结合的方式，对基金进行投资运作。2020年年末，社保基金资产总额29 226.61亿元，其中直接投资资产10 146.53亿元，占社保基金资产总额的34.72%；委托投资资产19 080.08亿元，占社保基金资产总额的65.28%。境内投资资产26 393.12亿元，占社保基金资产总额的90.31%；境外投资资产2 833.49亿元，占社保基金资产总额的9.69%。全国社保基金权益24 591.23亿元，其中累计财政性净拨入9 909.63亿元，累计投资增值余额14 681.60亿元。从2006年起，全国社会保障基金理事会开始受托运营部分个人账户基金，并获得了较好的收益，为我国个人账户基金的大规模投资运营提供了丰富的经验。个人账户基金权益1 486.76亿元，其中委托本金余额774.92亿元，累计投资收益余额711.84亿元。地方委托资金权益710.14亿元，其中委托本金余额500亿元，累计投资收益余额210.14亿元。截至2020年年末，社保基金投资收益额3 786.60亿元，投资收益率15.84%。[①]

3. 企业年金基金

自2004年《企业年金试行办法》和《企业年金基金管理试行办法》施行以来，我国企业年金主要以信托模式为基础，人力资源社会保障部门作为企业年金政策的制定者

① 数据来源：2020年全国社会保障基金理事会社保基金年度报告，http://www.ssf.gov.cn/portal/jjcw/sbjjndbg/webinfo/2021/08/1632636003310029.html.

和企业年金基金管理的主要监督者，通过受托人、托管人、账户管理人、投资管理人的相互制衡和分工合作以实现基金管理活动的正常有效运转。2011 年新的《企业年金基金管理办法》颁布，企业年金集合计划试点同年启动，企业年金基金和养老金产品投资范围的新规定也于2013 年出台，进一步拓展和细化了补充养老保险基金的投资范围。相关数据显示，截至2020 年年底，建立企业年金的企业 10. 52 万个，参加年金职工 2 718 万人，企业年金积累资金总规模达到 2. 25 万亿元，比 2019 年年底的 1. 8 万亿元增长 0. 45 亿元，增幅达到 25%，实际运作资产 2. 21 万亿。

4. 职业年金

为了解决养老保险制度双轨制，实现养老保险制度框架的统一，2015 年国务院印发了《关于机关事业单位工作人员养老保险制度改革的决定》，要求机关事业单位在参加基本养老保险的基础上，为其工作人员建立职业年金。在随后的《机关事业单位职业年金办法》中规定，从 2014 年 10 月 1 日起实施职业年金制度。职业年金是同企业年金相似的补充养老保险制度，在制度设计和运行方面充分借鉴了企业年金制度的相关经验，为确保双轨制改革的顺利实施提供了重要支撑，成为我国多层次养老保障体系的重要组成部分。2016 年，人力资源社会保障部会同财政部发布《职业年金基金管理暂行办法》，职业年金基金开始进入投资运营的准备阶段，2019 年 2 月底，职业年金市场化投资运营正式开启。2019 年 4 月底，山东省成为全国启动职业年金投资运营的首个省份。此后职业年金投资运营的步伐明显加快，各省职业年金基金相继入市。2021 年 1 月，人力资源社会保障部发布相关数据指出，全国 32 个统筹区已启动职业年金市场化投资运营。统计数据显示，2020 年江苏省职业年金投资净资产 1 065. 92 亿元，实现投资收益 100. 94 亿元，收益率为 9. 47%；山东省职业年金基金规模 870. 32 亿元，实现投资收益 90. 6 亿元，收益率为 11. 62%；四川省划拨投资职业年金基金 702. 79 亿元，实现投资收益 70. 89 亿元，收益率为 10. 09%。①

（三）社会保险基金信息化管理

随着社会保险基金规模的迅速扩大，为适应信息全球化、政府管理现代化的发展，适应劳动者流动日益频繁的趋势，在国家电子政务重点建设配套改革的背景下，社会保险基金管理信息化建设成为基金管理专业化、制度化、规范化的必然要求。目前，我国

① “投资成绩靓丽　多省职业年金收益率超 10%”，https://www. cs. com. cn/xwzx/hg/202104/t20210408_6154515. html.

以“金财工程”和“金保工程”两大信息化平台为载体，以保证社会保险基金的科学、便捷、高效运行。“金财工程”利用先进的信息技术，支撑以预算编制、国库集中支付和宏观经济预测分析为核心应用的政府财政管理综合信息系统，是财政系统信息化建设目标和规划的统称，包括财政业务应用系统、各级财政管理部门和财政资金使用部门的信息网络系统两部分，“金财工程”的建设为社会保障基金财政专户管理提供了重要的技术支撑和制度安排。

自2000年全国范围内“五险合一”的核心平台建设——“金保工程”开始，社会保险基金信息化建设步入快车道。20多年来，我国在社会保险基金管理和业务管理领域已基本建立起专业、高效、稳定、可靠运行的信息化管理平台，并基本实现了横向与纵向的网络联通，形成了网络基础设施、基金管理平台、经办服务平台、资源数据库和统计数据库联动发展的新格局，为社会保险基金管理的高效运行、社会保险业务工作的便利开展，提供了颇有成效的技术支持。同时，随着新一代信息技术的创新发展，数字治理理念催生了大量社会保险基金管理的新场景，极大促进了社会保险基金管理的数字化和智能化。

补充阅读

国资充实社保基金：共享发展成果

截至2020年年末，符合条件的中央企业和中央金融机构划转部分国有资本充实社保基金的工作已全面完成，共划转93家中央企业和中央金融机构国有资本总额1.68万亿元。这项工作是贯彻落实国务院关于全面推开划转部分国有资本充实社保基金决策部署的具体措施。这项工作的意义，也正如财政部所宣示的那样：“中央层面划转工作的全面完成，为促进建立更加公平、更可持续的养老保险制度提供了有力保障，充分体现了国有企业全民所有，发展成果全民共享。”

国有企业之所以具有先赋性的地位，道义基础就是其可以更具效率、更加直接、更加均等化地增进国民的福祉，实现社会公平和公正。当然，在现实中，国有生产机构的“全民”性并非直接可见，而是常常隐匿于国家税收及其二次分配的制度化运行中，泯然于与其他非国有性质的生产机构大体一致的市场行为和规制行为中。划转部分国有资本充实社保基金，将国有企业特别是央企的“全民”性直接呈现出来，将“全民”性的国有企业的生产成果与全民福祉直接挂钩，由此体现了全民共享发展成果的制度化安排。

划转部分国有资本充实社保基金，可谓将国有资本用得其所。与现代社会发展相契合的社会保障体制的建立和完善，是中国经济社会转型的最重要内容之一。经济体制结构、企业治理结构的改革，叠加老龄化社会的快速到来，使得社会保障机制建设到位及其顺利运转面临着诸多挑战。统计表明，2019 年，中国 60 周岁及以上的人口抚养比约为 1/4，即大约每 4 名 59 周岁以下的劳动年龄人口供养 1 名 60 周岁及以上年龄的老年人。依据现在的人口年龄结构，有分析预测，中国社会的抚养比到 2035 年时将上升至约 1/1……这对社会保障体制来说极具挑战性。

从全国来看，那些社会保障机制建设和运转出现问题甚至危机的地方，往往是过去计划体制下的退休养老办法铺开面比较大，经济社会向市场转型过程中遗留问题比较多的地区。这些地方又恰是在计划体制下的国家财政收入的主要来源地。因此，在国家层面为其补偿社保基金缺口，既可助其缓解危机，为其进入良性运行轨道腾挪空间，又是实现社会基本正义，保持社会安定之需。

从选择部分中央企业和部分省份试点到全面推开划转，这一制度化安排已经愈益凸显了国有企业经营效率的重要性。由于划转部分国有资本是以统一划转国有企业的国有股权的方式来实现，所以国有企业的盈利及盈利水平就是全民共享和享多少的关键。

资料来源：光明网评论员．国资充实社保基金：共享发展成果．光明网，2021-01-13.

深度阅读

1. 林义．社会保险（第五版）[M]．北京：中国金融出版社，2022.

2. [美] 彼得·德鲁克（Peter F. Drucker）．养老金革命 [M]．沈国华，译．北京：机械工业出版社，2019.

3. 林治芬．社会保障资金管理（第二版）[M]．北京：科学出版社，2015.

4. 罗格，等．养老金计划管理 [M]．林义，等，译．北京：中国劳动社会保障出版社，2003.

本章小结

社会保险基金管理是涉及基金征缴、保管、投资运营、保值增值、监管等诸多方面的复杂的社会系统工程。它强调立法管理，注重研究基金的运行条件与平衡条件、基金管理模式选择，并在动态经济条件下实现基金的保值增值和有效监管。社会保险基金管理的主要特点是社会政策目的性、法律监管性、综合性和交叉性。在各国长期的社会保险基金管理实践中，已形成了多种基金管理途径，如财政集中型基金管理途径、多元分散型或多元竞争型基金管理途径、专门机构的集中基金管理途径。

社会保险基金管理的必要性既在于宏观经济运行中受通货膨胀、金融制度环境的影响和社会保险基金投资的水平和业绩的种种局限，也在于市场机制本身存在失灵，需要政府的干预。而政府运用各种手段对社会保险基金运营的各环节实施监管，是实现基金管理的重要环节。强化社会保险基金管理，对社会保险制度的正常稳定运行、减轻政府日益增大的社会保险费用负担、提高政府的公共治理能力、促进资本市场完善和经济发展均有十分重要的意义。

强调对社会保险基金实行分层管理具有非常重要的意义。社会保险基金的分层管理模式旨在通过不同的制度设计和组织构架加以区分，并实施不同的基金管理运作方式和监管策略，实现有效的基金管理。对基本社会保险基金实施严格的监控和管理，确保实现社会保险政策目标。对补充社会保险基金的管理，则强调在国家立法指导和监督下，实施较为灵活的监管方式。

社会保险制度改革和制度定型、社会保险管理体制的优化和调整、深度老龄社会的冲击与挑战、经济发展的趋势和不确定性为我国社会保险基金管理带来新的机遇和挑战。

目前我国社会保险基金管理需强化社会保险预算管理、社会保险投资管理和社会保险信息化管理三方面的建设，以应对未来基金运行中存在的通胀风险和资本市场环境约束，稳步提高基金收益率。

重要概念

社会保险基金管理　社会保险基金管理模式　社会保险基金来源　社会保险基金构成　逆选择　市场失灵　社会保险分层管理模式　社会保险基金预算　社会保险基金筹集　社会保险基金支付　谨慎人监管模式

复习思考题

1. 社会保险基金管理主要包括哪些内容？
2. 选择社会保险基金管理模式应当考虑哪些因素？
3. 试比较分析集中管理模式与分散管理模式的利弊。

4. 社会保险基金管理的特点是什么？

5. 强化社会保险基金管理的重要意义是什么？

6. 我国社会保险基金管理面临的机遇和挑战有哪些？

7. 什么是社会保险分层管理模式？我国应如何实施社会保险基金的分层管理？

第三章 社会保险基金管理模式

世界各国的社会保险基金管理模式是多种多样的。为了研究分析社会保险基金管理的机理，我们需要依据一定的标准进行分类。社会保险基金管理的模式，根据基金筹集的方式不同，可以分为现收现付制和基金制两种；根据社会保险给付确定的方式不同，可以分为确定给付制和确定缴费制两种；根据基金管理机构的性质不同，可以分为政府集中型、私营竞争型和公私合营型三种。

第一节 社会保险基金的筹集管理

一、社会保险基金的筹集原则

（一）公平性原则

社会保险基金的筹集和支付过程是国民收入再分配的过程，其目的是实现社会公平。因此，在社会保险基金的筹集环节贯彻费用分担的公平原则至关重要。若社会保险费的分担存在着不公平，社会保险费的征收就会出现困难。通过社会保险手段实现收入再分配，可以分为水平面上的再分配和垂直面上的再分配，主要体现为在不同收入群体之间的公平和同一收入群体之间的公平。

通过征集社会保险费用，使高收入者的生活资料和购买力向低收入者转移，这能实现垂直公平。由于市场机会和个人能力等方面的差异，一部分人属于社会的高收入群体，而另一部分人则会由于失业、疾病、年老等特定社会风险而陷入贫困，无法凭借自己的力量维持生计。社会保险通过保险费负担而形成的收入转移，以确保低收入者维持最低生活水平。

通过向同一收入层面上的人群分散社会风险，按照收益性的原则筹集社会保险费用，有助于形成水平面上的公平。如果说纵向的公平是救贫扶困的话，那么水平的公平则更有防贫的功能。按照保险的原则，一方面是同一层面上的人们向社会保险机构缴纳保险费或向政府纳税，另一方面则是将现金转移给那些因面临社会风险而陷入困境的人。通过社会保险的纽带把人们连接起来，从而实现水平的公平，强化了社会的整合性。健康者和伤病者之间、在业人员和失业人员之间，以至于不同地区、不同行业、不同职业、不同经济形式的人员之间互助共济，对所有社会成员形成保护机制，以应付各种突发事件，保障人们的基本生活，是社会保险制度的基本功能。此外，社会保险基金的筹集还应重视代际公平问题。由于社会保险制度依据法律法规由政府强制推行，必然涉及一代人与另一代人或各代之间的利益分配关系。在社会保险筹资过程中需要在重视公平原则的同时，妥善考虑不同代际利益关系的调整问题。

（二）效率性原则

一方面，社会保险基金的筹集要保证社会经济运行的效率，不能对社会经济发展造成障碍。发展、效率和保障之间存在着相互联系、相互制约的关系。效率是发展的基础，保障是发展的目标，效率又是社会保险的前提，没有经济效率也难以保证社会保险制度的顺利运行。因此，在进行社会保险基金筹集决策的时候，要兼顾社会公平和生产效率两方面，实现收入和财富分配的更加平等。这需要协调安排好社会保险基金中国家、企业和个人的负担比例。国家负担比例过高，会导致社会保险财政开支剧增，超过经济发展的承受能力，同时还会助长福利依赖思想，削弱劳动积极性，造成劳动力资源闲置，效率得不到保证。企业负担比例过高，又必然影响企业的积累和扩大生产投资，削弱企业在市场上的竞争能力，使经济活动能力下降。个人的负担比例增高，国民可供支配的现金就会减少，并减少对金融市场的参与，从而进一步影响宏观的投资和生产过程。因此，应当兼顾三方面的利益。

另一方面，社会保险基金需要提高筹集效率，尽可能地用较低成本完成基金的筹集，避免不必要的资金浪费。对于积累性的社会保险基金还要充分重视基金的保值增值，将积累的基金用于投资，获得相应的投资回报。这种投资的回报率越高，则缴费筹资的负担就越轻，也说明包括筹资在内的制度运行效率越高。①

（三）平衡性原则

社会保险基金是社会保险制度的物质基础，如果要为丧失劳动能力和失业的劳动者

① 丁建定．社会保障概论新编［M］．北京：中国人民大学出版社，2016.

提供基本生活保障，就必须满足这方面的实际开支需要。因此，社会保险基金筹集的总原则是“以支定收，收支平衡”，即一定时期内社会保险基金的筹集总额，以预计需要支付的社会保险费用总额为依据来确定，并使两者始终保持大体上的平衡关系。“以支定收，收支平衡”有短期横向收付平衡和长期纵向收付平衡两种形式。

短期横向收付平衡是指当年或五年内从所有投保人或被保险人征缴的社会保险基金总额，应以同期所需支付的社会保险费用总额为依据，并在收付过程中保持平衡。这种平衡是着眼于短期需求，采取在所有参加社会保险的单位和个人之间以平均比例横向分散劳动风险并分担损失的做法。

长期纵向收付平衡是指被保险人和投保人在整个投保期间，或是在一个相当长的计划期内缴纳的社会保险基金与利息的总和，应以劳动者在整个享受社会保险待遇期间或计划期预计开支的社会保险费用总额为依据，并使两者在一个较长的时期内始终保持平衡关系。这种平衡是着眼于将来的需求，逐期按相同比例均匀地征缴社会保险费，以预提积累储备来分散风险损失。这是一种在长期内逐渐积累基金并逐期使用的纵向的风险分散方式。

（四）稳定性原则

社会保险制度要长期、持续地运转，必须在社会保险方式选择、基金结构、负担比例、筹集模式、基金的管理运营等各个环节建立起相对稳定的制度并有立法作保证。社会保险费率一经确定，在较长时间内应保持稳定。费率稳定是编制社会保险基金预算的前提，利于缴费主体清楚预期未来缴费的金额，作出计划并足额缴费。为确保费率适度，需要运用科学的方法对费率进行测算，由此拟定出来的费率应当在相当长的时期内保持稳定，除非相关条件与环境发生较大变化，否则不能随意变动费率。①

二、社会保险基金的筹集模式

（一）现收现付制

1. 现收现付制的含义

现收现付制（pay-as-you-go）是世界上多数国家社会保险制度所采取的基金管理模式。这种模式是按照一个较短的时期（通常为一年）内收支平衡的原则确定费率，筹集社会保险基金，即本预算期内社会保险费收入仅仅满足本预算期内社会保险金给付的需

① 宋明岷. 社会保障基金管理：理论、实践与案例［M］. 上海：复旦大学出版社，2012.

要。当然，为了避免费率调整过于频繁，防止短期内经济或其他突发事件可能出现的基金收支波动，一般保留有小额的流动储备基金，即所谓“以支定收，略有结余”。

现收现付制模式一般是实行政府集中管理，国家按“社会统筹”的方式筹集社会保险基金，按“社会互济”的原则在社会成员之间进行再分配。在这种模式下，社会保险基金的来源为税收或由雇主、雇员以工资为基础的缴费和国家财政的补贴。其中税收一般为收入税，通常是从雇主的总收入中扣除，相当于雇主支付了一笔净税收。此外，由于基金很少有积累甚至没有积累，社会保险给付水平一般不是直接根据雇员在职期间的缴费及其投资收益确定。实践中，现收现付制下的社会保险一般采取确定给付方式。

2. 现收现付制与代际收入再分配

现收现付制的本质是“代际赡养”，即正在工作一代人收入的一部分用于当年已退休一代人的社会保险给付支出，收入从工作一代人向退休一代人分配，而现在正在工作的一代人退休后，其社会保险金来源于与其同处一个时期的正在工作的下一代人的收入。因此，这种制度是下一代人供款养活上一代人的制度，属代际收入再分配。显然，费率越高，代际再分配的程度越高。这种制度与传统的家庭养老方式中子女赡养老年父母类似。家庭养老方式下，在父母年老失去劳动能力后，由家庭中正在劳动的子女用收入的一部分支付老人的消费，收入从子女一代向父母一代转移，转移的程度决定于家庭收入水平和老人的消费水平、父母一代与子女一代人数的比率、父母一代退出劳动的年龄和寿命等因素。老人消费水平越高、子女一代相对于父母一代人数越少，父母退出劳动的年龄越低、寿命越长，则子女收入中向父母再分配的水平越高。当赡养父母一代的年轻子女到了年老之时，家庭代际转换，他们的子女将继续承担赡养老人的义务，收入不断地从下一代转向上一代。家庭抚养关系中，在子女成长为劳动力之前，父母承担着抚养他们的责任，收入从父母向子女分配。这两个相反方向的再分配，保证了家庭乃至整个人类社会的不断繁衍和延续。工业革命和社会经济的发展，使传统的家庭结构发生变化，家庭养老保障的功能退化，取而代之的是社会化的养老保险，由全社会正在劳动的一代人赡养已经失去劳动能力的一代人，收入从年轻的正在劳动的一代向已经退出劳动的一代分配，其再分配的程度决定于平均给付水平、工作一代与退休一代人口的比率、平均退休年龄和退休后平均生存年数等因素。需要指出的是，现收现付制还存在代内再分配，即同代人不同收入群体之间终生收入的转移。因为高收入者一般就业晚，退休后生存年数长，因而缴费少，但一生中领取的养老金比低收入者多。①

3. 现收现付制的优点

与其他模式相比，现收现付制具有以下优点：

（1）制度易建，给付及时。现收现付的社会保险制度一经建立，可以立即用正在工作的劳动者所缴纳的社会保险费去支付已经退休者所需的社会保险金，而无须经过长期的基金积累过程。

（2）调整灵活，无通货膨胀之忧。现收现付制一般以年度平衡为基准，便于实施随物价及工资增长幅度而调整的保险金指数调节机制，从而有利于处理通货膨胀风险，保证社会保险目标的实现。

（3）再分配功能较强。现收现付制之下，社会保险基金具有代际再分配和同代劳动者之间收入转移的作用。此时，社会保险给付水平一般采用确定给付方式，有助于体现和强化社会保险的收入再分配职能，进而体现社会公平的原则。

4. 现收现付制的局限性

（1）难以应对人口老龄化的挑战。现收现付制是一代人供养一代人的制度，其供养水平直接受两代人人口比例关系的影响，如果供款一代人规模相对缩小，领款一代人规模相对扩大，将使供款人的平均负担加重。如果不降低社会保险给付水平，则需要增加缴费，缴费增加到一定程度将使供款的一代人不堪重负，进而不能保证制度的顺利融资，使制度面临支付困难，进而难以为继。领款一代人与供款一代人的比率称为赡养率，表明每个供款人平均负担领款人的人数，赡养率提高，使正在工作一代人的负担加重。赡养率的变动受人口年龄结构变动的影响。随着人口出生率下降，老年人口比率相对增加，同时随着经济发展水平和医疗保险水平的提高，老年人口寿命延长，使老年人口绝对数增加，从而老年人口在总人口中的比率增加，人口开始老龄化。人口老龄化使赡养率提高，在现收现付制之下，社会保险基金的负担加重。如果没有其他资金供给渠道，则必然出现财务危机乃至制度运行的危机。世界各国社会保险制度正是在日益严重的人口老龄化压力下，走上了改革的道路。

（2）收入替代具有刚性。现收现付制之下，社会保险给付一般采用确定给付方式，因此其收入替代具有刚性，以养老保险为例，社会保险计划提供的退休收入与在职期间收入的比率具有调高不调低的特点。在劳动者工作期间，制度预先作出给付承诺，退休

① 王晓军．中国养老金制度及其精算评价［M］．北京：经济科学出版社，2000.

后其养老金水平不能低于承诺的水平，而且随着劳动生产率的提高、经济的发展，为保证退休后的一定生活水平，给付水平将随之提高，这会使退休年龄推迟变得困难。现收现付制的这种刚性会使社会保险金给付水平居高不下，从而使社会保险制度背负越来越重的支付负担，对经济发展产生不利影响。

（3）可能诱发代际矛盾。[①] 现收现付制在其经济内涵上，表现出劳动者代际收入再分配特性。但这一机制往往使制度建立时最早享受待遇的那一代人在职时不缴纳或仅缴纳少量保险费，即在机制上表现出明显的付出少而获益大的再分配特征。而当制度运行几代人之后，尤其是在人口结构失衡的条件下，将表现出严重的不平等、不合理格局，即某一代劳动者难以获得由下一代人提供的以代际交换为先决条件而理应得到的经济利益。

（二）基金制

1. 基金制的含义

基金制（funding scheme）又称基金积累制、完全积累制，是指在任何时点上积累的社会保险费总和连同其投资收益，能够以现值清偿未来的社会保险金给付需要。从基金收支平衡的角度看，基金制是根据一个充分长的时期内收支平衡的原则来筹集社会保险基金。社会保险基金管理实行基金制时，既可以采取政府集中管理方式，又可以采取私营竞争管理方式。

筹资方式采用基金制，其社会保险给付可以采用确定缴费方式，也可以采用确定给付方式。当采取确定缴费方式时，通常企业和员工以工资的一定比率或固定数额的定期缴费，并交给基金管理机构，缴费和基金投资收益记入个人账户，给付期开始后从账户中领取社会保险金以实现保障。当采取确定给付方式时，通常根据预先承诺的水平，通过精算确定缴费的多少。

2. 基金制与生命周期收入再分配

就养老保险而言，从本质上说，基金制是“同代自养”，即劳动者以年轻时的储蓄积累支付退休后的养老金，因而实际上是在生命周期内的收入再分配，是对退休前后储蓄和消费行为的一种跨时安排。如果采取确定缴费制的个人账户方式，收入在个人生命周期的再分配是显而易见的。人们在年轻时，把收入的一部分积蓄起来，包括雇主以各种方式为其个人账户的缴费。为了保持这些资金的购买力，个人账户形成基金，并在资

① 史柏年．中国社会养老保险制度研究［M］．北京：经济管理出版社，1999.

本市场上投资获得收益，个人退休时将获得全部个人账户累积额，用于退休后的生活开支。即退休后生存年数相对于工作年数越长，需要由在职工作期间的收入向退休后再分配的程度就越高。采取个人账户的方式，只存在个人生命周期内的收入再分配，没有代际收入再分配和收入水平不同的人之间的收入再分配。如果采取确定给付方式，则养老保险计划的缴费需要与所有未来给付承诺相对应，从个人生命周期看，在工作期间的缴费积累不一定与退休后的享受完全对等，因而不同收入水平的劳动者之间存在收入再分配。例如，以固定数额规定养老金水平，而以工资的比率缴费，则收入从高工资者向低工资者再分配，但从整个养老保险计划看，缴费积累与承诺的给付相对应，收入由在职期间向退休期间再分配。

3. 基金制的优点

与现收现付制相比，基金制具有以下优点：

（1）运行机制简便，易被理解和接受。基金制的运行机制简明，便于实际操作，并易得到人们的理解与支持，而公众信任对社会保险机制的健康运行具有重要意义。再从技术角度分析，基金制与历史悠久的商业保险原理接近，这既有利于人们的认同，又有助于制度稳定运行。

（2）预筹养老金，抵御老龄化。由于提前预筹了养老金，基金制可以在一定程度上缓解人口老龄化带来的养老金危机。采用基金制，从一个较长的时期看，供款水平是相对均衡的，即实现了资金供求在纵向（从人口年轻阶段到年老阶段）的平衡。

（3）缴费与待遇关联，形成激励机制。基金制通过积累的保险基金，将雇员在就业期间的部分收入以延期支付的形式表现为退休时领取的社会保险金，有助于增强社会保险的内在激励机制，增强雇员缴费与社会保险待遇之间的经济联系，从而促进社会保险制度的稳定运行。基金制还鼓励人们延长工作年限，有利于减弱提前退休倾向。

（4）增加社会储蓄，促进经济发展。基金制有助于增加储蓄和资金积累，使社会保险与经济发展联系更为紧密，如通过投资促进经济发展。在人口老龄化加剧的背景下，社会保险制度与经济发展的内在联系，受到了广泛的重视。

4. 基金制的缺点

基金制主要有以下缺点：

（1）基金贬值风险较大。作为一项长期的货币收支计划，基金制下积累的巨额资金容易受通货膨胀的影响，导致社会保险基金的贬值，从而影响社会保险目标的实现。

（2）基金运营风险存在。除了通货膨胀影响之外，基金制下积累的巨额资金常常受制于特定的经济条件、资本市场条件和政府干预，社会保险基金的运营面临较大的不确定性，这对基金管理者提出了较高的要求。

（3）互济性较弱。基金制注重效率而难以体现社会公平的目标。在以缴费数额决定给付水平的基金制模式下，低收入者或负担较重的雇员往往难以通过自身预提积累的保险金给付，来满足维持最基本生活水平的目标。

5. 部分基金制

部分基金制又称部分积累制，是基金制与现收现付制的结合。这种模式根据两方面收支平衡的原则确定社会保险费率，即当期筹集的社会保险基金一部分用于支付当期的社会保险金，另一部分留给以后若干期的社会保险金支出，在满足一定时期（通常为5~10年）支出的前提下，留有一定的积累金。因此可以说，现收现付制是社会保险基金的短期平衡，基金制是长期平衡，而部分基金制则是中期平衡。部分基金制既不像现收现付制那样不留积累基金，又不像基金制那样预留长期使用的基金，它的储备基金规模比现收现付制的大，比基金制的小。这种模式兼具前两种模式的特点。就养老保险而言，这种模式力图在资金的横向平衡（工作一代与退休一代）和纵向平衡（人口年轻阶段与年老阶段）之间寻求结合点。同时，由于预留了一部分积累资金，使现收现付制模式下未来可能遭遇的人口老龄化所带来的沉重的支付压力得以减轻；又由于积累的资金规模比基金制的小，使通货膨胀中基金贬值的风险得以降低。

实践中，由现收现付制向基金制转轨时，由于一次性填补过去现收现付制积累的债务非常困难，通常选择保留一部分现收现付制，同时建立个人账户，这便是部分基金制。20世纪90年代，我国社会养老保险制度改革就采用了这一思路，现行基本养老保险制度就是据此思路设计的。

（三）现收现付制与基金制的比较

1. 养老保险的成本

养老保险的成本是指提供一定的养老金给付所需要的缴费（税收）和管理费用。如果不考虑管理费用，养老保险的成本就是缴费（税收）。现收现付制通常采取确定给付方式，有时也采取名义账户方式。而实现一定的养老金承诺所需要的缴费率，决定于制度的赡养率。赡养率越高，养老金制度的成本越高。基金制的养老金待遇由缴费水平、积累基金的投资收益率、缴费年数和退休后生存年数决定；反之，为实现一定的养老金待遇，需要的缴费（税收）水平由缴费年数、退休后生存年数及投资收益率决定。

通过简单模拟可以看出，当赡养率与退休后生存年数在工作年数中的比值相等，并且利率和工资增长率相等时，现收现付制和基金制所需的缴费率相等。当其他情况相同，如果利率高于工资增长率，基金制的成本更低。当利率和工资增长率相等，赡养率低于退休后生存年数与工作年数的比值时，现收现付制要求的缴费率低于基金制；反之，赡养率高于退休年数与工作年数的比值时，基金制的成本更高。

2. 应对人口老龄化的能力

虽然无论采取现收现付制还是基金制，人口老龄化都会加重劳动者的养老负担，但两种模式的养老保险制度对人口老龄化的应对能力不同。

在现收现付制下，人口老龄化使一定的国民产出在在职人员和退休人员之间的分配变得困难，这正是当前许多国家养老保险制度面临的困境。在基金制下，从个人的角度看，退休后得到的养老金来源于他在职期间的储蓄积累，其数额决定于在职期间的缴费水平和基金的投资收益率，而与他退休时在职工作的年轻一代相对于退休老年一代结构如何变化无关。从这个意义上看，基金制可以应对人口老龄化带来的支付压力。但从全社会的角度看，退休人员得到的养老金用于购买其生活消费品，生活消费的实物或服务无论如何，总是来源于正在工作的一代人创造的财富。当劳动生产率一定时，人口老龄化使年轻人口相对减少，从而国民产出相对减少，使可以分配给退休人员的消费部分较少，即使退休人员从基金制养老保险制度下得到了足够的养老金，但在一定的消费供给下，可能出现总需求大于总供给的情况，这将使养老金的实际购买力下降，从而引发货币贬值、通货膨胀。因此，无论现收现付制还是基金制，退休人员的生活消费均来源于在职人员创造的财富，养老负担最终都落到在职人员身上。但是，如果基金制能够提高国民储蓄，储蓄的基金又能以提高劳动生产率的方式投资，将使国民总产出增加。因为国民总产出不仅由劳动力人数决定，而且决定于劳动生产率，劳动生产率决定于技术装备水平、劳动熟练程度和强度，资金的投资可能产生效益，使劳动生产率提高，最终使产出提高。产出提高是应对人口老龄化最根本的手段，问题是基金制是否能提高国民总储蓄，而储蓄基金又能否以提高劳动生产率的方式进行投资。

3. 对国民储蓄的影响

现收现付制下，在职人员的收入向退休人员再分配，只要人口结构稳定，制度持续下去，现收现付制养老保险制度覆盖下的退休人员就可以得到由他们的下一代缴费或纳税所提供的退休收入，获得老年生活保障，从而他们就可以减少在工作期间为退休后的储蓄。显然这种制度把劳动者在职期间可能为他们年老的储蓄转化为现收现付制下的缴费，分配给与他们同处一个时期的已经退休的人员，因此，就两代人所在的统一经济而言，现收现付制把一部分储蓄转化为短期消费，因而使短期内的消费增加，长期内的投资和积累减少。但在实践中，由于现收现付制一般采取确定给付方式，产生了诱使人们提前退休的趋势，这使工作时间缩短，退休后时间延长，这种趋势反过来又要求人们在工作期间有一个比较高的储蓄率，为退休后的生活提供必要的补充。

基金制是对个人部分收入的延迟支付，人们把工作期间建立的储蓄积累作为退休后养老金的来源，无疑把现收现付制下分配给退休人员用于消费的一部分转化为在职人员在职期间的储蓄，提高了个人储蓄率。但如果强制缴费的基金积累计划使储蓄的提高建立在自愿储蓄下降的前提下，那么，基金制不会增加国民总储蓄。强制储蓄替代自愿储蓄的基本条件是人们的消费倾向不因强制储蓄而变化，在收入水平一定时，人们除了满足当年消费需求外，有一定的结余建立储蓄。强制储蓄计划的实施，不改变过去的消费水平，而是减少了过去的自愿储蓄。但如果强制储蓄计划使过去在现收现付制下为退休人员养老缴费的部分转化为储蓄，这时，强制储蓄增加了，自愿储蓄同时也不减少，国民总储蓄必然提高。由现收现付制向基金制转化时，在职人员必然面临为自己年老的储蓄和为当前的退休者缴费的双重负担，这就必然需要提高储蓄率。但在长时期内，强制储蓄计划是否能提高国民总储蓄，目前从理论和实证两个方面都没有得到比较一致的研究结论。智利在由过去的现收现付制转变为私营竞争型的确定缴费基金制时，据调查其国民储蓄并没有增加，这是因为以政府债券的形式承担了制度转轨时的过去债务，过去债务通过政府税收的形式在一个时期内分摊，强制的储蓄代替了过去自愿的储蓄。但无论如何，强制储蓄可以相对增加长期储蓄，因为养老基金用于养老，通常规定不能提前支付，这便可以为经济的长期发展提供稳定的建设基金，而自愿储蓄的流动性较大，只能用于短期投资。

4. 帕累托效应

一个社会保险计划，如果在增加了受益者福利的同时，不会使其他任何人的福利状况有所恶化，那么这一计划便具有帕累托效应。现收现付的养老保险计划是一种代际再分配的计划，由于世代的无限延续，总是存在帕累托有效配置的可能，每一代人都可能通过下一代人的缴费而增加福利。基金制是人们用在职期间的缴费及其积累支付未来退休后养老金的制度。开始实行基金制时，不同年龄者的未来缴费年数不同，从而由缴费积累额决定的未来养老金肯定存在差距，高年龄者由于在退休前缴费时间短，给付水平必然低于低年龄者，因为后者在退休前有足够时间建立储蓄积累。因此可以说，下一代人福利的不减少实际是靠上一代人福利的相对减少来实现的，所以基金制中帕累托效应改进并不明显。

第二节　社会保险基金的给付管理

一、社会保险基金的给付原则

（一）专款专用原则

社会保险基金是用于保障社会保险对象的社会保险待遇，按照国家法律法规的有关规定而筹集的专项资金，除了这种特定用途外，任何地区、部门、单位和个人均不得挤占挪用，将社会保险基金用于其他任何方面开支都是对保险对象合法利益的侵占，都是违法行为。

（二）统一性原则

基金的支出要严格按照国家政策规定的项目和标准开支，要维护国家的整体利益，保持各项政策执行的统一性，任何地区、部门、单位和个人不得以任何借口擅自增加支出项目，提高开支标准。统一性原则要求在进行基金给付时，应制定明确的给付条件和标准，严格审核相关材料的真实性、合理性，确保将基金切实给到符合条件的被保险人或其亲属，杜绝不规范的给付行为。需要指出的是，统一性原则并不意味着所有被保险人就应该获得完全相同的待遇。

（三）保障基本生活需要原则

社会保险的一个基本功能就是在社会成员生存受到威胁时保障其基本生活需要。在不同时期，基本生活需要的内容和水平并不完全相同，在确定社会保险待遇支付水平时就要有一个基准，使之能够与经济发展水平相适应。保障基本生活需要要求社会保险给付水平既不能过高，给经济、财政带来沉重的负担；又不能过低，以致无法实现保障功能。社会成员的基本生活取决于收入水平与消费水平，其生活状态直接决定于物价水平。物价水平的提高会降低受保障者的生活水平。因此，社会保险基金的给付标准还需要随物价的变动而进行动态调整。

（四）共享经济发展成果原则

在现代社会，基于社会公平与正义，让全体国民分享经济发展成果成为共识。国民经济发展越快，社会保险的实力越强，对社会成员的基本生活保障能力也越强。社会保险基金的给付也要遵循共享原则，让社会成员能够通过社会保险制度分享经济发展的成果。而一些遭遇社会风险的个人往往没有机会参与分享经济发展成果。因此，社会保险待遇给付还应当尽可能地通过扩大制度的覆盖面来使保障对象不同程度地得到保障，分享经济发展的成果。[①]

二、社会保险基金的给付模式

按照给付保险金的确定方式不同，社会保险基金管理模式主要有确定给付制（DB）和确定缴费制（DC）两种。如同第一节中所介绍的那样，还可以将这两种模式结合起来形成一种混合模式，实践中有目标给付型（target benefit）和现金平衡型（cash balance）等。确定给付制和确定缴费制及其混合模式主要用于养老保险基金的给付管理。

（一）确定给付制

确定给付制根据劳动者参加养老保险计划的年数和工资收入水平预先确定其退休后的养老金水平，再通过精算方法确定其缴费水平。

确定给付制之下，养老保险基金的筹集模式可采用现收现付制，也可采用基金制，还可以采用部分基金制。但采用的筹资模式不同，其分配效果不同。在现收现付制之下，不论养老金给付如何规定，收入均由在职者群体向退休者群体分配，因而存在养老保险制度覆盖范围内的代际再分配。如果以固定数额规定给付，则存在不同收入水平职工的同代人内部收入的再分配；如果以工资的固定比率给付，则存在不同工龄职工收入的再分配。在基金制之下，积累的养老金权益与积累的资产相对应，不存在代际收入再分配，但如果采取不同的给付方式，则存在不同收入水平之间、不同年龄或不同工龄之间的收入再分配。在部分基金制之下的情况是上述两者的结合。

与确定缴费制相比，确定给付制具有如下特点。

1. 以支定收

在确定给付制之下，养老金给付方案预先确定，养老保险费率随后决定。养老金给付方案通常由规定的给付公式来表现，其主要变量有工龄和某段时间的工资水平，如退休前若干年的平均工资甚或整个工作期间的平均工资。容易看出，确定给付制常与现收现付制相联系。事实上，选定现收现付制的筹资模式，也即选定了确定给付制，因为以支定收是两者的共同基础。

① 孙光德，董克用．社会保障概论［M］．北京：中国人民大学出版社，2020.

2. 收入关联

在确定给付制之下，劳动者的养老金待遇是以现实收入状况为基础确定的，与其退休前的实际收入直接相关，而与其在养老保险制度中缴费的数量只有间接的关系，因而养老保险待遇与工资收入有某种关联，但并非必然体现在量上的绝对对等。由此可见，确定给付制着重强调劳动者需按收入的某种比率缴纳养老保险费（或税），至于待遇结构并非必然表现在量上的对等。待遇水平则依据一定的社会政策目标，不同收入的劳动者均可在养老保险计划中获得与其收入状况关联的按现实收入以一定比率确定的保险待遇，从而得到基本生活的保障。由于体现养老保险的互济性特征，通过这一模式表现出的收入再分配色彩，也使收入关联性成为总体上的关联，而非个体量上的对等。

3. 政府承担风险

在确定给付制之下，养老保险的基金管理者（即保险人或养老保险计划的主办者）因为预先承诺了给付水平而承担风险，因此，社会养老保险的基金风险由政府承担。其风险因素主要有经济不景气、基金投资收益水平低、预期寿命延长、基金征缴率降低、给付水平提高等。在确定给付制之下，消除风险因素的主要方法是提高费率。

4. 初始无基金

给付预定的养老保险计划，在计划建立之初是没有基金的。通常养老保险计划的主办者根据工作年数承诺给付，对建立保险计划时有一定工龄的劳动者在过去的工作贡献予以养老承诺，使不同年龄的劳动者得到平等的对待。由于建立保险计划前，劳动者个人和企业并没有为养老保险基金缴费，承诺的给付从建立保险计划起就形成净债务，这需要由其他方面的基金补充或者由在职人员分摊，否则，保险计划从开始就是部分基金制或非基金制的。

5. 精算定成本

在确定给付制之下，养老保险计划预定的实际成本由保险计划所承诺的给付水平、参保人员的死亡率、未来工资增长率、养老基金的投资收益、保险计划的管理费用等决定，在保险计划承诺的所有给付完成之前，保险计划的成本是未知的，每年必须通过精算确定缴费水平。在社会保险中，管理费用一般由政府财政安排，在保险成本分析时予以单列。

6. 待遇调整灵活

在确定给付制之下，一方面，由于养老金待遇与现收现付的年度平衡计划密切关联，也使养老金给付能够随物价涨幅和通货膨胀态势进行调整以保障劳动者的最低收入；另一方面，由于它与现实收入的关联性，也使养老金待遇更有助于随工资收入提高，使养老保险待遇水平体现经济社会发展成果，即退休者享受经济社会发展的成果。

7. 易被年老劳动者接受

给付预定的养老保险计划，预先承诺的养老金给付水平与劳动者的工作年数和在职期间的工资有关，因此对建立计划时已有一定工龄的劳动者是有利的，因而更受年老劳动者的欢迎。而且通常情况下，工作年限越长，待遇水平越高，劳动者越不愿流动，因而有利于稳定劳动者队伍。

（二）确定缴费制

确定缴费制即先经过预测确定缴费水平，据以筹集养老保险基金，基金逐渐积累并获得投资收益。劳动者退休时，以其相应的缴费及投资收益在退休时的积累额为基础发放养老金。事先经过预测而确定的缴费水平是一个相对稳定的缴费标准（费率），包括企业和劳动者的缴费标准。据此缴纳的保险费进入养老保险基金。

从理论上讲，确定缴费制的养老保险计划可以采取个人账户和集体账户两种形式。采用个人账户形式时，在每个账户下记录着企业为劳动者的缴费、劳动者自己的缴费、账户基金投资收益，以及账户支出、管理费用和投资损失等。与银行存款账户类似，个人账户的余额表明个人已积累的可以在退休后领取养老金的总额，其所有权归个人。采用集体账户时，不分别记录每个个人的积累，企业和劳动者个人的缴费记入保险计划的专项基金中，基金投资由代表劳动者利益的团体监督，劳动者个人的权利融入参加养老保险计划的集体成员中。在个人账户方式下，劳动者在死亡、退出计划、伤残时可以得到个人账户的余额。在集体账户下，通常需要预先规定死亡给付水平，一般在退休后死亡不再有死亡给付，因此，养老保险计划的成本低于个人账户成本。集体账户也存在风险共担的收入再分配，通过规定最小给付还可实现不同收入水平人群之间的收入再分配，而个人账户只有个人一生收入的跨时再分配。实践中，确定缴费的养老保险计划较多采用个人账户形式，个人账户使个人的缴费与积累的养老金权利相对应，容易被人们理解和接受，从而减少拒缴保费的可能性，以利提高基金征缴率。因此，确定缴费制的养老保险计划又称为个人账户计划。

劳动者退休时，其个人账户的余额是今后享受养老保险待遇的依据。基金管理者据此确定养老金给付额，即相当于购买一个一次性缴清保费的终身年金。当然在某些情况下也允许劳动者按照规定将个人账户余额一次性领取。此外，如果劳动者在退休前死亡，则个人账户余额一般作为死亡抚恤金，如果劳动者因就业变动要求转换养老保险计划，则个人账户余额可随之转移。

与确定给付制相比，确定缴费制有以下特点：

1. 给付与缴费和投资收益关联

确定缴费制的养老保险计划预先规定缴费水平，通常是以劳动者工资的一定比率、固定数额或企业利润的一定比率为每个劳动者缴费，劳动者退休时能得到的是这些缴费及其投资收益的积累额。缴费多，则得到的给付高；缴费少，则得到的给付低。如果劳动者提前退休，则其养老金自动降低。这种养老保险计划不承诺最低给付水平。养老金给付水平除了与缴费多少相关外，显然还与投资收益率的高低密切相关。投资收益率高，则给付水平高；投资收益率低，则给付水平低。一般要求投资收益率高于工资增长率，否则给付水平将较低。可见，劳动者最终从养老保险的个人账户上领取养老金额的多少，固然取决于劳动期间的自我积累规模，但也在相当程度上取决于投资收益状况。

2. 机理简单，透明度高，易被接受

确定缴费制的养老保险计划采用个人账户方式，建立了缴费和享受待遇之间的直接联系，强调劳动者的自我积累和自我保障意识，体现了社会保险计划的效率机制，有助于增强人们对社会保险制度的认同感，易被劳动者理解和接受。此外，个人账户余额可以继承和转移，有利于劳动者的合理流动，因而确定缴费制的养老保险计划更受年轻人的欢迎。

3. 生命周期收入再分配

确定缴费制建立了生命周期内的收入再分配机制，对于鼓励劳动者合理安排其收入和消费是积极的，既可抑制超前消费，又可鼓励劳动者对退休储蓄提早作出安排，以减轻社会的经济压力。当然，在这种机制下，不同收入状况的劳动者之间的收入再分配功能较弱，而且容易造成某些低收入群体难以通过个人账户积累得到的保险金来实现最低经济保障的目标。此等情况，若无政府其他干预措施，则可能形成部分低收入者保障不足的问题。

4. 劳动者自担风险

在确定缴费制的养老保险计划中，预先确定缴费水平，并以个人账户方式分配缴费及投资收益，个人账户的积累额是退休后养老金的基础，因此，养老基金的投资风险由劳动者个人承担。投资回报率低，将直接降低养老保险基金在退休时的累积额，从而降低退休后的待遇。此外，劳动者个人还需要承担长寿之风险。

（三）确定给付制与确定缴费制的选择①

从前文的分析可以看出，两种模式各有特点，养老保险计划设计者可以根据主办者的偏好选择使用。确定给付制的主要优点是能够提供一定水平的给付，并对建立养老保险计划时已有一定工龄的劳动者的历史贡献予以养老金承诺；缺点是缴费需要随着保险基金状态的变动而调整，缴费稳定性较差。确定缴费制的主要优点是在缴费、投资和转移方面的灵活性，且机理简单、透明度高、易被接受，同时能够建立和积累起完全的养老保险基金；缺点是待遇不确定和易受通货膨胀的影响。如果希望提供稳定的、随通货膨胀而调整的收入，并且希望劳动者能长期稳定地工作，同时对死亡、伤残提供一定水平的给付，应该选择确定给付制；反之，如果希望由劳动者承担未来基金的风险，提供灵活的、便于流动的账户，应该选择确定缴费制。

从两种模式的计划所提供的养老金水平看，确定给付制保险计划通常能提供相对较高的给付。确定缴费制保险计划的未来给付水平由缴费积累和已积累的投资收益决定，确定给付制保险计划的未来缴费水平由规定的给付和积累的资产额决定。但是，确定缴费制保险计划的投资收益通常高于确定给付制保险计划，当确定缴费制保险计划的投资收益足以抵偿由管理成本带来的高成本时，总体上确定缴费制保险计划对劳动者给付得更多。不过，确定缴费制保险计划的养老金待遇取决于积累的基金转化为年金时的条件，当积累转化为年金时的利率水平较低时，年金水平将会降低。此外，基金的收益率也受储蓄供求变化的影响，当国内基金饱和时，基金投资的高收益难以保证，从而确定缴费制保险计划高收益的优势消失。

由于确定缴费制不需要基金管理者承担风险，又适应现代劳动力流动的特点，而且容易被人们理解和接受，因此，越来越多的养老保险计划采用确定缴费制。但确定缴费制保险计划只能对劳动者未来工作时间提供给付，考虑到不同年龄劳动者待遇公平问题，一般对过去工作期间建立确定给付制保险计划，对未来工作期间建立确定缴费制保险计划。在西方国家，确定缴费制养老保险计划有增长的趋势，而确定给付制养老保险计划则在减少。确定缴费制保险计划增加的原因，主要是保险计划设计灵活，表现在缴费、账户基金投资选择和使用等方面。根据需要，劳动者在账户积累范围内可以申请贷款，在退休时，也可以选择多种领取方式。因此，不少中小企业开始由确定给付制转向确定缴费制，而原来由大企业提供的确定给付制保险计划一般保持不变，但它们把确定

① 王晓军. 中国养老金制度及其精算评价［M］. 北京：经济科学出版社，2000.

缴费制保险计划作为一种退休收入补充。

我国现行基本养老保险制度采用社会统筹与个人账户相结合的方式，其中社会统筹部分采用的是建立在代际转移基础上确定给付的现收现付制，个人账户则是一种确定缴费的基金制。企业年金制度一般采用确定缴费制保险计划。

第三节　社会保险基金的运营管理模式

根据基金管理机构的不同性质，社会保险基金运营管理模式可以分为政府集中型、私营竞争型以及近些年出现的公私合营型基金运营管理模式三类。

一、政府集中型基金运营管理模式

政府集中型基金运营管理模式即由政府部门或其委托的公共管理部门负责社会保险基金的运营管理。一般来说，依照国家立法推行的基本保障项目（如公共养老保险计划）的社会保险基金，以采用政府集中型基金运营管理模式为多，如经济合作与发展组织（OECD）各国、东欧各国以及亚洲的中国、新加坡、印度、马来西亚等。

社会保险基金的政府集中管理具有规模经济效应，从而可以降低成本。政府集中管理可以兼顾社会公平，有利于实现社会保险制度的生活保障和收入替代双重目标，同时政府集中管理可以降低市场竞争的成本，最大限度地实现国家社会发展的目标。但政府集中管理容易引起渎职和效率低下，也易受制于政治压力。政府集中管理的社会保险基金可能因为公共经营者——政府的要求，而将基金投资于政府债券，甚至向国有企业提供贷款，其收益率通常低于市场，在通货膨胀期间则实际收益率可能会是负值。这时，社会保险基金比投资于开放的市场时的获利要小，因此常常需要通过提高费率或减少给付来解决基金危机。要想提高政府集中管理的社会保险基金的收益率，关键是要看政府能否有效地利用好相关的资源。

新加坡的中央公积金制度（CPF）是政府集中型运营管理模式的典型代表。中央公积金由政府的中央公积金局直接进行全面的管理，是一个完全积累（基金制）的强制储蓄计划。中央公积金面向所有公共和私人部门及其雇员，至于雇主本人和自营劳动者是否加入此计划，可自行决定。中央公积金提供退休养老保障、医疗保障、住房保障、家庭（意外事故）保障。公积金存款利率由政府决定。中央公积金局通过基本投资计划、增进投资计划、新加坡巴士（1978）有限公司股票计划、非住宅房地产计划、教育计划及填补购股计划等投资计划，以实现公积金资产的增值。新加坡政府利用其高度的社会控制能力，要求其社会成员为自己的种种保障进行预防性储蓄。这一制度既为政府节省了社会福利开支，又为政府的公共设施建设提供了一个重要的基金来源。中央公积金局的全部职员不足千人，他们负责整个公积金的全面管理，政府不承担他们的薪水。公积金的管理费用并不来自会员的缴费，而是公积金积累余额的利息。

二、私营竞争型基金运营管理模式

私营竞争型即由私营的基金管理机构运用市场机制管理社会保险基金，同时接受政府的监管。通常，补充性保险项目（如员工福利计划、个人储蓄计划等）以采用私营竞争型基金运营管理模式为多。当然基本保险项目也有采用私营竞争型运营管理模式的，如智利。

基金运营管理采用私营竞争型，可以通过市场竞争带来效益。一般来说，私营的基金管理机构能使投资决策由经济原因而非政治原因作出，从而产生最佳的资金配置和最高的投资收益，并有助于发展金融市场。当然，市场竞争也使管理更加复杂，管理成本增大。同时分散化的私营投资管理使经济的规模效应消失。此外，社会保险计划的参加者有时难以作出有远见的投资选择，从而给未来带来更大的不确定性。

智利的养老保险基金运营管理模式是典型的私营竞争型基金运营管理模式。智利模式产生于20世纪80年代，是对60年前建立的公共社会保障制度的改革。多年来，智利的养老保险基金投资获得了较高的收益率，反映出养老保险基金的分散管理比集中管理有更高的效率，从而引起了世界各国的广泛重视。

智利养老保险制度的要点有：其一，以个人资本为基础建立养老保险基金，即基金来源于个人缴费；其二，养老保险基金由养老保险基金管理公司（AFP）管理，而这种机构是私营的；其三，社会成员可以自由选择参加AFP管理下的任何一个养老保险基金。AFP负责托管养老保险基金，把基金投资于资本市场。最初只被允许投资于政府公债，随着智利股票市场的繁荣和投资的自由化，养老保险基金的投资逐步扩大到公司证券。后来，投资的重点又转向公共设施的私有化。事实上，私营的养老保险基金已经成为智利资本市场的一个重要的角色。当然，AFP的行为要受养老保险基金监管局等政府部门的监管。例如，前述任何一种投资工具的采用，都要事先得到法律的许可。

三、政府集中型与私营竞争型模式的成本比较

社会保险基金运营管理的效能在很大程度上取决于管理成本。如果其他因素不变，

则基金管理的高成本即意味着给付待遇的降低或缴费的提高。但管理成本的测算并不容易。事实上，不同国家和不同类型社会保险制度的目标、规模、融资方式、再分配等存在差异，比如，美国主要是对老年、遗属和伤残者提供福利和收入替代，而欧洲很多国家还包括医疗和失业保障。同时，社会保险的覆盖范围、给付水平在不同国家也存在很大差异，因此很难直接比较其社会保险制度的管理成本。一般来说，社会保险基金的管理成本可以分成两个部分：一是基金运行所需要的成本，二是在管理组织机构内部产生的成本，或者说是一个交易成本的问题。

关于政府集中型与私营竞争型的社会保险基金运营管理成本，在社会保险私有化改革的争论中已经有不少讨论。世界银行从保护劳工利益和促进经济发展出发，主张采取以私营竞争型为主的多支柱模式，认为政府集中管理的社会保险制度使管理成本持续上升，管理效率低下，而私营竞争型的基金在市场机制的作用下，能提高效率、促进经济的发展。国际劳工组织从全面保护劳工利益的角度出发，主张建立国家强制实施的保护老年人和丧失劳动能力者及其遗属的社会保险制度，认为政府集中管理可以带来规模效益，克服私营分散管理带来的效率损失，更好地为老年人提供生活保障。

事实上，一方面，政府集中型与私营竞争型社会保险基金运营管理的成本，往往由于在费用支出上的区别而不能直接比较。例如，政府集中型的基金管理，其办公设施、土地、计算机设备、邮政和电信等方面的开支可能低于市场价格，或者通过行政手段分配得到，不需要实际成本支出；在费用征缴方面的管理成本，如社会保障税（费）可能由国家税务部门征收。此外，某些必要的成本支出，如财产折旧等通常不会包括在公布的管理成本之内。而私营竞争型的基金在市场竞争下，通常具有详细的成本开支会计记录。因此，政府集中管理的基金管理成本数据比其实际水平可能要低一些。

另一方面，大多数私营竞争型的社会保险基金，通常以公共部门和私营部门、债权和产权资本相结合的方式进行投资，以积累社会保险基金，这就是提高了管理成本。而大多数政府集中管理的社会保险基金则没有大量的基金储备，即使建立了这种储备，也不承担对投资选择进行评价的责任，因为基金主要被投资于政府债券。此外，为了吸引储蓄，私营基金之间的竞争要发生市场费用。当然，为平衡这些高额费用，私营基金不得不提高效率。

因此，政府集中管理既具有规模效应，又可避免市场竞争带来的管理成本，其管理成本可能较低，但收益率低，所以其低成本是以牺牲效率为代价的。而分散的私营竞争模式虽然在市场竞争的作用下提高了管理成本，但其投资收益率也高，也有利于实际经济增长。

四、公私合营型：社会保险基金运营管理模式的新发展

任何事物都不是绝对的非此即彼，政府集中管理与私营竞争管理的两种模式也不例外。随着政府与市场关系的不断演进，公私合营（PPP）模式在社会保险基金运营管理中逐渐兴起并呈现蓬勃发展之势。这一模式是公共部门与私人部门针对基础设施项目而建立的一种共同参与、共担风险、共享收益的项目融资模式，主要适用于具有一定可销售性的基础设施项目。它更多的是一种政府资源和市场资源在数量和禀赋上实现优势互补的理念，具体形式灵活多样，包括特许经营、合同承包、运营和维护的外包或租赁、管理者收购、管理合同、国有企业的股权转让、设立合资企业或者对私人开发项目提供政府补贴等，不同形式下私人部门的参与程度和承担的风险程度各不相同。一般认为，公私合营（PPP）包括建设—移交（BT）、建设—经营—移交（BOT）、建设—拥有—经营—移交（BOOT）、设计—建设—融资—经营（DBFO）、建设—拥有—经营—补贴—移交（BOOST）、建设—租赁—移交（BLT）等。从国际发展趋势看，在经历了金融危机造成的巨额亏损后，基于公私合营模式的基础设施投资成为养老基金关注的焦点。公私合营模式作为社会保险基金投资的一种新模式，受到发达国家决策和管理部门的高度关注。

补充阅读

如何参与个人养老金账户？听听基金、银行、保险业高管怎么说

2022 年 4 月 29 日，由中国养老金融 50 人论坛主办的第三支柱个人养老金制度政策研讨会在京召开。现场举行以“第三支柱即将落地，你们准备好了吗?”为主题的圆桌论坛，来自基金、保险、银行业的高级管理者共聚一堂，为公众如何参与个人养老金账户建言献策。

汇添富基金管理股份有限公司董事长李文对个人养老金客户提出了四点建议。一是要尽早规划、尽早投资，因为时间是影响投资收益水平和税收优惠力度的重要因素；二是尽量选择养老目标基金，它在保护本金方面优势非常显著，可以让你的投资拿得稳、拿得准；三是长期投资、责任投资，因为投资不仅是为了保值增值、防老养老，而且能反映个人的价值诉求，建议选择具备长期投资、价值投资和 ESG（环境、社会和公

司治理）责任投资等特质的基金产品，让投资更负责任、更有温度；四是专业投资、选择投顾服务，个人养老金投资是伴随人一生的财富管理事业，需要用专业度为养老金投资保驾护航，建议广大投资者选择专业的投资机构和投顾服务，让专业的人做专业的事，来提升自己的投资体验和投资收益。

中欧基金管理有限公司董事长窦玉明也认为，对于普通投资者而言，养老规划和养老账户管理对专业度要求非常高，它不是简单选择几个养老产品的问题，而是要对账户做总体资产配置，还涉及整个生命周期的投资规划，建议投资者选择专业机构和投资顾问。

天弘基金管理有限公司副总经理朱海扬文对个人养老金客户提出了三点建议。一是坚持长期持有，长期投资可以平抑战争事件和突发金融危机的影响；二是要定期投资，工资变成养老金，本质上就是人力资本变成金融资本，定投可以摊薄投资成本；三是要科学参照基准，建议推出一个养老策略指数，供投资者比较养老投资业绩。

银华基金管理股份有限公司业务副总经理姜永康建议大家积极参与个人养老金。他直言，受限于个人客户的参与认知度，可以考虑借鉴海外经验设置成默认选择参加，自愿选择退出，这样也和自愿选择的权利不矛盾，但是能有效提升参与度。此外投向单一的产品很难满足个人养老金客户长期、安全、收益这三个目标，养老 FOF 基金可能是比较好的选择。

恒安标准养老保险股份有限公司董事长万群认为，需要加强个人养老金的全民参与度。政府部门和商业机构可以通力合作，建立养老金面板制度，即把所有养老产品汇总到一个平台上，让投资者像逛超市一样选择养老金产品。

大家养老保险股份有限公司总经理贺宁毅表示，投资养老产品应当尽早规划，注意持续积累才能享受时间带来的复利价值。此外，投资者选择投资品种和投资主体时要特别关注安全性、持续性和稳定性，同时注重产品是否有其他增值服务，因为优质养老服务和优质资产一样，具有稀缺性。

中信银行财富管理部总经理助理贾丹对个人投资者也提出了四点建议。一是尽早投资，把握好自身和家庭不同时期的需求合理分配收入，利用前期积累的财富填补后期的缺口，越早启动复利效应越明显；二是要有纪律性，合理规划消费资金和储蓄资金，不能错配，长期投资应该专款专用；三是要注意投资周期的匹配性，用年轻时的储蓄去换取老年后安全稳定的现金流，要确保资金跟着计划走，中途不被打断；四是要多元化配置，结合自身和家庭的实际情况，做好养老储蓄、养老理财、养老基金、养老保险等多种工具的综合运用。

资料来源：21 世纪经济报道，2022-04-29.

深度阅读

1. ［美］艾伦. 退休金计划——退休金、利润分享和其他延期支付［M］. 北京：经济科学出版社，2003.

2. ［美］汤姆森. 老而弥智——养老保险经济学［M］. 孙树菡，译. 北京：中国劳动社会保障出版社，2002.

3. ［奥］霍尔茨曼，等. 养老金改革——名义账户制的问题与前景［M］. 郑秉文，译. 北京：中国劳动社会保障出版社，2006.

4. ［奥］霍尔茨曼，等. 名义账户制的理论与实践：社会保障改革新思想［M］. 郑秉文，译. 北京：中国劳动社会保障出版社，2009.

5. ［奥］霍尔茨曼，等. 养老金世界变化中的名义账户制　上卷：进展、教训与实施［M］. 郑秉文，译. 北京：中国劳动社会保障出版社，2017.

6. ［奥］霍尔茨曼，等. 养老金世界变化中的名义账户制　下卷：性别、政治与可持续性［M］. 郑秉文，译. 北京：中国劳动社会保障出版社，2017.

7. ［美］佛朗哥·莫迪利亚尼，阿伦·莫拉利达尔. 养老金改革反思［M］. 北京：中国人民大学出版社，2010.

8. 刘子兰. 养老金制度与养老基金管理［M］. 孙亚南，译. 北京：经济科学出版社，2005.

本章小结

社会保险基金管理模式，按筹资方式不同可以分为现收现付制和基金制，按保险金给付的确定方式不同可以分为确定给付制和确定缴费制，按管理机构的性质不同可以分为政府集中型、私营竞争型和公私合营型。现实的基金管理模式是上述几种模式的组合。

在现收现付制之下，正在工作一代人收入的一部分用于当年已退休一代人的养老金支出，收入从工作一代人向退休一代人转移。在基金制之下，劳动者以年轻时的储蓄积累支付退休后的养老金，收入在个人生命周期内再分配。现收现付制容易建立，能抵御通货膨胀风险，但难以应对人口老龄化的挑战。基金制运行机制简便，易被接受，能抵御人口老龄化的影响，但有通货膨胀之忧。现实中的现收现付制由于人口老龄化而不得不转向基金制或部分基金制。

确定给付制，即根据劳动者参加养老保险计划的年数和工资收入水平预先确定其退休后的养老金水平，再依照精算原理确定其缴费水平。确定缴费制，则是先经过预测确定缴费水平，据以筹集养老保险基金，基金逐渐积累并获得投资收益，劳动者退休时，以其相应的缴费及投资收益在退休时的积累为基础发放养老金。确定给付制能提供稳定的给付，但缴费水平需随基金状态的变化而调整。确定缴费制在缴费、投资和转移方面具有灵活性，机理简单，透明度高，易被接受，但待遇不确定，易受通货膨胀影响。由于确定缴费制不需要基金管理者承担风险，适应现代劳动力流动的特点，易被人们接受，因而有较多的养老保险计划选择确定缴费制。

政府集中型是由政府部门或其委托的公共管理部门负责社会保险基金的运营管理。私营竞争型由私营的基金管理机构运用市场机制管理社会保险基金，同时接受政府的监管。政府集中型的管理成本低，但效率也低；私营竞争型的管理成本高，但效率也高。社会保险制度普遍采取政府集中型管理模式，补充性的职业养老保险计划通常采取私营竞争型管理模式。公私合营模式作为社会保险基金运营管理模式的新发展，在充分发挥市场配置资源作用的同时，也优化了政府社会保险基金管理的职能和工作内涵。

重要概念

现收现付制　基金制　确定给付制　确定缴费制　政府集中型　私营竞争型

复习思考题

1. 社会保险基金管理模式可分为哪几种？
2. 社会保险基金的筹集原则有哪些？
3. 试比较现收现付制与基金制的筹资模式。
4. 社会保险基金的给付原则有哪些？
5. 试比较确定给付与确定缴费的基金给付模式。
6. 试比较政府集中型、私营竞争型和公私合营型的基金运营管理模式。

第四章
社会保险基金的投资运营

第一节　社会保险基金的投资原则与投资规则

一、社会保险基金投资的风险特征

社会保险基金包括养老、医疗、工伤、失业等方面的基金。从投资的角度来讲，主要是指养老基金的投资，养老基金按筹资方式又分为现收现付的社会统筹基金和完全积累的个人账户基金。现收现付制度下的养老基金的结余部分或者因为各种原因形成的专项储蓄基金，可以作为中长期投资，如中国的社会保障基金、爱尔兰的公共储备基金、瑞典公共养老金现收现付部分的结余资金。完全积累的养老基金是一种长期储蓄，在退休前往往不能提前支取，具有长期性和稳定性的特点，如新加坡和马来西亚等国长期积累的公积金。

社会保险基金投资是由社会经济的宏微观环境以及社会保险基金投资本身的各种因素所决定的，社会保险基金投资面临环境风险以及本身的投资风险。

（一）社会保险基金投资的环境风险

1. 宏观经济周期风险

从一定意义上说，社会保险基金投资收益是经济发展成果的一种分享。特别是长期积累型养老基金（如完全的个人账户制、公共养老储备基金）资产不同程度地投资于股票资产，而股票市场往往是宏观经济周期的一种晴雨表。从世界各国养老基金投资绩效来看，特别是那些有较大比例投资于股票的养老基金，其收益与宏观经济呈现着高度的同步性。

2. 社会信用风险

市场经济本质上是一种信用经济，只有在一种较好的社会信用环境下，社会经济活动才会有良好的经济秩序和经济活动规则。社会信用环境好，企业经营活动才有良好的信用环境，社会保险基金投资特别是信托投资才有良好的信用基础，投资委托人、信托人或者政府有关监督管理机构才有一个共同约束的信用链条。

3. 通货膨胀风险

通货膨胀是现代经济中的客观现象，通货膨胀风险是指由于通货膨胀造成社会保险基金经过长期积累后其实际购买力下降的不确定性。由于养老基金积累的长期性，通货膨胀会对其实际购买力造成很大威胁。为了抵御通货膨胀风险，金融市场创造了很多通过指数调整以对抗通胀风险的金融产品，为养老基金提供了有效的保值工具，也推动了金融工具的创新。

4. 政治法律风险

社会保险制度以及社会保险基金的投资制度往往也与一国既定的政治法律环境有关，这在智利养老基金制度改革、新加坡中央公积金制度选择、中东欧养老保险制度的改革中都得到不同程度的反映。社会保险基金投资往往也可能遭受到政治风险，如不恰当地将养老基金过多地投资于社会投资项目，有可能造成社会保险基金投资的低效甚至损失。社会保险基金投资的法律风险表现在基金投资本身的法律完善程度和社会保险基金投资监督管理的法律有效性方面。在一个不太成熟的金融市场中，有关法律制度不健全，社会保险基金投资监督管理制度缺失或错位，都会对社会保险基金投资形成不同程度的负面影响。

（二）社会保险基金的投资风险

社会保险基金的投资风险是指在投资过程中由于主观原因（投资决策失误、投资组合选择不当）及客观原因（经济周期变化、利率波动、政府政策变化等）造成的投资收益率不确定性的风险，包括社会保险基金投资模式选择风险、投资组合风险、投资管理风险、币种风险等。

1. 社会保险基金投资模式选择风险

社会保险基金投资模式一般可分为政府集中型、私营竞争型和公私合营型三种模式。社会保险基金投资采用什么样的模式是由不同国家特定的经济社会与制度条件所决定的，如金融市场的发育程度、社会保险的制度特征、社会公众的金融意识、社会的法律与信用环境等。如果社会保险基金管理模式与社会保险的制度功能脱节，社会保险基金管理模式与一国的金融市场或者社会公众的金融意识不相一致，社会保险基金的保值与增值的目标就难以实现，社会保险基金投资管理在社会保险基金运行以及社会保险制度有效运行中的重要作用就难以充分发挥。

2. 投资组合风险

社会保险基金投资在本着安全性、收益性与流动性的原则下，进行投资组合。投资组合不当会形成投资风险，难以实现资产投资组合的应有功能。如纯粹的国债投资组合可以实现相对稳定的投资收益，但也可能导致养老基金投资成为政府的融资来源，甚至沦为政府财政融资的重要手段，进而可能产生财政风险对养老基金投资的传导；如固定的债券与股票投资组合尽管可能具有战略性资产配置的某些特征，但难以应对宏观经济与金融市场动态条件下的不利变化，即在股票市场低迷或出现股票投资负收益时，整个组合投资收益以及养老基金投资的资产负债管理将受到影响。

3. 投资管理风险

投资管理风险包括投资主体的内部控制不力以及相关机构对投资主体进行监督管理中所产生的风险。投资主体如果不能进行有效的投资管理，如资产配置部、风险管理部与内部审计机构职责不清晰，管理制度不配套都会导致投资主体内部的决策失误、资产配置错位、内控制度乏力等不确定性因素。相关机构对投资主体的监督管理风险，包括对投资主体的选择出现重大失误、对投资主体从业资质把关不力、投资比例管理过松或者过于严格、对投资主体的投资保证金与投资波动储备金提取不足、外部审计质量低下、信息披露与信息沟通不畅、有关的监督制度无效或有效性不足等。

4. 币种风险

社会保险基金的国际投资已经成为社会保险基金管理的一种现实选择或发展趋势。社会保险基金国际投资在一定条件下具有在国内金融市场和国际金融市场中分散投资风险的正面功效，可以避免因国内宏观经济或金融市场波动对社会保险基金投资的负面影响。一般而言，社会保险基金的国际投资在不同的国家中其投资比例各异，在国际投资的过程中必须关注国际外汇市场波动给一国社会保险基金投资所带来的币种风险。除进行合理的币种匹配以应对币种风险外，还应该结合一些保值避险策略对社会保险基金国际投资进行避险。

二、社会保险基金投资的一般原则

任何投资都要兼顾安全性、收益性和流动性的原则，只不过投资要求不同，三者的优先次序有所不同。社会保险基金的社会保障功能决定了其投资原则的排列顺序是安全性、收益性、流动性，即在保证基金安全的基础上提高基金的收益率，保证其流动性需要。

（一）安全性原则

安全性是指收回投资本金及相关投资收益的保障程度，社会保险基金投资管理以安全性作为首要原则。相对于共同基金和商业保险基金而言，社会保险基金投资对其安全性的要求更高。由于多数国家的养老保险制度一般采用多层次的制度模式，在基于养老保险基金投资安全性的前提下，不同层次的养老保险制度对安全性的要求又呈现出层次性的特征。

一般而言，现收现付制的基本养老金投资对安全性的要求更高，因此，基本养老金层次的养老基金投资大多选择一些低风险的金融工具进行投资，较多国家现收现付制度的基本养老金大多选择国债和其他高信用级别的企业债券及相关金融工具，一般不选择或者很少比例投资于股票市场。即使投资于股票市场，也仅是对基本养老保险基金盈余的部分进行相对高收益的投资，如瑞典、爱尔兰、中国的社会保障基金。而补充养老基金投资的其安全性要求相对低于对基本养老金投资的要求，一般均有不同程度的风险型投资工具投资，如选择股票、实业投资甚至风险投资等，而一般对第三层次的个人储蓄养老金制度的安全性管理相对弱化。

社会保险基金投资的安全性及其安全程度往往与政府责任相关。一方面，社会保险基金投资是在政府制定有关政策、投资规则、监督管理制度的条件下进行的，政府在社会保险基金投资中体现着较强的管理与干预责任（特别是对基本养老金的投资）；另一方面，社会保险基金投资安全性及其安全程度直接影响到社会保险基金投资的绩效，而投资绩效的高低在不同程度上影响着社会保险基金的收支平衡，社会保险基金收支平衡程度与政府财政的转移支付又不同程度地保持着联系。

保持和增强社会保险基金投资安全性的措施一般包括投资模式选择、投资主体确定、投资工具与投资组合规定、投资收益保证或担保、投资信息披露制度建立、对外投资比例、政府担保与政府监督管理等。

（二）收益性原则

社会保险基金投资的收益性原则是指在符合安全性原则的前提下，社会保险基金投资能够取得适当的收益。从一定意义上讲，这是社会保险基金投资最直接的目的。社会保险基金投资收益的大小直接影响到社会保险基金的财务平衡，也影响到投保人缴费的高低，如智利曾经的养老基金缴费率较低，其费率为缴费工资的10%，在相当程度上与智利养老基金投资的高收益相关。在养老金累积价值一定和其他变量相对固定的情况下，养老基金投资的收益率越高，投保人所缴纳的费率则相应较低。

为了实现预定的制度替代率，社会保险基金投资的实际收益率必须达到设定的实际利率水平，并与实际工资增长率保持预定的差幅（即实际工资增长率提高，要求有更高的收益率）。为了抵御通货膨胀风险、防止老年人实际购买力的下降，社会保险基金投资的名义收益率必须剔除价格上涨的因素，即以实际收益率衡量其投资效益，因此，社会保险基金投资的收益率有名义收益率、实际收益率与净收益之分。名义收益率等于实际收益率加上通货膨胀率，而净收益一般是指实际收益减去投资相关费用（如手续费、管理费等）。在社会保险基金投资过程中，一些国家还规定最低收益率，较多国家规定养老基金投资收益不得低于一个以指数确定的基数（benchmark），甚至还规定建立投资收益波动准备金，或者建立投资收益担保制度（Investment Return Guarantees）等。

设计最低（投资）收益担保的DC型养老金计划本质上具有了DB型计划的特征，在日本和美国等国又被称作现金余额计划（cash balance plans），OECD国家中，捷克、日本、斯洛伐克、瑞士等国均对DC型养老金计划作出了绝对收益保证（absolute return guarantees）的要求，比利时、德国甚至通过立法保护；智利、丹麦、波兰、斯洛文尼亚等国对养老基金投资收益设有相对收益保证（relative return guarantee）。[①] 随着低（负）利率环境的长期持续，一些国家有收益担保的养老金产品逐渐向市场导向的设计转化，较典型的当数丹麦，从2021年7月1日起，其养老基金的最低保证投资收益率已从1%降至0.5%。[②]

风险（安全性）与收益之间存在替换关系，即高收益率往往伴随着高风险，而较高的安全性（低风险）就要以较低的收益率为代价，如图4-1所示。图中A点表示无风险、低收益率（比如国债），B点表示普通风险、中等收益率（比如普通股票），C点表示高风险、高收益率（比如高风险股票、垃圾债券等）。社会保险基金投资的风险—收益状况应介于A、B点之间，即在低风险的前提下争取尽可能高的收益。这里需要说明的是，将社会保险基金投资的风险—收益状况定位于A、B点之间，是就社会保险基金

① Antolín, P., et al. (2011). "The Role of Guarantees in Defined Contribution Pensions", OECD Working Papers on Finance, Insurance and Private Pensions, No. 11, OECD Publishing, Paris.

② "Top-performing pension funds to 'guarantee' negative returns", by Bloomberg, March 12, 2021, https://www.pionline.com/pension-funds/top-performing-pension-funds-guarantee-negative-returns.

投资组合的整体而言，即可视为社会保险基金投资组合中风险程度不同的金融工具加权平均的风险程度。在既定的加权平均的风险程度下，投资组合中具有中等偏下的风险程度的金融工具应占较大比重，同时可拥有一些高收益—高风险及低收益—低风险的金融工具，但其所占比重不应太大。

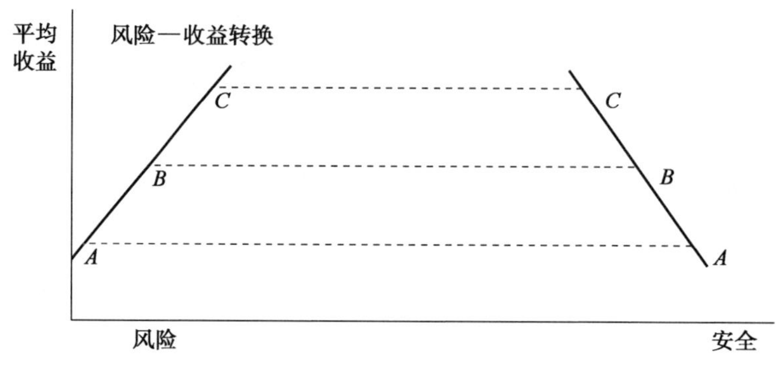

图 4-1　风险与收益的替换

（三）流动性原则

社会保险基金投资的流动性是指投资资产在不发生损失的条件下可以随时变现以满足支付社会保险待遇的需要。社会保险基金不同性质的投资对流动性的要求不同，完全积累的养老金投资对流动性的要求相对较低，对于每个委托人而言，由于基金在到期（退休）前不能提取，因此不具有流动性，可以投资与期限相匹配的长期投资工具以获得较高收益；在到期后，如果个人选择按月定期支取，那么仍会有一个相对稳定的余额可以投资于长期金融工具。对于基金公司所管理的整个基金而言，在保证支付的流动性需要的基础上，也会有一个相对稳定的余额可以进行长期投资。流动性与收益率之间也具有替换关系，投资于流动性差的投资工具，可以获得更高的收益率。而以现收现付为主要特征并满足于年度支付的基本养老金对养老基金投资的流动性要求较高，因此一般其投资大多选择短期金融工具，比如选择短期国债、银行存款、高信用级别的企业债券或商业票据等。

需要强调的是，社会保险基金投资的安全性、收益性与流动性原则是社会保险基金投资的基本原则，在实际运用中往往难以同时满足。社会保险基金投资应当在总体上体现社会保险基金的安全性原则，而在具体的投资项目和投资组合上灵活体现投资三原则，以便在组合的投资收益中，既体现社会保险基金的安全性要求，又体现出较高投资收益与合理流动性的要求，从不同层面实现社会保险基金的投资原则。因此，在社会保险基金投资管理中，应特别注意投资期限的合理匹配和各项投资比例的合理组合，注重社会保险基金投资的资产负债管理的有效性。

三、社会保险基金投资规则及其运用

尽管各国社会保险基金的投资组合会因其市场条件、政府监管的严厉程度等的不同而有所区别，但鉴于社会保险基金投资安全性的要求，有一些共同的投资规则为各国所普遍遵守。

（一）分散化投资

分散化投资是指将基金分散投资于性质不同、期限不同、地区不同的投资工具，以取得风险与收益的最佳组合。在社会保险基金的投资组合中，既要包括固定收益金融工具，又要包括权益工具；既要包括低风险的投资工具，又要包括高风险高收益的投资工具；既要有中长期工具，又要有短期工具；为了分散国别风险，社会保险基金还可以投资于不同国家或地区的金融工具。分散化和多元化投资可以在获得同样收益的情况下降低风险，也可以在承受同等风险的情况下获得更高收益。以加拿大养老金计划投资基金（Canada pension plan investment board，CPPIB）为例，作为国际大型养老基金中投资范围最广的基金之一，CPPIB 根据长期风险水平和最低收益要求构建参考组合，选择国内外的多类资产构建战略组合进行分散化投资，过去 20 多年，CPPIB 的投资范围不断扩大，从最初仅投资加拿大联邦以及各省发行的债券，逐渐扩大到全球股票、政府债券、私募股权、私募债权、房地产、基础设施、自然资源、知识产权等。①

（二）控制投资工具的风险等级

尽管高风险的投资工具可以带来高收益，但由于高风险同时还意味着巨大的不确定性及投资失败后的巨额损失，因此，社会保险基金投资通常会对所投资的金融工具的风险等级有所控制。比如，在企业债券投资中，由于企业的资信状况不同，因而会有不同的信用等级。按照国际通行的评级标准，信用等级在 BBB 以上的称为投资级债券，信用等级在 BB 以下的称为投机级债券，又称高收益债券或“垃圾债券”（参见表 4-1）。社会保险基金一般不允许投资于投机级债券，有些国家甚至规定社会保险基金只能投资于 A 级以上的债券。

① 全国社会保障基金理事会规划研究部. 养老金投资范围和投资比例国际经验研究，2019-10-28.

表 4-1　　公司债券评级系统及标志符一览表

穆迪公司	S&P 公司	菲奇公司	D&P 公司	简要定义
投资级——高信誉				
Aaa	AAA	AAA	AAA	金边债券，一流质量，最高安全性
Aa1	AA+	AA+	AA+	优等，高质量
Aa2	AA	AA	AA	
Aa3	AA-	AA-	AA-	
A1	A+	A+	A+	中上等
A2	A	A	A	
A3	A-	A-	A-	
Baa1	BBB+	BBB+	BBB+	中下等
Baa2	BBB	BBB	BBB	
Baa3	BBB-	BBB-	BBB-	
显著投机型——低信誉				
Ba1	BB+	BB+	BB+	低等，投机型
Ba2	BB	BB	BB	
Ba3	DD	BB-	BB-	
B1	B+	B+	B+	高度投机型
B2	B	B	B	
B3	B-	B-	B-	
纯粹投机型——极大的违约风险				
Caa	CCC+ CCC CCC-	CCC	CCC	风险极大，处境困难
Ca	CC	CC		会发生违约，极度投机型
C	C	C		比上述级别更具投机性
	C1			C1=收入债券，不支付利息
	D	DDD DD D	DD	违约

资料来源：[美] 费兰克·J. 法博齐，费朗哥·莫迪利亚尼. 资本市场：机构与工具 [M]. 汪涛，郭宁，译. 北京：经济科学出版社，1998.

再比如在股票投资中，成熟行业、带有某些自然垄断性质的行业（如公用事业、自然资源行业）、大企业的股票通常更具稳定性，股息收入较高；而新兴产业、高科技产业、小企业的股票则更具成长性，但风险更高。社会保险基金的股票投资中，通常也会对投资股票的类型有所限制。

（三）控制高风险的投资工具所占的比例

社会保险基金投资组合中包含高风险的投资工具是出于提高收益率的需要。但是，为了控制风险，通常对高风险投资工具在社会保险基金投资组合中所占的比例予以限制，例如，许多国家都对社会保险基金投资中股票投资、不动产投资、国际投资的比例进行限制。新加坡政府投资公司（government of singapore investment corp，GIC）是新加坡的主权投资基金，作为最早开展另类投资的主权投资基金之一，其投资范围包括公开市场、私募股权、并购基金、风险投资、房地产、基础设施、对冲基金等。近年，其股票配置比例总体下降，但新兴市场股票配置比例上升。2008—2019 年，GIC 的股票配置比例从 51%显著下降至 37%，但对新兴市场股票的配置比例从 10%上升至 18%。[①]

（四）注重投资的长期性

由社会保险基金的特点所决定，注重投资的长期性主要体现在两个方面。首先，在社会保险基金的投资组合中，中长期投资工具比如长期国债、长期公司债券、股票等占较大比重；其次，长期投资是一种投资理念，即在债券、股票等投资中，注重利息、股息收入，不注重证券买卖价差所体现的资本利得收入。

第二节　社会保险基金投资工具选择与投资决策

一、社会保险基金可选择的投资工具

社会保险基金可选择的投资工具可以分为金融工具和实物工具两类。

（一）金融工具

金融工具可以从收益特点、期限等多种角度进行分类。社会保险基金投资的传统金融工具包括银行存款、政府债券、企业债券、贷款合同、公司股票等，各种创新的金融工具包括以资产为基础发行的证券（asset-backed securities）、衍生证券等。

银行存款具有较高的安全性，但收益率较低，并且存款期限较短。在社会保险基金刚刚进入资本市场时一般占较大比重，随着投资工具选择的多样化，比重会大大降低，

---

① 全国社会保障基金理事会规划研究部. 养老金投资范围和投资比例国际经验研究，2019-10-28.

只用来作为短期投资工具，以满足流动性需要。

中央政府发行的国债由于没有违约风险，安全性最高，因而是养老金的重要投资工具。但因其投资收益率也低，因而在养老金投资组合中因国家不同而有所不同。

企业债券由于有违约风险因而收益率高于国债，但风险低于股票，也是养老金的重要投资工具，特别是实力雄厚、信誉卓著的大公司发行的债券，在社会保险基金的投资组合中占重要地位。企业的资信程度不同，企业债券具有不同的风险等级，各国政府通常对社会保险基金投资的企业债券等级有所限制，以防止过高的投资风险。

贷款合同主要是住房抵押贷款及基础设施贷款（以银团贷款的形式参与大型基础设施的项目融资），风险较小，收益稳定。在有些国家，投资于政府的住房计划，往往还有政府作担保。基础设施的项目融资一般有项目建成后的收益现金流及政府税收担保，因而风险也较小。

股票作为股权投资工具，其风险高于固定收益证券，因而也具有更高的收益率。为了保证社会保险基金的收益率，多数国家都允许社会保险基金投资于股票市场，但有些国家限制其投资比例。股票投资的收益来自股票买卖的价差和持股期间的股息收入。

证券投资基金是由专门的投资机构发行基金单位、汇集投资者资金，由基金管理人管理和从事股票或债券等金融工具投资的间接投资制度。证券投资基金其最大的优势在于专家理财、组合投资、规避风险、流通性强等特征。随着世界各国信托投资业务的发展，国际资本流动的速度日益加快，证券投资基金已经成为社会保险基金投资的一个重要投资工具。

除了传统的债务工具和股权工具以外，20 世纪 70 年代以来的金融工具创新为社会保险基金投资提供了更广泛的选择，并且有些创新的金融工具本身就是根据养老基金的特点及其投资要求而“量身定做”的。近年来，社会保险基金投资部分进入可选择性投资工具（alternative investment），包括风险投资（venture capital）、私募债券（private placenent bond）、对冲基金（hedged fund），远期（forward）、期货（future）、期权（option）、互换（swap）合约等金融工具。

远期合约是指合约的买卖双方约定在将来的某一确定的时间以事先确定的价格交易某一金融商品的合约。期货合约是在交易所交易的标准化合约，并引入专门的清算机构，每日结算保证金的交易制度。期权合约是一种赋予交易双方在未来某一日期以一定的价格买入或卖出一定的金融资产的一种选择权。互换合约是指交易双方交易一系列现金流的合约，是一种双方交换风险的协议，包括利率互换、货币互换和股票互换。早期的对冲基金可以说是一种基于避险保值的保守投资策略的基金管理形式。现代意义的对冲基金已成为基于最新的投资理论和复杂的金融市场操作技巧，充分利用各种金融衍生产品的杠杆效用，承担高风险、追求高收益的投资模式。

（二）实物工具

社会保险基金还可以投资于实物，包括房地产、基础设施等。实物投资具有投资期限长、流动性差的特点，但能在一定程度上防范通货膨胀风险，因此是社会保险基金可以选择的投资工具。其中，房地产市场受经济周期波动影响有较大的风险，并且由于较强的专业性，因而投资的管理成本较高。有些国家对房地产投资在社会保险基金投资中的比重有严格限制。基础设施投资则更多的是以贷款的形式实现。例如日本、墨西哥、秘鲁、俄罗斯、泰国、中国香港都不允许对房地产进行直接投资；但鉴于集合投资（CIS）的快速发展，房地产可能通过这类间接投资进入到社会保险基金投资中，而通过这种方式投资高风险产品往往难以观察和干预。挪威政府养老基金（government pension fund global，GPFG）房地产配置比例从 2011 年的 0.3%上升到 2018 年的 3%，但总体占比仍极为有限。近年来，部分国家对基础设施等长期投资项目的投资规则有所放松，例如，克罗地亚从 2014 年起允许其强制养老基金投资于基础设施建设和另类投资渠道。到 2019 年，罗马尼亚养老金资产有 15%投资于基础设施建设。2015 年以后，日本政府养老投资基金（government pension investment fund，GPIF）开始允许投资另类资产，包括基础设施、PE 和房地产等，但总的投资占比仍不超过组合的 5%。①

二、社会保险基金投资与金融工具创新

（一）金融工具创新的基本内容

金融创新是近几十年才被人们日益重视的金融现象。金融创新是指金融中介在金融活动中，为适应环境的发展变化和规避管制而变革传统的金融服务方式、创造新的信用工具、创新金融制度的活动和过程。金融创新一般包括金融工具创新、金融制度创新和金融机构创新等。

金融工具创新按照创新的动因可分为逃避金融管制的金融工具创新、规避风险的金融工具创新、技术推动的金融工具创新以及满足特定需求的金融工具创新。逃避金融管

① 全国社会保障基金理事会规划研究部．养老金投资范围和投资比例国际经验研究，2019-10-28；Pensions at a Glance 2020，OECD.

制的金融工具创新包括早期的可转让支付命令账户、自动转账服务账户、货币市场存单、货币市场存款账户；规避风险的金融工具创新包括浮动利率金融工具、金融期货、金融期权、远期利率协议、互换交易、金融资产证券化等；技术推动的金融工具创新包括早期的信用卡、记账卡和后期的其他新型支付与交易方式；满足理财和养老金管理等特定需求的金融工具创新包括货币市场基金、现金管理账户、零息债券、担保抵押债务、担保投资合同等。

（二）养老基金投资对金融工具创新的影响

1. 养老基金投资促进了具有担保期限的固定收入的金融工具的发展

从 20 世纪 70 年代初开始，由于利率水平的提高及其波动幅度的加剧，借贷双方都尽力回避长期固定利率的债务，浮动利率债务市场因此而活跃起来。于是很多债券市场的分析家预言，固定利率债务的期限结构将会缩短，而且债券市场将完全转向浮动利率的公司债务。但是，金融市场并没有完全按照分析家所预言的那样发展。美国著名社会保险专家博迪（Zvi Bodie）认为，1974 年雇员退休收入保障法案（ERISA）的颁布，刺激了公司债券免疫（bond immunization）和持续期匹配战略的实施，从而创造了对具有担保期限的固定收入的金融工具的需求。零息债券（zero-coupon bonds）、担保抵押债务（collateralized mortgage obligations，CMOs）、担保投资合同（guaranteed investment contract，GIC）等在相当程度上是对这种市场需求的反应。[①]

博迪认为，由于确定给付型下养老金计划的主办者对参与者承诺提供一个担保的最低名义保证金，因此，公司管理层在管理养老基金时就将其视为一个提供根据受益公式计算出来的最低保证金的确定缴费型计划（即其缴费多少要视根据受益公式计算的最低保证金价值的大小而定）。为了实现股东权益最大化与员工福利最大化两个目标的平衡，管理层就要使其为员工提供的最低养老金担保受益的成本最小。因此，计划的主办者有强烈的动机通过投资于具有匹配的持续期的固定收入证券来免除其累积的养老金支付义务（accumulated benefit obligation，ABO）。根据资产负债管理中的免除战略，当公司能找到与其负债的持续期相匹配的资产组合时，即可以免除利率波动对其养老金负债价值造成不利影响的风险，使养老金资产组合的价值总是等于其养老金负债的价值。与传统的债券和抵押贷款相比，零息债券、担保抵押债务、担保投资合同及利率期货合约等产

① Zvi Bodie. Pension Fund and Financial Innovation，Financial Management. //The ABO. the BPO and the Pension Investment Policy，1990.

品都提供了减少持续期的不确定性的方法，因而成为养老金资产组合中的重要组成部分，它们的出现也与养老基金在其资产负债管理中采取的免除战略有密切的关系。[①]

2. 养老基金投资促进了商业保险产品的创新与发展

拉美养老金改革和养老基金增长促进了年金产品的创新，带动和促进了拉美寿险市场的发展。有关研究表明，在很多拉美国家中，养老基金对年金产品的需求刺激了寿险市场的快速发展。在智利，1988 年该国年金保费在寿险市场中的份额不足 7%，至 1998 年年金保费在寿险市场中的份额为 1/3。失能与遗属年金对秘鲁、阿根廷、哥伦比亚寿险市场发展起到了重要作用，1989 年阿根廷年金市场在寿险市场中的份额不足 2%，到 1998 年年底上升至 14%；1994 年秘鲁养老金改革时，市场中仅有税收优惠的递延年金产品，至 1998 年年金市场在寿险市场中的份额占 11%。[②] 有关研究表明，2000—2020 年，随着养老金改革的深入，年金市场还将进一步推动寿险市场的发展。[③] 从中国 2020 年年金险市场表现来看，人身险公司的个人业务合计实现原保费收入 2. 39 万亿元，其中，年金保险原保费收入为 1. 1 万亿元，占比 46%；人身险公司的团体业务合计实现原保费收入 71. 3 亿元，其中，年金保险原保费收入 31. 1 亿元，占比 43. 6%。[④]

3. 养老基金投资促进了养老目标基金的创新与发展

养老目标基金是一种创新型的公募基金，它以追求养老资产的长期稳健增值为目的，鼓励投资人长期持有，采用成熟的资产配置策略，合理控制投资组合波动风险。根据投资策略不同，养老目标基金分为目标日期基金和目标风险基金。目标日期基金按照投资者退休的年份划分，通常以 5 年为间隔，针对退休年份在该目标日期附近的投资者进行设计；目标风险基金根据其目标收益风险特征，多分为激进型、成长型、平衡型、稳健型、保守型，不同类别持有权益类和固定收益类资产的配置比例存在差异。

1974 年美国颁布的《雇员退休收入保障法案》提出创立个人退休养老账户（individual retirement arrangements，IRAs）后，DC 型计划和 IRAs 快速发展，各基金公司开始设计不同权益资产比重的产品，以面向不同风险偏好的投资者。由此，以目标风险基金为代表的资产配置型基金逐步发展。其后，为解决投资者无法理性且准确地将自身风险

---

① Zvi Bodie. Pension Fund and Financial Innovation，Financial Management. //The ABO. the BPO and the Pension Investment Policy，1990.

② Palacios R.. R Rofman. Annuity Markets and Benefit Design in Multi-pillar Pension Schemes：Experience and Lessons from Four Latin American Countries. *Social Protection Discussion Paper*，2001（107）：16-23.

③ Devesa-Carpio，Vidal-Melia. The Reformed Pension Systems in Latin America. The World Bank，2002：31.

④ 保险产品畅销榜　年金险抢占“C 位”，证券日报，2021-05-09.

承受能力与不同风险产品相匹配的问题，以生命周期投资为理念的目标日期基金逐步诞生。1990 年 11 月，第一批目标日期基金由巴克莱全球投资公司（barclays global investors）在美国推出。随后瑞典公司 SPP Fonder AB 和美国富达基金（fidelity investments inc.）等公司也相继成立相关产品。2001 年后，富达、先锋等基金公司开始大力宣传目标日期基金，养老目标基金市场逐渐拓展到了芬兰、法国、新加坡等国。2006 年，美国颁布的《养老金保护法案》中提出了“合格默认投资备选”（QDIA），规定在雇员未做选择的情况下，雇主若将雇员养老金投向 QDIA，可免于承担投资损失责任。目标日期基金与目标风险基金便在 QDIA 之中，这大大促进了养老目标基金的发展。

目标风险基金和目标日期基金成为十余年来最受境外投资者和退休计划发起人欢迎的产品，目前全球有 30 多个国家或地区拥有目标日期基金，其中美国市场的基金规模最大。截至 2021 年第三季度末，目标日期基金在美国金融市场上的资产量达到 1.741 万亿美元，同比增长 24.36%。其中，3 180 亿美元（占比 18%）来自 IRAs 投资，1.154 万亿美元（占比 66%）属于各类不同 DC 型养老金计划，仅这两项的合计比重已经接近 84%。同时，在 13.2 万亿美元的 IRAs 资产中，有 1 140 亿美元投资于目标风险基金，占 IRAs 总资产的 0.86%和整个目标风险基金总量的 28%；在 10.4 万亿美元的 DC 型计划养老金资产中，有 7 300 亿美元投资于目标风险基金，占 IRAs 总资产的 7.02%和整个目标风险基金总量的 18%，仅这两项养老基金投资就占目标风险基金总量的 46%。①

4. 养老基金投资促进了其他金融产品的创新与发展

股票指数投资取代了传统挑选股票的投资方法，成为一种新的金融创新工具和日渐普及的投资模式，尤其是体现在非常保守的养老金投资领域。养老基金除了可以投资股票指数和股票指数期货等金融产品外，还可以投资住房抵押贷款支持的证券化产品、住房反向抵押贷款和其他金融产品的发展。

世界上最早的住房抵押贷款支持的债券是由美国政府国民抵押贷款协会于 1970 年开发用以担保住房抵押贷款的投资工具，其目的是提高住房抵押贷款市场的流动性。1983 年，为了解决这一投资工具中的提前还款和再投资风险，以美国波士顿和所罗门兄弟两家公司为首的投资银行开发了抵押担保证券，在美国 1986 年税制改革法案对抵押债券给予特殊税务处理之后，这类证券的改进型产品及其交易市场获得了很大发展。

住房反向抵押贷款最早源于荷兰，当时是为了解决住房问题而提出的一种措施。住

---

① 资料来源：美国投资公司协会（the investment company institute，ICI）。

房反向抵押贷款发展最成熟、最具代表性的当数美国。美国的住房反向抵押贷款一般允许年纪在62岁以上的老年人申请将房产净值转换成现金，具体金额视申请人的年龄、利率水平、所选择的贷款方案的种类、房产的价值等情况而定，而且这笔现金是免税的。转换出来的现金可以采取一次性支付现金的方式、信用额度的方式或者是按月领取的方式。住房反向抵押贷款在减轻了社会保障体系压力的同时，也促进了银行、保险公司、房地产市场等金融机构的发展。

养老基金投资也使政府发行的用来解决养老金制度隐性债务的特种债券具有流通性与投资性。智利政府的认购债券（recognition bond）是政府发行的专门用于养老金制度转轨所需要的指数化债券，1987年法律许可将认购债券出售给保险公司，1990年又许可背书转让，到1994年养老基金公司AFP也可购买认购债券，自此认购债券开始了正式的市场交易。

养老基金投资的资产配置、币种管理、资产负债管理等需求还促进其他金融衍生工具、可选择性投资工具等的发展。ESG［environmental（环境）、social（社会）和governance（公司治理）］投资也是近年来养老基金投资的重要方向，这一理念与具有长期性、安全性和稳健性根本需求的规模庞大的养老基金高度契合。

三、社会保险基金的投资决策

社会保险基金的投资决策流程是一个系统的、动态的和持续的过程，社会保险基金的投资决策包括确定投资目标（风险目标和收益目标）、明确投资约束、制定投资政策与策略、战略与战术资产配置、投资业绩评估等内容。

（一）确定投资目标

1. 风险目标

风险目标与社会保险基金风险承受力有关，风险承受力包括投资者承担风险的意愿和能力。影响社会保险基金风险承受力的因素包括三个方面：第一，社会保险基金的类别。如果属于基本养老保险范畴，风险承受能力较低；如果属于补充养老保险范畴，风险承受能力就相对较高。第二，社会保险基金的转移、支付需求比例。如果社会保险基金规模远远超过转移和支付需求，则社会保险基金风险承受力较强。第三，社会保险基金参保人的结构特征，包括参保人的年龄构成、收入构成等情况。一般情况下，参保人越年轻，收入越高，则社会保险基金近期给付的压力就越小。

2. 收益目标

收益目标以期望收益（即受益人希望达到的收益目标）来表示。期望收益不能脱离市场状况的约束，并且与风险目标相一致，即在给定风险的情况下追求收益的最大化。收益目标应表现为总收益的形式，即包含了投资的资本利得和利息（红利）收入。

（二）明确投资约束

投资约束包括流动性要求、投资期限、法律法规要求和相关特殊要求等。

1. 流动性要求

流动性要求与社会保险基金在未来某个特定时间可预期和不可预期的净现金流出有关。流动性要求的重要性在于，某些资产如果立刻卖出，其套取的现金价值可能会低于其当前账面价值，从而给基金资产造成损失，因此社会保险基金资产必须保持适当的流动性。流动性要求和风险承受力之间关系密切，流动性要求高，风险承受力较低；反之亦然。

2. 投资期限

如果社会保险基金是永续经营的，则投资期限较长；如果社会保险基金即将到期，则投资期限较短。投资期限与风险承受力之间关系密切，投资期限越长，风险承受力也相应增强，因此，投资于中、高风险资产的比例会更高。

3. 法律法规要求

法律法规是社会保险基金投资的外部限制。其主要内容包括：第一，确定法定投资项目的种类，限制向未列投资项目及低效益不动产项目的直接投资。第二，确定单一投资项目的投资限额，以避免风险集中，如对单一股票的投资不得超过基金总资产的5%~10%。第三，对不同风险类别的投资项目限制投资数额。通常根据投资项目的不同风险特征划分不同档次，对风险程度较高的投资项目，严格控制其投资数额。第四，一些国家的投资规则还明确规定基金投资的最低盈利限额，规定基金按一定比例提留投资准备金等。

（三）制定投资政策与策略

1. 撰写投资政策书

投资政策书是社会保险基金投资的纲领性文件，应包括但不限于以下内容：第一，参保人的简单描述；第二，投资的指导性原则；第三，陈述投资目标和限制；第四，对投资政策书和投资业绩进行复审（一般为每年）的程序；第五，在进行战略性资产配置时需要考虑的问题；第六，在反馈的基础上对投资组合进行调整的指导性原则。

2. 确定投资策略

投资策略可分为被动投资策略、主动投资策略和半主动投资策略。

在被动投资策略下，投资组合的组成不因市场预期的变化而进行调整，指数化投资是一种较常见的被动投资策略，指数化组合的证券组成及比例与某个指数的证券组成及比例相一致，从而达到复制该指数收益的目的。严格的买入持有策略也是一种被动投资策略，例如，有些社会保险基金可能要求持有固定比例但非指数化的债券投资组合。

主动投资策略需要根据市场预期的变化调整投资组合。采取主动策略的投资管理人应选择一个投资基准作为评估其业绩的依据。投资基准可以是单个指数或几个指数的组合。通常组合中证券权重会与基准中的证券权重不同，反映出投资管理人的预期与市场一致性预期的不同，投资管理人通过调整证券权重获取超过基准的经过风险调整的回报。

半主动投资策略又称为风险控制下的主动投资策略或增强指数化投资策略。该策略对预期数据的变化仅进行有限的使用。例如，增强指数策略是在对某个指数跟踪的基础上，适度改变组合中证券的权重以获取超额的投资收益。

（四）战略与战术资产配置

通常意义上，资产配置可以分为两个层面，即战略资产配置和战术资产配置。战略资产配置是对投资组合长期资产类别构成的决策，由社会保险基金决策主体完成；战术资产配置是在战略资产配置的基础上，对各类资产比例短期的调整，也就是对市场时机的把握，这一职责应由投资管理人完成。战略资产配置对于社会保险基金投资收益起着至关重要的作用。

通常意义上，战略资产配置包括两个步骤，一是明确并列出构成投资组合的资产类别，二是确定每类资产在组合中的比例。在第一步中，社会保险基金决策主体需要将相关所有的外部与内部约束条件加以考虑。在第二步中，受托人需要明确每类资产目标比例和比例变动的范围。战略资产配置可以采用量化的优化模型，也可以运用经验判断，对每类资产进行选择。在进行资产配置时，需要参照的指标主要包括资产配置是否能达到预期收益、资产配置是否与社会保险基金的风险承受力相一致、资产配置对通货膨胀是否具有一定的防范作用等。

（五）投资业绩评估

社会保险基金需要定期进行投资业绩评估以评判基金投资是否达到预期目标以及投

资管理人的运作能力如何。业绩评估包含三个层次的内容：一是业绩衡量，即投资组合的收益率和风险的计算以及经过风险调整的收益率；二是业绩分布，即投资组合收益是由哪些因素形成的，包括资产配置效应（市场时机的把握）和证券选择效应（每类资产中选择价值低估证券的能力）；三是业绩评价，即基于某个市场基准对投资管理人的业绩进行判断。

第三节　社会保险基金投资管理模式及投资策略

一、社会保险基金投资管理模式及其比较

（一）集中模式与分散模式

从传统意义上讲，社会保险基金的管理可以分为政府集中管理和私人分散管理两种模式，之后演进为三种模式。通常现收现付的社会保险基金是由政府部门或其下属机构进行管理；而完全积累的社会保险基金既有政府管理的例子（如新加坡和马来西亚），又有分散管理的例子（如智利）。多数 OECD 国家第二层次的私人养老金计划都是由私人机构主办和管理。

政府集中管理一般是由政府部门或政府部门的下属机构负责社会保险基金政策的实施、缴费（税收）的征集、基金的支付以及积累资金的投资运营。私人分散管理则是由竞争性的金融机构负责基金的缴纳、支付及投资运营，参与管理的机构包括专门的养老基金管理公司（如智利的 AFP）、共同基金管理公司或保险公司等金融机构。

社会保险基金集中管理与分散管理是相对的。立足于某一社会保险制度（如养老保险制度）的基金管理而言，或许基本养老基金的管理是政府集中管理模式，而补充养老基金管理或许是分散管理模式。就整个养老制度的养老基金而言，其投资模式在总体上往往呈现一种混合模式，很难简单地将其归属为集中管理模式或分散管理模式。此外，私人分散管理模式在总体趋势上可能呈现出集中管理倾向，如智利私营养老基金管理的集中化趋势，基金管理公司在新制度运营时有 12 家，1994 年达到 22 家，1996 年养老基金公司数为 13 家，1999 年年末下降到 8 家，到 2004 年年末，市场仅有 6 家公司。[①] 而新加坡中央公积金制度总体上呈现出政府集中管理的模式特征，但在这种模式中，也准

① http://www.safp.cl/sist_previsional/index.html.

许新加坡公积金计划参与者动用退休前基金（pre-retirement fund）建立个人账户，进行分散投资。瑞典公共养老基金储备基金的投资模式是由政府设立的 4 家基金管理公司进行投资管理，因而是具有竞争机制的集中管理模式，而瑞典公共养老基金的个人账户则是通过组建交易清算所形成养老基金分散管理模式下的集中管理。

（二）两种模式的比较

1. 适用性和收益率比较

社会保险基金投资的集中管理模式通常适用于公共型社会保险基金的投资管理（第一层次），包括公共养老储备基金（社会保障储备基金和国家主权养老基金）的投资管理。瑞典公共养老储备基金由政府主导的 4 家养老保险基金进行有限竞争的集中型投资管理，其他公共养老储备基金基本上由政府设立的养老基金管理主体或政府委托单一的第三方管理主体进行集中投资管理。社会保险基金投资管理的分散模式适用于第二层次补充型社会保险基金投资管理，主要是第二层次补充型养老保险基金的投资管理。

社会保险基金政府集中管理与私人分散管理的投资收益率的高低受诸多因素的影响。一般而言，投资收益率主要取决于投资管理模式、资产投资策略（包括资产配置策略）和投资期限，假如政府集中管理的养老基金与私人分散管理的养老基金投资组合相同，两种管理方式有可能实现相同的收益率，甚至可能出现集中管理的养老基金投资收益高于分散管理的养老基金投资收益的情况。如果政府集中管理的养老基金投资有较多的安全性和投资工具限制的考虑，政府集中管理的养老基金投资通常会低于私人分散管理的养老基金投资收益率。

2. 管理成本比较

从管理成本来看，完全积累的社会保险基金的管理成本包括两部分，即基金的运行过程所需要的成本和基金的组织、促销费用。从理论上说，由于存在竞争，私人分散管理的基金可以使管理成本降到最低，而政府集中管理的基金由于垄断经营管理成本会比较高。但从实际情况来看，市场竞争促使管理成本的降低需要有一个过程。在社会保险基金发展初期，基金管理公司为了争夺客户，往往花很大气力进行促销，较高的市场营销费用使基金的管理成本处于较高的水平。这也是人们对智利的私人养老金批评较多的地方（智利改革后的私人养老基金管理公司的管理成本 1982 年占总缴费的 23%，占所管理的基金资产的 15%，大大高于新加坡和马来西亚的水平。但随着市场竞争的加剧，到 1990 年两个比重已分别下降为 14%和 2.3%）。相反，政府集中管理也并不必然导致很高的管理成本，新加坡和马来西亚社会保险基金的管理费在1990年分别只占年度缴费的0.53%和1.99%。但是，政府集中管理的低成本必须有一个高效廉洁的政府和一个完善的监督机制作保证。

3. 对资本市场影响的比较

从对资本市场产生的影响来看，社会保险基金的私人分散管理较之于政府集中管理具有更积极的作用。政府将其管理的社会保险基金投资于政府债券、国有企业及公共基础设施并取得通常低于市场利率的投资收益率，实现了对部分社会资源的控制，而这部分社会资源不是按市场的原则进行配置的。如果政府通过社会保险基金的集中管理实现的对社会资源配置的控制，仅仅局限于政府为弥补市场不足和市场失灵而发挥作用的界限内，那么社会保险基金的集中管理有其存在的合理性；超过了这个边界，社会保险基金的集中管理就将对资本市场的发展产生不利的影响。而分散管理的社会保险基金按照市场的原则进行经营，在市场竞争的压力下，为了降低成本、提高收益、回避风险，会对资本市场的机构、工具等多方面产生积极的影响。新加坡的政府公积金一直是由政府进行管理的，这在相当程度上抑制了私人金融机构和资本市场的发展。20世纪80年代以来，社会保险基金对资本形成的作用越来越受到人们的重视。由社会保险基金积累起来的储蓄能在多大程度上转化为资本，取决于基金的投资管理模式。一个竞争的基金管理市场和开放的基金投资环境能更有效地配置资金，推动资本的形成，从而促进经济的发展。

二、投资组合的理论与方法

投资组合理论被定义为最佳风险管理的定量分析。无论个人投资者还是机构投资者，为了找到最优的行动方案，都需要在减少风险的成本与收益之间进行权衡。一项资产组合的预期收益通过分布的平均数和风险标准差得到确定。

（一）单项资产的风险报酬

1. 确定概率分布

一个事件的概率是指这一事件发生的可能性。如果把所有可能的事件或结果都列示出来，且每一事件都给予一种概率，把它们列示在一起，便构成了概率的分布。譬如有一只股票A，获得高收益的可能性为0.2，一般收益的可能性为0.6，损失的可能性为0.2，其概率分布见表4-2。

表 4-2　　　　　　　　　　　**股票 A 收益率的概率分布**

经济状况	收益率 r_i	概率 p_i
看好	30%	0.2
一般	10%	0.6
衰退	-10%	0.2

概率分布必须符合以下两个要求：

第一，所有的概率即 p_i 都在 0 和 1 之间，即 $0<p_i<1$。

第二，所有结果的概率之和应等于 1，即 $\sum_{i=1}^{n} p_i = 1$，其中 n 为可能出现结果的个数。

2. 预期收益率

预期收益率是各种可能的收益率按其概率进行加权平均得到的收益率。预期收益率可按下列公式计算：

$$E(r) = \sum_{i=1}^{n} p_i r_i$$

式中　$E(r)$—— 预期收益率；

r_i—— 第 i 种可能结果的收益率；

p_i—— 第 i 种可能结果的概率；

n—— 可能结果的个数。

上例中，预期收益率为：

$$E(r_A) = 0.2 \times 30\% + 0.6 \times 10\% + 0.2 \times (-10\%) = 10\%$$

3. 测量风险的标准差

标准差是各种可能的收益率偏离预期收益率的综合差异，是反映离散程度的一种指标。标准差用下面的公式计算：

$$\delta = \sqrt{\sum_{i=1}^{n} [r_i - E(r)]^2 \times p_i}$$

式中　δ—— 预期收益率的标准方差；

$E(r)$—— 预期收益率；

r_i—— 第 i 种可能结果的收益率；

p_i—— 第 i 种可能结果的概率；

n—— 可能结果的个数。

标准差越小，说明离散程度越小，股票的波动越小，因而风险越小；相反，标准差越大，说明离散程度越大，股票的波动越大，因而风险越大。

上例中，股票报酬率的标准差为：

$$\delta_A = \sqrt{0.2 \times (30\% - 10\%)^2 + 0.6 \times (10\% - 10\%)^2 + 0.2 \times (-10\% - 10\%)^2} = 12.65\%$$

假定有另一只股票 B，其概率分布见表 4-3。

表 4-3　　股票 B 收益率的概率分布表

经济状况	收益率 r_i	概率 p_i
看好	50%	0.2
一般	10%	0.6
衰退	-30%	0.2

其预期收益率也是 10%，即：

$$E(r_B) = 0.2 \times 50\% + 0.6 \times 10\% + 0.2 \times (-30\%) = 10\%$$

但其标准差要大大高于股票 A：

$$\delta_B = \sqrt{0.2 \times (50\% - 10\%)^2 + 0.6 \times (10\% - 10\%)^2 + 0.2 \times (-30\% - 10\%)^2} = 25.30\%$$

股票 B 的标准方差是股票 A 的两倍，因此，股票 B 的风险要高于股票 A。

（二）投资组合的风险与预期报酬

投资组合的风险分为可分散风险和不可分散风险。可分散风险又称非系统风险或公司特别风险，是指由于某种原因而对单个证券造成损失的可能性。这种风险可以通过持有多种证券来抵消，但风险被抵消的程度取决于证券之间的相关性。如果两种股票完全负相关，则能抵消全部风险；如果两种股票完全正相关，则风险不能抵消。大多数股票属于不完全正相关，因此，通过持有多种股票，可以分散掉大部分风险。不可分散风险又称系统风险，是指各种宏观因素的变化给证券市场所有证券造成损失的可能性。在一个系统中，系统风险不能通过持有多种证券而分散掉。

在构建投资组合时，投资者谋求的是在他们愿意接受的风险水平下预期投资收益的最大化，或者是在既定的投资收益水平下风险的最小化，满足这样要求的证券组合被称为有效组合（efficient portfolio）。

（三）投资组合的最优化

寻找投资组合最优化过程通常按以下两步执行：第一，找到风险资产的组合；第二，将最优风险资产组合与无风险资产相结合。为简化说明，我们将从第二步开始讲解：单一风险资产与无风险资产的组合。

1. 无风险资产

在投资组合选择理论中，无风险资产是指对分析所选择的账户单位（美元、日元等）而言，在投资者的决策区间内收益率完全可预期的证券。与此相反，风险资产则是指在决策区间内收益具有不确定性的资产。所有的股票都是风险资产，公司债券也是风险资产，这不但是因为公司债券存在违约风险，还因为利率的变动会影响债券的价格，从而影响债券的收益；即使是政府发行的长期国债也是风险资产，因为利率的变化影响债券价格从而影响投资收益，因此购买10年期国债的投资者并不知道他仅仅持有1年后的投资收益是多少。投资组合理论中的无风险资产通常被定义为短期政府债券。

2. 无风险资产与单一风险资产的组合

假定有10万元进行投资，选择的范围是年利率为2.5%的无风险资产和预期年收益率为8%、标准差为0.2的风险资产，应当如何将10万元在这两种资产之间进行分配呢？

首先，建立投资组合预期收益率与风险资产投资的比例关系。

投资组合的收益率 $E(r)$ 用公式表示为：

$$E(r) = \omega E(r) + (1 - \omega) r_f = r_f + \omega [E(r_s) - r_f]$$

式中　$E(r_s)$——风险资产的预期收益率；

r_f——无风险利率；

ω——投资于风险资产的比例；

$(1 - \omega)$——投资于无风险资产的比例。

本例中，投资组合的收益率为：

$$E(r) = 2.5\% + (8\% - 2.5\%) \times \omega = 2.5\% + 5.5\% \omega$$

任何投资组合的收益率等于无风险利率加风险溢价，风险溢价取决于风险资产对无风险资产的溢价及投资组合中风险资产的投资比例。根据这一关系式，给定任何收益率水平，就能确定相应的投资组合。

其次，建立投资组合的标准差与风险资产投资的比例关系。

当投资组合是由风险资产和无风险资产构成时，投资组合的标准差是风险资产的标准差与其投资比重的乘积，用公式表示为：

$$\delta = \delta_s \times \omega = 0.2\omega$$

对于任何给定的收益率水平，求出对应的投资组合，就能求出相应的标准差。

最后，建立投资组合预期收益率与标准差的关系。

将投资组合标准差公式代入预期收益率公式，得：

$$E(r) = r_f + \frac{E(r_s) - r_f}{\delta_s} \times \delta = 2.5\% + 0.275\delta$$

投资组合的预期收益率是标准差的直线函数，截距为无风险利率，斜率为 0.275，表示对投资者愿意承担的每一单位的额外风险市场所提供的额外收益。

投资组合预期收益与风险之间的权衡可以用图 4-2 表示。

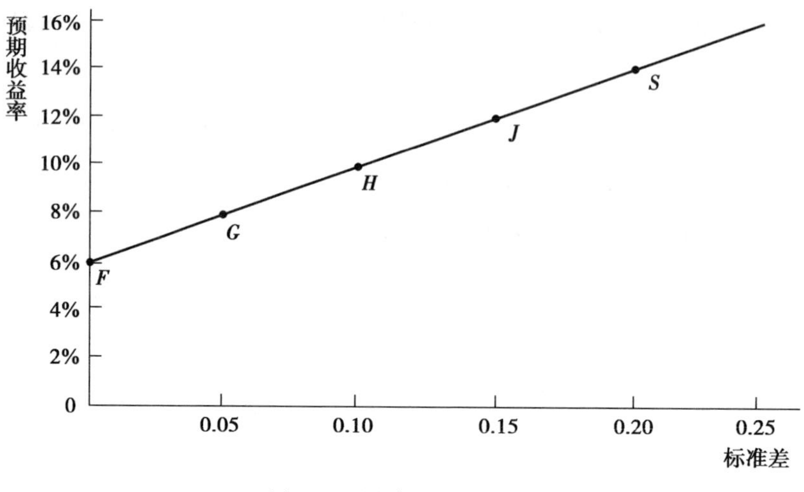

图 4-2　风险收益权衡线

3. **两种风险资产的投资组合**

构建两种风险资产的投资组合与构建风险资产与无风险资产的投资组合的方法相同。由两种风险资产构成的投资组合的收益率为：

$$E(r)=\omega E(r_1)+(1-\omega)E(r_2)$$

式中　$E(r_1)$—— 风险资产 1 的收益率；

$E(r_2)$—— 风险资产 2 的收益率；

ω—— 风险资产 1 的投资比例；

$(1-\omega)$—— 风险资产 2 的投资比例。

两种风险资产构成的投资组合的方差为：

$$\delta^2=\omega^2\delta_1^2+(1-\omega)^2\delta_2^2+2\omega(1-\omega)\rho\delta_1\delta_2$$

式中　δ_1—— 风险资产 1 的标准差；

δ_2—— 风险资产 2 的标准差；

ρ—— 两种资产的相关系数。

假定两种风险资产分别为风险资产 1：年预期收益率为 14%，标准差为 0.2；风险资产 2：年预期收益率为 8%，标准差为 0.15；两种资产的相关系数为 0。则包含两种风险资产的投资组合的风险—收益关系如图 4-3 所示。

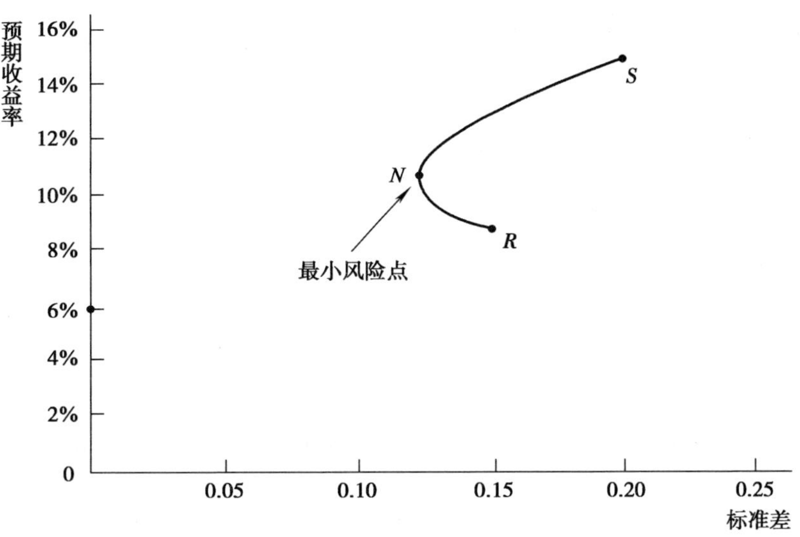

图 4-3　只包括风险资产的投资组合的风险—收益关系

图 4-3 中，*S* 点对应的是完全投资于风险资产 1 的投资组合，*R* 点对应的是完全投资于风险资产 2 的投资组合，曲线 *RS* 上其他各点代表两种风险资产所有可能的风险—收益组合，*N* 点为风险资产组合的最小风险组合。*NS* 曲线为投资者选择风险资产组合的有效边界，有效边界上的投资组合为有效投资组合。

4. 无风险资产与风险资产的最优组合

在图 4-4 中，将点 *F*（完全投资于无风险资产）与 *RS* 曲线上任何一点连接起来，得到的直线表示无风险资产与两种风险资产的组合。其中，点 *T* 是过 *F* 点的直线与曲线 *RS* 的切点，它对应的投资组合称为风险资产的最优组合。*FT* 射线是表示无风险资产与风险资产组合的有效边界线。投资者的有效投资组合应该在 *FT* 射线中进行选择。在 *F* 点，投资者完全投资于无风险资产；在 *T* 点，投资者完全投资于风险资产；在 *FT* 之间的中点，则是 50%投资于无风险资产，50%投资于风险资产组合；在 *T* 以上的射线上的点，为投资者借钱进行风险资产投资的投资组合，风险资产投资的权重超过 100%。

三、社会保险基金投资策略及其选择

（一）社会保险基金投资策略

1. 固定比例与常数投资策略

固定比例投资策略是将社会保险基金按固定的比例投资于国家债券、银行存款、短期贷款、公司债券、房地产、股票等投资领域的一种资产组合投资策略。当某种资产净

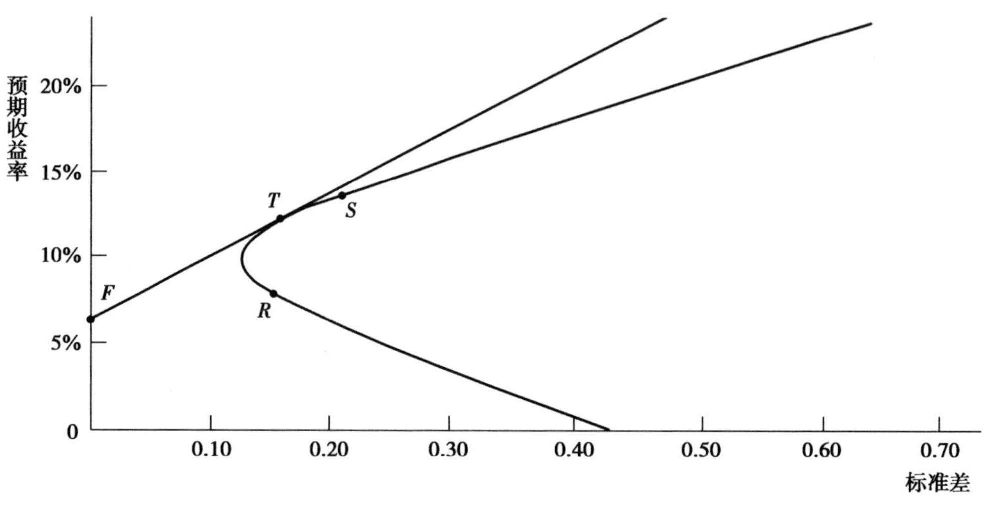

图 4-4　风险资产的最佳投资组合

资产变动时，就调整投资比例，使投资能维持原定的比例。假设投资者将 30%的资金购买股票，将 30%的资金购买债券，将 40%的资金投资于其他领域。当股票的价值增加时，就卖掉部分股票，或者再相应增加其他投资的比例，以保持原有的投资组合比例；如果股票价值下跌，就购进适当的股票，恢复原来的投资比例。这种投资策略是资产比重一旦发生变化就进行调整，或者投资者每隔一段时间（一个季度或半年），根据社会保险基金净资产变动情况调整一次投资组合的比例。该组合投资策略的好处是能使投资经常保持低成本的状态，因为当某种资产价格上涨较多时，就抛出该资产，并补进价格较低的其他资产；当某种资产价格下跌较多时，就补进该类成本下降的资产。这种投资策略还能使投资者获取一定的投资收益，不至于因为对价格变动的预期失误导致损失已获取的收益。另外，运用固定比例投资策略，保持社会保险基金投资按照一定比例分配金额，能在相当程度上有效地防范投资风险，不至于因某项投资选择不当而使整个投资组合发生亏损。

常数投资策略是指将一定量的社会保险基金按照一定比例分别投资于两种或两种以上的基金，如投资于政府债券、企业有价证券、公司股票等，然后确定一个价格上下浮动的幅度作为常数。如果某种资产价格下跌幅度超过了所确定的常数，就迅速抛出，将收回的资金再投资于其他价格可能上升或正在上升的资产上，这是典型的短期投资操作方法，适合于资金实力不强的投资者运用。

2. 变动比率投资策略

变动比率投资策略是指投资者根据当时的金融市场上的资产价格，将社会保险基金按照一个恰当的比率分别投资于债券、房地产、股票和其他领域，并根据基金价格的变化来调整投资组合中各种资产的比率的组合投资策略。

例如，投资者将社会保险基金投资于银行贷款、政府债券、不动产、公司股票时，将30%的基金投资于银行贷款，50%购买政府债券，10%投资于不动产，10%购买公司股票，同时确定一个价格中数，假设确定投资组合中股票的价格中数（取10年平均数）为120，每当股票价格上涨，导致这个价格中数上升10%时，便卖出10%的股票，这样依次地卖出，使购买股票的资金在投资总额中的比率发生变动，股票资产在投资组合中的比率呈不断减少的状况。投资者也可以随时根据这个价格中数水平的变动，调整银行贷款、政府债券、不动产、公司股票在投资基金中的比率。

3. 资产负债管理策略

保值策略是指社会保险基金投资通过选择天然的风险金融负相关的金融工具，特别是运用金融衍生工具通过套期交易而使社会保险基金可以在相当程度上规避投资波动风险，从而使社会保险基金投资相对稳定的一种保守型投资策略。社会保险基金投资保值策略较常用的有免疫策略和证券组合保险策略。

资产负债管理通过资产和负债的恰当组合，在降低风险的同时实现特定的收益目标。资产负债管理是包括社会保险基金在内的所有金融机构面临的共同课题，资产负债管理技术可以用来管理利率风险、汇率风险、股票价格风险等，管理利率风险的技术相对最为成熟。

利率风险是指利率的波动对基金资产价值的影响要大于对基金负债价值的影响，当需要付款时，基金没有足够的能力偿付债务。社会保险基金之所以面临利率风险，是因为其负债与资产对利率变动的敏感程度不同，即利率变动对资产负债的价值影响程度不同。如果负债的利率敏感度大于资产的利率敏感度，当利率上升时，负债价值的增加大于资产价值的增加，造成基金偿付能力不足的风险；如果负债的利率敏感度小于资产的利率敏感度，当利率下降时，资产价值的减少大于负债价值的减少，基金同样也面临偿付能力不足的风险。

免疫策略主要运用于固定收入金融工具。由于银行存款、国债、公司债券、抵押贷款等固定收入金融工具在社会保险基金投资组合中占较大比重，并且社会保险基金中养老基金能够根据参与人的情况较为准确地预测基金每年的支付现金流状况，因此，采取免疫策略可以较好地规避利率风险，根据免疫策略而匹配的证券组合决定了基金投资组合中各种固定收入金融工具各自的比重。

4. 证券组合保险策略

证券组合保险是一种动态的资产配置策略，20 世纪 80 年代初由美国的鲁宾斯坦（Rubinstein）和里兰德（Lelond）两位学者提出，最初是专为养老基金的管理开发和应用的证券组合保险策略，它通过具体的操作，在为有价证券组合确保最低的回报率的同时，又不失去从有利的市场变动中获得的机会。图 4-5 显示了证券组合保险策略的损益状态。

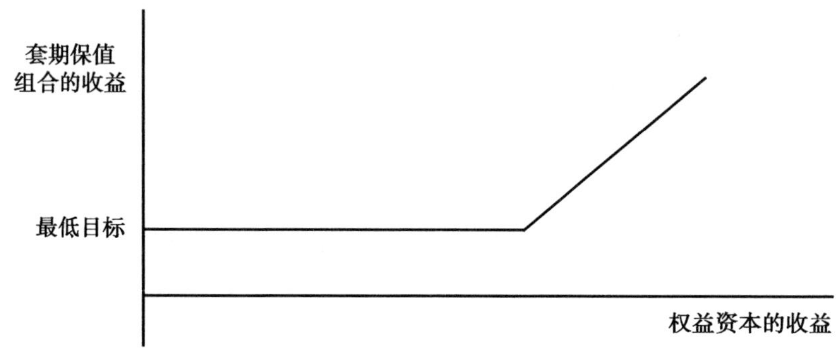

图 4-5　损益状态图：证券组合保险

证券组合保险策略通常由专业的金融工程师来操作，他们以养老金承诺的收益率作为目标收益率，以此为下限，并力争取得更高的回报。由于证券组合保险策略的损益图类似于期权的损益图，因此可以视为一种复合期权，可以通过多种操作实现该策略。

（1）保护性看跌期权。当投资于某种股票，但又不愿承担超过一定水平的潜在风险的时候，可以利用看跌期权达到这一目的。即在持有股票的同时，购买该股票的看跌期权（卖权）。这样，如果股票价格下跌，就有权以执行价格出售股票，股票投资的最小收益额定在执行价格上；如果股票价格上涨，放弃执行期权，而以上涨后的市价出售股票。这样一个股票和看跌期权的组合能有效地保护因股价下跌而造成的损失，同时又能得到股价上涨后的好处。这种保护性策略的成本仅仅是购买期权的费用。

（2）资产组合保险。保护性看跌期权是一种简单而有效的资产组合保险策略。但在实际中，由于资产组合无法找到在市场上交易的看跌期权，以及资产组合的期限与看跌期权的期限不匹配等原因，而使简单的保护性看跌期权策略难以实施，但通过其他的操作可以同样实现资产组合的保险。

金融工程师最提倡的一种策略是在股票和短期国债之间的动态资产配置策略。假设短期国库券的回报率为 3%，股票的回报率为 8%，证券组合的目标收益率为 3%，假定资产配置人员开始时将全部资金投资于股票，但几天后股票市场下跌了 35%，于是资产配置人员将所有股票卖掉以后全部投资于短期国债上，这样该年度基金将获得3%的回报率。第二年重新返回股票市场，假定股票上涨20%，而没发生显著的回落，那么养老金将获得股价上涨的全部好处。动态资产配置策略的实质就是在股票市场下跌时转到短期国债市场，从而至少获得无风险利率，而当股市上扬时进入股票市场，则获得超过无风险利率的回报率。在实际操作中，由于证券的频繁买卖导致很高的交易费用，基金管理人可以通过出售股指期货合约对股票组合进行套期保值。

上述几种社会保险基金投资策略，应根据实际情况，选择一种比较切合实际的策略。有时，采用一种策略不行，就需要将几种策略结合起来运用。

（二）影响社会保险基金投资策略的因素

社会保险基金投资策略是随着金融市场投资工具的增加和投资技术的不断发展而发展的。在实践中，社会保险基金投资策略要受基金的受益方式、流动性要求、投资期限、监管规则、税收因素等的影响。

1. 基金的受益方式

从受益方式来看，社会保险基金中包含了确定给付制和确定缴费制两种受益方式。通常社会统筹部分属于前者，而个人账户部分则属于后者。在确定缴费制的社会保险基金中，基金账户完全由缴费资金构成，缴费人承担所有的投资风险，基金投资的最优资产组合取决于缴费人能承担的风险程度。在确定给付制的社会保险基金中，受益水平是在考虑了受益人的工作年限、工资或薪金水平、工资增长等因素后根据公式计算出来的，但基金的缴费额及投资形式与方法并不确定。在确定给付型计划中，根据基金的资产现值与应计债务（承诺的受益水平）之间的关系，通常有积累不足（under-funded，社会保险基金资产现值<应计债务现值）、完全积累（fully-funded，社会保险基金资产现值=应计债务现值）、过度积累（over-funded，社会保险基金资产现值>应计债务现值）几种情况。确定给付型的计划发起人（社会保险基金的计划发起人即政府）承担相应的投资风险，基金的积累状况会影响其投资决策。

2. 流动性要求

流动性要求会影响社会保险基金的投资决策。对社会保险基金而言，通常年轻人对社会保险基金的流动性要求较低，老年人对社会保险基金的流动性要求较高。整个社会保险基金流动性要求的高低取决于社会保险基金计划参与人的年龄构成，并由此决定了在投资组合中短期国债、短期银行存款等流动性较强的资产所占的比重。

3. 投资期限

投资期限是指全部或部分投资的计划终止日期，投资期限影响投资者的资产选择。社会保险基金中养老保险金的投资期限是计划参与人的退休日期，住房公积金的投资期限是参与人因购房需要而提取公积金的日期。由于养老保险金是社会保险基金的主体，因此社会保险基金的投资期限较长，可以选择长期的投资工具。

4. 监管规则

社会保险基金投资监督管理规则一般分为数量限制性规则（quantitative portfolio regulation，QPR）与谨慎人规则（prudent person rule，PPR），由此形成社会保险基金投资监督管理的数量限制性监管模式和谨慎人监管模式。

数量限制性监管主要内容包括：第一，养老基金的投资品种和投资组合一般都是由监管者制定，通常包括规定养老基金可以投资的品种，限制养老基金进行股票、国外证券等高风险投资；第二，规定对每种金融产品的投资限额；第三，规定投资于单个企业或证券发行人所发行证券的最高比例；第四，要求养老基金的投资管理人进行规范、详尽的信息披露，有时甚至披露资产净值。

谨慎人规则在本质上是一个行为导向规则，其主要关注受托人如何勤勉地履行所负的义务。谨慎主要通过投资管理人投资决策和管理风险的程序来体现，只要是通过一个完善的程序进行投资决策，即使是最为激进和非传统类别的投资，也可能符合谨慎的要求。谨慎人规则一般包括管理人的注意和技能标准、分散化原则、忠实义务、委托的规则等。

社会保险基金在投资运营中要受到监管规则的约束。在严格的投资比例限制下，社会保险基金投资组合决策要遵守监管规则的要求。在谨慎人规则下，管理他人资金的专业投资者要把投资资产限定在谨慎投资者会投资的资产范围内。

5. 税收因素

税收考虑也是影响社会保险基金投资决策的一个重要因素，税率的高低直接影响投资组合的税后收益。税收考虑中主要涉及合理避税与延缓纳税等问题。

社会保险基金的投资策略涉及基金投资组合的确定、基金资产与负债的匹配、风险管理等方面。自20世纪80年代以来，金融市场的不断发展创新，不仅为社会保险基金投资提供了更多的工具，而且提供了更先进的风险管理手段和方法。在金融实践的基础上，金融理论不断丰富和发展，包括资产组合理论、有效资本市场理论、资本资产定价模型、套利定价理论模型等在内的理论创新，为机构投资者的投资决策提供了更坚实的理论支持。

补充阅读

个人养老金开辟金融新赛道 全球养老金投资策略的变化将提供哪些参考?

近日，国务院办公厅印发了《关于推动个人养老金发展的意见》（以下简称《意见》），对于完善我国基本养老保险、企业年金和个人养老保险的多支柱养老保险体系，进一步加强我国社会保障体系建设具有重要意义。《中国养老金发展报告2021》数据显示，我国各类养老基金规模达到13万亿元人民币，占我国GDP规模的比率为11.36%，跟许多国家相比差距还很大，因此我国个人养老金管理行业有着广阔的发展空间。根据《意见》，个人养老金账户资金可用于购买符合规定的银行理财、储蓄存款、商业养老保险、公募基金等运作安全、成熟稳定、标的规范、侧重长期保值的金融产品，这将影响到超过10亿人的自身利益，巨大的刚性需求必将有力推动我国金融市场和金融服务业的高质量、可持续发展，并为银行、保险和资产管理业带来新的利润增长点。

2000年，市值排名前100的美国大企业中金融服务企业多达22家，而且排名靠前，其中商业银行占6席。此后，商业银行的地位逐渐衰落，而财富与资产管理公司发展迅速。从资产管理规模来看，2021年年底贝莱德管理的资产规模超过10万亿美元，成为全球基金管理业、金融服务业的龙头企业。

把储蓄转化为对长线投资将改变金融业未来发展路径，因为长线投资是财务成功的最佳途径。对养老基金投资不足已是世界面临的共同问题，导致许多退休人员无法得到足够的经济保障。借用贝莱德经常用的例子，一名25岁的上班族将1万美元存入银行，临退休时收益为5万美元。如果将这笔钱投资于如标准普尔500这样的具有代表性的股票指数，临退休时收益将超过80万美元。这就是长期投资的魅力，但世界上有许多人缺乏投资机会与渠道。个人养老金制度改革对许多国家金融服务业而言无疑是新的金融赛道，也有望扭转养老基金投资不足的问题，提高退休人员的养老保障水平。

现实与挑战：全球养老金投资管理的新变化

在过去的20多年里，全球人口老龄化、投资者行为、利率环境、风险意识、国际化程度、技术水平和气候变化等因素对养老基金投资提出了新的挑战，逐步改变了养老基金的投资策略与技术应用水平。基金管理行业的操作环境越来越复杂。

人们寿命延长对养老基金管理构成了严峻问题。在面临多重不确定因素的同时，全球老龄化问题依然是不争的事实，人口老龄化会改变就业市场，让年轻人越来越难融入劳动大军，并且随着高成本病人数量增加，医疗卫生支出日益剧增，更加凸显了养老金的长期投资不足问题。企业主缴纳的收益确定型（defined benefit plan，DB）养老基金转变成缴费确定型（defined contribution，DC）养老基金，将风险转嫁给个人。

在投资者行为方面，越来越多的投资者选择了被动投资策略，即偏爱交易所上市的基金（ETF）和指数化投资。被动投资策略全面反映了投资者行为变化，这并非短期现象，而是一种颇为流行的有效投资策略，对资产管理业正在产生重大影响。

在风险管理方面，许多投资者开始意识到，在长期的超低利率或负利率环境下，作为“旱涝保收”的债券资产并非无风险资产，考虑到通货膨胀和利率变化前景，债券资产乃为风险型投资。在超低利率环境下，全球的投资者均在寻求收益较高的金融资产，但该类资产投资组合风险较大，同时他们必须考虑更为广泛的投资选择。在全球经济一体化的作用下，发达国家的金融市场之间的联动性增强，规避风险的资产选择减少。

在技术水平方面，最近十多年的技术进步重塑了世界经济和资金流通方式，各种新技术成为金融风险管理的必要工具。基金管理公司利用技术工具和研究方法制定精准的投资策略，如贝塔策略、因子投资策略或阿尔法策略，并测算投资风险水平。技术和数据科学赋能基金管理公司将投资专长与最优的科学和指数投资相结合，并向客户提供创新性投资方案。

不同国家养老基金投资区别大，美国投资策略值得关注

因国情不同，世界主要国家对养老基金的投资规模差异较大。在经合组织成员国中，2020 年养老基金规模与国内生产总值的比率较高的国家有澳大利亚（131.7%）、加拿大（100.8%）、智利（75.8%）、以色列（66.1%）、冰岛（194.6%）、丹麦（58.3%）、芬兰（56.4%）、荷兰（212.7%）、瑞士（151.5%）、英国（126.8%）和美国（96.8%），其余国家不足 40%。在非经合组织国家中，占比较高的国家有新加坡（98.1%）、圣萨尔瓦多（50.6%）、纳米比亚（89.9%）、马耳他（54.4%）、南非（50.6%）等。总体而言，世界众多国家或地区对养老基金要么不重视，要么投资不足。

基于同样的国情原因，每个国家和地区养老基金的投资组合策略呈现较大差别。就现金和存款（流动性管理）而言，韩国、澳大利亚和西班牙的投资占比分别高达 41.7%、11.4%和 6.8%，这似乎不太符合养老基金长线投资的基本原则。就短期票据而论（包括商业票据、短期国债），荷兰、智利、西班牙、意大利、挪威、英国等国持有比例较高，德国和美国的比例超过了 1/4。就股票投资而言，美国、荷兰、意大利、澳大利亚和加拿大的投资比例较高。

美国个人养老基金的投资策略调整值得关注。本文选取1980—2021年美国个人养老基金投资组合的变化趋势，以突出经济环境对投资组合的影响。从历史角度看，个人养老金的投资趋势更能诠释多种因素作用下投资策略的演变。1980年年末，美国各类养老基金规模为1.7万亿美元，其中个人养老基金为5 607亿美元，而到2021年年底，各类养老基金规模已达到27.61万亿美元，其中个人养老基金为13.15万亿美元。

首先，养老基金对货币市场基金的比例由1980年的0.47%提升至2021年的1.81%，但总体变化不大。

其次，个人养老基金对债券投资的策略调整幅度最大。虽然60/40比例（60%持股票，40%持债券）是养老基金管理的黄金规则，但随着债券收益下降，投资者对债券市场的兴趣明显下降，由1980年的26.36%降至2021年的12.44%。随着新生代投资者金融素养的提高，他们越来越多地了解金融资产，深知从长线看债券收益远低于股票市场收益。

再次，养老基金投资者对股票市场的投资热情大增。1980年，该项投资占比为39.85%，2005年升至44.24%，之后呈现下降趋势，2021年占比仅为31.33%。与此同时，共同基金的投资比例呈现最明显的上升趋势，由1980年的1.99%飙升至2021年的40.09%。共同基金大部分投资股票市场，所以养老基金对股票市场的投资占比肯定超过60%。

最后，养老基金对其他资产类（大宗商品、地产、房贷、货币、私募基金等）投资在波动中下滑，由1980年的22.77%跌至2021年的13.77%。

通胀高企下个人养老基金未来发展

随着全球人口寿命延长，世界退休保障制度承受越来越大的压力。每个国家所面临的挑战虽不同，但主要问题或多或少较为相似：储蓄不足、渠道不多、投资不当、保障性收入较少以及养老金缺口大。这些问题都亟待解决，而且拖得时间越长，问题就越复杂。目前，许多人对退休后的经济保障越来越焦虑，寄希望于政府、企业、保险公司和财富与资产管理公司能够采取有效措施，确保人人享有安全、可靠的退休生活（包容性普惠金融）。

养老危机同时意味着商机，因为长期的耐心投资会产生丰厚的经济回报。与短期投资相比，养老基金的长期投资决策不是挑选股票，也不是购买积极型基金和指数基金，更不是考虑入市的时机，或猜测市场底部或顶部。正确的养老基金投资策略是构建能满足长远目标的投资组合，即为未来退休后的生活做好准备，如退休后的收入、购置房产或偿还未来的债务。养老基金承担了太多的社会功能，经合组织为此制定了详细的管理指南，内容涵盖基金管理人资格、养老金投资政策、投资组合限制条件和养老资产估值。

然而，金融市场总是处于动态变化之中，养老基金风险无处不在。自2021年4月以来，美国通货膨胀居高不下，其他发达国家先后陷入通胀泥潭，俄乌冲突及其后来的经济制裁增加了全球物价上涨压力。为了遏制通货膨胀，美联储强化了加息和缩表预期，其他发达国家的中央银行先后作出了类似的货币政策调整。受这些因素影响，市场债券和股票市场正经历大幅度调整，债券市场和股票市场正处于痛苦的下调过程。

正是由于金融市场调整，美国许多养老基金公司建议退休人员调整养老金使用规则：从传统养老金提取规则（退休第一年提取4%，之后按通货膨胀水平逐年调整），调整到在30年的退休生活中第一年提取比例不超过总储蓄的3.3%，然后根据通货膨胀率逐年调整。当然，重要的前提条件是退休人员有可支配储蓄，而且储蓄规模较充裕。可见，退休保障涉及两方面因素：在职工作人员的储蓄与投资意愿，以及养老基金管理公司的投资理财能力。对养老基金投资管理机构而言，是否对经济金融形势具备强大的预判能力，是否拥有出色的新产品与服务开发能力，是否具备超强的风险管理能力，是否能够提供多功能技术服务平台等，在市场变化波谲云诡下这些能力都将受到更严格的评估。

资料来源：个人养老金开辟金融新赛道　全球养老金投资策略的变化将提供哪些参考？21世纪经济报道，2022-04-27.

深度阅读

1. ［美］汤普森. 老而弥智：养老保险经济学［M］. 孙树菡等，译. 北京：中国劳动保障出版社，2003.

2. ［美］阿伦·S. 摩拉利达尔. 养老基金管理创新［M］. 沈国华，译. 上海：上海财经大学出版社，2004.

3. 郑秉文. 中国养老金发展报告2020——养老基金与资本市场［M］. 北京：经济管理出版社，2020.

4. 郑秉文. 中国养老金发展报告2021——养老基金与ESG投资［M］. 北京：经济管理出版社，2021.

本章小结

社会保险基金投资面临环境风险及投资风险，社会保险基金的社会保障功能决定了其投资原则的排列顺序是安全性、收益性、流动性，即在保证基金安全的基础上提高基金的收益率，保证其流动性需要。

尽管各国社会保险基金的投资组合会因其市场条件、政府监管的严厉程度等的不同而有所区别，但鉴于社会保险基金投资安全性的要求，一些共同的投资规则为各国所普遍遵守：分散化投资、控制投资工具的风险等级、控制高风险的投资工具所占的比例、注重投资的长期性。

社会保险基金可选择的投资工具包括金融工具和实物工具两大类。社会保险基金投资的传统金融工具包括银行存款、政府债券、企业债券、贷款合同、公司股票等，各种创新的金融工具包括以资产为基础发行的证券（asset-backed securities）、衍生证券等；实物工具包括房地产、基础设施等。

社会保险基金的投资决策包括确定投资目标、明确投资约束、制定投资政策和策略、战略与战术资产配置、投资业绩评估等重要内容。

投资组合理论被定义为最佳风险管理的定量分析，包括风险资产组合的收益与风险关系，投资者风险投资组合的有效边界（有效组合）；无风险资产与风险资产组合的收益与风险关系，投资者无风险资产与风险资产组合的有效边界（有效组合）。

社会保险基金投资策略包括固定比例与常数投资策略、变动比率投资策略、资产负债管理策略以及证券组合保险策略等。影响社会保险基金投资策略的因素包括社会保险基金的受益方式、流动性要求、投资期限、监管规则、税收因素等。

社会保险基金投资管理有集中管理与分散管理两种模式，两种模式在适用性、管理成本以及对资本市场发展的影响方面存在差异。社会保险基金投资监管规则一般可分为数量限制性规则与谨慎人规则，由此形成社会保险基金投资监管的数量限制型监管模式和谨慎人监管模式。数量限制型监管模式与谨慎人监管模式有其各自的适用性，而在实际监管过程中，往往是两种模式的综合使用。

重要概念

投资风险　环境风险　投资组合风险　安全性原则　收益性原则　流动性原则　风险等级　可选择性投资工具　金融工具创新　投资决策　资产配置　投资组合理论

养老目标基金　免疫策略　持续期（久期）　证券组合保险策略　投资管理模式　数量限制性规则　谨慎人规则

复习思考题

1. 结合现实案例，分析社会保险基金投资面临的风险。

2. 社会保险基金的投资为何要将安全性放在首位？在社会保险基金投资管理中，如何体现其投资的安全性原则？

3. 社会保险基金投资原则主要有哪些？

4. 简述社会保险基金的投资决策过程。

5. 社会保险基金常用的投资策略有哪些？

6. 试分析社会保险基金投资与金融工具创新的内在联系。

7. 社会保险基金政府集中管理与私人分散管理两种模式各有何利弊？

第五章 社会保险基金监管

第一节　社会保险基金监管概述

一、社会保险基金监管的内涵与外延

社会保险基金监管是国家授权专门机构依法对社会保险基金征缴、安全运营、基金保值增值等过程进行监督管理，以确保社会保险基金正常稳定运行的制度和规则体系的总称。社会保险基金监管体系的主要内容包括：对社会保险基金运营机构的选择与确定，制定各项监管规则，设计社会保险基金投资运营的指标体系，构建社会保险基金监管的策略框架，实施社会保险基金的现场监管与非现场监管，构建社会保险基金运营的安全保护机制等，以确保社会保险基金的长期稳定运行和实现社会政策目标。

社会保险基金监管在全球范围内是一个崭新的课题。由于欧美国家长期以来实行现收现付财务机制，基金的投资运营虽也需要进行监管，但毕竟范围和规模均相当有限，因此社会保险基金的监管问题并不十分突出，通常由社会保险基金管理机构依法对基金进行监管。随着多数国家社会保险实行部分积累的财务机制，多层次社会保险的制度构架受到普遍关注，社会保险基金的规模日益扩大，基金的投资运营、基金同资本市场的互动发展等都使监管问题日益突出，成为各国社会保险改革进程中备受关注的重要问题。

通过何种方式和途径实施社会保险基金监管，谁来实施基金监管，是集中监管还是分散监管，如何构建社会保险基金监管体系，国际社会保险基金监管有何规律可循，如何应对金融混业经营、混业监管背景下对社会保险基金监管的新挑战等，都是社会保险监管理论和实践中有待探讨的新问题。并且，随着改革进程的深化，需要不断从实践中

提炼和总结新的监管理论与监管途径。

社会保险基金监管的主要内容至少包括：

其一，自身监管体系的构建。构建社会保险基金监管体系，批准和建立社会保险基金运营机构，建立健全社会保险基金的各项规则及制度，确定基金的投资组合限额，设计制定基金安全运营的主要指标体系。

其二，社会保险基金监管是一项极为复杂的涉及几代人经济利益关系的社会系统工程。社会保险基金运营系统的复杂性，决定了对其监管注重协调和配套的重要性。基金监管的绩效既取决于监管体系自身和各项规则的制定，又取决于与金融、经济、税收、法律等部门的综合协调与配套。社会保险基金监管的综合配套是提高监管绩效的重要内容，也是新的发展背景下的客观需要。

其三，社会保险基金监管的首要任务在于确保社会保险基金的安全运营，确保社会保险政策目标的实现。随着社会保险制度的建立健全，社会保险基金规模占资本市场的比重会日益提高，基金的运营无疑会对资本市场和经济发展带来正反两方面的影响。与其他基金项目的不同之处在于，社会保险基金作为国家社会政策的物质基础，它的运作不仅会影响资本市场和经济发展，更重要的而且是第一位的目标在于实现社会保险政策目标和社会稳定。而基金运营的任何失误，必然影响社会保险制度的稳定运行，影响社会公众对社会保险制度的信心，基金运营的失误还会危及社会稳定。因而，实现社会保险基金的长期安全运营是基金监管的首要任务。

二、社会保险基金监管体系的构建

国际经验表明，社会保险基金监管体系一般包括机构控制、财务控制、会员控制和保险金给付控制等几个主要部门。同时，社会保险基金征缴和管理方式也是监管的重要任务，以防止基金流失。集中征缴和分散征缴均成为一些国家选择的模式，但对社会保险基金的集中征缴与控制以防止基金流失受到更多国家的重视。社会保险基金监管机构及其相应部门的设立，如图 5-1 所示。

社会保险基金有效监管的国际经验显示，应赋予基金监管委员会主席较高职权并使其具有相对独立的权限，这对于社会保险基金的有效监管具有至关重要的意义。顾问委员会对于提供有关决策咨询、长期发展战略和重大决策的制定等发挥着重要作用，但不应干预主席作出最终决策的权力。

控制部及其下属机构发挥关键的监管职能。机构控制负责社会保险基金运营机构的

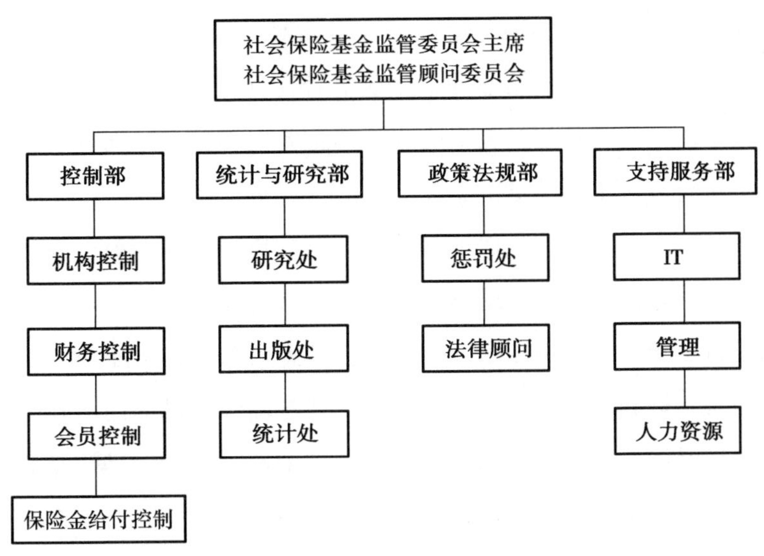

图 5-1 社会保险基金监管机构示意图

选择和资格认定，通过一系列制度和规则的构建，对社会保险基金运营机构实施有效监管。财务控制负责制定社会保险基金投资组合限额、收益限额、偿付能力限额、保险保障条款等，侧重基金财务的稳定运行。会员控制涉及社会保险基金运营中职工转移个人账户资金及有关索赔事宜。保险金给付控制涉及社会保险待遇发放的计算核查等事宜的监管。其他部门如统计与研究部、政策法规部和支持服务部则为社会保险基金监管机构正常实施各项职责提供统计、政策研究、法律、人力资源和技术支撑。

社会保险基金监管机构的职责重大，必须从立法的高度确保社会保险基金监管具有较高独立权限，必须立足于基金的长期安全稳定运营的目标，避免受短期经济政策的影响和地方政府经济行为的干预。需要指出的是，即便是各类基金投资及监管规则的轻微调整，都会对千万亿社会保险基金的运营产生重大影响。严格监管、谨慎规则应当是社会保险基金监管机构的重要职责。

社会保险基金监管机构的财务预算可以由政府财政拨付，也可由各社会保险基金运营机构缴纳监管费的方式筹集，如阿根廷规定监管机构按制度收益的 1.5%提取管理费，实际监管费控制在 0.5%的收入额度之内。征收监管费的优点在于可避免政策的行政干预；缺点在于运作过程中，监管费有提留超标和失控的可能。

社会保险基金监管的有效性既取决于制度构建与监管决策的正确性，又在更大程度上取决于专业人才的综合素质。由于社会保险基金运营的高度复杂性和长期性的特点，并且必然涉及财政、经济、金融、证券、保险等各个领域，因而社会保险基金监管需要一大批政治素质好、历史责任感强、综合专业素质高的复合型人才，方能担当此重任。在目前及今后一个时期，人才的培养甚至比政策研究具有更重要的战略意义。社会保险基金监管专门人才的培训是各国社会保险改革的重要组成部分，对社会保险基金监管及制度的长期稳定运行具有十分关键的意义。

构建社会保险基金监管机构是保证其正常运营的重要制度基础。在不少国家，基金制社会保险基金监管机构的构建，遵循社会保险的既有监管模式。而另一些国家则在原有制度框架内进行创新，如拉美国家。社会保险基金监管机构有不少共性，也具有特殊性。秘鲁、墨西哥、玻利维亚三国在财政部或经济管理部下设专门的社会保险基金监管机构，智利和阿根廷同在劳动与社会保障部下设基金监管机构，乌拉圭和哥伦比亚则在中央银行内设立社会保险基金监管机构。阿根廷、墨西哥、秘鲁三国的基金监管机构具有高度的管理独立性，而智利等国的监管机构则属于政府部委的一个司局级机构。

在 OECD 国家，社会保险基金监管（含第二层次基金的监管）通常是由独立的部门负责实施，如社会保险基金监管局或养老保险基金监管委员会、银行、保险和证券监管委员会。有些国家如奥地利、芬兰、希腊、日本、西班牙、美国等由政府财政部、劳动部、社会事务部下属的专门机构监管，并有十几个国家对社会保险基金监管和对商业年金基金市场的监管均由一个部门负责实施。因为在 OECD 国家，商业保险公司在养老金领域发挥着重要作用，其管理的养老保险基金资产占 20%～30%。混业监管成为这一领域的重要特征，尽管近年来有所调整，但总的制度特征仍然存在。同时，社会保险基金监管倡导广泛的国家合作，例如，2004 年 7 月，由 OECD 发起设立的国际养老金监督官组织（IOPS）旨在通过制定国际养老金监管规则，促进养老金监管的国际交流与合作，推动全球养老金业务健康发展。表 5-1 为 2020 年 IOPS 成员和观察员。

表 5-1　　2020 年 IOPS 成员和观察员

国家和地区成员			
国家和地区	机构	国家和地区	机构
阿尔巴尼亚	金融监管局	韩国	金融服务监管局
安哥拉	保险监管局	科索沃	中央银行
亚美尼亚	中央银行	莱索托	中央银行
澳大利亚	审慎监管局	列支敦士登	列支敦士登银行
奥地利	金融市场局	立陶宛	中央银行
根西岛	金融服务委员会	卢森堡	金融监管委员会
比利时	金融服务和市场监管局	马拉维	储备银行

续表

国家和地区	机构	国家和地区	机构
博茨瓦纳	非银行金融机构监管局	马尔代夫	资本市场发展局
巴西	养老基金监管局	马耳他	金融服务局
保加利亚	金融监管委员会	毛里求斯	金融服务监管局
加拿大	养老金监管协会	墨西哥	国家养老金协会
智利	养老金监管局	摩洛哥	保险和社会保障监督局
中国	银保监会	莫桑比克	保险监管局
哥伦比亚	金融监管局	纳米比亚	金融机构监管局
哥斯达黎加	养老金监管局	荷兰	中央银行
克罗地亚	金融服务监管局	尼日利亚	国家养老金委员会
捷克	国家银行	巴布亚新几内亚	巴布亚新几内亚银行
多米尼加	养老金监管局	秘鲁	银行保险养老金监管局
埃及	金融监管局	波兰	金融监管局
法国	审慎监管局	葡萄牙	保险和养老基金监管局
德国	联邦金融监管局	北马其顿	养老保险监管局
格鲁吉亚	国家保险监督服务局/国家银行	罗马尼亚	金融监管局
加纳	国家养老金监管局	俄罗斯	联邦中央银行
直布罗陀	金融服务委员会	卢旺达	国家银行
洪都拉斯	国家银保监协会	塞尔维亚	国家银行
中国香港	强制性公积金计划管理局	塞舌尔	金融服务监管局
匈牙利	中央银行	斯洛伐克	国家银行
冰岛	金融监管局	南非	金融部门管理局
印度	养老基金监管和发展局	西班牙	财政部保险和养老基金理事会/经济事业部
印度尼西亚	金融服务局	苏里南	中央银行
爱尔兰	养老金监管局	瑞士	职业养老金监管委员会
马恩岛	金融服务局	坦桑尼亚	社会保障监管局
以色列	资本市场、保险和储蓄监管局	特立尼达和多巴哥	中央银行
意大利	养老基金监管委员会	土耳其	养老金监管中心/保险和私人养老金监管局
牙买加	金融服务委员会	乌干达	退休金监管局
约旦	工业贸易和供应部	乌克兰	国家保障和资本市场委员会
哈萨克斯坦	国家银行/金融市场监管和发展局	英国	养老金监管局
肯尼亚	退休金管理局	赞比亚	养老金和保险监管局
斯威士兰	金融服务监管局	津巴布韦	保险和养老金监管委员会

续表

国家和地区	机构	国家和地区	机构
布隆迪	社会保护国家委员会常务秘书处	坦桑尼亚	坦桑尼亚银行
南非	国家社会发展部		
协会成员			
国际保险监督官协会		国际社会保障协会	
经济合作与发展组织		世界银行	
拉丁美洲养老基金监管协会			
观察员			
美国人寿保险委员会		国际精算协会	

资料来源：IOPS Report 2020.

第二节　社会保险基金监管的主要内容

社会保险基金监管的主要内容一般由两大部分构成：其一，建立和完善社会保险基金投资运营的各项规则，保险基金运营机构资格认定和制定规范其运作的各类准则，如投资组合规则、基金分散化规则、外部审计与精算监督规则、信息披露规则等；其二，通过具体的监管方式和手段，监督实施各类基金管理规则，实现对社会保险基金运营的有效监管。

社会保险基金监管是异常复杂的系统工程，既受经济环境和金融市场发展、制度演化的历史进程、法律条件的制约，又受社会心理及文化因素的制约。很难通过单一的规则体系，就能确保基金监管的有效性。应借鉴社会保险基金监管的国际经验，立足各国实际，合理选择监管模式，严格审定基金运营机构的资格，制定和逐步完善社会保险基金监管的各类规则。

一、社会保险基金监管模式的选择

社会保险基金监管的有效性在很大程度上取决于基金监管模式的选择。尤其是当分析的视角不是仅仅局限在运行机制和技术层面，而是立足于各国具体的经济、政治、社会和文化等制度环境，必然会把社会保险基金监管模式选择置于重要的地位。长期以来，社会保险基金监管均是置于政府机构的直接控制之下，或由政府严格规范，委托专门机构实施监管。近年来，随着经济自由化、贸易自由化、金融保险自由化的呼声日益增大，随着社会保险部分基金制或完全基金制模式受到普遍重视，私营分散化管理尤其是强调基金运营机构竞争的市场化管理模式成为引人注目的国际潮流，政府集中的监管模式受到较为激烈的批评。曾经以智利为代表的拉美国家和以波兰为代表的东欧国家，其社会保险基金的私营分散型管理模式，在基金投资运营绩效、投资风险控制等方面积累了重要的经验，对我国的社会保险基金监管体系的构建具有一定的借鉴意义。

然而，对选择何种基金管理模式，则应考虑我国的具体情况。在相当长一个时期，通过私营竞争型养老保险基金管理公司实施第二、第三层次保险计划已成为拉美和东欧国家社会保障改革的一个中心议题，成为美国阶段性社会保险改革大辩论的焦点之一。在此背景下，国际经验的影响力很有可能使我们更偏重于建立分散竞争型基金管理模式，而缺乏对究竟何种基金模式更适合中国国情的深层次思考。显然，基金管理模式的选择绝非技术机制的简单移植，也没有捷径可走。我国应选择相对集中、有较高社会公众信用基础并相对独立的社会保险银行，社会保险基金管理模式要强调管理的相对集中性和有限竞争性原则，强调法规管理和对管理者监控相结合的管理方式。在社会保险基金管理模式国际经验的借鉴上，我国需要注意总结比较集中管理和分散管理的经验教训，根据我国实际选择，创新适合国情的社会保险基金管理模式。关于基金管理的一些具体技术和方法，拉美及东欧经验可资借鉴。尤其是在亚洲金融危机的警钟声中，我们更应冷静思考危机的内在根源，并对我国社会保险基金管理模式选择内涵有更深刻的认识。

二、社会保险基金运营机构资格审定

无论是采取由专门机构如社会保险银行或社会保障基金理事会的方式构建相对集中的运营机构，还是构建分散的、适度的、竞争的养老保险基金管理公司，抑或委托现有金融机构、保险机构实行社会保险基金的投资运营，都必须高度重视对运营机构的审批程序和严格的资格审查。一般而言，社会保险基金管理机构只负责社会保险基金的征缴、基金账目的保管、会计事务的处理、基金收益的年度调整及信息披露等日常管理活动。而由外部投资经理负责投资运营时，对基金运营机构的监管主要通过对公司账目财务报告的定期审查来实现对其日常经营活动的监管。如基金管理机构同时负责基金投资经营时，对其监管应包括经营资格审查，如最低资本金要求、经营业绩记录、专业基金经理的资格审定等；还包括投资监管，如投资组合规则及其限额、最低盈利限制和日常经营活动监管等。①

① 伊志宏. 养老金改革模式选择及其金融影响［M］. 北京：中国财政经济出版社，2000.

应当强调，对基金运营管理机构的监管，除了制定各类规则和注重投资经营过程的监管外，对高级管理者的选拔任用和实际监管具有十分关键的意义。否则，各类监管规则的实施效果必然大打折扣。因而，加快专门管理人才的培养，是实现社会保险基金有效监管的有战略意义的重大决策取向，应当引起决策部门的高度关注。

三、建立社会保险基金监管的法律规则体系

（一）建立健全社会保险基金监管的法律体系

社会保险基金的征缴、保管、投资运营及保险金的给付都必须纳入法律监管体系。由于社会保险基金的强制性、社会政策目的性等基本特征，决定了社会保险基金监管的全过程均须遵循国家有关法律，做到有法必依、执法必严、违法必究。社会保险基金的征缴、运作和有效监管是社会保险基金监管制度构建的关键性环节，必须从立法角度予以保障，严格规范企业、个人的费用征缴；由政府专门机构对基金的保管、调拨、投资运营、监控过程、风险控制及保护机制构建等，通过政府立法和各项法律制度的完善予以明确定位。目前，国外对社会保险基金监管的立法体系的构建，正在根据变化了的经济及制度环境进行适度调整和修正。我国应根据现实国情逐步完善社会保险基金监管的法律体系，《中华人民共和国社会保险法》（以下简称《社会保险法》）的颁布实施，党中央关于完善社会保险基金管理的指导性原则，对于强化社会保险法律监管，强调依法对社会保险基金监管，对于从长期发展战略的高度保证社会保险基金的长期稳定运行，具有十分重要的意义。

（二）发挥社会保险基金监管委员会的重要作用

国际经验表明，社会保险基金监管委员会不仅在基金日常监管方面发挥着重要作用，而且在基金投资运营的重大投资决策、长期投资战略方面发挥着重要决策咨询和监管作用。同时也对社会保险基金的稳健运营、避免投资决策的重大失误、构筑基金投资的风险防范体系等方面具有举足轻重的作用。由于社会保险基金自身的特点，必须强调对基金的综合监管。社会保险基金监管委员会由经济、财政、金融、保险、审计、工会、工商界代表及专家组成，地位较为超脱，能够对社会保险基金投资的长期策略、投资方向及投资组合限额、基金的安全运营及风险控制等作出科学评价，对基金运营的决策失误和风险补偿机制构建等发挥非常重要的作用。因而，组建并充分发挥社会保险基金监管委员会的作用，成为社会保险基金监管的重要内容之一。

（三）构建社会保险基金的投资规则体系

实现社会保险基金有效监管的一个核心内容是构建基金投资规则体系。为实现社会保险基金投资的安全性、收益性、流动性原则，欧美国家和一些拉美国家制定了较为严格的基金投资组合规则。社会保险基金的投资组合受到一国监管制度、治理结构、资本市场发展程度以及投资管理者具体微观行为等多方面影响。各国的资产配置存在较大差异，但债券、股票仍是主要的投资工具。近年来，全球养老保险基金投资更加多元化，随着谨慎人规则受到越来越多的国家的青睐，养老保险基金的投资渠道也变得更加丰富，农地投资、森林投资、绿色投资等概念逐渐加入养老保险基金投资当中。由于资产—负债匹配策略的影响，养老保险基金资产中的非股票—债券比重逐渐增加。从图 5-2 中可以看到，2000—2020 年，股票比重从 60%降至 43%，债券比重从 31%小幅降至 29%，用于其他资产（房地产和其他另类资产）的配置已从 2000 年的 7%增加到 2020 年年底的 26%，现金工具的配置从 3%略微下降到 2%，多元化投资组合和结构不断调整和优化。

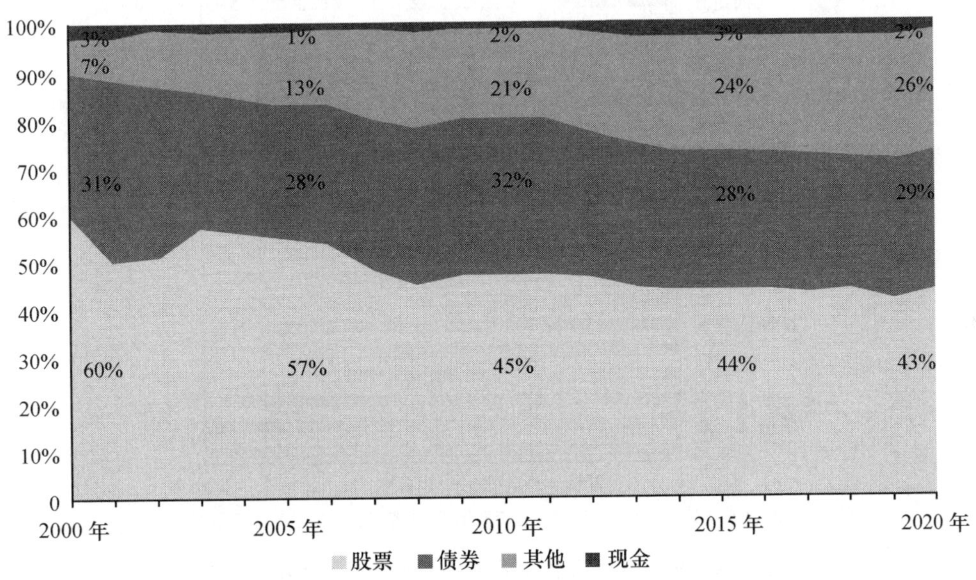

图 5-2　2000—2020 年 7 个主要养老保险基金投资市场资产配置变化

数据来源：Willis Tower Watson.

从 2020 年资产配置情况看，图 5-3、图 5-4 所选取的 OECD 成员国和其他国家或地区在养老保险基金配置中仍然遵循投资回报和风险水平匹配的基本原则。大多数国家，包括 35 个 OECD 国家和列举中的 38 个国家或地区，债券和股票依旧是两种主要的投资渠道，其中债券和股票组合比例最高的是罗马尼亚（98.6%）、智利（97.8%）、多米尼加（97.2%）、爱沙尼亚（96.9%）、马尔代夫（96.7%）、墨西哥（96.5%）、尼日利亚（96.2%）、阿尔巴尼亚（95.6%）、克罗地亚（95.1%）和立陶宛（95%）。债券和股票市场的发展对上述国家养老保险基金的财务稳定和保值增值起着决定性作用。

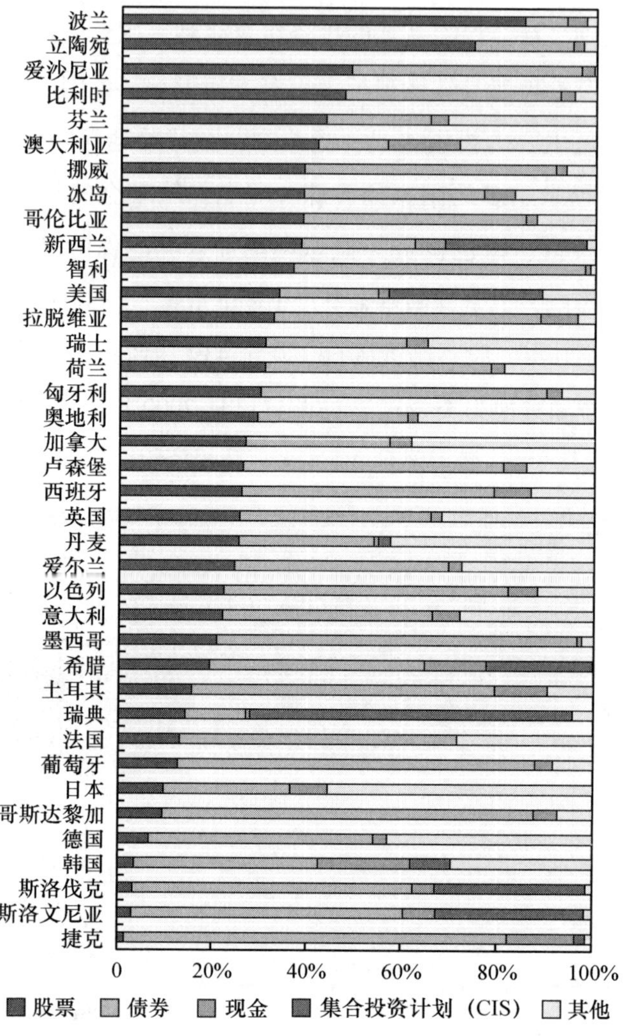

图 5-3 2020 年 OECD 国家养老保险基金投资组合情况

数据来源：OECD Global Pension Statistics.

养老保险基金资产可以通过集合投资计划（CIS）直接或间接地进行债券和股票的投资。对于斯洛伐克（CIS 占投资的 31.5%）、瑞典（CIS 占投资的 67.7%）和美国（CIS 占投资的 32%）等不允许进行“穿透性”（look-thorough）集体投资计划的国家，养老保险基金只能直接用于债券和股票投资，养老保险基金对固定收益证券和股票的风险敞口可能会更高。

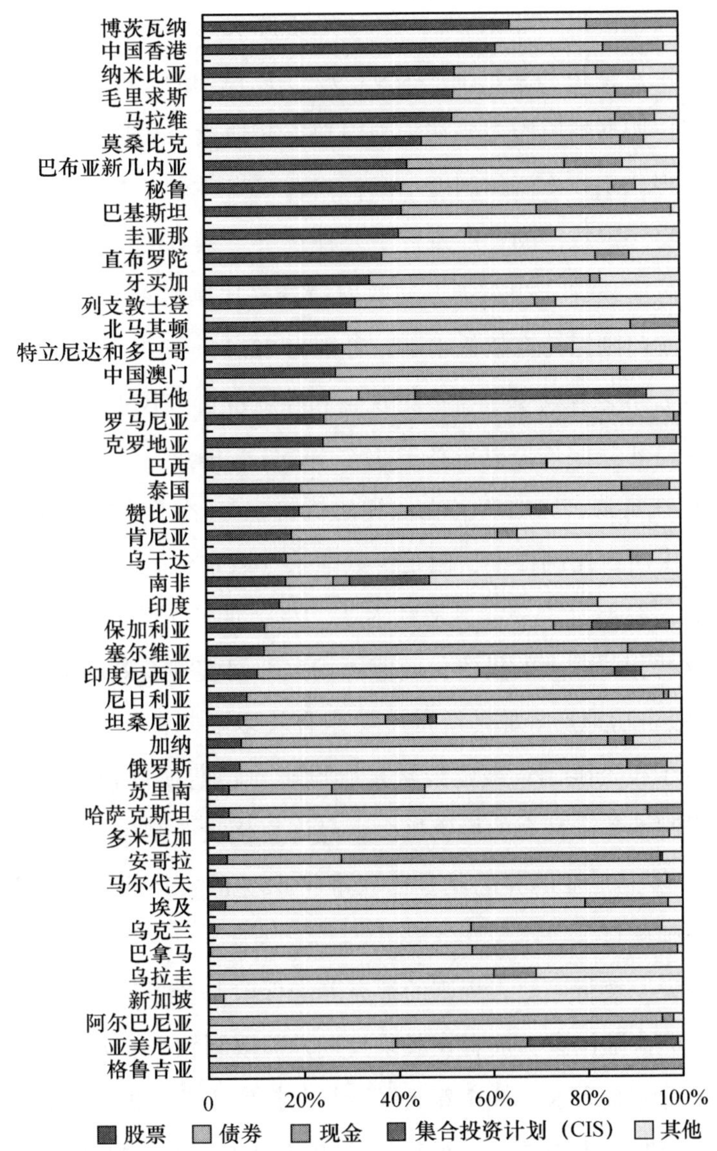

图 5-4　2020 年部分非 OECD 国家或地区资产配置情况

数据来源：OECD Global Pension Statistics.

2020 年，各国（或地区）之间股票和债券投资的相对重要性差异很大，但总体来说更加偏向于债券投资，不过仍有 23 个国家或地区股票投资超过债券投资。例如，博茨瓦纳养老保险基金 64.4%的资产投资于股票，16.2%投资于债券；中国香港强制性公积金计划和强积金豁免资产 ORSO 注册计划 61.4%投资于股票，22.8%投资于债券。

与公司债券相比，政府债券在合并的直接债券中所占的份额更大，例如政府债券占直接债券的比重，阿尔巴尼亚为100%，北马其顿为99.9%，马尔代夫为97.8%，克罗地亚为96.9%，哈萨克斯坦和塞尔维亚为95.9%，以色列为89%，捷克为88.9%。上述国家政府债券投资比例高的原因主要在于国内缺乏其他投资渠道和机会，或者养老保险基金要确保实现获得稳定收入流的制度承诺，或者一些国家（或地区）的投资法规要求养老保险基金必须将一定数额的资产投资于某种投资工具，例如，以色列要求至少30%的基金资产投资于政府债券。相对于上述政府债券高比例国家（或地区），挪威、新西兰、苏里南和中国澳门则保持在较低水平，分别为22.1%、13.9%、11.7%和9.1%。

各国（或地区）养老保险基金资产中现金和存款也占有较大比例，例如，澳大利亚和秘鲁的养老基金以现金形式持有资产的15%和5%，乌克兰甚至达到了40.3%。大多数国家（或地区）在贷款、房地产（土地和建筑物）、未分配的保险合同、私人投资基金和其他另类投资中所占比例很小，但是少数国家（或地区）也倾向将养老保险基金投入上述领域，例如，瑞士为35%，奥地利为37.1%，加拿大为38.3%，丹麦为42.5%，德国为42.9%。这些相对较大的投资份额值得相关部门实施有效的监管。尽管不少国家（或地区）一直对投资房地产等非传统资产类型有较多限制，但是近年来一些国家（或地区）也开始放宽了投资限制，鼓励投资基础设施、长期项目和其他另类资产。例如，克罗地亚扩大了强制性养老基金的投资机会，允许直接投资基础设施项目和另类投资基金。自2019年起，罗马尼亚的养老基金已获准将15%的资产投资于根据国家紧急状态立法创建的基础设施项目。

对欧美国家来说，实行谨慎人规则的补充养老保险基金投资的收益率一般高于实行严格投资限制的欧洲大陆国家，前者在股票投资方面限制较少。如英国1995年养老保险金法规定，实行最低基金要求，补充养老保险基金投资于股票的比例达到70%左右，曾在20世纪90年代初期高达83%。因而，自1980年以来，英国的补充养老保险基金的投资收益率平均高达18%。继智利模式之后，不再单纯以投资收益率的高低来评判投资规则限制的方式的优劣。谨慎人规则强调发达完善的资本市场条件，需要有更完备的法律及规则体系作支撑，需要有高度透明的监管体系。同时，社会公众对制度运行的规则予以充分的理解和对规则自觉遵循也是重要的制度条件。相反，对资本市场不够发达、法律法规不够健全、监管体系相对落后的国家（或地区），严格投资限制的方式更有利于基金的安全运营。近年来有不少学者主张，社会保险基金投资限制的规则应当放开，谨慎人投资规则可能更受欢迎，并认为智利等拉美国家经历了一段时间严格投资限制的实践之后，也应逐步放松限制，向基金运营市场化的方向迈进。这一趋势也许适合于欧美、拉美和东欧国家，但对东南亚广大的国家和地区，由于不同的经济、政治、历史及文化等制度环境的制约，对投资运营方式的选择及市场化发展走势，则可能呈现出更强的政府主导型发展模式的特征。所以，应当立足国情，认真探索并谨慎决策，而不是对国际经验进行简单模仿、盲从。

值得注意的是，有关投资组合理论与实践的发展显示，社会保险基金投资组合限制正突破单纯考虑收益与风险的单一投资组合，而向综合投资组合方向发展，考虑不同年龄段职工的不同风险偏好，考虑安全性、收益性、流动性等综合因素从而制定不同的投资组合及其限额。如年轻职工的高风险、高收益心理偏好和老职工低风险、高流动性需求，建立新的综合性投资组合理念，或建立不同层次、不同类别的投资组合政策，以便在职工选择投资收益及风险防范等方面提供更大的选择空间。当然，这一新的发展趋势存在一些管理和技术上的障碍。

（四）构建社会保险基金的监管规则体系

社会保险基金的有效监管需要建立健全管理规则体系。欧美、拉美及东欧国家已在这方面积累了丰富的经验。如制定控制规则、资产分散规则、外部管理规则、信息披露规则、安全保障规则等。这些规则对于降低系统风险、代理风险和投资风险具有重要作用。

1. 控制规则

在分散的基金管理模式中，社会保险基金管理公司的董事会对基金的投资策略分散管理职责具有重要作用。控制规则一般规定董事会的构成、投票权、董事会成员的权利与义务，有助于强化基金控制和降低代理风险。无论是美国补充养老保险基金的控制规则，还是英国1995年养老保险金法，均强调明晰各位董事的职责和注重对管理者的教育培训。在大多数OECD国家，对补充养老保险基金的控制，也在很大程度上凭借特定的法律制度实施。如通过信托法更大限度地强调个人责任，也有通过强制性更换董事会代表的方式降低代理风险。

对于由管理公司运作的开放式基金，控制规则强调基金管理公司必须直接忠实于养老保险基金管理职责，不允许分散和转包其管理职能，每位经理只允许管理一个基金。在一些拉美和东欧国家，社会保险基金的控制规则都相当严格，对确保基金的安全运营具有十分重要的作用。

2. 资产分散规则和外部管理规则

制定资产分散规则的目的在于使养老保险基金的征缴、集中与基金管理公司管理的资产进行分散管理，以便保护职工的利益，限制系统风险和代理风险。资产分散规则一般适用于由基金管理公司运作的开放式基金，也适用于满足特定要求的补充养老保险基金的管理方式，但不适用于由保险公司和银行管理的养老金计划。这一不适用在近年受到批评，尽管银行和保险业历来有谨慎人规则的传统，有助于保护职工的权益，但随着银行和保险业系统风险的增大，产生了一些不利后果。因此，强调将基金征缴同基金投资运营严格分散管理，有利于实行风险控制。

另一项旨在降低代理风险的基金监管规则是外部管理规则。通过恰当的外部管理安排，避免基金管理者和资产管理者直接合法地持有养老保险基金，从而限制基金被挪用和流失的机会。外部管理规则也有助于实施谨慎管理条款，避免和防范投资交易过程中的种种风险和暗箱操纵。当然，外部管理的有效性还取决于严格控制基金从职工向基金和资产管理者的无间断资产流量。

3. 信息披露规则

社会保险基金的有效监管，需要政府对基金运营公司的信息披露作出严格的规定，实现社会公众的外部监管目标。一般而言，信息披露要求涉及诸多重要的规则，如资产评估规则、资产评估的变化情况，以及向基金会成员和社会公众披露有关投资收益、成本、资本与准备金水平等方面的重要信息。虽然对金融部门而言，均需要满足有关信息披露条件，但对确定缴费型的个人账户计划而言，由于职工承担未来的长期投资风险，并且一些国家允许个人拥有选择权，信息披露显得更为重要。在不同国家、不同的社会保险基金监管模式下，对信息披露有不同的要求。对基本养老保险基金管理的信息披露的要求较为全面和系统，对补充养老保险而言，OECD 国家对信息披露的要求不是十分严格，有些国家虽然要求相关部门提供投资信息，但仅限于年度财务报告书。对拉美国家而言，则要求投资内容广泛和详细的信息披露，如提供日常资产价值信息，每年提供几次会计报告，公布由监管部门规定的若干详细信息。

4. 安全保障规则

在社会保险基金投资规则逐步放宽的背景下，基金投资运营的安全保障显得尤为重要。大多数国家对第二层次的养老保险基金投资都规定了最低投资收益保障条款，通常规定各个养老保险基金投资的平均收益水平或市场投资盈利水平。如智利规定最低投资收益应等于行业平均投资收益的 50%，而阿根廷为 70%。安全保障费通常按管理资产的 1%~2%提取。若基金运营出现偿付能力不足的风险，则将收益的一定比例作为安全保险基金，如瑞士规定 4%为正常最低投资的收益率，并由中央保障基金作后备，建立最低风险准备金。当基金投资收益低于投资组合限额的85%时，动用养老保险的最低准备金，如乌拉圭规定，最低投资收益比例为2%。

构建安全保险基金应注意考虑用于处置何种类型的风险，考虑保障是否过度还是不足。同时要考虑安全保障基金的规模，使之能够在必要时发挥稳定基金运作的重要作用。对于系统风险和非系统风险较大的发展中国家，注重构建安全保险基金对于有效防范风险、实现基金的有效运营和增强职工对社会保险制度的信心，具有十分重要的意义。

四、社会保险基金监管的实施

（一）社会保险基金的日常监管

对于国家基本保险项目，多数国家是由社会保障主管部门来承担社会保险基金的监管职能。如英国的社会保障部门，美国的劳动部，日本的健康与福利部，智利、阿根廷的社会保障部。法国成立了专门的社会保险基金监管委员会，负责审核批准社会保险基金运营机构，定期检查社会保险机构的运营活动，审核运营报告，处理和解决违规问题。大多数欧美国家的财政部或直接监管社会保险基金的投资运营过程，或通过制定监管规则进行间接监管。一般是通过对准备金的管理，对中央及地方的社会保险基金予以财务监察，实施对违规机构的处罚。在社会保险基金监管的实施过程中，外部审计和精算专家发挥着重要作用，促使基金管理和运营机构进一步改进服务、提高效率、防范投资风险。

对补充保险基金运营的监管，一般是强调对机构资格的认定和审批，审核各基金管理公司提交的财务报告、资产负债报告、审计报告和精算报告。对基金管理公司存在的问题，一般通过提醒、警告处罚、解散基金理事会并组成新的机构来解决。通过定期评估和检查基金的投资运营，及时提出整改意见，同时通过事前监管、事中监管和事后监管相结合的方式，最终立足于及时解决基金管理中存在的问题，确保基金的安全运营，提高基金运营的绩效。

（二）社会保险基金的投资监管

严格实施社会保险基金投资监管的各项规则，注重基金投资的总量控制和结构限制，规定投资方向，监督各项投资限额、投资组合的实施情况；严格限制基金投资决策人员的资格条件，注重一般规则监管和对管理者监管相结合的监管原则；限定基金投资的收益率，保证基金具有一定的投资收益水平和基金投资的安全运营。

（三）社会保险基金运营的风险防范

检查基金投资的风险保障基金状态，及时实施对超过预警指标的基金的保护措施，是社会保险基金监管的一项重要任务。由于社会保险基金运营的特殊性，既应注重基金收支平衡，确保支付，同时又要立足长期发展战略，确保基金的长期安全运营，通过构筑基金预警指标系统，建立风险保障基金，及时吸收和控制基金运营过程中出现的各类风险。如智利规定，当基金投资收益率低于法定最低水平时，必须及时由基金公司用投资收益和现金储备弥补。否则，基金管理公司将被勒令关闭，并由国家补足基金的差额，以保障被保险人的合法利益。

第三节　科技革命、数字化转型与社会保险基金监管

一、科技革命发展对社会保险基金监管的影响

（一）科技革命发展对社会保险基金监管环境的影响

随着互联网时代的到来和发展，以大数据、物联网、人工智能等新一代信息技术为代表的科技革命催生了科技创新的广泛扩散和深度融合，这对整个社会经济生活以及国家治理产生了深入的影响，驱动着政府数字化转型和公共部门的改革进程。社会保险基金监管作为国家治理和民生保障体系的重要组成部分，其所监管的社会保险基金是确保广大人民群众安居乐业的重要物质基础。在以数据驱动和数字化治理为核心特征的政府数字化转型中，社会保险基金监管也势必需要不断适应监管环境的内外部变化。社会保险基金监管的主体是政府及其相关部门，相关监管职能和监管内容已经融入社会整体的监管大系统和大体系之中，并与其他部门职能和业务产生交集和融合，跨部门协同监管成为基本常态。通过技术赋能和技术赋权，政府各部门交叉业务和协同能力得以全面提升，充分发挥了科学技术作为施政工具的重要作用，体现了协同监管的数字化转型。除了政府作为社会保险基金监管主体外，各社会主体通过前沿信息技术的发展也能够更好地参与到基金监管体系之中，更好地实现内外部监管体系结构的完善，更好地促进政府监管职能的优化和监管理念的革新。

（二）科技革命发展对社会保险基金监管方式的影响

社会保险基金监管要求实现事前监管、日常监管与事后监管相结合，非现场监管和

现场监管相结合的基本形式。在具体实践中，社会保险基金监管更多体现为以现场监管、事后监管为主，尽管监管部门早已认识到事前监控预警和常态化非现场监管的重要意义和作用，但碍于社会保险监管的繁复事务和海量数据，事前监管和非现场监管还处于初级阶段，监管力量和监管手段难以适应形势发展和工作任务的需要。随着大数据、人工智能、区块链等技术的成熟和应用，原有依靠人力或者简单信息系统无法实施的动态监管和预测预警有了技术支持和系统保障，社会保险基金监管的风险识别、监测、防控能力大幅度提升。在科技赋能的基础上，社会保险基金常态化的非现场监管形式逐步得以普及，基金信息披露内容和渠道更易受到社会相关主体的有效监督，监管的透明度和有效性不断提升，整个基金监管的风险控制体系不断完善。可以预见，随着科技革命的深入以及随之而来的社会保险基金监管思路的变革，基金监管的流程再造将会持续深入，监管规则和监管工具的创新将会对社会保险基金数字化监管框架构建提供有效支撑。

（三）科技革命发展对社会保险基金监管内容的影响

社会保险基金管理的一项重要任务是确保基金的平稳运行，对于具有长期性特征的养老保险基金更是要注重自身的保值增值。社会保险基金投资运营一方面持续分享经济社会发展的成果，另一方面不断享受科技革命所带来的产业红利。科技革命带来了整个社会经济增长方式转变和结构性调整，新经济和新业态的发展创造出更多的经济增长点和发展机遇。不过，在社会保险基金参与新经济和新业态的发展进程中，新兴事物发展的不确定性和风险性也同时存在。新的科技行业和科技企业在蓬勃发展过程中也会由于创新和探索而集聚潜在风险，如何在确保基金安全性的前提下，做到既不管得太死，为新事物发展留下空间，又不放任自流，导致风险的集聚和失控。在扩大社会保险基金投资渠道的基本趋势下，新投资渠道要求社会保险基金监管要更加关注对风险规律性的把握。目前，除了传统投资渠道之外，全国社会保险基金在另类投资中已经初步探索和积累了一定的经验。另类投资中各类基于科技创新的新兴企业蕴含着巨大的增长潜力和成长价值，长期发展趋势与社会保险基金投资理念也不谋而合。在社会保险基金扩大投资范围的趋势下，遵从安全性的基本原则，另类投资将成为基金平稳运行和保值增值的重要途径。这也成为社会保险基金监管面临的新挑战，也对基金监管能力提出了新要求。

（四）科技革命发展对社会保险基金监管效率的影响

随着社会保险基金规模扩大和业务经办总量的提升，一般的信息化手段和人工辅助已经越来越不适应复杂监管环境的需要。社会保险基金对应的制度种类和项目较多，参保人群的增加和具体业务繁复程度导致社会保险基金监管数据呈现井喷态势，这在一定程度上也增加了社会保险基金监管的难度。在信息爆炸和海量数据的时代，随着公共部门数据资源共享的不断推进，如何通过数据挖掘和数据分析发现基金监管风险，排除基金监管隐患是提升监管效率的重要手段。科技革命所带来的人工智能辅助和大数据分析能够有效发现海量数据之间的内在关联，能够有效发现多维数据逻辑之间的异常点，从而实现对缴费、运营和给付合规性的精准监管。在机器学习辅助下，社会保险基金监管的人力成本大为降低，长期困扰基金监管的人力因素和技能难题将会得到大大缓解。此外，互联网时代业务流、信息流、数据流的深度融合要求社会保险基金监管必须建立在信息透明和公开的基础上，这也为社会保险参与主体、社会组织、公众媒体参与基金监管提供了途径，进一步提升外部社会监管在社会保险基金监管体系中的重要作用。

二、数字化转型与社会保险基金监管场景和模式创新

（一）数字化转型与社会保险基金协同监管

依据社会保险制度项目和类型的差异，人力资源社会保障、民政、医保、财政、审计、税务、公安、证监、金融监管等部门在社会保险基金监管的不同业务环节中承担着相应的工作职责和监督职能。可以说，从社会保险基金征缴、基金运营、基金给付的全过程出发，仅仅依靠基金主管部门的单一监管无法有效实现全面监管的既定目标。为此，在社会保险各项制度开始建立并形成基金运营管理时，业务相关部门之间合作就成为基金监管的重要任务之一。随着金保工程的开发建设，一个以中央、省、市三级网络为依托，实现业务网络三级互联、应用软件基本统一、数据资源集中管理的电子政务网络，为部门协同提供了初步的信息化管理手段和实现途径。社会保险基金协同监管除了基金业务流的重叠之外，更为重要的是数据流之间的交互流动。尽管金保工程一期初步搭建了数据集中管理和共享的基本框架，但是受制于我国公共部门之间长期存在的信息孤岛和数据壁垒问题，业务流、信息流、数据流等监管核心要素无法真正实现协调统一，这也阻碍了社会保险基金协同监管的具体实施。

随着政府数字化转型进程和数字治理观念转变的不断深入，包括社会保险基金监管在内的公共事务和公共职能的跨部门监管已经成为基本要求和常态化工作。各部门之间业务交叉所带来的数据要素流动对于电子政务系统提出了新的要求。为此，在金保工程二期开发建设中，系统建设依托国家基础信息资源和电子政务网络，实现人力资源社会

保障部与省级人力资源社会保障部门，以及与民政、医保、税务、公安等部门和机构的互联互通和信息共享，打破信息孤岛，实现网络互联、信息互通、数据共享，实现数据标准、数据规范、数据接口等数据流的统一，强化社会保险基金监管相关业务流的整合，实现了基金监管工作中的横向与纵向监管相结合、微观监管目标和宏观监管目标相结合，实现了社会保险基金监管跨业务、跨层级、跨地域“上下联动、左右联通”的业务协同。例如，浙江湖州在建立人力资源社会保障系统数字化改革项目“数字社保”和“基金监管”试点市的过程中，着力打造“浙里社保基金安全在线”应用场景，初步实现基金智管一屏掌控、基金智察一目了然、基金智策一步到位、服务智办一键直达。① 该应用通过共享比对卫健、民政、司法等部门数据，实现疑点信息自主发现、自动提示，及时处置问题。以死亡冒领为例，通过部门间数据对接和共享，原来分属卫健系统、民政系统和公安系统业务管理的死亡时间、火化时间、户口销户时间一目了然，大大降低了部门间对接确认成本，也有效避免了养老保险待遇冒领等违规情况的发生。

此外，基金协同监管还特别强调市场主体和社会主体的广泛参与，这也必然带来数据要素在政府、市场和社会之间的跨界流动，逐步形成多领域集成融合的大数据应用平台。该平台的建设发展也成了社会保险基金协同监管的重要场景和功能基础。

（二）数字化转型与社会保险基金智能监管

科技革命引领社会治理方式转变，智慧社会的到来要求社会治理更加智能化、智慧化和网络化。大数据、人工智能、云计算等新一代信息技术为包括社会保险基金在内的社会治理提供了新工具和新方法，为基金监管模式创新奠定了基础，也创造出诸多基金监管的新场景。在金保工程近 20 年建设和发展的基础上，依据基金监管环境变化和工作发展的需要，智能监管成为符合基金监管规律、符合现代社会保险基金监管要求的发展方向。智能监管能够从基金支撑能力、资产管理质量、经办机构内部控制情况、基金违法违规情况四个方面对社会保险基金进行安全评估，探索政策场景智能分析模式，通过政策制定前模拟测算、政策执行中实效掌控、政策执行后效果评估三个阶段的模拟测算，有力提升社会保险基金监管的统计分析、监测预警、风险评估等能力。

例如，浙江金华打造的“2+4”智慧监管系统是社会保险基金监管模式创新的有益

① 湖州市社保基金安全智慧监管系统在浙江省推广，http://zj.people.com.cn/n2/2021/0914/c186327-34912952.html.

探索，实现了横向与纵向结合、宏观监管与微观监控并重的多层级智慧监管。[①] 监管系统以大数据为基础，覆盖基本养老保险、工伤保险、失业保险的征缴、支付、管理、运营的四个环节，聚焦社会保险经办、经费支出等重点环节，对监管中可能存在的风险点进行专项监控，实现社会保险数据全面监控及异常数据和特殊业务重点监管并重，充分利用社会保险业务、基金财务及相关数据资源的多维对比核查，推动社会保险与财政、税务、金融监管等大数据资源的融合应用，筛查社会保险基金欺诈违法违规行为，杜绝“跑冒滴漏”现象的出现。在具体的监管场景中，系统通过社保一卡通，结合参保人员持卡就医购药的轨迹信息，实现对门诊、住院、线上线下购药等医疗服务行为的全方位智能监控；通过按伤种监控工伤费用支出的创新模式，有效把控工伤保险中工伤医疗费及康复费用支出的合理性和有效性；通过将社会保险经办机构工作人员及其亲属纳入重点对象的方式，对其办理被征地农民转保、一次性补缴、关键信息修改、待遇变更等高风险、特殊业务的合法性和合规性进行跟踪核查。

（三）数字化转型与社会保险基金信用监管

社会保险基金信用监管的逻辑在于社会保险基金参与主体行为的约束，基金监管的基本形式从原来合规性监管的被动形式转化为信用行为监管的主动形式。就社会保险基金全业务链条中所存在的失信行为来看，收入端主要表现为社会保险费的漏缴、少缴、不缴，不按照缴费基数缴费等；支出端主要表现为服刑人员违规领取养老金、违规冒领死亡人员养老金、医疗保险骗保等；基金管理端则更多体现为具体运营和经办主体的各类违规违法问题。在社会保险基金监管数字化转型过程中，原有停留在道德约束之下不易被察觉的失信行为在数据化时代变得更加透明化。例如，大数据所带来的用户画像能够准确反映出主体行为及其背后数据之间的逻辑冲突，也更加易于发现基金监管中的违规违法行为，区块链技术不可篡改基本特征能够确保在社会保险基金管理中各主体信用行为的准确呈现，人工智能则能够快速有效地对基金监管中的违规违法行为进行识别等。上述一系列技术应用使得基金监管由事后处理不断向事前实时监管和事中有效控制转变，从而大大降低了社会保险基金可能存在的损失成本。在这一进程中，信用的基础逻辑与新一代信息技术叠加在一起，共同打造出一个基于信用有效的监管空间。

此外，社会保险基金信用监管除了通过数字化转型实现自身业务的内在约束，也通

---

① 金华市构建“三位一体”监督体系　全力保障社保基金安全，http://rlsbt.zj.gov.cn/art/2020/9/10/art_1389524_57174337.html.

过融入社会整体信用体系，加大失信违规成本，将传统监管规则的硬约束变为参与主体行为的软约束，不断夯实诚信为本的社会基石。在“互联网+人社”2020 行动计划中，信用评价能力和信用监管体系建设也是数字时代人力资源社会保障工作的重点内容。行动计划通过建设包括社会保险基金监管在内的人社信用信息平台，实现人力资源社会保障系统内劳动就业、社会保险、人事人才、劳动关系、工资收入分配等方面信用信息的跨地区、跨业务共建共享共用，并且与国家信用体系全面对接，实现信用信息互通、评价规则互认，积极引导社会诚信文化的塑造。可见，社会保险基金信用监管已经成为构建智慧人社信用体系以及全社会信用体系的重要组成部分，科技革命和数字化转型为信用监管的实现提供了工具支持和技术保障。

补充阅读一

管好用好人民群众的“救命钱”

2020 年 4 月，中央全面深化改革委员会第十三次会议审议通过了《关于推进医疗保障基金监管制度体系改革的指导意见》，文件近日已由国务院办公厅公开印发。习近平总书记多次对医保基金监管作出重要指示，充分反映了中央对医保基金监管工作的高度重视，同时也表明加快健全医保基金监管制度体系的必要性与紧迫性。

医保基金是人民群众的“看病钱”和“救命钱”，一定要管好用好，要坚持完善法治、依法监管。在我国的社会保障体系中，医疗保障肩负着解除全体人民疾病医疗后顾之忧的重要职责，直接关乎所有人切身利益。而医保基金是支撑医疗保障制度的物质基础，其安全与否决定着医保制度能否健康持续发展，更直接影响到全民医疗保障权益能否得到充分有效的落实。必须看到，当前我国医保制度体系尚未最终成熟、定型，医保领域中存在的各种违法违规现象并不罕见，医保基金成了一些机构与个人分而食之的“唐僧肉”。

导致医保基金处于不安全状态的原因是多方面的，最关键的是医保基金监管制度体系不健全，加之以往医保管理体制分割以及与医疗、医药之间缺乏有效联动，致使医保基金监管局部问题时有发生。2018 年国家设置医疗保障局，专司全国医疗保障事务管理职责，扫除了长期以来困扰医保制度改革与发展的体制性障碍，对医保领域违法违规普发频发现象起到了初步遏制作用，但还不足以从根本上治理。因此，加快健全医保基金监管制度体系，深度净化医保制度运行的社会环境，已成为切实维护医保基金安全，促使我国医保制度尽快走向成熟、定型的紧迫任务。

健全医保基金监管制度，需要将医保基金安全置于医保制度建设与发展的首要位置。应当认识到医保基金安全是医保制度健康持续发展的根本条件，维护医保基金安全既是相关主体的法定责任，也是维护全民公共利益的政治责任与社会责任。因此，应当从维护医保制度的权威和所有参保人权益的角度出发，尽快明确对医保基金实现全领域、全流程的综合监管、有效监管，确定并守牢医保基金安全的红线，坚决打击医保欺诈行为，严厉处罚违法犯罪者。唯有如此，才能实现医保制度可靠、人民群众放心的目标。

健全医保基金监管制度，必须坚持法治原则。医保领域的欺诈现象及各种损害医保基金安全的行为，都是以小团体利益侵蚀公共利益、以个体利益损害群体利益的违法违规行为。应当加快医疗保障领域的法治建设步伐，包括尽快制定医疗保障基本法和医保基金监管法规，真正做到以法定制、依法监管。优先制定医保基金监管行政法规十分必要，以此进一步明确医保基金监管的行政体制、部门联动机制、监管程序、法定手段、申诉途径，以及司法介入、社会监督等，为全面推进医保基金监管工作提供具体依据。

健全医保基金监管制度，需要有先进的技术工具与手段。由于医保关系的复杂性和医疗服务的专业性，以及医患之间、医保与医疗之间的信息不对称，显著增加了医保基金监管的复杂性与难度，这使得监管制度的落实还需要先进的技术手段来支撑。一是要进一步完善医保标准化体系，确保诊疗、用药、经办等规范有据；二是全面建立上下一体的智能化监控系统，充分利用现代信息技术手段，实现医保基金监管从人工抽单审核向大数据全方位、全流程、全环节智能监控转变；三是进一步完善监管方式，近年来推行的“双随机、一公开”检查、飞行检查等方式，应当上升到制度层面加以全面推行；四是利用现代信息技术，不断完善并畅通申诉与举报制度，让医保基金支付置于阳光之下；五是与机构和个人的信用记录及评价挂钩，让失信者付出相应的代价。如果能够做到这些，医保基金的监管必将收到预期的效果。

此外，还需要加快全面深化医保制度及相关改革的步伐，如加快改革职工医保个人账户，统筹规划各类医疗保障高质量发展，进一步完善医保基金支付方式，建立健全医保待遇清单制度等，这将为医保制度的健康发展和医保基金的安全有效使用奠定良好的制度基础，促进我国医疗保障制度造福全体人民并行稳致远。

资料来源：郑功成．管好用好人民群众的“救命钱”．光明日报，2020-07-10.

补充阅读二

如何防范打击骗保贪占？新版社保基金监督办法作出规定

为进一步加强基金监管、严厉打击侵害基金的违法行为，人力资源社会保障部近日公布了新版《社会保险基金行政监督办法》（以下简称《办法》），自3月18日起施行。

如何更好防范、打击欺诈骗保、挪用贪占？“新华视点”记者采访了权威部门和专家。

细化违法情形　明确法律责任

我国原有《社会保险基金行政监督办法》已实施20多年。据人力资源社会保障部介绍，考虑到原办法与目前工作需要相差较大，因此紧扣地方社保基金行政监督工作实际，以问题为导向，重新制定了办法。

人力资源社会保障部数据显示，我国养老保险已覆盖10亿人以上，较10年前增长一倍多；养老、失业和工伤三项基金年度收支规模超13万亿元，较10年前增长超3倍。

“基金规模快速增长，业务链条大幅延长，给监督工作带来全新挑战，出台新办法及时且十分必要。”相关专家表示。

通过整合和细化原有规定，《办法》明确社保经办机构、医院和保险公司等服务机构、用人单位、个人、人力资源社会保障部门、劳动能力鉴定机构等主体给社保基金造成损失的法律责任，并对社保服务机构、用人单位、个人欺诈骗保情形逐项进行了细化。

“哪些行为属于欺诈骗保，哪些行为属于失职渎职，此前一直没有特别具体的界定，在《社会保险法》里只有几句原则性描述。”有专家认为，“各种情形明确后，将更具可操作性，提升打击效力，更加扎紧制度的笼子，遏制相关违法违规行为。”

“办法细化了违法情形、明确了法律责任，既防范打击社保服务机构、用人单位和个人的欺诈骗保行为，又防范打击社保经办机构和行使审批认定职责部门实施的侵占危害基金的职务犯罪。”人力资源社会保障部社会保险基金监管局负责人表示。

拓宽监督对象和范围　全环节监督防止“跑冒滴漏”

“与老版《办法》相比，这次新版《办法》的一大进步是拓宽了监督对象和监督范围。从单纯围绕社保基金资金账户监督，扩大到把与基金安全密切相关的全部环节都纳入监督，包括最前端的提前退休审批、工伤认定、劳动能力鉴定等，防护更为全面。”有关专家说。

多位业内专家表示，经过多年整治，社保基金管理制度不断完善，内控监管更加严格，传统的直接贪污挪用社保基金案件大幅减少。但仍有少数地区对监管重视不够，监管效能不强，加上社保基金管理宽松软、信息系统不完善、信息共享不到位的情况不同程度存在，导致欺诈骗取、贪污套取社保基金的案件时有发生，包括死亡冒领、重复领取、服刑人员违规领取养老金等。社保基金业务链长、风险点多。从政策制定、服务经办、信息化管理一直到基金收支，每个环节都可能造成社保基金流失，必须进一步强化全过程、全方位的监督。

为及时摸排社保基金收支、管理风险，发现存在的问题，《办法》规定了现场检查、非现场检查、第三方机构检查、聘请专业人员协助开展检查等多种手段，以加强监督的力度和有效性。

“聚焦高风险业务、投诉举报线索等，可以借助社会审计机构开展不定期检查，快速发现疑点，最大限度防止社保基金‘跑、冒、滴、漏’。”有专家提到。

《办法》在加强对社保基金检查力度的同时，还特别强调对社保经办机构、人力资源社会保障部门工作人员违反《办法》规定或滥用职权、徇私舞弊、玩忽职守的监督处理。

此外，《办法》还要求社保经办机构向本级人力资源社会保障部门、地方人力资源社会保障部门向上级人力资源社会保障部门及时报告贪污挪用、欺诈骗取等侵害社保基金的情况。对发现的要情隐瞒不报、谎报或者拖延不报的，追究相关责任。

“一旦发现线索，就能迅速查处；一旦有违规违法行为，就得严格惩处。”相关专家表示，落实好《办法》的这几点，就能早预防、早发现、早处理，避免造成更大的损失和危害。

构建监督体系　对违法违规行为形成高压态势

根据《办法》规定，各级人力资源社会保障部门应当加强社保基金行政监督队伍建设，保证工作所需经费，保障监督工作独立性，确保监督工作有人抓有人管不落空。

《办法》明确了人力资源社会保障部门内部相关机构的协同义务及与公安、司法、财政等外部门的协同配合要求，同时鼓励支持社会各方面参与监督、形成合力，共同维护社保基金安全。

“案件往往发生在基层地区，而这些地方受编制所限，人员缺乏，监督力量不足，有的地方甚至没有设置社保基金的监督机构，有的地方设置了社保监督委员会，但监督效果也不理想。”有专家说。

专家普遍认为，《办法》的出台有利于理顺社保基金行政监督工作体制，推动监督规范化，对侵害社保基金的违法违规行为形成高压态势。

“现在社保已改由税务部门征收，这就更需要跨部门的合作，在‘收’方面应缴尽缴、应收尽收，在‘支’方面严格把控、加强检查。”有专家提到，目前我国养老保险统筹层次还比较多，社保基金使用发放主要在地方，要加大力度防范地方不作为、乱作为。

有专家指出，现在《办法》只是部门规章，法律效力还不够，还应该有更高层次的立法，比如出台社保基金监管条例等。

人力资源社会保障部社会保险基金监管局负责人介绍，下一步，人力资源社会保障部在指导各地抓好《办法》落实、强化监督查处的同时，还将开展全险种社保基金专项检查，发现一起、查处一起；持续推进建章立制，研究出台社保基金监督相关规定，不断完善社保基金监督制度体系。

资料来源：如何防范打击骗保贪占？新版社保基金监督办法作出规定. 新华网，2022-02-24.

深度阅读

1. 胡晓义. 社会保障基金监管［M］. 北京：中国劳动社会保障出版社，2012.

2. 全国社会保障基金条例［M］. 北京：中国法制出版社，2016.

3. 吕学静. 社会保障基金管理（第 4 版）［M］. 北京：首都经济贸易大学出版社，2017.

4. 丛春霞，彭歆茹. 社会保障基金运营与管理［M］. 北京：清华大学出版社，2022.

5. 宋明岷. 社会保障基金管理：理论·实践与案例（第 2 版）［M］. 上海：复旦大学出版社，2022.

本章小结

社会保险基金监管对实施有效的基金管理具有非常关键的意义。通过何种方式和途径实施社会保险基金监管，由什么机构实施监管，强调集中监管还是分散监管等，均是贯穿社会保险基金监管过程中的重要问题。不仅如此，社会保险基金监管极为复杂，不仅需要了解一般监管准则，而且更应强调有效监管的经济、政治、法律等制度条件，这是更为重要的潜在制约。

社会保险基金监管体系一般包括机构控制、财务控制、会员控制和保险金给付控制等主要部门，同时，基金的征缴和管理方式也是监管的重要任务。

社会保险基金监管的主要内容包括：①建立和完善社会保险基金投资运营的各项规则，对基金运营机构进行资格认定；②制定基金规范运作的各类准则；③通过具体的监管方式和手段，监督实施各类基金管理的规则，实现对社会保险基金的有效监管。

社会保险基金监管模式选择对实现基金的有效监管意义重大。要立足于不同的经济、社会、历史和文化等制度条件，对各种监管模式进行比较分析，而不是盲目照搬国外经验。

监管模式一旦确立，全面系统的各类法律规则体系的完善就格外重要，要健全社会保险基金的法律监督体系以及社会保险基金的投资规则、监管规则和保护规则、信息披露规则，同时注意分析各类规则发挥作用的经济、社会和法律条件。

以大数据、物联网、人工智能等新一代信息技术为代表的科技革命催生了科技创新的广泛扩散和深度融合，这对整个社会经济生活以及国家治理产生了深入的影响。社会保险基金监管作为国家治理和民生保障体系的重要组成部分，在以数据驱动和数字化治理为核心特征的政府数字化转型中，也势必需要不断适应监管环境的内外部变化。

随着政府数字化转型进程和数字治理观念转变的不断深入，包括社会保险基金监管在内的公共事务和公共职能的跨部门监管已经成为基本要求和常态化工作。各部门之间业务交叉所带来的数据要素流动对于电子政务系统提出了新的要求。

重要概念

社会保险基金监管　社会保险基金监管规则体系　投资规则　控制规则　资产分散规则　信息披露规则　安全保障规则

复习思考题

1. 社会保险基金监管的主要内容有哪些？
2. 社会保险基金监管有何重要意义？
3. 社会保险基金监管模式的选择有何重要意义？

4. 社会保险基金监管规则体系的主要内容有哪些？

5. 社会保险基金监管的有效性为何需要考虑制度因素？

6. 科技革命发展对社会保险基金监管产生哪些影响？

7. 数字化转型为社会保险基金监管场景和模式创新带来哪些机遇？

第六章 社会保险基金与国家财政

社会保险与财政具有重要的区别。首先，财政具有无偿性，而社会保险具有一定程度的有偿性；其次，财政具有高度集中性，而社会保险具有一定程度的区域与行业性；最后，国家财政分配是为了满足国家实现包括政治、经济和社会的各种职能的需要，而社会保险分配则主要是为了满足实现国家部分社会职能的需要。尽管如此，社会保险基金与国家财政具有密切的相互联系与作用，社会保险基金的管理与国家财政管理不可分割。因此，本章专门对社会保险基金与国家财政的相互联系与作用，以及由此产生的对双方的影响进行阐述和分析。

第一节　社会保险基金与国家财政收支

一、社会保险基金筹集与国家财政

（一）社会保险基金筹集的国家财政介入与筹集成本

社会保险基金筹集一般通过个人、企业（单位）和政府三方按不同方式进行。政府的介入可以减少社会保险基金筹集和支付中的成本、费用，提高基金的使用效率。社会保险主要是政府对失去劳动能力或劳动机会的劳动者给予的生活补偿，这种补偿有筹集社会保险基金、支付社会保险待遇这两个过程。政府通过制定法律法规对筹集资金的对象、依据、标准、方式等给予强制性规定，这些规定使社会保险基金筹集能按规定的对象、依据、标准足额征收，减少征收中的非正常成本、费用，减少基金收入不足现象；对基金支付的作用也如此，即能减少基金支付中的损失，同时也可以避免企业、社会团体、慈善机构等多头举办社会保险而引起的机构设置重叠和经营管理人员增加而造成的成本、费用增加。

（二）社会保险基金统筹原则与国家财政

社会保险基金，如养老保险基金、失业保险基金、医疗保险基金等，实行社会统筹，由政府统一征集，有利于企业之间的公平竞争，有利于增强企业的活力，切实保障社会成员的基本生活，充分发挥社会保险互助互济的作用，这是社会化大生产的客观需要，也是市场经济完善的内在要求。在实行社会统筹之前，我国国有企业的养老保险基金长期以来由企业以成本或在营业外支出项下列支，实报实销。这样，社会保险变成了企业保险，社会保险基金由企业按本企业的实际情况支付，会由于新老企业、不同行业职工队伍的年龄构成不同，造成企业之间、行业之间退休费用负担畸轻畸重的结果，使企业不能在平等的条件下展开相互竞争。而且企业保险社会化程度低，不利于劳动力合理流动，阻碍劳动制度改革的深化和社会主义市场经济体制的建立。一些企业因负担过重无力支付退休费，使退休人员基本生活得不到保障，影响了社会安定。为了解决企业之间社会保险费畸轻畸重的问题，社会保险基金必须实行社会统筹，实行国家统筹。

（三）社会保险基金的三方出资原则与国家财政

在大多数国家，社会保险费用主要采取三方负担方式，强调受益人与投保人双方的权利与义务的关联。按照政府、企业（单位）、个人三方出资原则，资金主要来源于企业和个人双方投保，政府以目的税形式从企业和个人那里收取用作社会保险的资金，然后分给那些需要保障的人，不足部分由政府以非目的性的各种间接税和直接税增补。这种筹资方式，从表面上看增加了企业和个人负担，减少了企业的盈利，减少了个人可支配的收入，而其实质是将少数企业和个人未来的成本、费用和风险交由社会共同负担；若这种负担由少数企业和个人承担，它是无法消化、无法承受的，现在通过社会共同负担，每个企业和个人的负担是有限的。这样使企业和个人能够站在同一起跑线上平等竞争，放下包袱，为社会创造物质财富，增加了社会财源。

在国际劳工组织所确定的以社会保险基金为主的社会保障资金筹集的原则中，就要求参保职工个人负担的费用，不应超过全部所需费用的一半，并要避免低收入者负担过重，当然具体负担比例要充分考虑本国的经济状况。按照这些原则，社会保险项目，除工伤保险基本上由企业负担外，其他保险项目的资金筹集基本上是由个人、企业和国家共同分担。凡在保险范围内就业的职工，都要按工资收入的一定百分比缴纳保险费。2018 年，意大利、法国职工个人缴纳的保险费分别为应缴费工资的 9.19%和 11.35%，一般采取定期从工资中扣除的形式强制筹集。企业要按职工工资总额的一定百分比为职工缴费，如美国2021年社会保险税率为职工年工资收入142 800美元以上部分的15. 3%，企业与职工个人负担的比例相等，都为7. 65%。其中，6. 2%用于老年、遗属和残障保险，1. 45%用于65岁以上老人医疗保险。国家财政对社会保险在资金上也给予一定保证，如2019年德国用于养老保险的开支为3 111. 49亿欧元，约占国民收入的9. 05%，这些费用80%来自职工和企业缴纳的保险费，20%来自财政。为失业者提供保障所需资金的来源与老年保障资金来源相同。在加拿大，失业保险所需费用80%来自职工个人和企业缴纳的保险费（企业负担比个人多40%），20%则来自国家财政。也有的职工个人不缴费，失业保险费全部由企业负担，如美国失业救济一般需经过家计调查，所需资金通常全部由国家财政和地方财政负担。从总体而言，多数国家企业负担的保险费要高于个人。个人负担的比重一般在15%~20%。

在国家财政困难时则量入为出，适当削减社会保险支出或提高缴费率甚至对社会保险制度进行结构性调整，以逐步提高保险费率和调整收入上限的办法来保证保险基金的稳定与可靠。加拿大、比利时、希腊、挪威、瑞士、法国等国家目前都实行一种或数种“特别税”，用以补充社会保险开支。如加拿大保障立法规定了三种特别税收：一是按售货价值征收22%的销售税，二是按所得税额2%征收的所得税，三是按企业净利润征收2. 3%的公司利润税。这三种税收都用来支付社会保险金和老年福利开支。

二、社会保险基金与国家财政收支结构

社会保险资金本质上属于一种消费基金，而财政作为国家主要的宏观经济管理部门，肩负着对收入进行分配，并形成合理的积累与消费比例结构的责任。因此，社会保险资金的规模、支出结构、收入结构影响着财政收支结构中积累和消费的比例关系。一定的收入分配总量中，社会保险基金的规模越大，财政集中的社会财富总量中用于积累和其他方面的消费就会受到影响和制约，两者存在着一定的消长关系。社会保险基金中当期支出和结余部分的安排，影响到现实消费基金结构，财政部门在安排支出时，必须考虑到消费性支出总量，妥善解决即期消费和长远积累的比例关系。社会保险基金来源于国家、企业和个人，这三者出资的比例决定着各自的负担大小，影响其税收负担能力，从而对财政收支结构产生影响。所以，财政在安排其收支结构及消费与积累结构时，必须统筹考虑社会保险收支因素，使国民经济结构更加趋于合理。

从总量上说，经济发达国家以社会保险开支为主的社会保障开支，占各国国民生产总值的比重一般为20%~30%，而且一直呈增长趋势。

三、社会保险基金对国家财政收入的影响

当今世界各国的社会保险筹资手段多种多样，归纳起来主要有三类：一类是征收社会保险税，另一类是缴纳社会保险费，还有一类是建立预筹基金账户制。

从财政收入角度看，通过征收社会保险税筹集的社会保险资金直接构成了政府的财政收入，成为政府预算的重要组成部分，社会保险收入水平直接影响政府的财政收入状况。目前，社会保险税已成为西方国家财政收入中的重要来源。2020 年美国联邦政府总计实现财政收入 3.42 万亿美元，其中个人所得税 1.608 7 万亿美元，占全部联邦政府财政收入的 47%；社会保险税 1.31 万亿美元，占全部联邦政府财政收入的 38.3%，成为仅次于个人所得税的第二大直接税；第三位是企业所得税 2 118 亿美元，占全部联邦政府财政收入的 6.2%。在欧洲的一些国家如法国、瑞士、荷兰、瑞典等国，社会保险税已跃为头号税种。

社会保险资金收入对财政的另一个重要影响还在于社会保险结余基金是政府公债的重要筹资渠道。社会保险结余基金是各项社会保险基金收支相抵后的结余。另外，政府经常性预算划转的社会保险资金收支相抵后的结余，也会形成社会保险结余基金。为了保证基金结余的安全和保值增值，保证各项社会保险费用均衡和及时支付，必须将这部分基金结余用于安全有效的投资，即投资于风险最小、收益较大、能随时变现的项目。而政府公债收益大、信誉高、无风险，自然成为社会保险基金理想的投资对象，从而使社会保险基金成为政府公债的重要筹资渠道。从国际经验来看，各国社会保险储备基金中用于金融资产的投资比例一般都比较大，而在金融资产投资中又主要是投资于政府公债。印度、马来西亚等国的社会保险储备基金曾全部投资于公债。许多国家社会保险部门持有的政府债券占国内公债总额的 30%以上，有的高达 60%。随着经济发展水平提高和社会保险制度进一步完善，我国的社会保险基金结余规模还将不断扩大，社会保险基金对财政的影响也会越来越大。

四、社会保险基金与国家财政支出

（一）社会保险基金支出与国家财政支出

在国民收入分配中，必须对消费基金和积累基金进行合理安排，才能保证社会保险事业的健康发展，而财政支出的合理分配对这一比例起决定性作用。

西方国家将财政支出划分为购买支出和转移支出两大类，而转移支出就包括以社会

保险支出为主的社会保障支出。从经济影响看，社会保险支出在西方国家财政支出中有着重要地位，它全面影响着国民收入的分配，并间接影响着资源的配置。从数额上看，社会保险支出在国家预算支出中已超过其他支出项目而占据首位。如英国国家预算支出庞大，而在国家预算中，以社会保险支出为主的社会保障支出所占比重最大，2018 年为 42.5%左右；在美国，主要由社会保险和社会福利两大部分组成的转移支出，已达到政府公共支出的 47%左右。

从结构上分析，社会保险支出在国家财政开支中的比重也是呈上升趋势。瑞典这个典型的西方福利国家，每年国家财政用于对社会、家庭保险部门、地方政府、企业等社会福利事业的支出占中央预算支出的比例高达 70%，仅建立的基本社会保险养老金在政府支出的比例就有 25%之多。

不过，高比例的社会保险支出也给各国带来一些问题：国家财政负担加重；劳动力成本上升，国际竞争力下降；因在业工人与失业者之间收入相差无几，出现“贫困陷阱”现象，滋生对“大锅饭”的依赖与惰性等。为此，西方各国也加快了对社会保险制度的改革步伐。主要方法是围绕着增加财政收入，减少保险支出和保证保险金稳定等，以对原有政策进行调整。为了增强企业的国际竞争力，社会保险“减负”主要体现为企业“减负”，欧洲、亚太地区国家的雇主费率近年来逐渐下降，全球雇主费率与雇员费率之间的差值在变小。从表 6-1 中可以看到，相比于 2004 年，欧洲国家无论是雇主费率还是雇员费率都呈下降趋势，雇主平均费率下降了 1.5%，雇员费率下降了 2.1%；亚太地区国家雇主费率下降了 0.8%，雇员费率则上升了 0.6%。

表 6-1　　非洲、美洲、欧洲和亚太地区国家雇主雇员缴费分担

年份	非洲		美洲		欧洲		亚太地区	
	雇主	雇员	雇主	雇员	雇主	雇员	雇主	雇员
2004	12.8	4.5	10.2	6.4	21.2	12.3	12.8	6.3
2006	12.5	4.7	10.4	6.4	21.2	11.0	12.6	6.6
2008	12.6	4.7	10.3	6.9	20.3	10.4	12.3	7.1
2010	13.0	4.7	10.2	6.8	20.5	10.6	12.8	7.3
2012	13.6	5.0	10.1	6.8	21.0	10.9	12.7	7.0
2014	13.5	5.3	11.7	7.1	21.7	11.1	11.6	7.0
2016	13.1	5.0	11.2	7.2	19.7	10.2	12.0	6.9

资料来源：杨翠迎，等. 费率水平、费率结构：社会保险缴费的国际比较［J］. 经济体制改革，2018（02）：152-158.

在传统的财政体制下，我国的社会保险支出包含在各种“统支”安排之中。国家除了对全民所有制企业及事业单位承担职工老年退休金以外，对集体企业、个体经济、外商投资企业的职工以及占人口绝大部分的农民，则“爱莫能助”。与西方发达国家相比，我国财政支出直接用于社会保险支出，无论是从绝对数量上还是从相对数量上来看都远远不足。随着社会主义市场经济改革的推进，国家财政的社会保险职能作用越来越重要。财政要把企事业单位开支中的社会保险支出转为国家财政的预算支出，并加强对此支出的统一管理与宏观调控。国家财政正在逐步提高社会保险支出的比重，扩大社会保险的覆盖面，以真正实现社会成员享受社会保险权利的平等。同时，要结合我国的具体国情进行适当选择。我国是一个发展中国家，经济基础仍然薄弱，这就决定了我国国家财政支出中社会保险支出的比例不会一下子提得很高。随着我国社会保障制度的完善，近年来国家财政社会保障和就业支出占国家财政支出的比重也在不断提高，在2020年达到了13.26%，如图6-1所示。

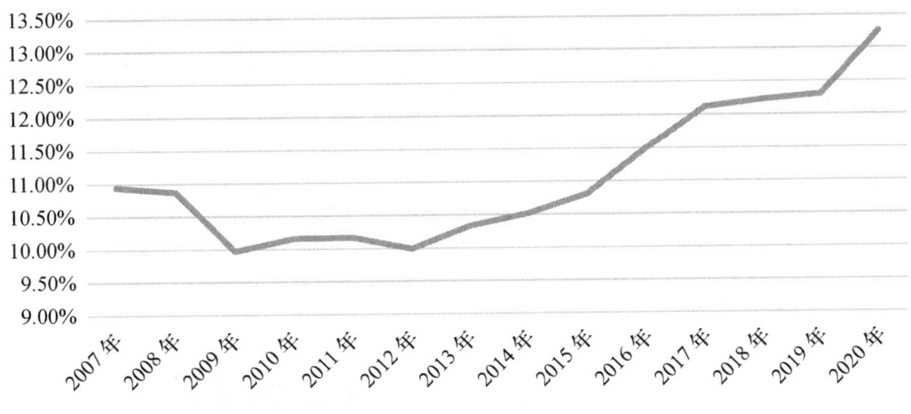

图6-1　社会保障和就业支出占总支出的比重（2007—2020年）

资料来源：国家统计局。

（二）社会保险基金的收支方式、范围和标准对财政支出的影响

各项社会保险基金筹集和支付方式、范围和标准的确定和调整，都会影响国家财政支出水平的高低。从社会保险基金筹集方式、范围和标准来看，如果推行部分积累模式，不管是扩大实施范围，还是提高基金筹集标准，都会直接或间接地增加国家财政负担。所谓直接增加国家财政负担，是指国家社会保险预算支出增加；所谓间接增加国家财政负担，是指企业缴费在税前列支，缴费增加则国家税收减少。再从社会保险基金支付的方式、范围和标准来看，如果建立起与工资增长或物价指数挂钩的机制，或扩大实施范围，或提高支付标准，都会增加基金入不敷出的风险，一旦出现基金短缺现象，国

家财政势必承担最后的支付责任。当前，财政补贴是我国社会保险基金来源的重要组成部分。近 6 年来，全部社会保险基金年财政补贴约占总收入的 22%。其中，城乡居民基本养老保险和城乡居民基本医疗保险的财政依赖度最强，财政补贴占到基金总收入的 70%以上，其次是机关事业单位基本养老保险和企业职工基本养老保险。在绝对金额上，2020 年城乡居民基本医疗保险、城镇职工基本养老保险、机关事业单位基本养老保险的财政补贴均已超过 5 000 亿元。2015—2020 年基本社会保险基金财政补贴金额及占总收入比重如图 6-2 所示。

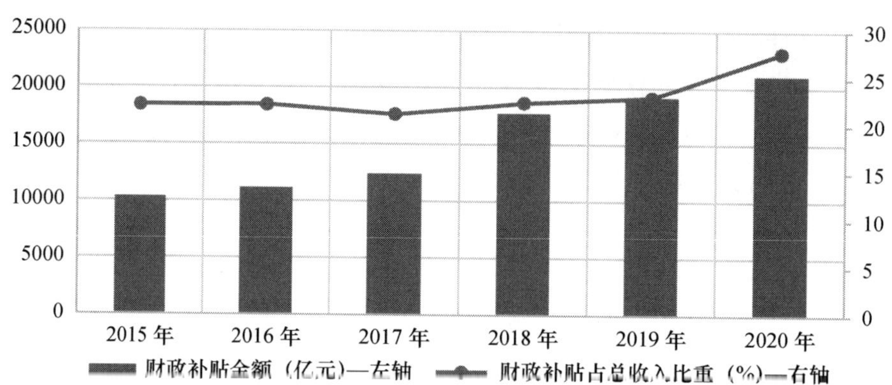

图 6-2　基本社会保险基金财政补贴金额及占总收入比重（2015—2020 年）

资料来源：财政部。

第二节　社会保险基金预算管理

设立社会保险基金预算的积极意义在于：一是便于将各项与社会保险事务有关的基金统筹安排，使政府从整体上规划社会保险事业；二是便于在社会保险基金运营中引入约束机制，克服管理分散、政出多门的弊端，防止挤占、挪用基金等现象的发生；三是有利于按照统一的政策合理安排社会保险基金投资，实现基金的保值增值；四是节省管理成本，防止社会保险基金的流失。

编制社会保险预算，应实行特别预算管理。社会保险基金预算应遵循以下基本原则：

第一，依法建立，规范统一。依据国家法律法规建立，严格执行国家社会保险政策，按照规定范围、程序、方法和内容编制。

第二，统筹编制，明确责任。社会保险基金预算按统筹地区编制执行，统筹地区根据预算管理方式，明确本地区各级人民政府及相关部门责任。

第三，专项基金，专款专用。社会保险各项基金预算严格按照有关法律法规规范收支内容、标准和范围，专款专用，不得挤占或挪作他用。

第四，相对独立，有机衔接。在预算体系中，社会保险基金预算单独编报，与公共财政预算和国有资本经营预算相对独立、有机衔接。社会保险基金不能用于平衡公共财政预算，公共财政预算可补助社会保险基金。

第五，收支平衡，留有结余。社会保险基金预算坚持收支平衡，适当留有结余。

一、社会保险基金预算方式

社会保险在世界范围内出现已有近百年的历史，但社会保险预算的出现还只是近几十年的事情。结合社会保险基金预算，目前世界建立社会保障制度的国家可分为有社会保险基金和无社会保险基金两类，有社会保险基金的国家又可区分为纳入国家财政预算和不纳入国家财政预算的两类，而纳入国家财政预算的国家还可再分为以税收为主的国家和以缴费为主的国家两类，如图 6-3 所示。

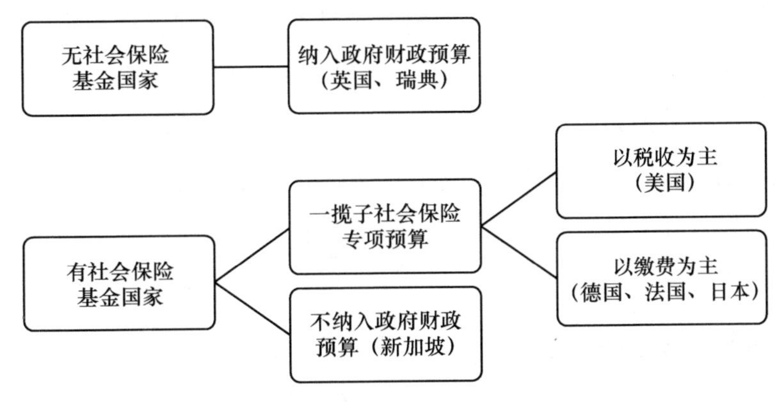

图 6-3　社会保险基金预算分类

（一）纳入政府财政预算

将以社会保险为主的社会保障收入、支出视同政府的经常性收支，在政府公共预算中统一安排，这种模式的典型代表可推英国。

英国的以社会保险收支为主的社会保障预算收支全部在政府经常预算中体现——社会保障收入在“统一国库基金”预算下的税收项里反映。社会保险收支是英国政府财政支出中数额最大的项目。以 2012 财政年度为例，社会保障缴费占政府国内经常收入的 17.88%，是除所得税外的第二大项收入；社会保险福利支出占政府全部管理支出的

25.09%，是英国政府最大的管理支出项目。[①]

以英国为代表的福利国家将社会保障收入与支出直接列示在政府的经常性预算收支中，不存在单独的社会保障预算。由于政府将社会保障收支与政府经常性收支一样对待，予以安排，因此，政府可以直接参与社会保障收支的具体管理，直接控制社会保障事业进程，在社会保障收支安排过程中直接体现政府的意志。

（二）一揽子社会保险专项预算

一揽子社会保险专项预算是将一般预算和基金预算中的社会保险内容全部移出，连同预算外的社会保险项目并入一起编制一个独立完整的社会保险预算，由财政部门按照一般预算收支管理方式统一编制。

这种模式的优点是能够完整反映社会保险事业的全貌，全面体现社会保险的事业规模和保障水平。由于财政部门全面管理，所以政府可以直接控制社会保险事业，使之很好地体现政府意愿。

（三）不纳入政府财政预算

社会保险的收入、支出均独立于政府财政预算之外，单独管理。比如新加坡的社会保险公积金，不论是其收支还是投资运营均不纳入政府财政预算，政府不负担任何费用，完全是在政府财政预算之外独立运行。

社会保险不纳入政府财政预算管理模式的最大特点是政府不直接参与社会保险的收支管理，因而财政对社会保险的负担相对要轻。而且社会保险资金单独核算，有利于基金的保值增值。

（四）社会保险基金预算形式

即将养老、医疗（生育）、失业、工伤四项[②]社会保险收支一起并入基金预算收支中，建立起社会保险基金预算形式——其基金收入由社会保险缴费和政府预拨款以及基金运作收益、利息收入及捐赠收入构成，其基金支出主要为社会保险待遇支出，其基金结余由专门管理机构负责运作。

社会保险基金预算形式，在基金管理形式上与美国相似，但不同于美国的是不将社

---

① 数据来自2014年西南财经大学亚行项目成果《社会保险基金管理研究报告》。

② 根据《社会保险基金财务制度》，特指“企业职工基本养老保险基金、城乡居民基本养老保险基金、机关事业单位基本养老保险基金、职工基本医疗保险基金、城乡居民基本医疗保险基金（包括城镇居民基本医疗保险基金、新型农村合作医疗基金、合并实施的城乡居民基本医疗保险基金）、工伤保险基金、失业保险基金、生育保险基金”等；生育保险与职工基本医疗保险合并实施的统筹地区，不再单列生育保险基金。

会保险基金总额列示于政府一般预算收支中，以防止一般预算同基金预算之间盈亏相互弥补，而是形成一个独立完整的社会保险基金预算。

社会保险基金预算形式有以下优点：社会保险基金预算将社会保险收支汇集在一起，因此可以全面、完整地反映整个社会保险事业的全貌；所有社会保险收支与一般预算收支分开，不会造成资金相互间的挤占，较大程度地切断了社会保险对财政的依赖，能有效地减轻财政负担；讲求社会保险基金的独立运营及效益，便于社会保险基金单独核算，有利于社会保险基金的保值增值——把通过社会保险税筹集的社会保险基金形成社会保险信托基金，由专门机构单独管理，依法运营，并向全社会定期发布基金运营情况，因此基金运作透明度高，公众监督作用强，基金安全性较好，利于基金保值增值；在政府一般预算支出中列一项“对社会保险的补助支出”，从而能够明晰地反映财政对社会保险的贡献程度；在社会保险基金预算形式下，财政部门负责基金总额控制管理，业务部门负责收入、支出的具体操作，部门间分工明确，财政部门又不失对社会保险总盘的控制。

（五）我国采取的社会保险基金预算方式

我国采用社会保险基金预算形式，这是因为其他几种社会保险预算方式各有弊端，不具有现实可行性。

社会保险基金预算纳入政府财政预算方式的弊端：由于社会保险预算与政府经常性预算收支混在一起，难免造成社会保险收支与经常性收支之间相互挤占资金。而且由于社会保险预算收支全部由财政负责，在“福利刚性”作用下，社会保障支出膨胀，成为财政不堪背负的重压。同时，由于社会福利支出日益膨胀，导致越来越多的经济资源用于消费，从而影响了作为市场经济主体的私人企业的大规模资金积累，削弱了扩大再生产的物质基础，增加了产品成本，导致产品竞争力下降。现今从世界范围看，以英国为代表的政府公共预算方式的社会保障预算已不再为各国所赞同。

一揽子社会保险专项预算方式的弊端：第一，财政部门对社会保险事业大包大揽，容易造成财政过重的负担，重蹈福利国家失败的旧辙；第二，财政部门的管理负担也太重，很难管得过来、管得住，而且其他有关部门没有积极性，部门间分工合作将成问题；第三，社会保险预算仍按一般预算收支方式管理，使社会保险资金缺乏内在增值机制，不利于基金的保值增值。因此该种模式尽管理论上分析有其合理因素，但终究很难实施。

社会保险不纳入政府财政预算方式的弊端：因为社会保险本来是国家宏观调控的一

种政策手段，社会保险完全脱离预算之外后，政府只是通过法律法规等对社会保险实行间接管理，政府对社会保险的干预作用太小，因此政府利用社会保险进行宏观调控的作用明显减弱。目前从世界范围看，社会保险完全脱离政府财政预算这种方式多是少数小国家采用。

我国的社会保险预算方式采用社会保险基金预算形式，这既符合社会保险改革方向，又有现实可行性。《中共中央关于建立社会主义市场经济体制若干问题的决定》指出，今后国家预算要按复式预算编制，建立政府公共预算和国有资产经营预算，并根据需要建立社会保障预算和其他预算。1995 年发布的《中华人民共和国预算法实施条例》也明确规定，各级政府预算按复式预算编制，分为政府公共预算、国有资产经营预算、社会保障预算和其他预算。社会保障预算是国家用来反映社会保障资金收支及各项社会保障基金投资运营活动的特定收支计划。因此以社会保险基金预算为主的社会保障预算符合我国预算改革的方向和要求，同时这种方式与现实紧密结合，变动小，具有可操作性。随着 2010 年《国务院关于试行社会保险基金预算的意见》的颁布，全国开始试编社会保险基金预算。2012 年我国社会保险基金预算编制范围由试编初期的 5 项扩大至 9 项，2013 年社会保险基金预算首次向全国人民代表大会报告。2014 年财政部公布社会保险基金预算执行情况。2020 年 10 月，新修订的《中华人民共和国预算法实施条例》施行，将社会保险基金纳入了国家预算体系。

二、社会保险基金预算的组成

社会保险基金预算由社会保险基金预算收入和社会保险基金预算支出组成。

（一）社会保险基金预算收入

社会保险基金预算收入主要包括社会保险费收入、经常预算补助收入、转移收入、往来业务收入和其他收入。

1. 社会保险费收入

社会保险费收入是指缴费单位和缴费个人按缴费基数的一定比例分别缴纳的养老保险费、失业保险费、医疗保险费等收入。

（1）养老保险费收入。城镇职工基本养老保险费收入是由缴费单位和缴费个人按缴费基数的一定比例缴纳的。单位缴纳的部分按本单位上年度职工月平均工资总额和缴费比例在税前提取。个人缴纳的基本养老保险费以本人上年度月平均工资为缴费基数，其缴纳比例为本人缴纳基数的 8%。城乡居民基本养老保险缴费标准设置为不同档次，由参保人自主选择档次缴费，多缴多得。1995年《国务院关于深化企业职工养老保险制度改革的通知》就规定，国家在建立基本养老保险、保障离退休人员基本生活的同时，鼓励建立企业补充养老保险和个人储蓄性养老保险。企业根据自身经济能力为职工建立补充养老保险，所需费用从企业公益金中提取，缴费标准需经企业职工代表大会通过，企业为职工建立补充养老保险不计征税费，直接记入个人账户，所有权是职工个人并可法定继承。个人储蓄性养老保险属于第三层次的养老保险，实行自愿原则，根据自己的收入状况，定期或不定期投保，金额自定，其数额全部划入个人账户。

（2）失业保险费收入。失业保险费收入是由缴费单位和缴费个人按缴费基数的一定比例缴纳的。单位和个人缴费的具体比例由各省、自治区、直辖市人民政府确定。

（3）医疗保险费收入。城镇职工基本医疗保险费由缴费单位和缴纳个人按缴费基数的一定比例缴纳。企业可根据其自身经济状况为职工建立补充性医疗保险，职工也根据其经济能力和身体状况建立个人储蓄性医疗保险，这两部分收入全部记入职工个人账户。城乡居民基本医疗保险实行个人缴费与政府补助相结合为主的筹资方式，各地标准不同。例如，四川成都市2022年基本医疗保险中成人的缴费标准分别为345元（低档）和485元（高档），大病医疗互助补充保险个人缴费额为357元。

2. 经常预算补助收入

经常预算补助收入是指收到的国家财政部门给予的各项社会保险的补贴。按照有关规定，当社会保险基金不敷使用时，经过申请，国家财政部门给予补贴。在进行会计处理时，应明确国家财政究竟是对哪一项社会保险基金给予补贴，从而掌握该项基金的收入状况。

3. 转移收入

转移收入是指被保险人由异地调往本地工作而转入的个人账户基金。由于企业职工的社会保险基金在统筹范围内是统一调剂使用的，因此当某一职工在同一统筹地区内调动工作时，其个人账户不变换。但是，在跨统筹地区调动时，要将该职工社会保险基金个人账户内全部储存额全额转出，由调出地的社会保险经办机构向调入地的社会保险经办机构划转，由调入地的社会保险经办机构为其建立个人账户。当企业职工在统筹范围内调动时，不办理社会保险基金的转移。养老保险全国统筹工作已于2022年1月1日正式实施。

4. 往来业务收入

往来业务收入主要是用于核算经办机构与上、下级机构之间的业务往来所形成的社会保险基金的增加，收到上级经办机构下拨和下级机构上解的社会保险基金。

5. 其他收入

其他收入主要是企业由于拖欠缴纳社会保险费而缴纳的滞纳金收入。

（二）社会保险基金预算支出

社会保险基金预算支出主要包括社会保险金支出、补助支出、转移支出、往来业务支出、后备基金和其他支出。

1. 社会保险金支出

社会保险金支出是指对满足一定资格条件的被保险人所支付的养老保险金、失业保险金、医疗保险金、工伤保险金和生育保险金。

对养老保险金的支付而言，一般按月支付的基本养老金由基础养老金和个人账户养老金组成，两部分按照不同的情况确定的数额归入统筹基金和个人账户；对于医疗保险金支付，起付标准以上最高支付限额以下的医疗费用，主要从统筹基金中支付，个人也要负担一定比例。实行多元复合式医保支付方式，重点推行按病种付费，开展按疾病诊断相关分组付费，完善按人头付费、按床日付费等支付方式。

2. 补助支出

当参加社会保险的人员发生特殊情况时，社会保险基金要给予一定的补助。包括：支付给已纳入基本养老保险基金开支范围的离退休、退职人员死亡丧葬补助费及供养其直系亲属的抚恤金和生活补助费；支付给失业人员领取失业保险金期间的医疗费用，以及失业人员领取失业保险金期间接受职业培训、职业介绍的补贴。

3. 转移支出

转移支出是指被保险人由本地调往异地而转出的个人账户基金。与转移收入相同，被保险人在同一统筹地区内调动工作时，不作账务处理；而跨统筹地区调动时，将其转出的个人账户基金归入转移支出范围，随保险对象的流动转出社会保险基金。

4. 往来业务支出

往来业务支出主要是用于核算经办机构与上、下级机构之间的业务往来所形成的社会保险基金的减少，拨付给下级经办机构的社会保险基金和经办机构上解的社会保险基金。

5. 后备基金

后备基金主要是指社会保险基金的积累部分。例如，对于我国的基本养老保险，全国统筹前，各地统筹确定的积累率一般为统筹积累额的 3%，按这一比例提留的部分成为养老保险的积累基金，主要用于抵补意外风险造成的损失。

6. 其他支出

其他支出主要是指社会保险基金中支付借款利息的部分，经财政部门批准在其他支出中列支的临时借款利息。

（三）社会保险基金预算结余

社会保险基金结余是指社会保险基金收入和支出相抵后的余额。基金结余是一个分期概念，按照不同的会计分期，社会保险基金的收支都会出现一定的结余。相对于当前确定的会计分期而言，基金结余可分为当期结余和前期结余。当期结余是指当前会计期间内社会保险基金收支相抵后的净额；前期结余是一个累计滚存的概念，即指当前会计期间内以前各会计期间结余的累计数。基金结余不一定是正值，可正可负，当期社会保险基金入不敷出时，当期基金结余就是一个负数，又称当期赤字。基金结余不仅能够反映社会保险基金财务收支状况的好坏，而且能够反映整个社会保险制度的活力及国民经济的运行态势。

三、社会保险基金预算管理

（一）国际社会保险基金预算管理的基本模式

具体而言，社会保险基金预算管理主要包括三种类型。

一是以英国、瑞典等国为代表，将社会保险基金收支纳入政府公共预算管理。该类型在恪守传统公共预算经典原则的基础上，将社会保险基金收支和政府其他收支合并管理，并通过“开源节流”的参数调整方式来缓和不匹配问题带来的不利影响。英国社会保险基金预算管理部门包括财政部、卫生部、就业与养老保障部、儿童抚养机构以及皇家海关和税务总署等众多部门。其中，财政部的主要工作有两项：一是制定年度预算；二是每两年向议会提交一份三年期预算支出报告。政府部门的所有社会保障支出都必须获得议会的批准才能执行。皇家海关和税务总署负责征收社会保险税，征缴的社会保险税作为政府性经常收入。就业与养老保障部负责管理社会保险待遇支出。

二是以德国、美国为代表，将社会保险基金单独设立预算。该类型实质上是放松一致性原则的要求，并通过拓宽政府公共预算管理的内涵，将社会保险基金预算包含在一个综合性预算体系予以反映，以此来满足全面性原则的要求。美国社会保险基金预算的管理程序为：首先，由国会审议联邦预算报告，审议通过后，国内税务署负责征收社会保障税，并且将征收的资金缴入国库；其次，国库根据保险税率和基金预算分配资金，并于每个季度将资金打入专项基金账户；最后，财政部将应支付的社会保险资金转入国库，向受益人支付保险金。联邦预算中通常也会涉及保险信托基金预算，但仅仅涉及预算基金的总数，对于每个项目没有具体说明。

三是以新加坡为代表，社会保险收支独立于政府预算之外，单独管理。新加坡中央公积金不论是其收支还是投资运营均不纳入政府预算，政府不负担任何费用，完全是在政府预算之外独立运行。这种模式最大的特点是政府不直接参与基金的收支管理，财政负担相对较轻。但由于基金完全脱离于政府预算之外，政府只是通过法律法规等对社会保险基金实行间接管理，对社会保险的干预作用较小，利用社会保险进行宏观调控的作用明显减弱。新加坡中央公积金管理局主要负责社会保险基金预算的编制和执行工作，财政部在整个过程中只起指导作用，具体的操作都由中央公积金管理局负责。①

近年来，为有效应对人口老龄化对社会保险制度特别是养老保险制度造成的财务压力，许多国家在社会保险基金预算管理方面进行了新的探索，一方面是构建社会保险基金预算中长期收支预测框架，以应对社会保险基金预算中期收支预测框架重在衡量短期经济波动对现有政策实施效果的影响；另一方面表现在高度关注创设长期性的公共储备基金。此外，推行社会保险基金预算绩效评估机制和探索建立社会保险基金自动调节机制也受到普遍重视。

（二）我国社会保险基金预算管理的发展

自 1995 年《中华人民共和国预算法实施条例》颁布以来，我国社会保险预算编制工作便循序渐进地筹备开展。1996 年，财政部草拟了《关于建立社会保障预算的初步设想》，提出了社会保障预算编制的两种模式，即“板块式”社会保障预算方案和“一揽子”社会保障预算方案。河北以及湖北的枝江、仙桃和襄樊三市分别就这两种模式进行了积极的实践。除这两种模式外，广东和福建还发展出第三种模式，即采用单独编报社会保险基金预算的模式②，2010 年中央在全国推广的正是以其为代表的社会保险基金预算模式。有关情况参见表 6-2。

---

① 吉志鹏．中国社会保险基金预算管理研究［D］．财政部财政科学研究所，2015：69-79.

② 张岌．地方政府社会保险基金预算的模式与挑战［J］．甘肃行政学院学报，2017（03）：58-67.

表 6-2　　我国社会保险基金预算管理的模式探索

模式	一揽子	板块式	社会保险基金预算
地区和实施年份	湖北枝江（1999 年）、仙桃（1999 年）、襄樊（1999 年）	河北（2002 年开始探索，2003 年全省推广，2004 年建立）	广东（2006 年）、福建（2001 年），全国推广（2010 年）
预算制度	将政府一般性税收收入安排的社会保障性支出、各项社会保障基金收支、社会筹集的其他社会保障资金收支、社会保障事业单位的收入等作为一个有机的整体，编制涵盖内容全面的“一揽子”社会保障资金预算	在政府公共预算中建立社会保障基金收支科目，包括社会保障基金收支、社会保障财政专项、政府公共预算安排的社会保障资金（该项在公共预算中进行抵扣）	社会保险经办机构按统筹层次由下自上层层编制、层层汇总，仅涉及社会保险基金收支
和公共预算的关系	全面的财政责任	既从属于公共预算，又和公共预算并行，具有半独立性	单独编报，基金不能用于平衡公共财政

我国现行社会保险基金预算独立于政府公共财政预算，单独编制。其预算编制范围，已从 2010 年的传统养老、医疗、工伤、失业和生育保险五项基金，扩展到城乡居民基本医疗保险和养老保险、机关事业单位基本养老保险等七项基金。[①] 建立完善了社会保险基金预算编制的组织协调和规范管理，初步实现了管理的规范化和科学化。各地在社会保险基金预算编制推进中总结经验，积极探索建立预算考核评价和激励约束机制，如湖北省建立了实地核查预算执行、各级政府责任分担、专项经费奖励的养老保险基金预算考核评价和激励约束机制；江西省建立与各项费用征缴挂钩的专项经费激励机制；四川省明确了省、市、县三级政府的责任，建立了基金缺口分担机制。随着社会保障体系改革的不断深化，我国社会保险基金预算是否向编制社会保障预算拓展，社会保险基金收支是否构成政府财政收支的组成部分，以及社会保险中的个人账户基金应否纳入政府财政预算管理，这一系列问题仍是当前及未来改革争议的焦点。

第三节　国家财政与社会保险基金管理

社会保险基金具有一系列的财政属性，这就决定了国家财政应参与社会保险基金的管理。这一方面有利于社会保险的协调发展，另一方面可以通过调控社会保险基金而对宏观经济进行调控。

① 生育保险与职工基本医疗保险已合并实施。

一、社会保险基金与国家财政宏观调控

在市场经济条件下，市场机制的基础地位和作用决定了政府不能包揽一切，不能代替市场机制的职能和作用，只能按照市场经济的客观要求行使其社会经济管理职能和国有资产管理职能，这就决定了为政府职能服务的国家财政必须相应地转变其职能。国家财政虽然已不再统分统配、包罗万象，但仍然是国民收入分配的重要渠道和宏观经济调控的重要手段。财政进行宏观调控的基本目标是实现总供给与总需求的平衡，而实现这一目标的关键是控制社会总需求。由于社会保险的各个方面都是制度化的，社会保险的收支便与财政收支以及整个国民经济的运行构成某种内涵关系，基于这种关系，使得社会保险就能对国家财政的需求调控起到配合作用。社会保险作为国家财政进行宏观经济调控的重要手段，主要表现在“自动稳压器作用”和“相机抉择的财政政策”两个方面。

（一）社会保险的“自动稳压器作用”

社会保险的“自动稳压器作用”是指当社会保险支出水平及社会保险费率保持不变时，社会保险基金也能随着经济情况的变化而调节社会供求关系。

在社会总供给大于总需求、经济萧条时，个人收入普遍下降，更多人的收入低于贫困线。课征于工薪收入的社会保险税收入会自动大幅减少。同时，由于社会保险支出水平保持不变，居民领取社会保险金的收入就会相对增加，从而政府财政的社会保险支出也相对增加。以政府养老金的支付为例，若一个退休人员每月领取的养老金为 600 元，假设当时在职人员的人均月收入为 1 000 元，这时退休人员的收入为在职工人的 60%。假如因经济不景气，在职人员的收入普遍下降，比如说下降到 900 元，而这时政府所支付的养老金绝对数额保持不变，那么退休人员的收入为在职人员的 66.7%。这样，退休人员收入的相对数额增加了，即由以前的 60%增加到 66.7%，因而政府的养老金支出也会相对增加。而这时，政府的社会保险税收入的绝对数却会减少。假定社会保险税率为 20%，在职工人均月收入为 1 000 元时，其应缴税额为 200 元；当职工人均月收入为 900 元时，其应缴税额为 180 元。这样，政府的养老金支出相对原来会增加，而养老金收入的绝对值则减少。其后果是导致社会保险基金支大于收，出现赤字，最终需动用社会保险储备基金。这样，一部分储备基金又重新投入经济当中，家庭收入会增加，购买能力也会增强，社会总需求上升，从而有助于恢复经济增长。

在社会总需求大于总供给、经济过热时，个人收入提高，课征于工薪收入的社会保

险税收入，从雇主和雇员两方都有所增加甚至是大幅增加，结果相对减少了家庭部门的货币收入，削弱其购买能力。同时，个人领取的社会保险金会相对减少，从而政府的社会保险支出也相对减少，保险基金收入大于支出，出现盈余。这样有助于减少社会总需求，抑制经济的增长速度，同时使得财政支出小于财政收入，至少可以缩小财政赤字规模，相对减少社会需求规模，使经济运行趋于稳定。萨缪尔森对社会保险支出的这种“自动稳压器作用”大为赞叹，他在《经济学》一书中指出：“在繁荣年代，失业准备基金不但增长，而且还对过多的支出施加稳定性的压力。相反地，在就业较差的年份，失业准备基金使人们获得收入，以便维持消费数量和减轻经济活动的下降。其他的福利项目也自动发生稳定性的反周期的作用。”

（二）社会保险与“相机抉择的财政政策”

由于一般情况下，“自动稳压器”不能消除所有经济波动力量，政府不得不更多地运用“相机抉择的财政政策”，通过改变社会保险金的支付水平以及社会保险费率的高低，来达到调节社会供求关系、稳定经济的目的。在供大于求的经济萧条时期，政府可以提高社会保险金的支付水平以降低社会保险费率，达到稳定经济的目的。仍以前面政府养老金的支付为例，在经济萧条时期，政府直接提高养老金的支付数额，比如由以前每月 600 元增加到现在的每月 700 元，即绝对数额增加了 100 元，那么相应的政府的整个养老金支出数额就会绝对增加，从而增加财政支出规模。同时，社会保险费率由 20%下降到 15%，那么所缴纳的社会保险费由 20 元下降到 15 元，相应的整个社会的社会保险收入减少，这时社会保险基金的支出大于收入，扩大社会需求，实现供求平衡。在供不应求的经济过热时期，政府可以降低社会保险金的支付水平，提高社会保险费率以削减财政赤字，甚至增加财政结余，从而使国民经济恢复均衡。

在经济处于正常发展时，社会保险的宏观调控作用首先表现为调节需求结构。财政通过提高社会保险费率，在增加社会保险收入的同时，可以减少一部分高收入者的消费需求；而财政提高社会保险给付标准，增加社会保险支出，可以增加一部分低收入者的消费需求。另外，财政通过组织社会保险收入，从横向上可以均衡经济负担，为企业在同一起跑线上展开竞争创造良好的外部环境，从纵向上可以对社会成员之间的收入分配差距进行必要的调节，缩小贫富差距，有利于社会的公平与稳定；而且财政通过安排社会保险支出可以有目的地贯彻国家的社会政策，向社会成员提供物质帮助。

此外，从社会保险储备基金投向来看，所谓社会保险储备基金就是一定时期内（通常为一年）社会保险收入扣除本期各项支出后的余额，实际上是为了均衡不同时期社会保险费用负担而预先进行的储备。社会保险储备基金是暂时闲置、暂时沉淀的资金，是社会发展和经济建设的重要财力。政府可以将社会保险储备基金用来投资，并通过控制投资量和投资方向来调节社会供求关系，达到供求总量平衡和结构平衡。

由此可以看出，社会保险基金收入、支出及其投资活动已成为对社会经济运行的一种调控手段。

二、国家财政参与社会保险基金管理的必要性

（一）国家财政参与社会保险基金管理是国家行使社会职能的需要

随着生产力水平和生产社会化程度的提高，劳动力再生产的条件不断发生变化，劳动者产生更多更高的消费需求，导致劳动力再生产费用的普遍增长。但许多消费需求的满足不是劳动者个人及其工资所能解决的，也不是个别单位所能完全解决的，必须在社会范围内分担一部分。这就要求政府把一部分劳动力再生产费用以保险费、捐税的形式扣留下来，集中起来建立社会保险基金，在社会范围内统一用于劳动力再生产，因此，日益广泛的社会保险是由社会化大生产决定的分配社会化的一种表现形式。作为社会化分配形式的社会保险要求实行集中统一的社会化管理，这种社会化管理是由国家财政部门和社会保险职能部门共同完成的。其依据是：第一，现代社会保险是面向全体成员的，涉及社会各部门、各单位、各群体的经济利益，只有国家直接出面组织管理，通过政府的收入分配政策，调节各方面的利益关系，才能实现社会公平的目标；第二，国家社会保险政策、方针的制定，受到诸如国民经济与社会发展计划目标、财政经济状况、经济管理体制以及劳动、工资制度等诸多因素的制约，必须全面规划、统筹考虑，才能保证社会保险政策、方针综合体现各制约因素的要求；第三，社会保险所遵循的“大数法则”，要求在尽可能大的社会范围内统一筹集和调剂保险基金，统一调剂的范围越大，越能分散风险损失；第四，生产专业化程度的提高，市场竞争的加剧，要求社会保险工作从企业管理中分离出来由社会承担，使企业集中精力搞好生产经营，提高市场竞争力。

（二）国家财政参与社会保险基金管理是国家财政“兜底”功能的需要

社会保险制度作为市场经济运行的“安全阀”、社会发展的“稳压器”，能否充分发挥作用，取决于社会保险收入的制衡关系和最终保证是否稳定、可靠。事实上，市场经济社会中的失业、养老、疾病等社会风险无处不在，诸如企业停产、破产带来的失业增

加和人口增长带来的就业增大，以及人口老龄化日益严重带来的养老金和医疗费支付的负担加重等，这些因素给社会保险收支的平衡或保持适当的结余带来极大的不稳定性，客观上要求国家财政给社会保险提供最后担保。目前世界上不少国家举办社会保险事业，当由于种种原因社会保险收支出现赤字时，都由国家财政补贴。社会保险如果缺乏国家财政的担保，其功能和作用的发挥就会削弱。

（三）社会保险基金规模的日益增长要求国家财政加强管理与监督

以我国为例，近年来我国的社会保险基金出现快速增长的势头，但由于政府有关部门的管理、监督手段还存在差距，出现了社会保险基金被挪用、浪费和投资不能及时收回的现象，存在全国参保人“养命钱”未来支付缺乏保证的潜在危险，加强社会保险基金的管理显得越来越迫切。1984 年各地劳动部门开始城镇职工养老退休费用社会统筹改革试点；1986 年开始了职工待业保险社会统筹改革；1992 年劳动部推出了大病医疗费用社会统筹改革试点；1995 年国务院印发《关于深化企业职工养老保险制度改革的通知》，正式推出城镇职工养老保险“社会统筹与个人账户相结合”的改革办法；2005 年出台养老保险制度完善系列举措，提出加快提高统筹层次，建立健全省级基金调剂制度。目前，城乡居民基本养老和基本医疗保险制度的建立，使养老、医疗领域基本实现全覆盖。这一系列的改革，标志着我国社会保险改革的不断深化，社会保险基金规模日益增大。到 2019 年年末，各项社会保险基金收入达到 83 152. 13 亿元，支出为 74 740. 78 亿元，当期结余 8 411. 35 亿元，累计结存 96 545. 31 亿元，社会保险基金总体安全，具备一定抵御风险的能力。如此巨大的基金若在缺乏事前控制、事中监督的机制下运行，势必存在着潜在风险。有关审计报告显示，社会保险基金在管理运营和预算执行以及其他财政收支方面存在问题。这些都要求我们必须加强社会保险基金的财政管理。

（四）国家财政间接地参与社会保险基金的微观管理

由于财政部门是国家各项资金和财务的主管部门，社会保险基金的分配和财务管理需要国家财政制定相应的政策法规、规章制度进行规范和引导。这主要体现在：社会保险基金主要来源于国家、企业和个人，基金的筹集方式、比例、管理使用以及检查监督都离不开国家财政政策的制约；在基金的运营过程中，为了确保基金的安全和保值增值，需要财政部门的指导和配合；社会保险基金财务制度及会计核算方法，需由财政部门制定；社会保险管理机构经费需由国家财政预算安排等。

三、国家财政参与社会保险基金管理的具体内容

随着经济的发展，国家财政的社会保险基金管理职能作用越发重要。研究财政参与社会保险基金管理的职能取向，要结合具体国情进行。总体来说，社会保险基金应由国家、企事业单位和个人共同负担，财政要把过去企事业单位开支中的社会保险支出转为财政的预算支出，并加强对此类支出的统一管理与宏观调控；在此基础上再逐步提高其比重，以扩大社会保险的覆盖面，真正实现社会成员享受社会保险权利的平等。具体而言，应包括以下五个方面的内容。

（一）参与社会保险体系的顶层设计

财政部门参与社会保险基金管理，其中一项重要工作就是参与各项社会保险制度的拟定，并按照国家、企业、个人等诸方面承受能力进行测算，按照“以支定收、略有结余”的原则来控制社会保险基金的征缴比例。一方面，防止缴费率过高，加重企业和职工个人负担；另一方面，防止不考虑积累的做法。一定要与地方经济发展水平以及国家、企业、职工个人承受能力相适应，同时从宏观上预测和分析社会保险制度的实施对国民经济特别是财政收支运行的影响，并提出相应的政策和措施建议，加强社会保险基金的财务和预算管理监督，研究制定基金投资政策。

（二）协助筹集社会保险基金

很多国家的社会保险基金筹集采用社会保险税的方式。当采用这种方式时，实际上是由国家财政协助筹集社会保险税。

目前我国社会保险基金筹集采用的是社会统筹缴费的办法，由税务部门全责征收。从世界各国发展来看，多数国家也开征社会性保险税。社会保险税不仅可以为社会保障直接筹资，增加国家财政收入，而且它还对促进市场经济体制下的社会公平和效率具有双重作用。征收社会保险税，使不同的企业和个人共同承担了风险，不仅可以均衡经济负担，创造企业平等竞争的条件，而且可以使社会成员从国民收入再分配中得到相应的经济保障，实现公平分配的目的。同时，通过社会保险税建立起社会保险基金，由政府承担起社会保险的主要责任，使企业从沉重的社会负担中解放出来，可以最大限度地激发微观经济的活力。此外，在具体设计税制时，要坚持公平和效率兼顾、通盘考虑分步实施和专款专用等原则。社会保险税的纳税义务人应包括城镇各类单位及职工个人，课税对象为职工工资收入（含各种津贴），分不同税目（目前可设养老保险、失业保险、

伤残保险和医疗保险四个税目）设置差别比例税率，由税务机关统一征收，税款直接缴纳国库。也有观点认为，只要有政府统一制定的法规，征收社会保险费其法律上的强制效力应当是相同的，缴费的形式与征税的形式具有相同的强制性。

（三）建立社会保险备付金制度

财政在各项社会保险基金出现入不敷出时，要承担最终的支付责任。因此，各级财政有必要研究建立社会保险储备和补偿机制，即根据当地经济发展水平和社会保险的需要，每年从年度预算中安排一定比例资金，建立社会保险备付金。同时，从社会保险基金结余中按3%~5%来提取社会保险储备基金。这样做一方面可以在将来支付高峰到来时发挥储备资金的功能，另一方面能为现收现付的社会保险改革准备风险基金。其具体支出项目主要是对养老、失业、医疗保险基金入不敷出时进行弥补。

（四）社会保险财会管理制度

为进一步规范社会保险基金财务管理行为，加强基金收支的监督管理，根据《中华人民共和国社会保险法》《中华人民共和国预算法》《中华人民共和国劳动法》等相关法律法规，2017年财政部会同人力资源社会保障部、国家卫生计生委等有关部门对《社会保险基金财务制度》进行了修订并于当年实施。同时，中共中央办公厅、国务院办公厅印发了《国税地税征管体制改革方案》，明确自2019年1月1日起社会保险费由税务部门统一征收。新的财税体制改革将进一步优化社会保险财会管理制度。

（五）协调与其他有关部门的关系

由于社会保险种类较多，并且分由不同的部门主管，因而有关部门应分工负责，各司其职，以助于建立合理、高效的社会保险管理体系。在社会保险管理体制改革中，如何协调财政部门与主管部门之间的关系，也是需要研究的一个重要问题。一般来说，社会保险业务主管部门主要负责制定社会保险政策、组织社会保险项目实施、监督社会保险机构等；财政部门主要负责制定社会保险财务管理制度，参与社会保险政策的制定，对社会保险资金进行预算管理，监督社会保险机构的财务收支等；财政部门每年向同级人代会报告社会保险基金的收支和运营情况，接受社会公众监督。

四、国家财政参与社会保险基金管理的方式

从世界各国建立社会保险制度的发展过程看，无论是采取缴税制筹资模式或缴费制筹资模式的国家，还是采取储备制筹资模式的国家，政府财政始终都是参与社会保险基

金管理的，只是因筹资模式的不同，参与管理的方式有所不同而已。

（一）收支管理

各国政府财政直接或间接地参与社会保险收支管理。政府财政参与社会保险收支管理的方式，一般取决于社会保险筹资模式。凡实行社会保险税筹资模式的国家，政府财政都是直接参与社会保险收支管理的，组织和管理社会保险收支成为财政部门的一项经常性工作。如美国将老年、遗属和残障保险以及医疗保险和失业保险综合开征社会保险税，由国内收入署负责征收，将收入纳入政府预算管理，财政部根据社会保障署提供的社会保障号码、雇主和雇员应缴保险税的报表、领取养老金的额度等资料，组织保险金的发放。失业保险金尽管由国内收入署统一征收，但联邦政府将失业保险税金的90%还给各州，由各州根据联邦社会保险委员会确定的标准具体实施失业保险计划。凡是实行社会保险缴费的国家，政府财政虽不直接参与社会保险的收支管理，但参与有关社会保险制度的制定，并提供财政补助。如德国法定养老保险机构按地区设立，法定医疗保险机构既有地区性的，又有行业性的，事故保险机构是按行业组建的，失业保险由联邦、州、地方劳动局负责，相应的保险基金的收支由上述机构按联邦政府的有关法律和条例进行自主管理，财政部负责财务制度的制定和在各种保险金收不抵支时给予专项补助。日本的社会保险基金也是分散管理的，大藏省负责管理互助年金中的国家公务员、地方公务员互助年金和公共企业职工互助年金，负责对养老金、健康保险金进行监督，负责管理年金保险费的会计监督和养老保险结余资金的综合运用。同时各种年金保险和互助会保险金计划的预算要报大藏省审批。凡是实行强制储备的国家，政府财政虽不直接参与社会保险基金管理，但规定基金的结余绝大部分要购买国债，而且一旦发生赤字政府要提供最终经济担保，即拨款补助，如新加坡、智利等实行强制储蓄的国家就是这样。

（二）预算管理

从各国社会保险实践看，社会保险与政府预算的关系一般分为三种类型。一是将社会保险收支纳入政府经常性预算。这种做法用于现收现付制的短期社会保险计划。二是社会保险收支纳入政府专项预算。三是社会保险收入不纳入政府预算，而是作为政府的预算外项目。

（三）财政补助

几乎所有建立社会保险制度的国家都离不开政府财政定期或不定期的补助，以弥补社会保险收入的不足。只是财政补助的形式在各国不一样，有的国家是在某一年度社会保险收支出现赤字时给予财政补助，如德国国家公共财政负责失业补助、社会救济、公务员生活保障、儿童津贴和教育费用等开支，同时对社会保险基金进行必要的补助。有的国家是就社会保险某一项目按规定比例定期给予财政补助，如日本国民基础年金财源构成是保险费和国库即中央财政各自负担一半；国民健康保险是保险费和政府财政各自负担50%，其中政府财政负担中，中央财政负担41%，都道府县地方财政负担9%；后期高龄医疗制度是65岁以上老年人保险费和政府财政各自负担1/2，而政府财政中又分国家财政负担1/3、都道府县和市町村各自负担1/12；介护保险财政构成同样是保险费和政府财政各自负担1/2，政府财政又分为中央财政负担1/4、都道府县和市町村各自负担1/8；失业保险是保险费的3/4由雇主和雇员折半负担，中央财政负担1/4。以中小企业雇员以及家属为主要对象的健康保险是保险费占83.6%、中央财政占16.4%；以大企业及公务员、教职工等为主要对象的医疗保险、失业保险、厚生年金、共济年金等政府不提供财政援助，由雇主和雇员折半负担。[①] 有一些国家由于缴费率低、支出失去控制，进入20世纪80年代，政府负担的社会保险补助成为政府财政的沉重包袱，成为掣肘经济发展的障碍。自1980年以来，一些国家为减轻社会保险和福利的负担，开始缩减社会保险和福利支出，向过去的社会保险和福利制度开刀。我国在建立和完善社会保险制度的过程中，要吸取一些福利国家的教训，注意从长远考虑社会保险缴费率、支出标准和范围，要从解决基本生活需要的角度出发考虑社会保险规模。

（四）结余基金的管理

鉴于财政在确保资金安全性方面的优势，社会保险结余基金的保值增值工作主要应由财政部门来从事。多数国家规定，社会保险结余基金一般只能购买政府公债或到银行存款，而且都规定优惠利率，以保证结余基金的保值增值。也有一部分国家规定可以购买经政府权威部门认可的基金或股票，但在购买额度等诸多方面都有限制，以保证在低风险的情况下获得较高收益。如美国将社会保险结余基金转入财政信托基金账户，90%以上购买国债由政府用于公共投资；日本将社会保险结余基金转入大藏省的资金运用部作为政府投融资的重要来源；新加坡2020年公积金余额超过4 600亿新元，其中4 431亿新元购买了政府公债，用于经济建设，还有一部分与解决国民住房需要结合起来使用。就我国的具体情况而言，一是可通过财政专户存放于银行，按居民储蓄存款利率计

---

① 沈洁. 日本社会保障财政改革［J］. 中国劳动，2021（04）：77-92.

息；二是在社会保险制度完善阶段，由于社会保险基金的管理经验尚不成熟，因而除留有一定的结余资金以备日常支付外，其余部分的投资运营只能用于购买特种定向国债（简称特债）；三是条件成熟时，可试行建立社会保险银行或信托基金会等专门机构，负责社会保险基金的投资运营。基金结余主要投向有稳定收益的公共工程和公益设施建设，通过收取费用偿还借款。2015 年 8 月，国务院发布《基本养老保险基金投资管理办法》，明确养老基金实行中央集中运营、市场化投资运作，由省级政府将各地可投资的养老基金归集到省级社会保障专户，统一委托给国务院授权的养老基金管理机构进行投资运营。截至 2022 年 9 月底，基本养老保险基金委托全国社会保障基金理事会合同规模 1.6 万亿元，2019 年、2020 年的投资收益率分别为 9.03%、10.95%。

但政府债务政策和社会保险基金运作之间的关系存在以下问题。首先，特债发行规模和社会保险基金规模不相称。近几年来，社会保险基金规模当年结余年均增长 20%以上，而同一时期其购买的国债并没有同样的增幅。国债投资方式限于停滞。其次，从政府债务政策对社会保险基金运作的配合看，也没有一个固定的政策原则确保社会保险基金的保值增值。一方面，特债的利率设定较其投资回报率来说偏低；另一方面，特债的期限受到严格限定。特债的期限几乎无一例外地确定为 5 年，且社会保险基金持有的特债不能提前变现，不得向银行办理抵押贷款，这和社会保险基金在运营中要及时支付保险金，从而要求积累资产具有一定流动性的投资原则相悖。

因此，为了进一步提高社会保险基金的运作效率，满足其保值增值的需要，需对政府债务政策进行调整。除了根据各个层次的社会保险基金投资国债的需要加大社会保险基金投资于特债的规模外，关键在于特债发行条件的设定上应充分考虑社会保险基金运作的性质。对特债发行的利息收入进行保值，并结合国家年度所有工业企业的平均资产收益率给予保值补贴，以保证社会保险基金投资目的的实现。同时，确定向政府的政策性银行申请办理特债质押贷款的条件。并且根据社会保险基金的性质发行不同期限的国债，如失业保险基金流动性较大，因此可考虑投向短、中期国债，而养老保险基金沉淀时间较长，可购买长期国债。另可考虑设置特种国债的可提前兑付条件，以满足社会保险资金使用要求。同时也可考虑培育和发展资本市场，增加金融资产种类，为社会保险基金多样化的投资提供兼顾安全性和收益性的工具。

（五）税收优惠

各国政府一般都对履行社会保险缴费（税）义务的单位和个人给予税收优惠照顾，即从个人所得税基和公司所得税基中加以扣除。一方面是为了避免重复课税，另一方面是为了鼓励更多的人参加社会保险，并如实申报个人的工薪收入。而且对工薪收入计费基础作了一系列的扣除，即只将来自主业的正常工薪收入作为计费基础，而不包括利息、稿酬、服务性收入等非正常收入。但是，在发放养老、伤残保险金时，保险金必须计入个人所得税的税基，缴纳个人所得税。如英国、瑞典、丹麦等大多数国家都是这样。也有的国家如美国在缴纳个人所得税时不对个人缴纳的社会保险税扣除，但在发放养老、失业等社会保险金时则免缴个人所得税；而公司缴纳所得税时要对所缴纳的社会保险税给予扣除。同时，美国对计算社会保险税的税基用了一系列扣除，其中，除主要将资本所得从个人收入中扣除之外，还对工薪收入不应计入税基的部分加以扣除。适当的税收优惠是推动社会保险事业发展，提高企业和个人参保积极性所不可或缺的，但过多过滥的优惠又会影响社会保险基金的收入，造成应征收入的大量流失。因此，在确定税收优惠项目时一定要科学、合理和适度。

补充阅读

国有资本“活水”确保社保基金池充盈（节选）

2020年1月10日晚间，工行、农行、交行三家国有大行相继公布了简式权益变动报告书，全国社会保障基金理事会（以下简称社保基金会）国有资本划转账户接收财政部一次性划转给社保基金会持有的三家国有银行的A股股份。既然是股份，股价自然是动态变化的。按照10日三家银行的收盘价格计算，社保基金会收到的三家银行换转股份的总市值约为1 345亿元。

国有资本划转社保基金，具有极强的中国特色和现实意义。一方面，国有资本划转充实社保基金，彰显了国有资本为国为民的应有之义，也彰显了国有企业的社会责任感。另一方面，国有资本换转充实社保基金，保障了社保基金池的“活水”之源，确保社保基金池维持充盈，补上了老龄化社会来临所致社保基金缺口以及社会保险基金不足的短板。

国有资本划转并充实社保基金，也有助于促进国有企业改革和提升市场竞争力。国有企业资本以换转股份的方式充实到社保基金中去，客观上通过资本转移进行资本操作，在实现社保基金增值保值的同时，也使国有企业通过社保基金再次参与了资本市场的操作，并给争取市场提供了资金支持，成为资本市场重要的稳定器。因此，国有资本划转社保基金，可谓多赢之举，值得肯定。

按2019年9月五部门联合印发的《关于全面推开划转部分国有资本充实社保基金工作的通知》，中央和地方划转部分国有资本充实社保基金工作于2019年全面推开。其中在中央层面，具备条件的企业于2019年年底前基本完成，而在地方层面，要于2020年年底前基本完成划转工作。

数据显示，2019年中央企业已划转国有资本1.1万亿元。2020年，地方国企也将开启国有资本划转社保基金工作，社保基金池将迎来更多“活水”。

社保基金池有“活水”补充，就能做大做强社保基金的大蛋糕，实现社保基金的红利和增值。和社会保险基金的谨慎投资不同，社保基金投资更为灵活。因为国有资本划转到社保基金的就是股份，在此情势下社保基金具有极强的资本属性，增值保值的功能性更强。

2020年1月11日，社保基金会副理事长陈文辉在全球财富管理论坛2020年首季峰会上表示，初步核算，2019年全国社保基金投资收益额超过3 000亿元，投资收益率约15.5%。截至2019年年末，全国社保基金资产总额2.6万亿元，累计投资收益额1.25万亿元，年均投资收益率8.15%。

社保基金属于中央政府集中管理、统一使用的社会保障储备基金，来源主要是中央财政划拨、国有股减持和股权划拨资产，以及经国务院批准以其他方式筹集的资金及投资收益等。社保基金的全国性和储备性特点，在投资上具有统筹性、开放性和多元性特点，也不会引发媒体舆论和社会公众太多争议。在此情形下，社保基金投资也更能把准资本市场的脉络，实现增值保值。

资料来源：张敬伟．国有资本“活水”确保社保基金池充盈．北京青年报，2020-01-13.

深度阅读

1. 林义．社会保险（第五版）[M]．北京：中国金融出版社，2022.

2. 郑功成．社会保障学：理念、制度、实践与思辨[M]．北京：商务印书馆，2020.

3. 林治芬．社会保障资金管理（第二版）[M]．北京：科学出版社，2015.

4. 人力资源和社会保障部社会保险事业管理中心．社会保险预算工作指南[M]．北京：中国劳动社会保障出版社，2012.

5. 全国人大常委会预算工作委员会．关于社会基本养老保险基金预算管理与改革专题调研报告，中国人大网.

6. 财政部关于2021年中央和地方预算执行情况与2022年中央和地方预算草案的报告——2022年3月5日在第十三届全国人民代表大会第五次会议上，新华网，2022-03-13.

本章小结

社会保险由国家和政府举办，因此，必然与国家财政具有密切的相互联系和相互作用。本章从社会保险基金的角度对这种联系和作用进行分析，具体分析了社会保险基金的筹集和分配与国家财政的关系，以及社会保险基金与国家财政收支之间的相互作用和影响，这一部分的分析从三方面展开，即社会保险基金与国家财政收支结构、国家财政收入和国家财政支出的关系。本章也分析了社会保险基金预算管理的方式、组成和管理模式，阐述了当前国际社会保险基金预算采用的主要方式及优缺点，并分析了我国的现实选择；从收入、支出和结余三个方面分析了社会保险基金预算的组成；讨论了社会保险基金预算管理的基本模式和我国社会保险基金预算管理的发展过程。本章还分析了社会保险基金预算与国家财政预算的关系，着重分析了国际上几种不同的社会保险预算方式，对比分析说明我国应采用社会保险基金预算形式，同时探讨了基金预算的运作条件。另外，在分析国家财政参与社会保险基金管理的必要性的基础上，探讨了国家财政参与社会保险基金管理的具体内容及方式。

重要概念

社会保险基金与国家财政收支结构　社会保险基金预算　社会保险基金预算管理　社会保险的“自动稳压器作用”

复习思考题

1. 社会保险基金与国家财政的相互联系与作用主要体现在哪些方面？
2. 社会保险基金如何影响国家财政收支结构？
3. 社会保险基金如何影响国家财政收入？
4. 社会保险基金如何影响国家财政支出？
5. 社会保险基金预算的组成是什么？
6. 社会保险基金预算在预算体系中处于什么样的地位？
7. 国家财政为何要参与社会保险基金的管理？
8. 国家财政参与社会保险基金管理的具体内容是什么？

第七章 社会保险基金与金融市场互动发展

第一节 社会保险基金与金融体系发展

一、金融体系的构成及其功能

（一）金融体系的构成

金融体系是现代发达经济的重要组成部分，它使高度复杂、精细的分工和富有效率的生产方式成为可能，从而创造出经济中的大量财富。金融工具、金融市场、金融机构和有关规则构成了金融体系。①

一般而言，金融工具是以书面形式发行和流通，用以证明债权债务关系和所有权关系的契约凭证。金融工具具有期限性、流动性、风险性与收益性等基本特征。金融工具以当事人享有的权利和承担的义务为标准，可以分为债权凭证（如债券）和所有权凭证（如股票）。金融工具按照与实际信用活动的直接相关性可分为原生金融工具（如商业票据、股票、债券等）和衍生金融工具（如期货、期权、互换等）。

金融市场是资金供求双方借助金融工具进行各种资金交易活动的场所。金融市场是统一市场体系的一个重要组成部分，是联系其他市场的纽带，它的发展对整个市场体系的发展起着举足轻重的制约作用。金融市场按照交易工具的期限可分为货币市场和资本市场。货币市场又称短期融资市场，从其交易对象角度看，货币市场主要由同业拆借市场、商业票据市场、国库券市场以及回购协议等市场组成。资本市场是指以期限为一年以上的金融工具为媒介进行长期性资金交易活动的市场，其目的主要是解决长期投资性

---

① ［美］乔治·考夫曼. 现代金融体系：货币、市场与金融机构（第六版）［M］. 陈平，译. 北京：经济科学出版社，2001.

资金的供求需要。资本市场包括债券市场、股票市场和中长期信贷市场，而在我国，资本市场主要是指债券市场和股票市场。

金融机构又称金融中介机构，金融机构按照其职能可以分为管理性金融机构（如证券监督管理机构）、商业经营性金融机构（如商业银行、商业保险公司、投资银行、投资基金等）和政策性金融机构（如政策性银行和政策性保险公司等）。金融机构按照其业务活动性质也可分为银行类金融机构（中央银行、商业银行、政策性银行等）和非银行金融机构（证券、保险、信托等）。在国外，根据金融机构的资产与负债特点可将金融机构分为存款性金融机构、契约性金融机构和投资性金融机构。存款性金融机构以吸收存款为主要资金来源，然后将存款及其他渠道获得的资金用于各种贷款和投资；契约性金融机构是以契约方式吸收持约人的资金（保险费、养老金缴费等），然后按契约规定向持约人履行赔付或资金返还义务的金融机构，主要有保险公司、养老基金和退休基金等；投资性金融机构主要包括证券公司和投资公司等。

按通常的分类，金融体系的融资活动分为间接融资和直接融资。前者是通过金融中介机构的资产负债业务而完成的资金融通，后者则是不通过金融中介机构而在证券市场上由资金的借贷双方直接完成的资金融通。通过金融体系而实现的资金流动如图 7-1 所示。

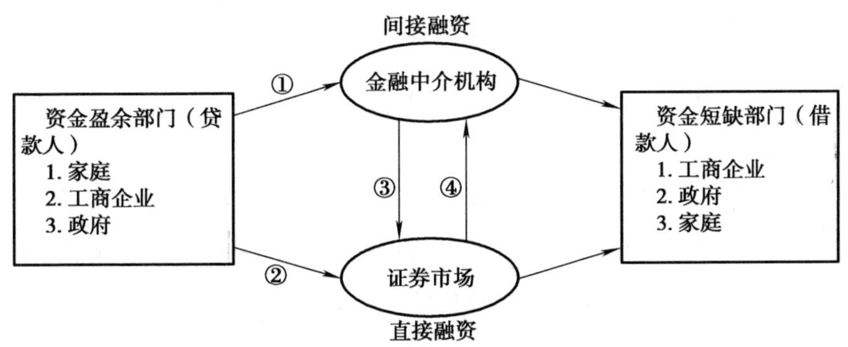

图 7-1　金融体系中的资金流动

在实际的融资活动中，由于金融机构和金融工具创新的不断发展以及以此为背景而出现的严格的金融分业管理的放松，间接融资与直接融资的界限变得越来越模糊，实际的融资途径至少包括以下四种：一是纯粹的间接融资（资金盈余部门—金融中介机构—资金短缺部门）；二是完全的直接融资（资金盈余部门—证券市场—资金短缺部门）；三是间接融资+直接融资（资金盈余部门—金融中介机构—证券市场—资金短缺部门）；四是直接融资+间接融资（资金盈余部门—证券市场—金融中介机构—资金短缺部门）。此外，随着金融体系内部专业化分工的发展，资金可能还会经过更曲折的路径辗转实现从盈余部门向短缺部门的转移。

（二）金融体系的功能

金融在现代经济中发挥着重要的作用。一国的金融体系承担着将资金从盈余部门转移到短缺部门或者从供给者转移到需求者手中的功能，资金转移的过程即社会储蓄转化为投资的过程。资金能否实现及时、顺利的转移，储蓄能在多大程度上转化为投资，取决于金融体系的效率。金融体系的效率高，则资金能够被及时地转移到最迫切需要的部门，储蓄能最大限度地转化为投资；金融体系的效率低，则资金不能实现及时的转移，或者被转移到并不迫切需要的部门，储蓄不能全部转化为投资，意味着社会生产潜力没有得到充分发挥。因此，金融体系的效率决定着社会资金配置的效率，从而决定着经济运行的效率及经济的发展。

尽管各国金融体系的组成不尽相同，但其承担的基本功能是相同的。金融体系的核心功能体现在以下六个方面。

1. 转移资源

金融体系通过社会资金融通实现资源在不同的时间、地区及行业之间的转移。通过金融体系，人们可以为了以后而放弃今天的部分消费，或者将明天的钱花在今天。金融体系还可以帮助将某一地区的闲置资金转移到另外一个需要资金的地方，也可以帮助实现资金在各个行业的转移，从而有助于产业结构的调整。

2. 管理风险

风险常常与资金一起通过金融体系转移。经济生活中的风险是客观存在的。金融领域表现出来的风险并不是金融活动创造的，恰恰相反，金融体系能为人们提供管理风险的手段和方法。金融体系越发展，风险管理的能力越强。金融领域中的很多合约是与风险转移有关的，比如保险合约、担保合约、期货、期权、互换等衍生金融合约等。

3. 清算和支付结算

提供清算和支付结算的途径以帮助商品、服务和资产交易的顺利实现，是金融体系的又一功能。随着支付手段的不断发展，金融体系清算和支付结算的效率不断提高，交易成本不断降低。

4. 聚集资金

现代经济中，一方面是相对集中的需要大量资金的企业或政府，另一方面是相对分散的拥有小额盈余资金的个人。金融体系通过本身所创造的机制比如股票市场、银行、各种基金等来聚集资金，从而实现投资人需求与筹资人需求的匹配。

5. 提供信息

金融体系是经济运行的枢纽，金融领域所形成的各种信息包括股票市场价格、利率、汇率、衍生金融合约的价格等，是企业、个人等微观经济决策的重要依据，也是宏观经济决策的重要监测指标。

6. 解决由信息不对称而产生的激励问题

在市场交易中，当一方拥有另一方所没有的信息，或一方作为另一方的代理人时，由于信息的不对称而产生了所谓的激励问题。激励问题包括很多种形式，比如逆向选择、道德风险、委托人—代理人问题等。金融活动中由信息不对称而引起的激励问题是大量存在的，一个功能健全的金融体系有助于解决这些激励问题。

二、社会保险基金在金融体系中的地位与作用

（一）社会保险基金在金融体系中的地位

社会保险基金在金融体系中的地位主要体现在三个方面，即社会保险基金是金融体系中重要的机构投资者，是金融体系与金融产品创新的重要推动者，是金融市场特别是资本市场稳定发展的重要主体。①

养老基金资产在一国 GDP 中所占比例可以体现社会保险基金在经济活动与资源配置中的重要地位。2020 年 OECD 国家养老基金资产占其 GDP 总量的 63.5%，部分国家其国别养老基金资产与其国别 GDP 占比超过 100%。在人口老龄化背景下，随着养老金改革的进一步深入，养老基金资产还将获得长足的增长。

社会保险基金是金融体系中重要的机构投资者。社会保险基金特别是养老基金作为重要的机构投资者在金融资产中占据重要份额，成为金融市场中储蓄转化为投资的重要载体，是推动金融市场发展的重要力量。

（二）社会保险基金发展对金融体系的作用

1. 社会保险基金可以促进证券投资基金的发展

证券投资基金是投资型金融中介机构，它通过发行股份的方式聚集资金投资于股票、债券等资本市场工具。投资基金根据投资目标的不同可以有不同的投资组合，表现出不同的特性，比如有股票基金、债券基金之分，股票基金中又有专门投资于中小企业

---

① 社会保险基金促进金融产品创新以及促进资本市场稳定等内容请参见本章第三节第二部分的相关内容。

的基金和专门投资于大企业的基金，投资于高成长性股票的基金和投资于高收益股票的基金；有针对不同产业的投资基金，也有针对不同市场的基金（国外市场、国内市场），还有指数基金等。社会保险基金既可以直接投资于资本市场，又可以通过投资基金间接投资于资本市场。相比而言，间接投资的风险要小于直接投资。在补充社会保险基金进入资本市场的初期，当基金管理人才缺乏时，投资于基金可作为入市的过渡。

2. 社会保险基金发展还会促进各种形式的专业基金管理公司的发展

社会保险基金可以选择依靠内部管理人员管理所有的基金资产，或者外聘基金管理人员将社会保险基金（比如补充养老保险基金）分配于一个或更多的基金管理公司进行管理。社会保险基金规模的扩大将带动专业基金管理公司的不断发展。美国政府及私人养老基金大约只有36%是由内部管理人员进行管理的，其余的则通过寿险公司、商业银行的信托部及独立的基金管理公司进行管理。比如富达投资集团作为全球第三大基金管理公司，积极拓展综合金融布局，为公众提供投资咨询、经纪业务、退休服务、财富管理、证券执行和清算、人寿保险等综合金融服务，20世纪末已成为401k计划①的最大管理者。截至2021年年末，公司管理资产规模（AUM）达44 772亿美元，其中股票、货币市场、投资级债券、混合资产和高收益资产分别占比61%、19%、14%、4%和2%。②

3. 社会保险基金特别是补充养老保险基金的发展会促进人寿保险业的发展

作为契约型金融机构，社会保险基金特别是养老基金与寿险公司有着相似的资产负债特点，随着寿险公司养老保险业务的发展，两者之间存在着竞争关系，同时两者之间也能够相互促进。

寿险公司通过代理补充社会保险基金的管理增加资产规模。美国在二十世纪六七十年代，由于长期人寿保险的投资回报率低下，导致了对人寿保险产品需求增长的放缓和整个人寿保险业的萎缩，其市场份额也从1960年的19.6%下降为1980年的11.5%。自20世纪70年代中期，人寿保险公司开始重新调整经营方向，并成为养老基金的资产经理人（1974年的《雇员退休收入保障法案》鼓励养老基金将资金移交给人寿保险公司经营管理）。20世纪90年代以来，人寿保险公司经营管理的资产中一半以上是养老基金而非人寿保险金，其市场份额也有了大幅度的提高。

---

① 401k计划也称401k条款，401k计划始于20世纪80年代初，是一种由雇员、雇主共同缴费建立起来的完全基金式的养老保险制度。401k计划源于美国1978年《国内税收法》新增的第401条k项条款的规定，1979年得到法律认可，1981年又追加了实施规则，20世纪90年代迅速发展，成为美国诸多雇主首选的职业年金计划。

② 华泰证券. 金融行业专题研究：从富达基金看海外资产管理创新变革，2022-03-26.

社会保险基金通过投资于寿险公司的产品，促进寿险公司负债业务的发展。寿险公司开发的担保投资合同（guaranteed investment contract，GIC）是一种纯投资产品，期限为1~20年，寿险公司承诺投保人一次性支付保费后，在到期日获得投资期间的本金和以预先确定的年度信贷利率支付的利息。社会保险基金可以购买这些保单作为一种投资。年金是寿险公司在特定的时间内对保单持有人进行的定期支付，是针对生命风险的保险。大部分的年金保单都与养老金计划联系在一起。由于养老金计划覆盖更大范围的人群，可以在一定程度上减少逆向选择，因而会有利于降低年金的价格，促进年金市场的发展。

4. 养老基金的发展还会促进投资顾问等金融服务业的发展

金融服务业的发达程度是一国金融体系发达程度的重要标志。随着金融商品的日益多样化、复杂化和人们对金融商品需求的增长，对金融服务的需求会以更快的速度增长。发达国家金融服务的范围已从传统的货币存取、兑换、结算服务扩展到信息服务、投资咨询服务、代理服务等多个领域，金融服务业也成为发展迅速的一大产业。社会保险基金在其投资管理中，除了基金管理公司，还聘有投资顾问。投资顾问从以下几方面对基金提供帮助：

（1）制定基金的投资策略，进行资产的分配；

（2）精算咨询（确定负债模式并进行预测）；

（3）衡量和监控基金经理的业绩；

（4）对交易成本进行分析；

（5）帮助实行内部管理基金的指数化；

（6）提供其他服务。

第二节　社会保险基金与金融市场互动的条件

社会保险基金与金融市场的良性互动是在经济金融、法律监管、制度文化等系列约束条件下实现的。宏观经济稳定性、社会信用环境、金融结构特征、金融市场效率、企业治理状况、社会保险制度可持续性、产权与法律制度甚至社会习俗等都是影响社会保险基金与资本市场良性互动的约束条件。

一、社会保险基金与金融市场互动的一般条件

（一）实体经济的持续增长与宏观经济的相对稳定

社会保险基金与金融市场互动是基于社会保险基金与经济增长这一主线进行的。社会保险基金与金融市场的互动以实体经济增长为根本目的，实体经济的持续增长是社会保险基金增值和保障实现的根本物质基础。宏观经济不稳定，会使长期融资不具有吸引力，在极度通货膨胀情况下，社会保险基金将难以保值增值；宏观经济不稳定，会使社会保险制度参与者对制度预期发生紊乱，进而削弱社会保险制度本身的可持续基础；宏观经济不稳定，往往使社会保险基金不断地转换其投资组合，既导致基金产生较高的执行成本，又可能引起金融市场的急剧波动。金融市场的基础性制度构建对实现两者的良性互动具有十分重要的约束作用。

（二）相对完善的金融结构和富有效率的金融市场

社会保险基金作为机构投资者通过影响其目标公司的治理结构进而作用于目标公司的长期利润创造，社会保险基金通过货币市场影响中央银行公开市场业务政策效果，通过资本市场实现储蓄向投资的有效转化，这些都与一国的金融结构与金融市场密切关联。在银行主导型金融结构中，社会保险基金作为机构投资者对公司的治理结构、资本市场的影响较小，社会保险基金与相互基金在很多欧洲大陆国家的公司治理结构中几乎不起什么作用。而在市场导向型公司治理结构中，社会保险基金作为机构投资者在影响公司治理、稳定资本市场中起着重要作用。而在资本市场不甚发达的部分新兴市场国家和较多的发展中国家，社会保险基金与资本市场的互动缺乏完备的传承机制和制度链条，目前难以实现社会保险基金与资本市场的良性互动。

（三）具有可持续发展的社会保险制度

社会保险基金是社会保险制度的重要经济基础，社会保险制度是社会保险基金运行的制度载体。只有一个具有可持续性的社会保险制度，才有可能形成对社会保险制度的可信任度和制度良性预期，进而保证社会保险基金的筹集、投资运营、代内或代际支付的可持续性。只有一个体现公平与效率的社会保险制度，才能充分体现社会保险制度的保障性和内在激励性，使社会公众参加到社会保险制度体系中来，形成日渐强大的社会保险基金，在资本市场中实现社会储蓄向投资的有效转化。实现社会保险基金对公司治理的积极影响，发挥社会保险基金作为机构投资者对证券市场的稳定作用。

（四）完善的现代企业制度、合理的企业治理结构与健全的税收制度

现代企业制度的完善与企业治理结构的合理化是实现社会保险基金与金融市场互动的一个重要条件。企业作为现代金融市场的重要融资者，是实现社会储蓄转化为社会投资的重要载体。企业制度完善，企业成为产权明晰、独立核算、自我约束、自我发展的经济主体，其完善的内在激励机制与约束机制是企业成为市场竞争主体的重要条件，只有那些具有市场竞争优势的企业才能在资本市场中具有融资优势，社会保险基金往往也是选择那些治理结构完善、具有长期利润优势的绩优企业作为自己的投资对象，而这类企业是经济增长的重要主体。社会保险基金作为机构投资者对这类企业治理结构进行有效监督，增强机构投资者对这类企业在资本市场上的信息披露透明度与投资价值，进而实现养老基金—治理结构—资本市场的良性互动。

健全合理的税收制度是社会保险基金与金融市场互动的另一重要条件。相对于社会保险基金投资而言，税收政策是决定社会保险基金筹资与投资效果的一个重要前提条件。在许多国家，由于股票投资税赋较高（相对于债券投资而言），从而限制了社会保险基金投资资本市场的份额。有关研究表明，智利的养老金制度改革中，税收改革是智利增加养老金储蓄的重要因素之一。而与其做法相反的是墨西哥，由于墨西哥私人部门投资证券必须支付资本利得税，而投资政府债券则免税，税后利润的差异造成了养老金与其他一些投资机构投资策略的扭曲。①

（五）富有成效的整合性风险管理策略

社会保险基金参与资本市场的投资运营以及与资本市场互动目标实现的过程，必须高度重视和防范各类风险，包括利率和通货膨胀风险、投资风险、国内与国际金融市场波动风险、社会保险基金资产负债不匹配风险等。构建以整合性风险管理为主线的社会保险基金投资运营的管理和监管制度非常必要，要提升社会公众、社会保险基金等机构投资者、政府监管部门的风险管理意识，强化风险管理制度的构建和整合性风险管理策略的运用，建立有效的社会保险基金投资管理准入与退出机制、投资比例限制机制、资产负债匹配与分离机制、风险准备金机制、信息披露制度、反欺诈机制、内部控制机制等。

---

① Uthoff Andras. Pension Funds, the Financing of Transition Costs and Financial Markets Development: Lessons from the Chilean Privitization Reform. Santiago: CEPAL/ECLAC, 1998.

二、社会保险基金与金融市场互动的制度条件

（一）健全的法律制度和良好的制度环境

金融结构的法律决定论认为，不同法律传统的国家其解决借贷纠纷的效率和保护投资者的水平不同，因而各国具有不同的金融结构。普通法系传统国家形成了市场主导型金融结构，而大陆法系传统国家形成了银行主导型金融结构。法律制度和相关的制度环境是社会保险基金与金融市场互动的重要制度条件，因此，应致力于建立健全相应的法律法规体系，增强法律在社会保险基金与金融市场互动中的约束力，明晰企业产权和强化企业治理结构建设，健全和完善投资者保护制度。

我国有关社会保险基金的立法还处于探索阶段，目前立法的侧重点应在完善基金监管体系的设置、完善市场准入和退出机制、健全投资运营法律规范、建立风险处置的法律保证、严格信息披露制度、加快对相关中介组织的立法管理等方面。

（二）政府对社会保险基金和金融市场的监管

政府对社会保险基金和金融市场的适度监管是实现社会保险基金与金融市场互动的另一重要制度条件。政府对社会保险基金运营主体的资格条件、社会保险基金本身的内部治理结构、社会保险基金投资组合规则及监管原则、外部审计与精算制度、信息披露制度、安全保障制度的制定或认可，是社会保险基金持续发展的重要制度保证。政府对金融市场的监管包括上市公司信息披露制度、券商行为准则、交易制度、自律制度、投资者保护制度等内容。社会保险基金与金融市场自律规范的约束，也是社会保险基金与金融市场互动的实现条件之一。社会保险基金与金融市场互动同时也是不同监管主体与监管制度的互动，社会保险基金运行和发展促进金融市场监管制度的健全与完善，而金融市场有效监管本身也包括对社会保险基金的监管。

就社会保险基金与金融市场发展而言，政府的调控与干预作用极为重要。以养老保险计划为例，无论哪种养老保险计划，首先必须确保养老金给付并肩负实现社会稳定的政策目标；其次才是基金投资与运营，并且是直接服务和服从于第一目标。政府的干预和调控应努力使养老基金发展不偏离这一基本轨道。政府可以通过立法程序、税收优惠、严格监管、完善制度与管理、承担最后保障等多方面的职责来实现养老基金与金融市场的良性互动。

（三）培育良好的信用环境，增强社会公众对社会保险制度的信任度

良好的信用环境是金融市场有效运行与社会保险制度可持续发展及其良性互动的重

要制度保证。首先，大力加强信用约束机制建设。依法加大对不讲信用、破坏信用的金融交易行为与社会保险基金管理违规行为的惩治力度，是健全信用约束机制、强化信用制度保障的关键。其次，建立信用信息管理制度，建立金融市场中上市公司与基金管理公司等社会保险管理与投资机构的信用数据库，建立上市公司高层管理人员与基金管理公司、社会保险基金行政管理机构的信用公示制度。再次，建立信用风险的分担机制，如建立社会保险基金托管与投资的风险准备金制度、第三方担保制度以及最低收益的担保制度等。最后，建立信用风险防范的预警机制。相关监督机构加强对社会保险基金行政管理与投资管理机构的有效监督，通过风险预警机制加强对信用风险的防范与控制。

政府应增强社会保险制度改革与社会保险基金管理的透明度，增强社会公众对社会保险制度的信任度，这对进一步扩大社会保险制度的覆盖面，增强或保证社会保险制度的结构性改革与制度性改革的可持续性，应对宏观经济不景气时对社会保险基金投资的负面影响，均具有重要的积极作用。

（四）高度关注和重视其他非正规制度的影响

非正规制度如习俗、传统、文化心理等会潜在地影响到社会保险基金运行和金融市场建设的诸多方面，并内在地制约社会保险基金治理结构的价值取向和行为方式，制约社会保险基金、金融市场与监管部门多方博弈的平衡点。同时，社会保险制度改革的政策取向，社会各界对社会保险基金的认知方式、对法律规则及制度的认同等，均会影响社会保险基金参与金融市场投资的长期决策过程和实际运行，形成多种影响力。如在强调个人主义文化的国度中，对基金制社会保险制度的选择以及对社会保险基金的私营化管理的选择更符合其内在的文化特征，而在较多实行中央公积金制度的国家里，则大多呈现出较强的集体主义文化特征。社会公众的金融意识对社会保险基金管理模式的选择也起着重要的制约作用，在公众金融意识与投资意识较低的国度里，如果实行完全个人账户的分散管理模式，则可能导致社会保险基金的保值增值状况（相对于其他管理模式而言）趋向恶化。

第三节　社会保险基金投资与金融市场的相互影响

一、契约型金融机构在金融体系中的作用

多样化的金融机构可以根据其资产与负债特点分为存款型、契约型和投资型三类。

表 7-1 反映了美国金融机构的主要资产和负债状况。

表 7-1　　美国金融机构的主要资产和负债

金融机构类型		主要负债（资金来源）	主要资产（资金运用）
存款型金融机构（银行）	商业银行	存款	工商信贷和消费者信贷、抵押贷款、联邦政府证券和市政债券
	储蓄贷款协会	存款	抵押贷款
	互助储蓄银行	存款	抵押贷款
	信用社	存款	消费者信贷
契约型金融机构	人寿保险公司	保费	公司债券和抵押贷款
	火灾和事故保险公司	保费	市政债券、公司债券和股票、联邦政府证券
	养老基金、政府退休基金	雇员和雇主缴款	公司债券和股票
投资型金融中介机构	金融公司	商业票据、股票、债券	消费者信贷和工商信贷
	互助基金	股份	股票、债券
	货币市场互助基金	股份	货币市场工具

资料来源：Stavros Peristiani. Introduction to UA Banks and Financial Institutions. Central Banking Seminar，2005.

存款型金融机构是从个人和机构接受存款并发放贷款的金融机构，主要包括商业银行、储蓄银行、信用社。契约型金融机构是以合约方式定期、定量地从持约人手中收取资金然后按合约规定向持约人提供保险服务或养老金的金融机构，包括各种保险公司和养老基金。两者的主要区别在于前者可以吸收存款，主要负债为存款，主要资产为各种贷款以及债券；后者主要负债为收取的保费和雇员及雇主的缴款，主要资产为债券、股票及抵押贷款。契约型金融机构资产的流动性要求要大大低于存款机构，特别是人寿保险公司和补充养老基金，其负债和资产均具有长期性和稳定性的特点。

契约型金融机构在金融体系中的作用主要体现在以下三个方面。

（一）契约型金融机构实现资源在不同时间的配置

因其主要职能在于防范未来可能发生的各种风险，为社会大众提供用于养老及应急的资金，因而契约型金融机构具有其他金融机构不可替代的作用。金融体系通过资金的转移实现资源在不同地区、产业及时间上的配置。其中，契约型金融机构承担的是资源的时间配置功能。财产保险公司通过为保单持有人因失窃、火灾及其他意外事故而遭受的损失保险而使投保人的资源实现正常情况与非正常情况（意外事故）下的均衡配置，以避免遭受意外事故时出现财务危机。人寿保险公司通过为保单持有人因疾病、死亡、年老等遭受的损失保险，同样为投保人避免财务危机，实现资源在不同时期的转移。补充养老基金则通过提供退休后收入实现基金受益人一生资源的跨期配置，防止老年贫困。随着人均寿命的延长及资产的增加，社会对防范风险、实现资源的时间配置的需求提高是保险公司和补充养老基金等契约型金融机构不断发展的根本原因。

（二）契约型金融机构是资本市场重要的机构投资者

因其负债的长期性和稳定性特点，其资产以股票、公司债券等长期证券和抵押贷款为主，因而契约型金融机构是资本市场上的主要机构投资者，对资本市场的发展具有重要影响。资本市场承担着为资金短缺部门筹集长期资金的任务，并通过创造长期金融投资工具满足资金盈余部门的长期金融投资需求，从而实现社会长期资金的融通。资本市场不发达，工商企业等部门的长期资金需求将过分依赖银行等金融机构，存贷资金期限的不匹配及资产的缺乏流动性，会使风险过分地集中于银行体系，从而将危及整个金融体系乃至社会经济的运行。在这方面，日本金融体系发展中的经验和教训是值得认真加以研究和总结的。在资本市场的发展过程中，机构投资者的参与对于市场规模的扩大(一级市场发行量和二级市场交易量)、产品的创新、交易方式的改变及市场的稳定等都发挥了重要的作用。

美国投资公司协会（investment company institute，ICI）的数据显示，1990 年年末至 2019 年年末，美国第二支柱和第三支柱养老金规模从 3. 90 万亿美元增长至 32. 60 万亿美元，公募基金行业规模从 1. 06 万亿美元增长至 21. 29 万亿美元；同期养老金投资公募基金的规模从 2 080 亿美元增长至 9. 94 万亿美元，占公募基金行业的份额从 19. 5%上升至 46. 7%。[①] 美国养老金和公募基金呈现出齐头并进的发展态势，两者相互促进，规模快速增长，产品和模式不断创新，共同推动了美国资本市场的繁荣发展。目前，养老金已是共同基金的最大资金来源，养老基金成了共同基金最大的机构投资者。养老金的不断积累和壮大，为共同基金市场提供了源源不断的长期资金来源。

（三）契约型金融机构对货币市场的潜在影响

契约储蓄作为一个金融中介，在一定程度上是银行的竞争者。契约储蓄的增加意味着储蓄从银行系统流入到契约型金融机构，如法国契约储蓄的发展对储蓄资金从传统的银行体系流出、重新分配产生了很大的影响。

契约型金融机构的长期负债特征，意味着对长期资产和风险资产的需求增加，那么公司的债务权益比率就会下降，银行的期限转换风险就会下降。1997 年东南亚金融危机

① 郑秉文. 中国养老金发展报告 2020——养老基金与资本市场［M］. 北京：经济管理出版社，2020.

一定程度上是金融机构承担了过度的期限转换风险，契约型金融机构的发展可以减轻银行系统的压力。

契约型金融机构也可能与银行体系形成互补关系。契约型金融机构可以购买银行发行的长期证券，或者部分资金在银行进行长期存款，银行的期限转换风险就会下降，因为银行拥有了长期负债，可以增加对企业的长期贷款。银行得到长期负债资金则在一定程度上减少应付短期的还本付息压力。

契约型金融机构作为重要的机构投资者，在一定条件下对促进企业治理结构、完善企业信息披露制度产生积极的作用，这有利于银行通过资本市场信息来评估贷款企业风险，建立科学的贷款风险评估机制与企业债务信用评级制度，使银行的贷款业务或其他投资业务的决策基础更为科学，进而有利于增加银行资产业务的稳健性与收益性，形成更为合理的银企关系。

二、社会保险基金投资对金融市场的影响

（一）社会保险基金影响金融市场的规模和结构

社会保险基金是金融市场重要的资金提供者。从其最主要的养老基金规模来看，自20世纪80年代以来，特别是90年代以后，养老基金经历了快速增长的过程，从而形成较大的资产规模。到1998年年底，全球养老基金的金融总资产已超过10万亿美元，并且这一趋势继续演进。2020年全球养老基金资产超过35万亿美元，比2019年增长9%，养老基金资产超过当年GDP的国家有荷兰（210.3%）、冰岛（194.3%）、瑞士（149.1%）、澳大利亚（128.7%）、英国（118.5%），见表7-2。[①]

表7-2　　部分OECD国家和非OECD国家或地区2020年养老基金规模

OECD国家	养老基金（百万美元）	GDP占比（%）	非OECD国家或地区	养老基金（百万美元）	GDP占比（%）
澳大利亚	1 754 578	128.7	阿尔巴尼亚	36	0.2
奥地利	30 639	6.6	亚美尼亚	708	6.0
比利时	51 488	9.3	巴西	187 751	13.1
加拿大	1 584 689	95.5	保加利亚	10 921	14.8
智利	208 482	75.8	克罗地亚	20 810	34.5
哥伦比亚	86 742	29.8	多米尼加	11 783	15.5

① OECD. Pension Market in focus，2021.

续表

OECD 国家	养老基金（百万美元）	GDP 占比（%）	非 OECD 国家或地区	养老基金（百万美元）	GDP 占比（%）
哥斯达黎加	21 657	37.0	埃及	5 635	1.5
捷克	25 347	9.6	格鲁吉亚	360	2.4
丹麦	224 054	58.4	加纳	3 823	5.7
爱沙尼亚	6 506	19.5	圭亚那	387	6.7
芬兰	163 463	56.1	中国香港	189 815	54.3
法国	71 785	2.6	印度	75 138	2.8
德国	330 804	8.1	印尼	21 682	2.0
希腊	2 016	1.0	牙买加	4 674	33.5
匈牙利	6 393	4.0	科索沃	2 453	29.3
冰岛	44 916	194.3	中国澳门	4 509	18.5
爱尔兰	154 615	34.4	马拉维	1 320	16.4
以色列	300 489	69.8	马尔代夫	888	23.7
意大利	198 371	9.8	纳米比亚	10 700	89.9
日本	1 536 059	29.5	北马其顿	1 783	13.5
韩国	234 874	13.3	巴基斯坦	222	0.1
拉脱维亚	748	2.1	秘鲁	48 040	23.1
立陶宛	5 723	9.5	罗马尼亚	19 684	7.4
卢森堡	2 262	2.9	俄罗斯	86 050	6.0
墨西哥	236 096	20.4	塞尔维亚	493	0.9
荷兰	2 060 775	210.3	苏里南	286	13.0
新西兰	79 786	33.9	泰国	42 198	8.1
挪威	49 900	12.5	特立尼达和多巴哥	7 617	35.3
波兰	39 782	6.5	乌克兰	123	0.1
葡萄牙	28 280	11.4	乌拉圭	16 053	30.6
斯洛伐克	16 192	14.4	津巴布韦	1 348	10.1
斯洛文尼亚	3 701	6.5	合计	777 291	8.3
西班牙	144 011	10.5			
瑞典	24 198	4.0			
瑞士	1 188 905	149.1			
土耳其	23 069	3.4			
英国	3 241 225	118.5			
美国	20 063 229	95.8			
合计	34 245 851	63.5			

资料来源：OECD. Pension Market in focus，2021.

社会保险基金特别是养老基金作为机构投资者往往是金融市场中的长期投资者，为金融市场提供长期稳定的资金来源。在美国，投资于共同基金的养老金资产总额，从1990年的2 070亿美元增长到2020年的23.9万亿美元，增长了近115倍。同时养老基金已成为美国共同基金业不断发展壮大的重要资金来源。

（二）社会保险基金作为机构投资者通过公司治理作用于金融市场

社会保险基金作为机构投资者在公司治理中的作用取决于公司治理模式、社会保险基金在公司治理中的作用力度以及相关的制度条件。在市场导向型公司治理结构中，金融市场的作用较为强大，规模较大的社会保险基金通过金融市场能够发挥较大的控制影响作用；而在银行型公司治理结构中，金融市场的作用则相对有限，社会保险基金通过金融市场影响治理结构的力度有限。此外，部分新兴市场国家由于其企业制度与金融市场以及相关制度环境的不完善，社会保险基金通过金融市场影响公司的治理结构的条件还不成熟。下面主要分析市场导向型公司治理结构与作为机构投资者的社会保险基金的互动机理。

社会保险基金尤其是养老基金机构投资者具有与一般机构投资者不同的内在特征。第一，养老基金负债主要是长期负债，养老基金的负债特征要求养老基金投资主要是长期投资，从而决定了养老基金在公司治理中主要以公司的长期利润创造为投资目标。第二，养老基金投资具有一定的公共性和外部性，养老基金投资状况甚至影响养老保障水平与社会稳定性，该特征决定了社会各界（包括政府）对养老基金投资管理与运营管理的特定监督方式，这使养老基金在决定和影响公司治理中更具有信息透明性和决策理性。第三，养老基金投资主要选择标准性金融商品和转让性强的金融商品，而且主要是大型企业金融商品，该特征决定了养老基金对公司治理的影响主要体现在对大型优质企业的治理结构的作用上，而一些大型优质企业在金融市场以及在一国经济的贡献中均具有重要影响。

养老基金作为机构投资者参与公司治理的方式通常有私下交谈、提出股东议案、行使代理投票权、对被投资公司监控、争夺代理权等。公司治理运动的积极推动者——美国加州公务员养老基金，每年评估其股票投资组合中美国公司的绩效，把那些长期绩效低劣的公司列为“焦点公司”，会见这些公司的董事，讨论其绩效和公司治理问题。根据 Wilshire Associate 的研究，62家受过该养老基金这一焦点名单系统关注的公司，在该养老基金采取行动前5年的业绩是标准普尔500指数的89%，在采取行动后的5年中，同样这些公司的股票指数则超出了标准普尔500指数23%。该养老基金还为在公司治理方面表现优异的公司和个人颁奖。Smith 从加州公务员养老基金的 78 个公司治理事件中（1987—1993 年）分析了 51 家公司，发现采取该养老基金建议的公司，其股东价值均有所提高，由此得出结论，治理的积极推动者成功地改变了公司的治理结构，股东参与的结果促进了股东价值的显著增加。①

诚然，较多国家对养老基金投资于单一企业的股票份额均有严格的控制，但养老基金之间通过建立联合会或基金会，通过养老基金共同的力量对其所投资公司的影响相当大，尤其是对公司的内部治理结构产生重大影响。1998 年荷兰 8 家养老基金成立了养老基金公司治理研究基金会，其目标包括：外购上市公司治理状况的分析报告，帮助养老基金制定或完善公司治理政策，研究其投资目标公司的公司治理问题及对策。至 2003 年 6 月，有近 30 家养老基金加入了该基金会，其养老金资产占整个养老金市场资产总值的 80%左右。②

（三）社会保险基金投资管理对金融市场的稳定与效率的影响

在正常情形下，社会保险基金中最主要的养老基金投资期长，具有信息优势，交易成本较低，能够对证券进行较准确的价值评估，促进证券资产价格向基本价值回归，从而降低资产价格波动性。正如有关实证研究所表明，在大的机构投资者多的国家，股价的平均波动性往往较低。在美国，加州公务员养老基金所持股份每年的换手率低于 10%，纽约退休基金每年的换手率低于 7%，相应地，20 世纪 90 年代美国股市的换手率一般在 50%~60%之间。③

基金制的转换能够提供养老基金在金融市场中长期资金的供给，养老基金在投资数量与价格方面的影响力加强。随着养老基金增加，养老金资产组合使个人降低他们的非金融资产（如房地产、非上市股票等），增加流动性资产，进而在一定程度上增强金融市场的流动性。

社会保险基金与银行具有较好的互补性。在市场导向型经济体中，合同性储蓄中股票份额的上升使股份公司的杠杆率下降。在银行导向型经济体中，通过银行融资使企业的杠杆比率上升，债务期限增加。如果社会保险基金提供长期性融资，则银行面临更少的期限转换，这降低了银行的挤兑风险，而且政府也能够有更大的空间发行债务，面临

① Smith, M. P. Shareholder Activism by Institutional Investors: Evidence from CalPERS. Journal of Finance, 1996: 227-252.

② Sylvia van Waveren. View on Corporate Governance for Pension Funds. PGGM, 2003: 3.

③ 李向前. 机构投资者、公司治理与资本市场稳定研究［J］. 南开经济研究，2002（4）：72.

较小的债务偿还风险。在风险分散的方式上两者也具有互补性。被社会保险基金支配的金融市场主要是通过套利、发行衍生工具横向分散金融风险，而银行体系通过不同时点的准备金积累、收益平滑纵向分散金融风险。两种风险管理方式的互补有利于对金融风险进行有效管理。①

社会保险基金投资也有助于提高国际投资组合水平，有效的社会保险基金国际投资使投资风险在国内与国外市场进一步分散，有助于降低社会保险金投资收益的波动性。社会保险基金国际投资能够在一定程度上规避一国社会保险基金国内投资比例过大而导致投资的规模经济效益下降的风险。例如，瑞士、荷兰和爱尔兰，特别是一些出口依赖型国家，当贸易状况发生变化引起国内经济震荡时，社会保险基金国际化投资更有助于分散国内投资风险。

（四）社会保险基金管理对金融市场创新与制度建设的影响

社会保险基金促进了金融市场运行的制度资本的积累。社会保险基金投资促进了监管与制度环境的改善，促进了金融市场现代化进程所需的法律构架、市场透明度、市场整合以及治理结构的深入发展，促进证券交易的相关会计制度、审计制度、经纪制度和信息披露制度的进一步完善，使金融（银行、保险、证券等）监管、信用评估机构得到相应发展。在新兴市场国家，制度资本的积累与完善对发展该国金融市场具有重要作用。

社会保险基金促进了金融市场基础设施的现代化。一方面，社会保险基金使证券交易的支付与结算技术大为改进或提高；另一方面，社会保险基金提供更为敏感的价格信息，促进价格的资源配置功能。金融市场基础设施的完备，降低了交易成本，提高了金融市场资金的利用率。在新兴市场国家，金融市场基金设施与条件的改善对该国金融市场的积极发展影响深远。

社会保险基金带来了投资决策的专业化。社会保险基金机构提供的证券分析与研究报告，降低了社会公众信息分析和信息搜集的成本，提高了信息的可利用程度。社会保险基金的专业化和职业化管理对投资银行、公司管理者和监管当局具有学习和推动的正外部性效应。

社会保险基金发展促进了金融创新。社会保险基金累积规模的扩大，产生金融创新的内在动力。DB 制比 DC 制对金融产品种类的创新要求更多，而基金制在创造长期金融

① Davis. E. Philip. Pension Funds, Financial Intermediation and the New Financial Landscape, 2001: 17.

工具包括衍生金融工具方面更富有激励机制。1974 年美国退休收入保障法案的颁布与实施，促进了养老金投资债券免疫策略和持续期策略的运用，从而创造了对具有担保期限的固定收入工具的要求，零息债券、担保抵押债务和担保投资合约等正是对这种市场需要的反映。① 股票指数投资取代了传统挑选股票的投资方法，成为一种新的金融创新工具和日渐普及的投资模式，尤其是体现在非常保守的养老金投资领域。拉美养老金改革和养老基金增长促进了年金产品的创新，带动和促进了拉美寿险市场的发展。

（五）社会保险基金通过金融市场对政府宏观调控职能的影响

金融市场是政府实施宏观调控职能的重要场所，社会保险基金特别是规模巨大的养老基金通过国债市场、外汇市场以及中长期资本市场，在一定条件下有助于促进政府宏观调控职能的实现。

社会保险基金的较大比例投资于国债市场，而国债市场是政府财政融资的重要渠道，是中央银行货币政策实施的重要场所，中央银行可以通过国债市场利用公开市场货币政策工具较为灵活地调控货币量。

社会保险基金不同比例地投资于国际金融市场是较多国家社会保险基金投资管理的现实选择与发展走向，将部分社会保险基金有效地投资于国际金融市场，有利于改变社会保险基金的币种结构，实现社会保险基金投资的国际范围内的分散化与多元化。政府通过外汇市场的公开市场业务可以调节汇率，对一国的外汇市场稳定起到积极作用。

社会保险基金通过金融市场的引导适度地投资于基础设施项目，既有利于促进基础设施建设的发展，又可以分享基础设施投资所带来的长期性的较稳定的收益，进而对产业结构优化、政府宏观调控和社会经济增长等起到积极的促进作用。

三、金融市场对社会保险基金投资的影响

（一）稳健、有序的金融市场是社会保险基金安全有效运营的基本前提

作为长期性的契约储蓄计划，社会保险基金中最主要的养老基金必然谋求安全和较高的投资收益渠道，金融市场无疑是养老基金投资运营的重要载体。实现养老基金积累并保证养老基金投资富有效率的前提是稳定而有效率的金融市场。养老基金的投资收益与金融市场的结构和发展水平息息相关，特别是决定金融市场走向的宏观经济的稳定性至关重要。智利在 1981—1998 年，养老基金的实际投资收益率高达 11%，这无疑在很

① Zvi Bodie. Pension Funds and Financial Innovation. NBER Working Paper，1989：36-43.

大程度上得益于股票市场 14.65%的投资收益率和债券市场的良好业绩。在 2008 年的次贷危机中，截至当年 10 月底，OECD 国家养老基金投资亏损 22%左右。美国、英国、澳大利亚分别损失了 2.2 万亿美元、3 000 亿美元和 2 000 亿美元。[①] 显然，如果没有稳健、有序和规范的资本市场，养老基金很难达到预期的投资收益并实现相应的政策目标。[②]

（二）金融市场的发展直接影响社会保险基金的发展及其调整

金融市场发展与社会保险基金具有非常密切的关联度，金融市场的良好业绩将极大地促进社会保险基金的发展。2000 年全球金融市场的波动和萧条局面，使绝大多数股票丧失原有市值的 35%～50%，而代表成长型科技公司股票的美国纳斯达克指数市值更是缩水六成以上。2000 年金融市场的低迷使众多公司的 DB 型养老金计划基金呈现明显的不足，并面临巨大的潜在偿债压力。2008 年国际金融危机，导致金融市场剧烈波动和养老基金的巨额损失。金融市场的波动也直接影响到 DC 型养老金计划的发展程度，投资风险的增大使政府必须充分估计 DC 型养老金计划中由员工承担基金投资风险的限度和能力，并进一步完善监管体系和有效防范金融市场的投资风险。金融市场发展与波动的“双面刃”均会对社会保险基金发展产生重要而直接的影响。[③]金融危机对社会保险基金带来了至少三个方面的影响：第一，金融市场的快速下跌使得养老金资产大幅缩水，2008 年度 OECD 国家私人养老金资产共损失 5.4 万亿美元，平均缩水 23%；[④] 第二，金融危机大幅降低了养老基金的投资回报率，增加了养老基金的负债水平；第三，金融市场风险的增加降低了养老基金的风险偏好，债券等保守资产持有量增加。

（三）金融市场的成熟度与风险控制能力将制约和影响社会保险基金的发展

对发展中国家和新兴市场国家而言，金融市场发展处于初创时期，无论是金融市场规模、投资工具种类，还是金融体系的监管能力、监管规则的完善等与发达国家均有较大差距。在此背景下，金融市场的发展状况对社会保险基金具有更明显和更直接的影响，金融市场的潜在系统风险有可能对社会保险基金带来巨大的风险。因而，金融市场对社会保险基金运营影响的一个重要方面，乃是加快金融市场的制度构建，强化金融监管和风险控制，完善社会保险基金投资的会计与审计规则，使金融市场逐步向成熟化、法制化、规范化的方向发展，以便为社会保险基金的安全运营创造必要的制度环境和市

---

① 郑秉文．金融危机对全球养老资产的冲击及对中国养老资产体系的挑战［J］．国际经济评论，2009（9）．

②③ 林义．养老基金与资本市场互动发展的制度分析［J］．财经科学，2005（4）．

④ OECD．Pensions at a Glance 2009．OECD，2009．

场环境。

社会保险基金投资模式和监督管理模式，甚至社会保险制度模式的选择都在相当程度上取决于金融市场的发育程度。在金融市场相对发达的国度里，国民的金融投资意识相对成熟，金融市场的价格形成机制和价格发现机制流畅，金融经济与实体经济具有良好的同步性，因而可以选择基金制社会保险制度模式，对社会保险基金投资的监督管理可以更多地偏向于谨慎人管理原则，社会保险基金投资可以根据其既定的制度条件选择市场化的竞争型管理模式，如基金管理公司模式。在具体的投资选择与资产配置上，可以增加股票投资和境外投资的比重，充分合理地运用金融衍生工具的避险功能。反之，在那些金融市场发育程度相对较低的国度里，往往难以选择完全基金制的制度模式，其社会保险基金管理大多采用集中型管理体制。在对社会保险基金投资的监督管理模式上，一般多偏向于数量限制型的严格管理模式。在具体的资产选择与资产配置上，对资产配置实行严格的比例限制，由于其股票市场的非成熟性，社会保险基金股票投资的风险相对较高，境外投资大多受到不同程度的限制，而且一般难以运用特定的衍生金融工具实现其特有的避险和保值功能。

（四）金融市场的开放度决定了社会保险基金投资的资产质量及结构

金融市场的开放程度决定社会保险基金投资的资产质量与资产结构，主要表现在：第一，在金融市场开放度相对较高的国度里，社会保险基金在境外市场的投资比例相对较高，因此，能够在更大范围内分散社会保险基金投资，在一定程度上避免了由于本国经济不景气而对社会保险基金投资的负面影响；第二，在金融市场开放度相对较高的国度里，社会保险基金投资的币种结构一般相对较好，具有良好币种结构的投资组合，能够避免本国通货膨胀对社会保险基金投资实际价值的负面影响；第三，在金融市场开放度相对较高的国度里，社会保险基金投资的资产负债管理能够在更大市场范围内进行免疫管理或匹配管理，提高社会保险基金投资的战略性资产配置与战略性资产配置的灵活性，进而在一定程度上增强社会保险基金的风险防范能力和风险管理水平。

（五）金融市场效率及其资源配置功能决定和影响社会保险基金管理的效率

金融发展促进经济增长，金融发展的规模和深度不仅促进了资本的形成，而且刺激了总要素生产力和经济的增长。金融发展初始水平的差异可以较好地解释和预测以后经济增长水平之间的差异，即使一个国家具备了经济增长的其他条件，在金融没有得到良好发展的情况下，经济也无法获得有效增长，因此，金融市场的效率及其资源配置功能影响甚至决定经济增长与经济发展的速度与质量。具有良好资源配置功能的金融市场，才能将社会资源配置到效率最高的社会经济活动之中，进而带来微观经济主体利润的增加，从而实现宏观经济的良性增长，而微观经济与宏观经济的增长提高了社会保险基金的筹资能力和投资水平，进而实现社会保险基金—金融结构与金融发展—经济增长—社会保险基金的良性互动。

仅就社会保险基金管理与金融市场效率两者的关系而言，金融市场的效率及其资源配置功能决定和影响社会保险基金管理的效率，影响社会保险基金投资的绩效，影响甚至决定社会保险制度的运行成本及其政府、企业与个人责任。社会保险基金较高的运行效率和较好的投资绩效，可直接增加企业和个人在多层次社会保险制度体系中的保障力度，相对降低或减轻政府对社会保险制度的财政转移支付压力。

补充阅读一

社会保险基金与资本市场互动已成国际惯例

社会保险基金是一种长期性的后备基金，不但需要积累，更需要在支出上具备不断增长的特点。因此，确保社会保险基金的保值增值，是社会保险基金管理的重要任务。

受人口老龄化、经济金融自由化趋势的影响及社会保险制度的调整改革等因素的制约，国际社会保险基金管理呈现出一些值得关注的新特点，即在社会保险基金管理制度构建、社会保险基金与资本市场的互动发展、社会保险基金治理结构及风险控制等方面进行改革创新，这给我国社会保险基金今后的运作提供了可资借鉴的经验。

（一）社会保险基金正在成为国际市场最重要的机构投资者

进入21世纪以来，大多数OECD国家养老保险基金占GDP的比重及增幅均呈上升趋势。2000—2007年，OECD国家的私营养老金资产发展迅速，占GDP比重不断上升，平均增长14.5%。2007年，OECD国家私营养老金资产数额达到27万亿美元，占GDP的平均比重为111%。其中荷兰、丹麦、美国、英国、加拿大等国私营养老金占GDP比重均超过了100%。这一趋势将继续演进并加速发展，社会保险基金将成为影响一国经济乃至国际金融市场最重要的机构投资者。

西南财经大学保险与社会保障研究中心主任、著名社会保险专家林义认为，直接导致社会保险基金资产较快增长的主要原因有三：

其一，部分欧美国家和转型国家实施从现收现付制向个人账户基金制的调整，如波兰、匈牙利等10个转型国家建立强制性基金制DC型计划（缴费确定型模式）。从资产数额方面看，根据部分OECD国家及拉美国家私营养老金资产中DC型计划和DB型计划（即待遇确定型模式）分别所占比重的相关数据，截至2007年，拉美及东欧国家养老金资产主要来源于DC型计划，平均超过80%。为应对人口老龄化挑战实施的基金制社会保险制度的重大调整，无疑增大了养老基金的规模及其在经济中的重要性。

其二，多数欧美国家加大了对第二层次补充社会保险计划的税收优惠政策力度，促进补充社会保险基金的快速发展。2003年，有22个OECD国家采取对补充社会保险缴费及投资收费实施EET（企业年金）的税优政策。而基金规模的快速扩张构成这一时期国际社会保险基金管理的一个显著特征。

其三，社会保险基金规模的变化与其投资策略密切关联，尤其是与股票投资及股票相关产品的投资策略密切关联。如2005年股票市场呈上涨趋势，澳大利亚的养老基金投资收益为14%，比利时为14.9%，丹麦为14%，荷兰为13%，挪威为12.7%。基于人口老龄化背景下社会保险基金的快速增长，其对经济增长和金融稳定的影响，成为各国决策机构近年来关注的一个极为重要的热点问题。

（二）社会保险基金与资本市场互动创新成为新热点

全球社会保险规模和结构的变化，使社会保险基金与资本市场的互动发展及创新成为新世纪各国关注的热点研究领域。林义认为，社会保险基金参与资本市场的深度和广度对资本市场的发展与创新产生重大的影响，对资本市场的规模、结构及金融市场的制度和金融工具创新产生重大的影响。

据统计，2000年OECD国家有30%以上的金融资产来自积累的社会保险基金，荷兰、瑞士养老基金的资产规模超过其资本市场金融资产的50%，而英国、美国为33%。

社会保险基金的资产分布和投资组合，对资本市场的结构及效率产生直接的影响。2005年多数OECD国家养老基金投资债券的比重仍占主导地位，其中奥地利占74.7%，捷克占82.4%，匈牙利占75.5%，韩国占78.9%，法国占63.4%，墨西哥占94.8%，挪威占55.4%，波兰占63.4%。2005年养老基金投资股票份额较大的国家有荷兰49.8%，英国40.11%，美国41.3%，芬兰41.3%，比2004年投资股票的份额有所提高。社会保险基金资产分布的变化与调整，既反映出社会保险基金影响资本市场结构的程度，又反映出资本市场自身变化及社会保险基金投资组合调整的相互关联。

社会保险基金是促进全球金融创新的主要力量，社会保险基金促进了资产抵押债券的发展，如结构性金融工具和金融衍生产品的广泛应用，指数基金零息债券的出现等。

社会保险基金的积极参与促进了一些发达国家由银行导向型的金融市场结构向证券导向型金融市场结构发展，催生了金融体系的结构性制度变迁。

过去20年间资本市场的持续繁荣，为基金制养老金计划的推行提供了直接动力。20世纪90年代以来，许多国家一方面改进资本市场结构以促进长期发展，另一方面着力促进金融市场由以银行为中介向以资本市场为中介的转换，这种现象不仅在英国、美国等资本市场相对完善的国家出现，一贯以银行为主导的德国、意大利等国也有积极的行动。

林义认为，在未来的20年中，以社会保险基金为主导的最大的机构投资者将对金融市场的制度变迁与结构调整产生重大的影响，将引领金融市场的重大结构性调整，将催生出一系列旨在服务于退休储蓄目标的长期性债券及指数化退休债券等金融工具创新，以提供兼顾安全性和收益性的服务于社会保险基金的投资载体，这正成为欧美发达国家加速发展的一个重要趋势和特点。

（三）社会保险基金治理与风险控制的重要性日趋显著

社会保险基金治理与风险控制受到欧美各国的高度关注。OECD在2003年出台了养老基金治理准则，对社会保险基金的治理主体、治理机制、监管机制外部环境等提出了核心原则及技术指南。

社会保险基金管理的长期性和复杂性、国际金融环境的复杂性和多变性，使社会保险基金的治理及风险控制具有高度复杂性。一些国家对社会保险基金治理的基本框架，对趋于多样化的社会保险基金治理结构进行新的探索。如欧美国家对养老基金治理结构、法律环境及监管环境在进行国际比较的基础上，实施弹性化的治理和监管原则，制定养老基金治理主体、治理模式的划分标准，高度重视治理结构中的责任识别及治理主体的责任要求，注重建立内外部治理相互制衡的监管模式等。

各国在社会保险基金信息公开及信息投资方面也有新的进展。欧盟委员会2006年关于社会保险改革的报告中，高度强调构建有效的社会保险基金的治理，增强基金运行透明度，增强决策机构对这一重大问题的共识与认同，这对于构建可持续发展的社会保险基金管理制度具有十分关键的意义。

林义认为，养老基金治理与风险控制将随着各国社会保险制度改革进程的深化而凸显其重要决策价值，在国际社会保险基金管理体系中，占有非常重要的地位。并且，作为制约社会保险基金长期稳定和安全运营的一个重要议题而备受重视，社会保险基金的安全运营和有效保值增值，构成影响一国宏观经济稳定、金融稳定的重要约束条件。而养老基金治理与风险控制则是实现社会保险基金有效管理的重要基础。

（四）金融混业背景下社会保险基金投资监管面临新挑战

“未来的10~20年中，社会保险基金参与金融市场的深度和广度将超过以往任何时代。”在林义看来，“无论是社会保险基金资产分布与投资组合，还是社会保险基金投资模式的选择，都会对一国乃至全球金融体系产生重要的影响。各国金融体系自身的结构、风险分布及风险控制策略，又必然对社会保险基金投资绩效起着关键性约束作用。因而，金融混业背景下社会保险基金投资监管面临新的挑战。”

澳大利亚、丹麦、日本、加拿大、韩国、挪威、冰岛、英国、新加坡、瑞典等国家已实现银行业与保险业的混业监管。一些国家已在不同程度上实行对社会保险基金运营的混业监管。

在金融混业监管背景下，构建社会保险基金监管体系的积极作用，表现在三个方面：第一，混业监管有利于促进社会保险基金的稳定运行，提高运营的规模效应，提升监管绩效。社会保险基金的有效运转，离不开稳健有序的金融市场体系。第二，有利于更好实现对消费者的保护政策。社会保险基金投资领域日益渗透到银行和证券行业，混业监管有助于对基金的资产分布进行更为慎重的监测，通过多部门的综合协调，促使实现社会保险基金安全运营的目标，最大限度地保障养老金领取者的利益。第三，有利于更公开更透明地掌握社会保险基金运营的信息。

近年来，欧美国家在完善金融混业背景下的养老基金监管方面，进行了一些有益的探索。受各国金融制度、养老金体系、法律制度及监管传统等自身法律制度条件的制约，养老基金的监管呈现不同的特征。社会保险基金监管的过程一般包括机制准入、评估机制、分析机制、干预机制、纠正机制、沟通机制等。美国的养老基金监管非常重视沟通机制的作用，呈现出较少干预的特征；而智利、墨西哥、匈牙利等国的社会保险基金监管体系则高度重视上述几个监管环节的作用，呈现出较强的干预性和综合监管的特征，对社会保险基金运营的严格监管，可能与这些国家资本市场不完善、养老金体系不完善、法律法规不完善等密切相关。

从既有制度演化的路径依赖特征分析，欧美金融体系下或许能够较好体现出社会保险基金混业监管的优势，而对众多新兴市场国家及发展中国家来说，则是需要付出很大努力和逐步完善的过程，混业监管实施进程中受诸多因素的制约，监管体系构建及监管绩效的评估，具有相当大的不确定性。立足于金融混业监管实施制度创新，则是许多国家面临的一项紧迫而艰巨的任务。

（五）投资管理注重制度创新与机制创新

由于社会保险基金投资管理的高度复杂性、社会公众的高度敏感性和对经济金融稳定的高度敏感性，一些转型国家、新兴市场国家和发展中国家高度重视社会保险基金投资方式、投资组合的科学性，以及制度构建、模式选择、管理能力等。

一些国家社会保险基金管理的制度创新表现在立足于本国实际，探索适合本国制度文化条件的基金管理模式，如拉美和转型国家继续遵循分散的基金管理原则，构建竞争性的商业化运作的基金管理体系。另一些国家继续探索集中型的基金管理模式，如加拿大、爱尔兰、新西兰和挪威的经验开始受到重视，在一定程度上扭转了分散化管理一边倒的局面。值得注意的是，受2008年金融危机影响，几乎所有OECD国家，包括私营养老金发展较快的部分新兴经济体国家，其私营养老基金投资均遭受重大失败，尤其是投资股票者。因此，可以预见，未来养老基金投资的安全性仍将受到充分的强调。

近年来，OECD、国际社会保障协会（ISSA）等国际组织都提出了社会保险基金治理的核心原则及投资指导原则，这对于推进社会保险基金管理的制度构建具有积极的作用。各国社会保险基金管理也相当注重机制与技术创新，如资产负债管理（ALM）在社会保险基金管理中的应用受到高度重视。作为长期性的社会保险基金运营，必须高度重视基金投资运营及资产负债管理，关注各类养老管理计划在资产负债的总量、结构、期限等方面的合理配置及其动态调整。

历史经验表明，通货膨胀风险对债券投资有着重大影响。一种旨在帮助投资者提高避险能力的政府债券应运而生。这种按通胀率进行指数调节的债券，被普遍看作对其他资产定价评估的基准参考。一些OECD国家虽然发行了此类政府债券，但在数量上还远未满足市场的需求。此外，构建基于信息技术的养老基金数据中心和清算中心，对提升社会保险基金管理绩效也发挥着重要作用。

林义认为，在未来的20年中，社会保险基金管理领域将催生众多的创新型、组合式投资工具，并对这一领域的制度创新和技术创新提出前所未有的巨大需求。而养老金经济学正逐渐融入经济学研究主流领域，成为极有发展潜力的新兴边缘学科，受到日益广泛的密切关注。

资料来源：经济参考报，2012-03-29.

补充阅读二

要全面有效分析养老金与资本市场关系

2020 年 12 月 19 日，中国金融学会会长、中国人民银行原行长周小川在“中国社会科学院社会保障论坛暨《中国养老金发展报告 2020》发布式”上表示，养老金体制与资本市场有明显的依存性关系。除了研究两者之间正面积极的关系之外，也要关注当前所面临的新困难和挑战，对养老金与资本市场的相互关系作出全面有效的分析。

周小川认为，一是养老金体制与资本市场有明显的依存性关系。随着世界人口增加，随着人口老龄化发展，要想养老金体制能够得到满意的结果，必然要促进经济增长，经济的增长首先需要有足够投资，这些投资带来的效率能够促进 GDP 的增长，这样才能满足人口结构的变化，也为未来创造更多的就业机会，使得未来养老金有周旋的空间。而且，长期投资回报能够明显减少当期预筹养老金的成本。二是资本市场非常依靠养老金的参与，没有养老金的参与，资本市场难有健康的发展，很难起到有效作用。养老金是最大的储蓄资金来源，这些储蓄资金需要通过合理优化配置转换为投资，获取回报，这一过程也在促进经济发展与就业。对储蓄资金配置最有效的方式之一就是参与资本市场。另外，通过资本市场的健康发展来获取资源配置的效率。资本市场要想健康发展就离不开机构投资者，从很多新兴市场国家及我国的经验来看，机构投资者的发展至关重要。三是资本市场对于经济起的重要作用之一，是促进公司治理改进，从而提高企业的经营能力和效率。为促进上市公司治理改进，必须依靠机构投资者，特别是依靠有长期目标的投资者，如养老金。

周小川强调，除了研究养老基金与资本市场两者之间正面积极的关系之外，也要关注到当前所面临的新困难和挑战，对养老金与资本市场的相互关系作出全面有效的分析。必须考虑社会激励机制，这个机制不仅能预筹资金为养老金供款，更是劳动生产率的激励机制，让企业给劳动者以激励，获得好的效率，支持经济增长。此外，如果资本市场出现比较明显的泡沫，则需要调整养老金在资本市场投资所获取回报的预期。

资料来源：中国证券报，2020-12-19.

深度阅读

1. 李绍光. 养老金制度与资本市场［M］. 北京：中国发展出版社，1998.

2. 伊志宏. 养老金改革——模式选择及其金融影响［M］. 北京：中国财政经济出版社，2000.

3. 林义. 养老基金与资本市场互动发展的制度分析［J］. 财经科学，2005（4）.

4. 郑秉文. 中国养老金发展报告2020——养老基金与资本市场［M］. 北京：经济管理出版社，2020.

5. 吴素萍，曹滔. 养老金改革的分析框架与路径选择——周小川有关论述汇编［M］. 北京：中国金融出版社，2020.

6. Zvi Bodie. Pension Funds and Financial Innovation. NBER Working Paper，1989.

7. Lefort，F.，Walker E.. Pension Reform and Capital Markets：Are There Any Links? // World Bank. Social protection Discussion Paper Series，2002.

本章小结

金融体系是现代发达经济的重要组成部分，金融工具、金融市场、金融机构和有关规则构成了金融体系。金融体系的核心功能主要体现在转移资源、管理风险、清算与支付结算、聚集资金、提供信息、解决由信息不对称而引起的激励问题等方面。金融体系的融资活动分为间接融资和直接融资。社会保险基金作为契约型金融机构，通过促进人寿保险业、证券投资基金、基金管理公司、投资咨询业的发展而促进金融体系的不断完善。

社会保险基金与金融市场互动的一般条件包括实体经济的持续增长与宏观经济的相对稳定、相对完善的金融结构和富有效率的金融市场、可持续发展的社会保险制度、完善的现代企业制度与合理的企业治理结构及健全的税收制度、富有成效的整合性风险管理策略等。社会保险基金与金融市场互动的制度条件包括健全的法律制度和良好的制度环境、政府对社会保险基金和金融市场的有效监管、良好的社会信用环境和公众对社会保险制度的信任，以及其他非正规制度的有效保证等。

社会保险基金与金融市场可以相互促进。一方面，金融市场的发展需要培育机构投资者，需要有社会保险基金这样的机构投资者提供持续的资金支持，提高市场的机构化程度；另一方面，金融市场的发育状况对社会保险基金的投资组合和投资管理规则、社会保险基金投资的资产质量与结构、社会保险资金投资效率等产生重要影响。社会保险基金投资对金融市场产生重要影响，社会保险基金影响金融市场的规模和结构，富有成效的社会保险基金投资有利于促进金融市场的稳定与效率提高，促进金融市场产品创新与制度创新，社会保险基金在一定条件下作用于金融市场促进政府宏观调控职能的实现。

重要概念

金融体系　金融市场　资本市场　契约型金融机构　直接融资　间接融资　机构投资者

复习思考题

1. 金融体系的功能有哪些?
2. 社会保险基金在金融体系中有何地位和重要作用?
3. 社会保险基金投资对金融市场发展有何影响?
4. 金融市场对社会保险基金投资有何影响?
5. 结合我国实际，试论述社会保险基金与金融市场互动的条件。
6. 试论述社会保险基金投资与金融市场发展互动的理论机理。

第八章 社会保险基金管理中的精算方法

第一节 社会保险基金管理与社会保险精算

一、精算在社会保险基金管理中的重要作用

社会保险制度是在人们遭遇年老、疾病、伤残和失业等风险事故时，通过对上述事故造成损失的补偿来保证社会劳动力再生产正常进行、维护社会稳定和保障人民群众正常生活的重要制度。社会保险基金则是为了保证社会保险制度的实施，用法律或其他强制手段建立起来的专项经费，通常由养老保险基金、医疗保险基金、失业保险基金、工伤保险基金和生育保险基金等项目构成。社会保险基金是社会保险制度运行的经济基础和实现各项社会保险政策目标的物质保证，对整个社会保险制度的建立和实施都具有至关重要的作用。因此，在社会保险制度的建立和运行过程中，做好社会保险基金的管理工作是整个社会保险事业取得成功的关键。

精算是以概率论和数理统计为基础，综合运用人口学、社会学和经济学等相关学科知识，对风险事件进行评价，对各种财务保障方案未来的收支和财务状况进行评估，以使各类财务保障方案能够稳定运行的数量工具。精算技术是随着人寿保险业的发展而逐渐发展起来的，以后逐步在财产保险、意外伤害保险和社会保险中发挥出重要的作用。在商业保险领域，精算是制定保险产品价格、计算准备金和保险公司进行偿付能力分析的有力工具。在社会保险领域，各种社会保险计划的运行成本同样由实际的保险金支付水平和经营费用所决定，在事前也是未知的，也需要运用精算技术对损失发生的概率、损失分布和预期的费用支出情况进行估计。因此，不论是商业保险还是社会保险，精算都是其健康发展和正常运行的重要技术保证和数理基础。

经过一百多年的发展，社会保险基金已经形成了以雇员、雇主和国家三方负担为主的筹资形式和以货币为主的保险金给付方式。从筹资方式上看，社会保险基金的筹集有现收现付制、完全基金积累制和部分基金积累制三种模式。但不管在哪种筹集模式下，社会保险基金的资金来源和各项支出都应该保持某种平衡，这种平衡既包括三五年内的短期平衡，也包括10年以上或30年以上的长期平衡。社会保险基金的长、短期平衡可能受到诸多因素的影响，精算方法在对基金平衡条件的分析中有着非常广泛的应用。此外，政府和社会保险基金的监管部门还要求基金应当具备与其承诺的给付水平相一致的偿付能力。因此，在社会保险基金管理过程中，除了对未来成本进行准确的估计外，各种精算分析方法在对社会保险基金未来的收支情况及近期和远期的偿付能力进行分析时都是非常有力的工具。

从上面的分析可以看出，在社会保险基金管理过程中，既要运用精算方法对基金筹集的成本进行估计，对其影响因素进行分析，以确定合理的筹资比例；又要根据社会经济状况和人口结构的发展变化，科学地估计各种风险条件下社会保险基金的债务及其变化情况，研究合理的债务分摊方法，以确保基金运行的平衡和具有长期的偿付能力。因此，精算是社会保险基金长期、稳定运行的基础和数量依据，在社会保险基金管理过程中有着无法替代的作用和地位。

二、社会保险精算的概念和基本原理

社会保险精算是对各种社会保险计划的风险状况、损失规律、成本及债务水平、长短期财务状况和偿付能力等进行分析，以保证整个社会保险制度能够稳定、正常运行的数量分析方法。社会保险精算的原理与商业保险精算基本一致，也是建立在对风险和损失进行客观分析的基础上，通过对风险的定量分析和评价，测算出承保该类风险所需的成本和未来可能的保险金给付责任即债务，通过债务与资产总额的比较，就可以评价社会保险基金是否具有偿付能力。

对社会保险计划的风险概率和损失分布规律的分析和测量是建立在大量观察基础上的，因此，数理统计上的大数法则也是社会保险精算的理论基础。虽然对每一个社会保险参保人来讲，何时会死亡，何时会得疾病，医疗费用花费多少，何时会失业，何时会因工受伤等，都是难以准确预测的，但通过对面临同样风险的个体进行大量观察，可以发现风险事故发生的规律，对风险事故发生的概率和平均损失额度进行估计，在此基础上即可估计出各类社会保险计划的风险成本及其变动范围。将上述风险成本和相应的管理费用分摊给每个计划参加者就可以确定社会保险基金相应的筹资比例，或称缴费费率。

社会保险计划承诺的未来保险金给付的精算现值，与未来缴费的精算现值之差，或者过去缴费的精算终值与过去所有给付的精算终值之差，就是社会保险基金的精算债务。对于基金积累制的社会保险基金来讲，需要定期对其进行精算分析，如果基金的总资产大于总负债，则基金是具有偿付能力的；反之则没有偿付能力。对于现收现付制的社会保险基金来讲，基金积累的债务要靠社会保险计划下一代参保人不断的缴费来偿还，为了使社会保险基金能在长期内实现收支平衡，需要对基金进行长期的收支水平估计和精算平衡分析，当支出上升到基金无法承受的程度时，就需要调整缴费费率。

社会保险精算要在全社会范围内对若干人口与社会经济状况的变化进行计算与预测，从这个角度讲，社会保险精算较商业保险精算要复杂得多。由于社会保险精算经常要受到政策和其他一些人为因素的影响，精算结果也有更多的不确定性。此外，社会保险精算中许多条件和精算假定也比商业保险精算显得更为宽松。在社会保险基金管理中，精算是重要的技术手段和基础，但社会保险基金管理和各类商业保险基金及金融信托基金管理的重点和方式并不相同，因此，社会保险基金管理中精算方法的选择和应用与商业保险也有一定的差异。

三、社会保险基金管理中精算工作的主要内容

在现收现付制的基金管理模式下，需要估计一定时期内基金的给付支出，并与收入相对应。为了使社会保险基金能在长期内实现收支平衡，还需要进行基金长期内收支水平的估计和精算平衡分析。在基金积累制的管理模式下，也要根据承诺的给付水平或一定的待遇目标，运用精算技术来估计缴费水平，或对成本及债务水平进行定期估计，以保持社会保险基金的偿付能力。因此，精算方法是社会保险基金建立和保证其长期稳定发展的数理基础，是基金的短期成本债务估计和长期财务预测分析的基础，要保证社会保险基金的收支平衡就更需要精算方法的支持。

精算工作实际上贯穿于整个社会保险基金管理过程的始终。要建立社会保险基金，就要涉及基金的筹集问题。不管社会保险基金的来源是个人缴费、企业缴费还是政府资助，都必须在事前对基金所需规模和筹资比例作出较为准确的估计，这就需要利用一定的精算方法和模型。此外，在社会保险基金转化为保险金支付时，不管是以货币形式支付，还是以实物或服务的形式支付，都需要对保险基金的支付额度和时间作出较为准确

的预测，这也需要精算技术的帮助。

社会保险基金管理中精算工作的主要内容既包括基金短期内成本与债务的估计，又包括基金的长期精算平衡分析。对社会保险基金短期的成本和债务进行估计，要测算短期内保险金给付的年度成本，估计因对未来给付的承诺而承担的债务水平，分析基金与债务的对应程度等。对社会保险基金的长期精算平衡进行分析，涉及长期内基金的收支情况、基金率预测，长期综合收入率、成本率和综合精算平衡的估计，为实现一定时期内长期债务平衡的成本率和收入率估计，以及为满足一定时期基金目标需要的缴费水平估计等。

第二节　社会保险基金建立过程中的精算方法

社会保险基金是社会保险制度建立的物质基础，离开了这一物质基础，社会保险制度的持续发展就成为无源之水。在社会保险基金的各项管理工作中，基金的建立，即社会保险基金的筹集，又是开展其他各项工作的基础。不管采用哪一种基金筹集方式，都必须在社会保险制度建立之初就重视精算工作，做好基金成本和债务的估计，在此基础上确定出合理的缴费费率。

一、社会保险基金费率计算的原则和方法

（一）社会保险费和社会保险费率

社会保险基金常见的收入来源主要有：①被保险人和企业或雇主缴纳的社会保险费；②政府用税收等形式给予的财政补贴；③社会保险基金本身的投资收益。除了以上三个来源，某些社会保险基金还可能有滞纳金和罚金等其他形式的收入。在以上各种收入来源中，以一定缴费费率收取的社会保险费是基金最主要的收入来源。

上述缴费费率被称为社会保险费率，它是社会保险基金管理机构制定的保险费提取比例，社会保险基金建立过程中精算工作的目的，就是确定一个合理的社会保险费率。缴费费率的计算基数是被保险人的工资收入或薪金，这与商业保险中费率的概念有一定差异。在商业保险中，保险费率是获得单位保障所需缴纳的保险费，即保险产品的价格，计算的基数是保险金额或保障范围。

（二）社会保险费率制定的原则

社会保险费率是否恰当，直接影响社会保险基金的财务稳定性，是有关社会保险基

金是否能够正常运行的大问题。同商业保险费率一样，社会保险费率的制定也要依据风险事故发生的概率并要考虑事故发生后的损失分布或保险金给付的水平。社会保险费率制定时的数理基础是大数法则，依据的基本原则是收支平衡原则。

收支平衡原则要求在一定的期限内，社会保险基金筹集到的资金与需要支付的各项开支要维持平衡。在现收现付制的基金筹集方式下，这种平衡是一种横向平衡，即当年（或短期内）筹集的基金总额与所需支付的各项开支总和保持平衡；在基金积累制的筹集方式下，这种平衡是一种纵向平衡，即每个社会保险计划参保人在整个缴费期间所缴纳的基金总和加上基金的投资收益应与其所有的保险金给付保持平衡。

社会保险费率制定过程中对收支平衡原则的运用与商业保险费率制定是有一定差异的。在商业保险的费率制定中强调的是被保险人的保险费率应该与其自身的风险状况相对应；而在制定社会保险费率时，被保险人缴纳的保险费与其自身的风险状况是不一致的，特别是在现收现付的筹资模式下，通常强调的是不管被保险人各自的风险状况和收入水平如何，都应享受同样的保险金给付水平，即强调“共济”和“一致”，缴纳的保险费是其工资收入的一定比例，而这一比例在不同收入的人群中往往是相同的。

二、养老保险基金筹集时的费率计算

养老保险基金筹集时的费率计算是一项非常复杂的工作，涉及筹资模式、被保险人的生存过程、收入水平、养老金给付水平及给付方式等诸多因素。要确定养老保险的缴费费率，必须对基金的成本和债务进行估计，而要估计基金的成本和债务，就必须对上述影响因素的水平和变化趋势作出一定的预测，即要作出各种精算假设（actuarial assumptions）。如果是确定缴费型的养老保险计划，缴费的积累形成债务，但由于养老金给付水平完全由缴费积累决定，积累的债务和积累的资产始终是相等的，因此只需要在基金建立之前合理地确定缴费水平，以使实际的缴费能够实现目标待遇即可。如果是给付确定型养老保险计划，需要根据承诺的养老金给付水平对基金的年度成本作出估计，根据年度成本和年平均工资就可以确定缴费费率。下面我们就以给付确定型养老保险基金为例来介绍养老保险基金成本和债务的估计方法。

在给付确定型养老保险计划的年度成本估计中，要作出如下三个精算假设。

（一）减因概率

养老保险为被保险人退休后提供年金给付，所有在职生存的被保险人都必须缴费，如果用${}_tq_x^m$、${}_tq_x^w$、${}_tq_x^d$、${}_tq_x^r$分别表示 x 岁的职工在 t 年内死亡、调离、残疾和退休的概率，则

x 岁的职工在 t 年内在职存活的概率 ${}_tq_x^T$ 为：

$$ {}_tq_x^T = 1 - ({}_tq_x^m + {}_tq_x^w + {}_tq_x^d + {}_tq_x^r) $$

（二）工资增长率

养老保险的缴费和给付水平都与职工在职期间的工资有关系，因此，职工工资及其变化规律是养老保险基金成本和债务估计中的基本假设。设职工在 y 岁参保时的工资为 s_y，则职工在 x 岁的当年工资 s_x 为：

$$ s_x = s_y(1 + i + p)^{x-y} \qquad x > y $$

式中　i——通货膨胀使职工工资增长的比例；

p——劳动生产率提高使职工工资增长的比例。

若从参保年龄 y 岁起到 x 岁的累积工资额用 S_x 表示，则：

$$ S_x = \sum_{t=y}^{x-1} s_t $$

（三）利息率

在计算养老金给付和缴费费率时都要考虑货币的时间价值，收支平衡应该建立在精算现值的基础上，因此，必须对利息率作出假定。如年利率为 i，则 n 年后 1 元的现值 $v^n = \dfrac{1}{(1+i)^n}$。

如果只考虑退休给付，养老金不受通货膨胀的影响，养老金年度给付额为 B_r，则 x 岁的被保险人未来养老金给付现值 PVB_x 在退休前即 $x<r$ 时，为：

$$ PVB_x = B_r \cdot {}_{r-x}p_x^T \cdot v^{r-x}\ddot{a}_r $$

在退休后，即 $x \geqslant r$ 时，$PVB_x = B_r \cdot \ddot{a}_r$，其中 r 为退休年龄，${}_{r-x}p_x^T$ 为 x 岁的人在 r 岁退休前仍留在养老保险计划中的概率，v^{r-x} 为折现因子，$\ddot{a}_x$ 为 x 岁起每年初 1 元生存年金的现值，且有 $\ddot{a}_x = \sum_{t=0}^{w-x-1} v^t {}_tp_x$。

养老保险基金的年度成本是根据上述精算假设估计出的总成本分摊于各年的数额。年正常成本则是将未来给付的精算现值分摊于各年的数额，也是各年得到的养老金权利的现值，它类似于人寿保险中的年均衡净保费的概念。养老保险计划缴费费率的确定是以估计的年正常成本为依据的，实际的缴费可能会高于或低于正常成本，低于正常成本的缴费要在其他年份中补齐，使缴费与总成本相对应。

若 x 岁职工的年正常成本用 $(NC)_x$ 表示，未来给付的精算现值是过去正常成本的累积值与未来正常成本的现值之和，即：

$$PVB_x = \sum_{t=y}^{x-1}(NC)_t \cdot (1+i)^{x-t} \cdot \frac{1}{{}_{x-t}p_t^T} + \sum_{t=x}^{r-1}(NC)_t \cdot {}_{t-x}p_x^T v^{t-x}$$

将未来给付的精算现值分摊于各个缴费年度的方法有两种，一种是直接以每年固定数额或工资的一定比例来分配未来给付的精算现值，称为成本分配精算法；另一种是把将来的养老金总权利分配于养老保险各个缴费年度，使年成本成为当年得到的给付权利现值，称为给付分配精算法。

在成本分配精算法中，如成本以工资的固定比例 k 进行分配，设 x 岁的工资为 s_x，则年正常成本 $(NC)_x = ks_x$，如未来给付精算现值从养老保险计划建立时的年龄 z 开始分摊，此时未来给付精算现值等于未来成本现值，即 $PVB_x =$ $(NC)_x$，可得 $k = \dfrac{PVB_x}{s_z \cdot {}^s\ddot{a}^T_{z:\overline{r-z}|}}$，式中 ${}^s\ddot{a}^T_{z:\overline{r-z}|}$ 是工资增长率递增的生存年金现值。如果未来给付的精算现值从养老保险计划开始承诺的年龄 y 开始分摊，此时 $k = \dfrac{PVB_y}{s_y \cdot {}^s\ddot{a}^T_{y:\overline{r-y}|}}$。

在给付分配精算法中，若以 b_x 表示 x 岁参保者当年获得的养老金权利，则 y 岁参保者到退休当年获得的养老金总权利 $B_r = \sum_{t=y}^{r-1} b_t$，若每年得到的养老金权利是工资的固定比例 k，则 $b_x = ks_x$，$k = B_r/s_r$，此时年正常成本 $(NC)_x = b_r \cdot \ddot{a}_r \cdot {}_{r-x}p_x^T \cdot v^{r-x}$。

三、其他社会保险基金的费率计算

除了上面讨论的养老保险以外，社会保险基金还包括医疗、失业、工伤和生育基金等项目，根据对上述基金项目收支情况的估计和收支平衡原则即可对上述各项基金的缴费费率进行计算。

（一）医疗保险基金的费率计算

社会医疗保险基金是社会医疗保险机构通过各种渠道筹集的用于支付被保险人全部或部分医疗费用的资金。基金筹集依据“以支定收、收支平衡、略有结余、合理增长”的原则。从基金的来源上看，主要来自参保单位和职工缴纳的医疗保险费。国家对基金的投入主要体现在对基金减免税收和对各类医疗机构直接或间接的投入上。从组成上看，医疗保险基金主要由医药补偿费、风险储备金和管理费三部分组成。医药补偿费相当于商业保险中的纯保费，风险储备金和管理费常以医疗保险费的一定比例提取。计算人均医药补偿费的基本公式为：

医药补偿费=基线期医疗费支出×（1+医疗费年增加比例）^{r}×保险因子×补偿比例

式中保险因子反映的是引进保险机制后使医疗需求和费用增加或减少的效应，r 为测算期距离基线期的年数。

如果用 C 表示医药补偿费，以医疗保险费 p 计提风险储备金和管理费的比例分别为 r_1 和 r_2，则医疗保险费的计算公式为：

$$p = \frac{C}{1 - [1 - (r_1 + r_2)]}$$

若当年职工的年度工资总额为 w，则社会医疗保险基金的缴费费率 p'的计算公式为：

$$p' = \frac{C/w}{1 - [1 - (r_1 + r_2)]}$$

（二）失业保险基金的费率计算

失业保险是对失业者在一定时期内提供基本生活保障的一种制度安排。失业保险基金的收入来源于参保单位及职工缴纳的失业保险费、政府的财政补贴和基金自身投资收益三部分，其中，单位和职工缴纳的失业保险费是基金的主要来源。失业保险基金的支出主要用于支付失业保险金，某些失业保险基金还需要支付失业者的医疗补助和职业培训补贴等。

要制定失业保险基金的缴费费率，最关键的是要对失业保险基金的年度支出作出准确预测。由于失业保险金是基金的主要支出项目，必须对失业保险金的年给付额作出估计。失业保险金年给付额由保险金领取人数、保险金平均支付水平和平均领取期限所决定。失业保险金领取人数又由被保险人群的失业率和被保险人数决定。当假定失业率在不同年龄和社会经济特征的劳动人群中均匀分布，即假定被保险人群的失业率等于劳动人群失业率，此时，失业保险金的年度支出额为：

失业保险金年度支出额=参保人数×失业率×平均支付额×平均支付时间

失业保险金平均支付额和平均支付时间可以根据以往的经验数据进行预测。失业率是影响失业保险基金年度成本最重要的因素，失业率越高，基金的年度成本越高。为了保证失业保险基金的收支平衡，对失业率的预测应采取保守的原则。

根据失业保险金的年度支出额和收支平衡原则，即可确定短期内失业保险基金的缴费费率。

$$失业保险缴费费率 = \frac{失业保险基金年度支出额}{参保人数×职工平均工资}$$

要保证失业保险基金长期的收支平衡，除了对年度收支状况进行估计外，还要对长期内基金的收支情况进行估计。根据对长期失业率和保险金支付水平的预测，在基金支出现值和缴费现值相等的基础上，才能确定失业保险的长期缴费费率。

（三）工伤保险基金的费率计算

工伤保险是对因工作中的意外伤害事故和职业病导致的职工受伤、残疾和死亡进行赔偿及为其提供生活保障的保险。由社会保险机构开办的工伤保险一般都采用现收现付制，根据工伤事故的发生概率和保险金支付水平即可确定相应的缴费费率。应当注意的是，在对工伤事故的发生概率进行估计时，必须防止概率的随机波动对缴费费率稳定性的影响。

工伤保险基金主要用于工伤事故导致的医疗给付、一次性伤亡给付和定期伤残年金给付等项支出。医疗给付主要支付医疗费用和医疗期间的生活补贴，其中：

医疗费用支出=参保人数×工伤事故发生概率×工伤者平均医疗费用

医疗期间生活补贴支出=参保人数×工伤事故发生概率×工伤者平均津贴给付额

一次性伤亡给付包括一次性伤残给付和一次性死亡给付，计算公式为：

一次性伤残（死亡）给付成本=参保人数×工伤事故发生概率×伤残（死亡）给付额

定期伤残年金给付是为因工伤残及死亡者的遗属提供年金给付，年支出额是领取者人数与相应的给付水平之积。因此，

$$\text{工伤保险缴费费率}=\frac{\text{工伤导致的医疗费给付}+\text{医疗期间生活补贴给付}+\text{定期伤残年金给付}}{\text{参保人数}\times\text{职工平均工资}}$$

为了保持费率的稳定性，需要根据收入现值与支出现值的平衡公式，对能保持长期平衡的缴费费率进行估计。

（四）生育保险基金的费率计算

生育保险是为女职工因怀孕及分娩所需的医疗保健费用，或因此而暂时无法工作导致的收入损失提供保障的保险。生育保险基金将为已婚女职工提供带薪产假和生育所需的医疗费用。在确定了生育津贴和医疗费用的支付标准后，就可对生育保险基金的年度支出作出估计，根据以支定收、收支平衡的筹资原则，即可确定相应的缴费费率。

生育保险基金的年度支出有怀孕分娩所需的医疗费用和生育津贴两部分，其中：

年度生育医疗费用=育龄期女职工人数×生育率×平均生育费用

年度生育津贴支出=育龄期女职工人数×生育率×津贴平均支付月数×月均生育津贴

根据收支平衡原则可得：

$$生育保险缴费费率=\frac{年度生育医疗费用+年度生育津贴支出}{参保人数\times职工平均工资}$$

如果要维持生育保险基金长期内的收支平衡，只需根据支出现值和收入现值的平衡公式就可以估计出长期的缴费费率。

第三节　社会保险基金的财务状况和偿付能力分析

一、社会保险基金的偿付能力分析和精算评价

（一）社会保险基金的偿付能力和现金流量

社会保险计划一旦确定，该计划的基金应该在各个期间都能够兑现预先作出的承诺。能够兑现所有长期责任的社会保险基金被认为有偿付能力，否则被认为无偿付能力。由于社会保险基金在支付各种保险金时大都采用现金支付的方式，当我们考察社会保险基金的偿付能力时，资金的流动性也是需要考虑的重要事项。有时社会保险基金虽然拥有大量的准备金，但如果这些准备金及其利息收益在需要支付各类开支时无法及时变现，基金即使有偿付能力也是没有意义的。

对社会保险基金来讲，常见的投资渠道包括购买国债、企业债券和股票，对外放贷，还包括购买土地和房地产等。在考察社会保险基金的流动性时，可以看出，社会保险费是用现金形式缴纳的，政府对社会保险基金的财政补贴，除了采用贷款或债券形式外，也主要采用现金补贴的形式。与此相反，利息和股息收入则完全依赖于投资的资产，如要将其变现则需要做一些专门的安排。与此相应，还应该注意到由于社会保险基金管理有一定的规定和程序，社会保险费的缴纳和基金的实际收取之间还有一定的时间差。因此，社会保险基金通常要保留一定的流动资产（如一定的现金或活期的银行存款）作为工作资产，以便在基金面临无法预料的收入延迟时也能使保险金的给付不受影响。为此，在下一个支付期限前，基金必须留足应付当期各项支出所需的流动资产。

（二）社会保险基金的偿付能力管理和精算评价

在对社会保险基金进行精算评价时，要根据对预期花费和保险金给付支出的准确估计采取相应的财务措施。当社会保险基金的财务管理人员在考虑现金流量方面的问题时，上面提到的对预期花费和保险金给付的准确估计能够提供许多有用的信息。由于从

常规来讲，社会保险基金预期的保险金给付支出有逐年增加的趋势，基金管理者应该对上述问题加以重视，以保证基金的现金流能够应付上述情况。

社会保险基金的准备金由流动资产和非流动资产组成，而且资产的流动性会随着时间的推移而发生变化。流动资产常见的表现形式包括基金的现金收益、流动的股东权益和红利、到期的债券和可调换的资产等。在不同的时期，基金管理者需要根据不同的情况将新近产生的流动资产重新聚集或分配。有关基金的现金流量如何与支出相匹配的问题，可以利用随机过程（stochastic process）这样一个数量分析工具来解决。

当社会保险基金的预期缴费收入超过预期花费时，基金的现金流呈现非负的平衡。只要预期缴费能够按期收取，则不会有流动资产方面的短缺。此时，基金管理者就可以将主要精力放在如何选择最优的投资方式及其组合上，以使基金的投资收益达到最大。

如果预计社会保险基金会出现负的现金流，即基金的现金收入不足以弥补所有的支出，此时如果基金的给付水平和缴费费率不作出相应的调整，就必须作出其他的预算安排来弥补支出超出缴费的部分。

在社会保险基金的投资中，国债投资往往占有很大的份额，由于国债的转让和出售都比较困难，为了避免频繁的资产变现对基金造成的冲击，必须预先估计出现金短缺会出现在什么时候，再据此合理地选择国债到期日或赎回时间。实际工作中为了保证上述策略能够成功实施，社会保险基金管理机构和国家财政之间必须进行有效的合作。

在面对人口老龄化问题时，许多国家的经验表明，一旦社会保险基金出现了负的现金流，这种趋势就会持续下去，而且会逐渐恶化。在进行精算评估时，基金的准备金完全耗尽的时候，也就是精算模拟中为了弥补各类支出将所有的准备金都完全变现的时刻。但实际上不是所有的资产都能够随意变现的，往往在准备金耗尽之前，就会因为流动资金的缺乏使社会保险基金面对偿付能力不足的问题。

一旦社会保险基金出现偿付能力不足的问题，由于无法按期支付社会保险金，就会造成严重的社会问题。为了建立公众对社会保险基金的信心，许多国家都将政府干预作为最后的解决方案。但是，政府干预只能为基金控制各种支出并恢复偿付能力提供必要的时间，政府财力也很难承担社会保险基金的长期债务和责任，这将导致严重的财政赤字。如果社会保险计划没有覆盖全体国民，则政府的干预还会导致收入从未覆盖人群向覆盖人群转移，产生不公平。

要控制基金的成本，只能从增加收入和减少支出两方面做文章。通过对社会保险基金的精算评价，精算师往往会提出几种不同的措施和方案来改善社会保险基金的财务状况。基金管理者可以在上述方案中作出选择。对社会保险基金进行系统的改革或调整往往需要经过一个较长的时间和过程，否则突然的改变会对参保人产生较大的影响。

二、社会保险基金财务状况和偿付能力分析的工具

为了保持社会保险基金长期稳定地发展，必须对其财务状况进行定期的分析和评价，其中最重要的是对基金的偿付能力进行测量和评价。对社会保险基金进行精算评价的目的，是根据评价结果重新建立起在将来都能够保证其偿付能力的缴费水平。在许多情况下，对社会保险基金长期偿付能力的要求，可以通过对其财务状况指数的监控来实现。下面我们就对几个反映社会保险基金财务状况和偿付能力的财务状况指数进行深入分析。

（一）预备知识

对社会保险基金来讲，基金的收入有两个重要来源，即参保单位和职工缴纳的保险费以及基金提取准备金的投资收益。首先，我们要熟悉以下的表达方式：记 F_t 为基金在 t 年末提取的准备金；I_t 为基金在 t 年内的总收入，包括 t 年内基金的保险费收入 C_t 和 t 年内基金的投资收益 R_t；E_t 为 t 年内基金的总支出，包括 t 年内保险金给付支出 B_t 和管理费用支出 A_t；S_t 为 t 年内参保单位和职工登记的缴费工资；P_t 为 t 年内参保单位和职工的缴费费率；i 为基金所提准备金的投资收益率（假定在一个较长的时间内都能保持恒定）。

为简单起见，假定社会保险基金所有的支出和收入都在年中发生，若已知投资收益率、缴费工资、缴费费率和各项费用支出，则根据以上定义，社会保险基金的总收入和投资收益可由下式算得：

$$I_t = C_t + R_t$$

$$R_t = \left(\sqrt{1+i} - 1\right)(C_t - E_t) + iF_t$$

$$\Delta F_t = F_t - F_{t-1} = I_t - E_t$$

$$C_t = P_t S_t$$

从以上等式可以得到：

$$F_t = (1+i)F_{t-1} + \sqrt{1+i} \cdot (C_t - E_t)$$

利用上述递推公式，就可以根据上一年度基金提取的准备金计算下一年度需要计提的准备金。从上面公式可以看出，计算将来所需的准备金时需要 S_t、E_t、P_t、F_t 和 i 等

几个独立变量。

（二）社会保险基金的财务状况指数及其精算解释

标准化的财务状况指数能够克服直接利用保险费收入和支出进行比较的不足，在反映社会保险基金的财务状况和长期偿付能力以及进行基金的财务状况比较时都有非常重要的作用。常见的财务状况指数包括现收现付的费用率（pay-as-you-go cost rate）、准备金比例（reserve ratio）和平衡比（balance ratio）。

1. 现收现付的费用率

t 年内基金的现收现付费用率，记为 $PAYG_t$，定义式为：

$$PAYG_t = \frac{E_t}{S_t}$$

这一指数可以看成是假定社会保险基金的所有支出都来自保险费收入时，应付所有支出所需的筹资比例。由于 $E_t = B_t + A_t$，现收现付费用率也可以写成净现收现付费用率（Net PAYG rate，又称现收现付的保险金率，常用 c_t 表示）和现收现付的管理费用率（PAYG administrative cost rate，常用 m_t 表示）之和：

$$PAYG_t = \frac{E_t}{S_t} = \frac{B_t}{S_t} + \frac{A_t}{S_t} = c_t + m_t$$

而且，净现收现付费用率还可以写成以下两个因子的乘积：

$$c_t = d_t \cdot r_t$$

在上式中，d_t 被称为人口构成依赖比（demographic dependency ratio），是年内领取保险金的人数和缴费人数之比。r_t 被称为替代比或替代率（replacement ratio），是年内基金的平均保险金支付额和平均缴费工资额之比。

从上面的公式可以看出，如果社会保险基金的缴费人数相对于保险金领取人数较少，或者平均保险金给付额相对于平均缴费工资较高时，净现收现付的费用率就较高。如果在一个较长的时间内替代比没有显著的变化，则人口构成依赖比是影响社会保险基金现收现付费用率长期发展的重要因素。因此，如果社会人群的平均年龄有较快的增长，则会导致现收现付费用率的快速增长。

2. 准备金比例

社会保险基金 t 年内的准备金比例记为 a_t，定义式为：

$$a_t = \frac{F_{t-1}}{E_t}$$

该指数代表了社会保险基金年初提取的准备金与当年所有支出的相对比例。准备金比例被当成是衡量社会保险基金短期偿付能力的指标。例如，当保险金是按月给付时，则社会保险基金在每个月初时至少要保持足以维持一个月保险金给付的准备金额度，即大约是基金当年年度支出的9%左右。

在上式中，如果准备金提取的时点不在年初而在年末，则 a_t 定义式相应地变为：

$$a_t = \frac{F_t}{E_t}$$

3. 平衡比

t 年内社会保险基金的平衡比或称平衡比率记为 b_t，当 R_t 始终为正时，b_t 的定义式为：

$$b_t = \frac{E_t - C_t}{R_t}$$

基金的平衡比表示了超过目前社会保险缴费水平的费用支出相当于预期投资收益的比例。在某一特定年度内，如果缴纳的社会保险费超过了支出总额，就不需要动用基金的投资收入。相反，如果缴纳的社会保险费不能应付所有的支出，则必须动用基金的投资收入来维持各类开支。因此，平衡比这一指数说明了预期的投资收入中因为要用来支付各种花费而必须保持流动性的资金比例。

平衡比这一财务状况指数的重要作用在于它的值可以形象地说明社会保险基金长期的财务状况及其变化趋势。当平衡比 $b_t<0$ 时，可推出 $E_t<C_t$，此时基金的保险费收入超过了各项花费的总额，因此不需要将基金的投资收入变现。当平衡比 $b_t=0$ 时，可推出 $E_t=C_t$，此时基金的保险费收入恰好抵补各项支出，社会保险基金处于现收现付状态。当 $0<b_t<1$ 时，$C_t<E_t<I_t$，此时基金的保险费收入不足以支付各项开支，但是如果考虑到基金的投资收入，仍然可以维持正的平衡。当 $b_t=1$ 时，可得到 $E_t=I_t$，此时基金的保险费收入加上投资收入刚好等于各项支出。当平衡比 $b_t>1$ 时，可得 $E_t>I_t$（$\Delta F_t<0$），此时基金所有的收入之和仍小于支出，平衡是负的（出现赤字），准备金会逐渐减少。

（三）社会保险基金财务状况指数在费率调整中的应用实例

通过对社会保险基金的精算评价，为了保证基金的偿付能力，有时必须根据该项基金预期的保险费收入和费用支出情况制定出新的缴费费率。上述三个财务状况指数在社会保险基金征缴费率的调整中有非常广泛的应用。许多国家的经验表明，根据上述财务状况指数，特别是准备金比例和平衡比，可以对社会保险基金的缴费费率进行有效的调整。如在美国的老年、遗属和残障保险（old age，survivors and disability insurance，OASDI）中，可以根据消费指数（consumer price index，CPI）对保险金给付水平进行调整，但相关法规却规定，如果该基金的准备金比例（又称 OASDI 信托基金比例）在年初时小于 20.0%，则保险金给付水平的调整只能取消费指数和工资增长系数中的较小者。OASDI 信托基金的董事会还采用了一个短期的试点，要求 OASDI 信托基金的准备金比例在以后的 10 年中至少要等于 1。

在德国的雇员强制养老保险中，基金的缴费费率每年都要重新确定，以保证到年底时除了联邦财政援助外，可流动的准备金至少可以支付一个月的预期花费，这相当于要求该项基金的准备金比例必须超过 1/12，即 $a_t \geqslant 0.09$。

在日本，监管部门规定在确定雇员养老保险基金未来的缴费费率时必须符合以下规定：①该项基金的缴费费率每 5 年增加一个固定的额度；②当基金支出方面的增长幅度稳定以后，基金将采取平准费率缴费；③基金每年都要保持正的平衡；④必须设立一定数额的准备金以应付无法预料的经济变化。根据规定①和②，将来的缴费费率 P_t 由下式算得：

$$p_t = p_0 + \Delta p\{[(t - t_0)/5] + 1\} \qquad (t_0 \leqslant t \leqslant T - 1)$$

$$= p_{max} \qquad (t \geqslant T)$$

式中 t_0 是进行精算评价的基线年度，p_0 是基线年度的缴费费率，p_{max} 是缴费费率的最大值，Δp 是每 5 年缴费费率的增加值，T 是达到最高缴费费率的最终年度。$[x]$ 是取整运算。规定③和④相当于要求 $b_t \leqslant 1$ 而且 $a_t \geqslant a_0$，其中 a_0 是满足上述准备金比例要求的最小值。

第四节　精算报告与社会保险基金的精算监管

一、社会保险基金精算报告及其重要意义

从前面的分析可以看出，利用各种精算技术对社会保险基金的财务状况和偿付能力进行分析，是社会保险基金管理中的一项重要工作，也是关系广大人民群众切身利益的一件大事。遗憾的是，由于精算分析方法的复杂性和社会保险基金财务信息并未完全公开，上述工作不是每个人都可以做的。为此，社会保险基金监管机构或政府的其他主管部门往往要求其所属的精算机构，或委托其他独立的精算师事务所对社会保险基金进行

定期的精算分析，然后出具相应的精算报告（actuarial report）并借助媒体向社会公开。

精算报告是精算师在对各类财务保障计划进行精算分析后，表达其专业结论和建议的正式的书面文件。精算报告不但详细记录了精算分析中所用的分析方法、计算过程和各种精算假定，还如实记录了分析中发现的问题以及精算师对上述问题提出的解决方案和建议。因此，对社会保险基金进行定期的精算分析并公开发布精算报告，是社会保险基金管理特别是社会保险基金精算监管中一项非常重要的工作。

在撰写精算报告之前，精算师要对社会保险基金的成本和债务情况进行估计，描述其精算状态（actuarial status）并评估有关新政策的实施和外界各种影响因素的变化对该项社会保险基金精算状态的影响。在此基础上，精算师通过精算报告这一正式的书面形式，回答公众关心的有关该项社会保险基金的基本财务状况以及长期偿付能力等相关问题，表达对该项社会保险基金的收支情况以及财务状况是否安全等问题的专业看法。由于精算师具有社会公认的良好的专业素养，精算分析中又保持了相对独立的分析和评估程序，能在一定程度上满足广大人民群众和有关媒体要求了解社会保险基金管理信息和基本精算状态的普遍愿望。

二、社会保险基金精算报告的主要内容

社会保险基金精算报告应当简明扼要并符合逻辑地表达出精算师通过对社会保险基金精算状态的分析得出的最后结论。此外，精算报告还应明确表明进行计算和分析的是具有一定专业技术资格的精算师，指出进行精算分析所依据的主要信息来源和其他补充材料。一份合格的精算报告应主要包括以下 10 个方面的内容。

（一）任务范围

要求精算师对社会保险基金精算状态进行分析并出具精算报告的一方，称为委托方。在精算报告中，应当对委托方要求进行的任务给予详细的说明，分析任务的本质和可能的局限性，包括委托方要求中包含的强制条件和相应的限制、时间方面的约束、数据是否可得等。应当注意的是，下面所说的精算报告的预期目的应与委托方提出的任务范围相一致。

（二）预期目的

在社会保险基金精算报告中应该对报告所要达到的预期目的有一个清楚的描述。必要时，还要说明其他一些分析目的为什么是不恰当或是不可能实现的。对预期目的的所

有描述都应与委托方所要求的任务范围一致，而且，应当详细说明报告在应用上的限制条件。

（三）数据信息的可靠性

社会保险基金精算报告应当明确说明所用的各类信息、文件和数据及其来源的可靠性。此外，还要核实精算师的分析是不是独立的。

（四）限制条件

在社会保险基金精算报告中，要明确说明那些因为所用方法和精算假定所导致的报告在应用上的局限性。还应明确说明那些需要除外的情况、计算中无法证实的结果、缺乏可靠性的数据、最近或即将发生的变化、时间上的约束和其他一些要考虑的因素。

（五）基金计划简介

社会保险基金精算报告中要对所评价的社会保险计划或社会保险基金的基本情况做出一定的描述，包括保险计划和基金的由来、筹资方法、缴费费率、保险金给付水平和覆盖人群等基本情况。

（六）计算和分析结果

社会保险基金精算报告应当准确说明计算分析的结果。结果的具体形式可能是一个点估计，也可能是一个可信区间或是一个结果表。此外，还应说明对计算中所用检验方法的适用范围和深度，包括所用的敏感性检验方法、计算依据的时间段和进行计算的具体时点等。

（七）精算方法

社会保险基金精算报告中应详细描述所用的精算方法。如果是精算师以外的其他人选择的方法，精算师有义务据实说明方法的真正来源。此外，精算师还应说明方法的基本特征，包括选用方法的合理性、精算方法与财务方法的一致性、是否适合分析的要求以及社会保险计划的保障特点等。

（八）精算假定

在社会保险基金精算报告中，精算师应当说明各个精算假定的合理性，既包括各个假定是否合理，又包括各假定之间的关系是否合理。此外，精算报告还应详细说明各个精算假定确定的依据。在描述精算假定时要注意以下几点：

1. 如果某项精算假定是由精算师以外的人确定的，报告必须据实说明假定的真实来源。

2. 如果精算假定是依据判断和以往经验作出的，精算报告必须说明作出假定的有关依据。

3. 如果因为长期的发展趋势、社会经济环境变化和社会保险计划方面的原因，某些精算假定与最近的经验已有所区别，精算报告中必须对导致精算师选择这些精算假定的原因作出相应的说明。

4. 如果精算假定中利用了其他来源的数据和专家意见，精算报告必须说明这些信息的相应来源和选择它们的原因。

5. 如果在计算和分析的截止日后，精算师发现了任何可能使精算假定发生变化的事件，在精算报告中必须对该事件及其相应的影响进行详细描述。

（九）结论和建议

精算师根据委托方的要求确定出具体的工作范围，利用相关的数据和分析方法进行分析和计算后，应在精算报告中如实报告计算和分析的结果，并针对分析中发现的问题提出相应建议。应该注意的是，结果的报告和建议的提出应针对委托方的要求，并认真考虑社会保险基金监管部门及公众和媒体所关心的有关问题。

（十）精算标准和精算师的职业资格

在精算报告中还应对报告涉及的特定精算术语与名词作出解释，这些术语和名词应该满足最新的专业标准，对社会保险基金评估后撰写的精算报告，应该符合社会保险精算的专业标准。此外，在精算报告中还要对精算师具有的专业经验和职业资格作出相应的说明。

三、编制社会保险基金精算报告的注意事项

（一）情况变化对报告的影响

如果在对社会保险基金进行评价过程中或计算分析完成后，某些情况已经发生了变化，在精算报告中必须对上述改变对结果的影响加以评估和说明，包括对分析计划、分析方法和所用精算假定的影响等诸多方面。

（二）报告的使用者

精算师在撰写精算报告时必须对报告可能的使用者有所估计，包括直接和间接的使用者。精算报告在陈述精算信息和意见时必须考虑使用者的理解能力。对社会保险基金

进行评价的精算报告，既要照顾到严格的基金监管者，又要照顾到那些没有专业经验又不懂精算术语的有关人员。

（三）偏离标准的情况

由于社会保险基金本身的特点，有时候精算师必须对那些与预先设立标准有显著差异的方法或过程加以校正。在撰写精算报告时，必须对这些偏离标准的情况及其对结果的影响加以说明。

（四）精算师的职责和法律责任

精算师在提供精算报告时，应清楚注明精算师对该报告应负的责任，还应清楚注明精算师本人提供的补充信息和解释程度，或引用其他资料用于提供的补充信息和解释程度。在精算报告中还应对所有引用资料的来源作出说明。精算师对其所做的精算报告负责，但对引用的其他资料来源不负责。“引用其他资料”指使用这些资料而不承担责任。除了受适用的实务标准限制或禁止的资料以外，精算师可以引用任何其他资料。任何一份书面的精算报告必须由对其负责的精算师署名签字，但精算师和组织各自的责任不受签字形式的影响，签字中可包含精算师所隶属的组织名称。

四、我国社会保险基金的精算监督

我国从20世纪80年代开始在全国范围内推行社会保险制度改革，数十年来，社会保险制度改革从养老保险向失业、工伤、生育和医疗保险等领域逐渐扩展，到目前为止，已基本建立起了一个统一、规范的全方位、多层次的社会保险体系。为加强基金的监督管理，我国政府也出台了一系列相关的法律法规和政策文件。如1997年7月《国务院关于建立统一的企业职工基本养老保险制度的决定》提出基本养老保险基金实行收支两条线管理，1999年1月国务院颁布的《社会保险费征缴暂行条例》对社会保险基金的管理和监督又进一步提出了明确的要求。经国务院批准，财政部、劳动和社会保障部于2001年12月公布了《全国社会保障基金投资管理暂行办法》，规定了全国社会保障基金投资的范围和渠道。劳动和社会保障部等七部委于2002年7月联合下发的《关于加强社会保障基金监督管理工作的通知》，要求各有关部门进一步加强社会保障基金管理，确保基金安全。财政部、劳动和社会保障部、中国人民银行于2006年3月批准了规范社会保障基金境外投资运作的《全国社会保障基金境外投资管理暂行规定》，2006年9月劳动和社会保障部又发布了《关于进一步加强社会保险基金管理监督工作的通知》。

2011 年 7 月施行的《社会保险法》对社会保险基金管理与监管作出重要规定。

从机构建设上看，早在2004 年，劳动和社会保障部就在直属单位社会保险事业管理中心设立精算处；2013 年 11 月，党的十八届三中全会通过的《中共中央关于全面深化改革若干重大问题的决定》首次提出养老保险坚持精算平衡原则；2013 年人力资源社会保障部印发《关于加强社会保险精算工作的意见》，明确了社会保险精算工作的指导思想、基本原则和主要内容，提出夯实基础工作、建立报告制度、加强成果应用等主要任务。

上述监管措施在目前的情况下是非常必要的，也取得了显著的成效。随着社会保险基金筹资模式的转变和监管技术的进步，对社会保险基金财务状况和偿付能力进行精算监督将成为监管工作的重点之一，精算师和精算技术就显得格外重要。有关精算科学和精算技术在社会保险基金管理中的重要作用已经在本章前面的内容中做了介绍，而精算监督在社会保险基金管理中的重要性也要引起大家的重视。

要对社会保险基金进行有效的精算监督，除了要建立和完善前面介绍的精算报告制度外，还有另外一个不容忽视的重要因素，就是精算师。精算师是集数学、统计学、经济学、投资学及保险学于一身的高级专业人才，随着我国保险业的快速发展，精算师这一职业已经越来越受到社会的重视。我国保险法规定，在中国境内营业的保险公司，必须聘用一名金融监管部门认可的精算师，并建立精算报告制度。对精算师而言，社会保险领域特别是社会保险基金管理，为中国的精算师们提供了更为广阔的发展空间。同时，社会保险基金监管机构也要注意培养一批社会保险的精算人才，使得社会保险每一个计划的出台和每一项政策的实施都能经过精密的测算、严密的构思，从而实现社会保险基金的收支平衡。同时，要对社会保险基金运营的每一个项目进行严格的评估和预测，从而减少社会保险基金运营的风险。

为了加强对社会保险基金的监督管理，应进一步加强基金管理和监督的法治建设，特别是加强有关精算监督方面的法律法规建设，包括社会保险基金管理中的首席精算师或总精算师制度、对社会保险基金进行定期精算评价制度和精算报告制度等。总之，只有充分发挥精算师和精算科学的作用，对社会保险基金的征缴、支付、结余管理和基金运营等环节进行规范，做到公开、透明和安全，才能有效地规避和防范基金财务方面的风险，确保基金的安全运行，切实做到社会保险基金安全、保值和增值。

补充阅读一

全国政协委员提出重视社会保险精算

《中共中央关于全面深化改革若干重大问题的决定》提出，实现基础养老金全国统筹，坚持精算平衡原则。精算是以概率论和数理统计为基础，综合运用人口、经济等相关学科的知识，对财务保障方案未来的收支、债务水平和运行风险进行评估，使财务保障方案能够稳定运行的数量分析方法。我们认为，缺乏制度保障是拓展精算技术应用的难点。我国《社会保险法》尚未明确规定社会保险领域需应用精算技术，通篇法律文本中找不到“精算”二字，在论证政策决策、运行监控及评估等制度方面，也没有相关的具体要求，客观上也缺乏精算相关人才的引入机制，使得社会保险精算在发展过程中处于一个举步维艰的阶段，这是一个很大的缺憾。随着社会保险制度规范化、科学化水平的提高，建立并实施社会保险精算制度势所必然。为此，建议：

1. 重视社会保险精算。建议修订《社会保险法》，增加社会保险精算、坚持各项社会保险精算平衡的原则。要从体制上突出精算在社会保险政策制定和经办管理中的重要地位，明确规定社会保险精算的工作内容、职责、程序和质量要求。各级政府领导必须重视精算工作，要尊重正确的定量分析结果，并积极采纳以定量分析为基础提出的政策建议。如同保险精算对于保险公司的重要程度，每一级社会保险决策部门和经办机构应配置社会保险精算师，每年对各统筹地区制度运行进行精算分析，预测未来发展趋势，对相关政策定期进行适度调整。

2. 编制社会保险年度精算分析报告，提交各级人大常委会进行审议。就某一统筹地区而言，需要根据本地实际，选择若干重点项目，进行定量分析，再积极创造条件，逐渐增加定量分析的项目，提高分析水平，扩大应用范围，增强定量分析结果对决策的影响力。对制度的参保、缴费、受益人口规模及其结构，以及基金的收入、支出和结余进行研究，分析影响收支平衡和基金结余的因素。对于积累制和现收现付制的社会保险分别进行精算分析，提交年度精算报告，提交各级人大常委会进行审议。

3. 对于重要社会保险法律法规中所涉及的具体政策参数和数据，应提交精算分析报告，送各级人大常委会进行审议，时机成熟时向全社会公布。这包括现行制度中养老保险法定缴费15年的测算，养老金待遇计发的月初数（如60岁退休月初数为139个月）的测算，工伤保险的行业缴费率测算与浮动费率的确定，医疗保险起付线、封顶线、比例共付的规定，失业保险和生育保险缴费率测算等。

4. 加快培养社会保险精算人才。大数据时代面临的最大挑战是数据分析人才，特别是高端精算、统计和数据挖掘人才短缺。增加精算与风险管理新专业，建立社会保险精算师资格证书制度。

资料来源：根据全国政协委员、对外经贸大学保险学院孙洁教授 2015 年全国政协十二届三次会议提案整理。

补充阅读二

发达国家社会保险精算报告制度形成路径（节选）

随着我国人口老龄化程度日益加深，养老、医疗等社会保险领域的财务平衡问题已成为约束社会保险制度可持续运行的主要风险。社会保障制度完善的发达国家普遍建立了社会保险精算报告制度，通过定期公布精算报告，对人口结构变化趋势、基金收支缺口等参数进行预测、评估，确保社会保险基金顺利运转。本文通过比较英国、美国、德国和日本的社会保险精算报告制度模式，为我国探索建立社会保险精算报告制度提供一些启示。

从 1911 年《国民保险法》的颁布到贝弗里奇福利国家思想诞生，英国是世界上最早建立福利制度模式的国家，但随着社会福利的“刚性”增长，社会保障支出逐渐超过了经济增长速度，成为经济发展和制度运行的掣肘。鉴于此，英国成立了政府精算署，通过社会保险精算分析，提供专业的福利开支预测和政策建议。英国的精算署独立运作，定期向国会提交未来 50 年或更长一段时间的社会保险项目财务精算报告，主要包括人口结构、缴费率及相关政策参数的变动所产生的财务收支影响。同时，提供社会保障待遇或缴费政策短期变动时的精算论证。作为全球第一个社会保险精算机构，英国精算署还凭借其权威性和专业性有偿为其他国家的政府部门和相关机构提供社会保障及职业养老金的精算咨询。在社会保险精算技术和专业人才培养方面，英国精算师协会定期举办社会保险精算师考试与认证，精算师通过考试和认证后，每年仍需接受后续项目培训，以保证精算报告的质量。值得一提的是，在英国，精算师收入不菲，有 3 年以上工作经验的精算师年收入可达 5 万英镑，高级精算师的年收入超过 8 万英镑，而一旦成为首席精算师，其年收入 10 万英镑左右，还能享受其他多项福利。

美国作为较早创造“社会保障”术语的国家，其投保资助型社会保障模式以综合性和全民化为特点，社会保险精算部门主要是社会保障署和社保基金信托委员会。根据社会保障法案的规定，社会保障署下设的社会保险精算办公室负责向国会提供两类社会保险基金精算评估报告：一类是每年的短期精算评估报告，主要测算3~5年内的基金收支盈余或缺口情况，为财政预算服务；另一类是长期精算评估报告，主要评估未来75年的基金发展趋势，预测宏观经济、人口等因素对社会保险基金财务的影响。在精算人才培养方面，除了美国的高校开设风险管理与精算学科外，北美精算师协会是国际上最权威、拥有会员最多的精算师组织，专门负责精算考试和资格认证，向全球招募人才，通过在职教育的方式提高精算师解决金融、保险、财务等领域问题的能力，在社会保险政策制定和调整中发挥着举足轻重的作用。

德国的投保资助型社会保障体系包括以社会保险为主体的社会保障制度和以公决权为中心的劳资合作制度。因此，其保险机构数量众多，法律文件十分繁杂，德国的社会保险精算制度也以基本法律的形式写进《社会法典》各分册之中。1992年德国正式建立了社会养老保险精算报告制度，与其保险机构相对应，精算机构设置呈现以劳动社会事务部为主，社会咨询委员会、联邦议院和联邦参议院以及联邦保险局等多主体参与的特点。其中，劳动社会事务部负责编制每年的养老保险报告，社会咨询委员会对报告进行鉴定并提出建议，再由联邦议院和联邦参议院负责审核并向社会公示，最后联邦保险局负责根据报告实施调整相关政策费率。

日本社会保险一直由政府主导，监管权力和职能都由中央统一管理。随着日本人口老龄化及雇佣制度、家庭结构的变化，日本“国民皆保险、皆年金”的体制出现了很大的财务危机，如何保障社会保险基金来源已成为日本政府面临的最严峻问题之一。因此，日本开始效仿美国商业保险以偿付能力为中心的监管，建立了以政府机构牵头，保险公司内控为基础，社会中介机构监管、行业自律为辅的一整套具有本国特色的社会保险精算监管体系。其中，政府监管职能由厚生劳动省承担，并设有专门的精算事务处，按照法律规定，至少每5年公布一次关于养老保险财务运行状况的精算报告，为政府养老保险制度的改革提供精算建议。在精算人才选拔上，日本精算师资格考试分为基础科目考试和专业科目考试两部分，检验从事精算工作人员的专业知识及解决实际问题的能力，以维持他们的专业素养。

资料来源：中国社会科学报，2018-11-05.

深度阅读

1. 人力资源和社会保障部社会保险事业管理中心. 社会保险精算分析模型操作手册［M］. 北京：中国劳动社会保障出版社，2012.

2. 孟生旺，等. 精算学基础［M］. 北京：中国人民大学出版社，2016.

3. 王晓军，等. 保险精算原理与实务（第五版）［M］. 北京：中国人民大学出版社，2021.

4. 郑秉文. 中国养老金精算报告2019—2050［M］. 北京：中国劳动社会保障出版社，2019.

5. 杨再贵，等. 中国企业职工基本养老保险精算报告［M］. 北京：中国劳动社会保障出版社，2019.

6. 杨再贵，等. 机关事业单位工作人员养老保险精算报告［M］. 北京：光明日报出版社，2020.

本章小结

做好社会保险基金管理工作是整个社会保险事业取得成功的关键，而精算科学则是社会保险基金长期、稳定运行的基础和数量依据。社会保险基金管理中精算工作的主要内容既包括基金短期内成本与债务的估计和费率确定，又包括基金的长期精算平衡分析。不管采用哪一种基金筹资方式，都必须做好基金成本和债务的估计，在此基础上才能确定合理的缴费费率。对社会保险基金进行精算评价的目的，是根据评价结果重新建立起在将来能够保证其偿付能力的缴费水平。对社会保险基金长期偿付能力进行监控可以通过对其财务状况指数的监控来实现，常见的财务状况指数包括现收现付的费用率、准备金比例和平衡比。精算报告是精算师在对各类财务保障计划进行精算分析后，表达其专业结论和建议的正式的书面文件。对社会保险基金进行定期的精算分析并公开发布精算报告，是社会保险基金管理特别是社会保险基金精算监督中一项非常重要的工作。加强对社会保险基金的监督管理，特别是对社会保险基金的精算监督，是确保基金安全运行的关键。

重要概念

社会保险精算　社会保险费率　财务状况指数　偿付能力　精算报告　精算监管

复习思考题

1. 如何理解精算在社会保险基金管理中的重要作用？
2. 社会保险基金管理中精算工作的主要内容是什么？
3. 社会保险费率计算的原则和方法是什么？
4. 反映社会保险基金财务状况和偿付能力的常见指标有哪些？
5. 社会保险精算报告有哪些主要内容？
6. 结合我国社会保险基金的现状，谈谈如何做好基金的精算监督工作。

第九章 社会保险基金管理的国际经验

第一节　国际社会保险基金发展概况及特征

20世纪90年代开始，人口老龄化对社会保险长期收支平衡造成压力成为共识，不同层次的社会保险筹资模式从现收现付制向基金制转型一度成为国际潮流，由此带来社会保险基金在全球的迅猛发展。其中，拉美国家和东欧转型国家成为新古典自由主义学派试验其基金制筹资主张的试验场，一时成为社会保险基金管理关注的焦点。但是，伴随着对人口老龄化认知的不断深入，理论界和实务界已然形成基金制不能对人口老龄化"免疫"的新共识，而2008年金融危机后的国际投资环境低利率的"新常态"等现象也佐证了这一点，由此社会保险基金管理的国际实践开始步入新阶段，安全性与收益性并重的要求成为困扰基金管理的新问题，也将持续成为未来若干年国际社会保险基金管理不断求索的新议题。

一、国际社会保险基金管理发展概况

（一）社会保险基金的规模

传统欧美国家社会保险制度大多实施现收现付的财务机制，虽然规定建立一定数量的流动准备金以应付社会保险金支付的波动，但基金的数量和规模受到一定限制，基金管理主要体现为对收支结余基金的管理。在1990年以来的社会保险制度改革进程中，伴随私营养老金的兴起、部分国家将基本养老金转型为基金制等改革实践，以基金积累为基础的社会保险基金得到了前所未有的快速发展，社会保险基金从数量到规模获得了显著发展。在2008年金融危机后基金管理出现了若干新趋势，其长期积累下的庞大规模在部分国家（地区）已然成了不可忽视的巨额资本积累，部分国家（地区）社会保险基金

规模已经接近或超过其当年 GDP 的规模，并持续增长（见表 9-1、表 9-2）。

表 9-1　　OECD 国家社会保险基金占 GDP 的比重　　（单位：%）

国家	2009 年	2019 年	国家	2009 年	2019 年
丹麦	159.4	219.7	葡萄牙	13.3	20.7
荷兰	108.8	194.4	爱沙尼亚	8.2	18.5
冰岛	118.6	178.2	墨西哥	12.6	18.5
加拿大	114.5	159.5	拉脱维亚	6.0	16.7
瑞士	126.8	158.7	西班牙	12.5	13.0
美国	112.1	150.3	斯洛伐克	6.2	12.6
澳大利亚	84.8	137.5	挪威	7.2	10.9
英国	72.6	123.2	意大利	4.7	10.9
瑞典	51.6	99.9	法国	8.0	10.6
智利	61.8	80.8	捷克	5.5	8.8
以色列	43.8	63.9	立陶宛	4.1	8.3
芬兰	50.2	59.5	波兰	13.3	8.0
爱尔兰	—	38.2	德国	5.3	7.5
比利时	24.1	35.2	奥地利	4.9	6.1
新西兰	11.6	31.1	匈牙利	12.9	5.4
日本	29.5	28.6	土耳其	0.9	2.9
韩国	8.5	28.2	卢森堡	2.3	2.8
哥伦比亚	13.4	26.7	希腊	0.0	0.8

注：表中“—”表示数据无法获得。

资料来源：根据 OECD Global Pension Statistics 历年数据整理。

表 9-2　　非 OECD 国家和地区社会保险基金占 GDP 的比重　　（单位：%）

国家和地区	2009 年	2019 年	国家和地区	2009 年	2019 年
曼恩岛	—	201.0	哥斯达黎加	7.6	31.6
南非	74.7	95.1	克罗地亚	9.2	30.0
列支敦士登	50.3	88.4	乌拉圭	14.0	28.4
纳米比亚	77.4	86.0	科索沃	14.2	27.8
新加坡	59.0	85.1	巴西	18.9	26.2
马耳他	0.5	49.1	秘鲁	18.9	22.6
中国香港	31.6	44.4	巴布亚新几内亚	18.0	16.9
博茨瓦纳	46.9	42.5	哈萨克斯坦	—	16.5
萨尔瓦多	28.5	40.8	马拉维	8.8	15.0
牙买加	20.9	33.5	保加利亚	4.3	13.6

续表

国家和地区	2009 年	2019 年	国家和地区	2009 年	2019 年
多米尼加	10.5	13.1	亚美尼亚	0.3	3.8
肯尼亚	11.0	12.9	赞比亚	2.8	2.8
苏里南	—	12.6	印度	0.2	1.9
马尔代夫	2.0	11.6	中国	0.7	1.9
北马其顿	2.1	11.2	印度尼西亚	1.8	1.8
乌干达	—	9.2	埃及	1.9	1.5
坦桑尼亚	—	8.3	格鲁吉亚	—	1.2
圭亚那	6.2	8.3	安哥拉	—	0.8
泰国	5.3	7.3	巴拿马	0.5	0.8
尼日利亚	3.4	7.0	塞尔维亚	0.2	0.8
罗马尼亚	0.5	6.3	马来西亚	—	0.2
俄罗斯	5.3	5.6	阿尔巴尼亚	0.0	0.2
加纳	1.7	5.0	乌克兰	0.1	0.1
毛里求斯	2.0	4.6	巴基斯坦	0.0	0.1

注：①哥斯达黎加于 2020 年加入 OECD。

②表中“—”表示数据无法获得。

资料来源：根据 OECD Global Pension Statistics 历年数据整理。

截至 2019 年，在 37 个 OECD 国家中，有 8 个国家社会保险基金规模超过当年 GDP 规模。其中相对规模（对比当年 GDP 总量）最高的三个国家分别为丹麦（2.2 倍）、荷兰（1.94 倍）和冰岛（1.78 倍）。此外，加拿大、瑞士、美国、澳大利亚、英国养老金资产规模均超过 GDP 规模，而瑞典则以 99.9%的规模几乎与 GDP 持平。非 OECD 国家和地区中基金规模能超过 GDP80%以上的仅有曼恩岛、南非、列支敦士登、纳米比亚、新加坡，总体基金规模在相对数上显著低于 OECD 国家。巨量的基金积累有赖于其发达的私营养老金体系，无论是体现于美国、英国、加拿大、荷兰发达的职业或个人养老金，还是体现于瑞典强制性的个人账户养老金，制度结构对基金规模的影响无疑是首要的。与之相对的，在私营养老金体系不够发达的老牌 OECD 国家（如德国、法国），其社会保险基金规模便非常“保守”，德国社会保险基金仅为 GDP 的 7.5%；而非 OECD 国家和地区中，经济增长迅速但私营养老金不够发达国家，其基金规模相对经济体量同样不成正比，例如中国基金规模仅相当于 GDP 的 1.9%。从绝对数量看，美国养老金资产规模高达 32.2 万亿美元，位居 OECD 国家榜首，英国和加拿大则紧随其后，显然，基金规模相当于 GDP 的比重高，且经济体量自身也庞大的国家，其基金规模将巨大。

（二）社会保险基金管理中政府的角色

不管选择何种模式，在社会保险基金管理过程中，政府均发挥着非常重要的作用。一般而言，存在几种选择。一是政府发挥直接的管理作用。如中央公积金模式即是强调政府集中管理的作用，虽然具体运作由董事会组织实施，但政府干预的成分更大。二是由政府立法强制实施，建立严格的投资规则、投资限制，委托有关中介机构实施基金的投资运营与管理。三是政府严格立法，允许私营竞争的社会保险基金专门机构按照市场规则进行运作。四是在集中管理模式中采用私营管理并按市场规则运行。一些国家通过改革，正试图构建政府管理框架，限制投资过程中直接的政治干预，保持投资的相对独立性。

值得重视的一个发展趋势是，大多数西方国家在社会保险制度改革的过程中，政府对社会保险基金管理的直接作用在弱化，如限制基金投资限额、放松投资管理、鼓励私营机构更多地参与。当然，通过严格立法、严格规则仍是基金管理的重点。相反，对一些非西方国家尤其是东南亚国家而言，由于不同的社会、经济、政治、文化和制度环境，政府在社会保险基金管理中的作用要直接和重要得多，并且基金投资的范围、种类、方式等都颇具特色。显然，在政府对社会保险基金直接管理的模式中，应高度重视监督体系、自律机制的构建，防止政府官员的腐败和社会保险基金的流失和挪用。

二、国际社会保险基金管理的新特点

20 世纪 90 年代以来，受多种因素的制约，全球社会保险制度框架经历着自创建以来最重要的一次变革，那就是走向基金化。在这一过程中，发达国家普遍通过多层次社会保障制度构建，发挥基金制在补充养老保险等领域的作用，从而积累了大规模的社会保险基金和大量的管理经验；而部分发展中国家则在多方力量的推动下尝试将基金制扩展到基本社会保险的实践中，也开启了社会保险基金快速发展之路。但是，进入 2000 年后，尤其在 2008 年国际金融危机之后，欧债危机、新冠肺炎疫情等“黑天鹅事件”频发使社会保险基金管理步入反思阶段，呈现出一些新的特点。

（一）社会保险基金管理呈多元化发展趋势

1. 欧美国家社会保险基金管理的市场化发展

欧美国家在 20 世纪 90 年代开始实施以构建多层次社会保险制度为特征的改革，鼓励发展补充养老保险计划，广泛引入基金制模式和个人账户机制，探索私营机制在基金管理层面的应用空间。因此，逐步放松政府管制，致力于向市场化方向的调整改革，是欧美国家社会保险基金管理的一个重要特点。由于各国国情的制约，在向市场化的发展中，呈现出不同的调节步伐，如英国从20世纪80年代起就较大幅度地突出补充养老保险计划的作用，并在基金投资方面较早放松限制，在基金管理的私营化方面迈出了较大步伐。澳大利亚、荷兰、瑞士等国致力于发展多层次模式中的私营化管理的基金制模式，基金资产相当于GDP的比重均超过100%。美国社会保险私有化改革的几个方案中，均强调放松对社会保险基金的投资限额，建立个人账户机制，大力发展401k计划；强调基金运营与管理，呼吁改革社会保险基金主要投资于国债的现有格局，逐步提高社会保险基金参与金融市场投资的比重。2008年金融危机后，国际金融环境进入“黑天鹅事件”频发的不稳定阶段，发达国家开始制定适应市场环境变化的新监管策略，强调基金投资的安全性，限制临近退休人群养老基金的投资组合，强化最低收益保障策略。

2. 拉美、东欧国家社会保险基金发展从兴盛到退守

20世纪90年代以来，由于智利模式的影响，阿根廷、秘鲁、墨西哥、乌拉圭等拉美国家和波兰、匈牙利、捷克等东欧国家以更快的步伐建立起市场竞争性的社会保险制度，将基金制广泛引入基本保障的建构中。主要是组建养老保险基金管理公司，严格立法规范，实施市场化的运作等，呈现出远比欧美国家更快的发展走势，成为这一时期国际社会保险备受关注的热点，并对带动和影响世界其他国家实施社会保险基金的私营化、市场化改革发挥了重要作用。但是，伴随2000年后对基金制的认识进一步深入，以及国际金融危机对基金投资的负面效应，目前不少拉美、东欧国家已经将其基本养老保险建构方式从基金制向现收现付制转回，秘鲁、阿根廷、哥伦比亚、乌拉圭、玻利维亚、尼加拉瓜、厄瓜多尔、匈牙利、波兰、拉脱维亚、保加利亚、克罗地亚、爱沙尼亚、俄罗斯、立陶宛、斯洛伐克、罗马尼亚、马其顿均在2002—2017年终止了“智利模式”，并且有13个国家的终止时间发生于2008年后。① 拉美、东欧国家的改革和再改革，是对基金制作用于社会保障的一次试验和反思，一方面呈现了宏观经济金融环境对社会保险基金管理发展的核心支撑，另一方面厘清了基金制在社会保障制度发展中的功能、边界与约束条件。

3. 东南亚国家集中管理的公积金模式仍在继续发展

与欧美、拉美和东欧国家主张分散、竞争性社会保险基金管理不同的发展路径，是

---

① 宋晓梧，王新梅．职工基本养老保险个人账户占比不宜提高：与周小川先生商榷［J］．社会保障评论，2020（3）．

东南亚国家尤其是新加坡和马来西亚实施的集中管理的公积金模式。它强调政府在社会保险基金管理中的主导作用，运用社会保险基金在促进经济发展和实现社会政策的双重目标方面，取得了举世瞩目的绩效，呈现出与众多国家有明显差异的社会保险基金管理轨迹。尽管近年来受经济全球化的影响，新加坡放松了基金的投资限制，但仍继续坚持相对集中的基金管理发展模式，这对于东南亚各国的社会保险基金管理产生了重要的影响。

（二）社会保险基金规模持续扩张

尽管金融危机触发了对社会保险基金管理的反思，但是坚持基金制的国家其社会保险基金规模仍然保持增长，基金积累的规模效应和时间价值得以充分体现。如前所述，截至 2019 年，社会保险基金资产占 GDP 的比重超过或接近 100% 的国家有：丹麦（219.7%）、荷兰（194.4%）、冰岛（178.2%）、加拿大（159.5%）、瑞士（158.7%）、美国（150.3%）、澳大利亚（137.5%）、英国（123.2%）；超过 GDP 规模 50% 的国家有：瑞典（99.9%）、智利（80.8%）、以色列（63.9%）芬兰（59.5%）。37 个 OECD 国家中，19 个国家养老基金资产占 GDP 的比重超过 20%。与 2009 年相比，除波兰、匈牙利等由于制度改革而造成的基金规模缩小外，绝大多数国家社会保险基金规模都有显著的扩大。[①] 养老保险基金将成为影响一国经济乃至国际金融市场最重要的社会保险基金。直接导致社会保险基金资产较快增长的主要原因有三：其一，部分欧美国家和转型国家实施从现收现付制向个人账户基金制的调整，如智利、墨西哥等拉美国家建立和维持强制型基金制 DC 计划，而丹麦、瑞典等高福利国家在引入和扩展基金制计划。为应对人口老龄化挑战实施的基金制养老保险制度的重大调整，无疑增大了社会保险基金的规模及其在经济中的重要性。其二，多数欧美国家加大了对第二层次补充养老保险计划的税收优惠政策力度，促进了补充养老保险的快速发展。2003 年，在 30 个 OECD 国家中，有 22 个国家对补充养老保险缴费及投资收费实施 EET 的税优政策，美国养老基金规模已超过 30 万亿美元。虽然受 2008 年金融危机影响，以及 2011 年欧债危机影响，各国养老基金均有不同幅度的缩水，但纵观 2000 年以来的发展趋势，养老基金的扩大仍然是显而易见的。其三，社会保险基金规模的变化与其投资策略密切关联，尤其是与股票投资及与股票相关产品的投资策略密切关联。如受 2008 年金融危机影响，许多国家的投资收益受到了很大的打击，出现大量负数投资收益，例如美国和澳大利亚在 2008 年的投

① OECD. Pension at a Glance, 2020.

资收益率均低于-20%，爱尔兰低于-30%；而金融危机以及随之而来的欧债危机，对养老基金投资的负面影响，至今仍未完全消除。2008—2012 年的养老基金平均投资收益，仍然有多个国家处于负数。例如匈牙利（-0.4%）、希腊（-1.3%）、英国（-1.5%）、波兰（-2.3%）、澳大利亚（-2.6%）等。当投资环境变好后，投资收益又再度回归正轨，例如，欧债危机影响平复后，2015—2016 年所有 OECD 国家基金投资收益除冰岛、墨西哥、捷克外，均能回归正的实际投资收益，有 10 个国家的实际投资收益率高于 4%。[①]

（三）社会保险基金监管问题备受重视

人口老龄化的严峻挑战，政府社会保险支出的不断攀升，促使各国不断调整现收现付的社会保险制度，转向基金制或部分基金制，扩大了社会保险基金规模，而多层次社会保险模式越来越成为各国在 21 世纪的目标模式，第二、第三层次保险模式获得了重要的发展机遇，经济全球化和亚洲金融危机的特定经济环境促使各国高度关注社会保险基金监管问题。很显然，社会保险模式的转换和客观经济环境的变化，使基金管理的模式选择、具体运作方式、监管手段等成为普遍关注的热点问题。从世界银行到许多国家社会保险研究机构，都专门对社会保险基金管理、保值增值、经济影响及若干配套政策进行全面系统的研究。欧盟组织近几年在基金管理的理论和政策方面取得了重大进展，为社会保险基金监管提供了重要的理论和政策准备，并将在基金监管方面迈出重要的实质性步伐。

（四）在收益和安全间取得平衡

在近年来社会保险基金管理的实践中，受经济全球化和经济自由化趋势的影响，欧美国家、拉美国家和一些东欧国家均不同程度地放松了对社会保险基金投资项目的限制，但金融危机和随后而来的低利率环境又对安全与收益的平衡提出了新要求。对基本养老保险基金投资，平均来看，股票和债券依然是最集中的投资渠道。以 2018 年为例，有 7 个发达国家或地区的股票投资占比超过债券。部分国家青睐公债投资，以求更好的安全性，例如阿尔巴尼亚、匈牙利、捷克，公债占到了债券投资的 85%以上，公债投资对于金融市场不够发达的国家或地区而言是一个较能平衡安全和收益的投资措施。

（五）应对低利率“新常态”

2008 年的金融危机以及随之而来的欧债危机，是国际社会保险基金投资的转折点，宏观经济环境的恶化使基金投资陷入可预见的长期低利率“新常态”，而基金投资收益

---

① OECD. Pension Markets in Focus, 2017.

率的低迷则使社会保险基金投资不得不在确保安全的情况下尽可能谋求更多的增长渠道。尝试更多的从债券转向股票投资、从传统投资方式转向非传统投资方式、增加海外投资，都是这一理念下的基金投资新特征。总体而言，中小市场更加青睐更多地投资股票，从而获得更高的收益；而在规模最大的几个基金市场则倾向投资于另类投资工具，例如巴西养老基金投资于私募股权，加拿大养老基金投资于土地和房地产，英国和美国的多样化投资等。[①] 大部分国家对于养老基金投资另类投资工具设置了比例上限。而智利等国放宽海外资产的投资渠道也是一种提高收益、分散风险的方式。很显然，这些新的投资渠道具有不同于传统投资的风险特征和监管要求，对监管部门提出了更高的要求。

（六）养老保险基金与资本市场的互动创新成为广泛关注的热点领域

全球养老保险规模和结构的变化，使养老保险基金与资本市场的互动发展及创新成为21世纪各国关注的热点研究领域。一方面，养老保险基金的发展将推动资本市场的现代化进程；另一方面，养老保险基金管理的绩效也有赖于资本市场的完善程度和养老基金投资工具的适用性。

养老保险基金参与资本市场的深度和广度对资本市场的规模、结构及金融市场的制度和金融工具创新产生重大的影响作用。2000年OECD国家有30%以上的金融资产来自积累的养老保险基金，荷兰、瑞士养老基金的资产规模超过其资本市场金融资产的50%，而英国、美国为33%。养老保险基金的资产分布和投资组合，对资本市场的结构及效率产生直接的影响。2018年多数OECD国家养老基金投资债券的比重仍占主导地位，例如捷克占76.9%，匈牙利占60.1%，墨西哥占75.6%，挪威占54.2%，智利占58.4%，以色列占65.1%，希腊占58.7%。2018年养老保险基金投资股票份额较大的国家有波兰（85.2%）、比利时（41.5%）、智利（40.8%）、澳大利亚（58.2%）、芬兰（39.5%）。[②] 纵观2008年金融危机之后的养老金资产投资组合，不难看出股票投资在收缩。养老保险基金资产分布的变化与调整，既反映出养老保险基金影响资本市场结构的程度，又反映出资本市场自身变化与养老保险基金投资组合调整的相互关联。

需要指出的是，养老保险基金是促进全球金融创新的主要力量，养老保险基金促进了资产抵押债券的发展，如结构性金融工具和金融衍生产品的广泛应用，指数基金零息

---

① OECD. Pension Markets in Focus, 2015.

② OECD. Pension at a glance, 2018.

债券的出现等。养老保险基金的积极参与促进了一些发达国家由银行导向型的金融市场结构向证券导向型的金融市场结构发展，催生了金融体系的结构性制度变迁。过去30多年间资本市场的持续繁荣，为基金制养老金计划的推行提供了直接动力。20世纪90年代以来，许多国家一方面改进资本市场结构以促进长期发展，另一方面着力促进金融市场由以银行为中介向以资本市场为中介的转换，这种现象不仅在英、美等资本市场相对完善的国家出现，在一贯以银行为主导的德、意等国也有积极的行动。事实上过去30多年间，德国一直致力于积极的立法进程推动本国资本市场的繁荣和健全。

可以预见，以养老保险基金为主导的最大的社会保险基金将在未来的20年中，对金融市场的制度变迁与结构调整产生重大的影响，将引领金融市场的重大结构性调整，催生出一系列旨在服务于退休储蓄目标的长期性债券及指数化退休债券等金融工具创新，以提供兼顾安全性和收益性、服务于养老保险基金的投资载体，这正成为欧美发达国家加速发展的一个重要趋势和特点。

同时，稳健有序的金融体系和完善的资本市场又是养老保险基金实现保值增值目标的重要约束条件和必备的制度环境。但受经济全球化、金融混业经营及一体化、网络技术化等因素的影响，资本市场及金融体系的稳定受到多方挑战，金融市场的风险正在积累和放大。而全球性社会资本及内生信任机制在当代的脆弱性，更使金融体系和资本市场的制度构建成为必须高度重视的发展议题。努力寻求养老保险基金与资本市场的良性互动，创新养老保险基金管理体系，对一国及世界经济的稳定均具有至关重要的决策价值。

（七）加快构建金融混业背景下社会保险基金投资监管体系

在未来的10~20年中，社会保险基金参与金融市场的深度和广度将超过以往任何时代。无论是社会保险基金资产分布与投资组合，还是社会保险基金投资模式的选择，都会对一国乃至全球金融体系产生重要的影响。而金融体系自身的结构、风险分布及控制策略，又必然对规模宏大的社会保险基金的运营绩效起着关键性约束作用。因而，加快构建金融混业背景下社会保险基金投资监管体系，构成欧美发达国家基金管理中的一个重要特点。丹麦、日本、韩国、挪威、冰岛、英国、新加坡、瑞典等国都已实现银行、证券、保险业的混业监管，而澳大利亚、加拿大、丹麦、冰岛、挪威、英国和瑞典已在不同程度上实行对社会保险基金运营的混业监管。[①] 在金融混业背景下，构建社会保险基金监管体系的积极作用表现在：①混业监管有利于促进社会保险基金的稳定运行，提高运营的规模效应，提升监管绩效。社会保险基金的有效运转，离不开稳健有序的金融市场体系。②有利于更好地实现对消费者的保护政策。社会保险基金投资领域日益渗透到银行和证券行业，混业监管有助于对基金的资产分布进行更为慎重的监测，通过多部门的综合协调，促使实现社会保险基金安全运营的目标，最大限度地保障社会保险金领取者的利益。③有利于更公开更透明地掌握社会保险基金运营的信息。

通过完善组织构架，制定监管规则，关注市场运营，实施信息披露，提出监管标准，完善纠错及调整机制，促进稳健、公平、公正的监管平台的建设，构成国际社会保险基金监管的重要方面。近年来，欧美国家在完善金融混业背景下的社会保险基金监管方面，进行了一些有益的探索。受各国金融制度、养老金体系、法律制度及监管传统等自身法律制度条件的制约，社会保险基金的监管呈现不同的特征。社会保险基金监管的一般过程包括机制准入、评估机制、分析机制、干预机制、纠正机制、沟通机制等。美国的社会保险基金监管非常重视沟通机制的作用，呈现出较少干预的特征；而智利、墨西哥、匈牙利等国的社会保险基金监管体系，则高度重视上述几个监管环节的作用，呈现出较强的干预性和综合监管的特征，[②] 对养老保险基金运营的严格监管，可能与这些国家资本市场不完善、养老金体系不完善、法律法规不完善等密切相关。

（八）社会保险基金投资向海外延伸

长期以来，大多数欧美国家限制社会保险基金向国外投资，平均投向海外的养老保险基金不超过总资产的16%。比利时、丹麦、葡萄牙和法国等国规定了投资于公共债券的最低限额和投资于股票的最高限额。由于国内金融市场的压力和基金规模的日益扩大，一些欧美国家也谋求社会保险基金向海外投资的新的发展策略。根据风险组合理论，通过基金投资的国际化趋势，分散投资风险，在不牺牲投资收益的条件下，最大限度降低非系统风险。德国、英国和美国基金性投资分散风险的经验表明，海外投资在一定程度上可降低多项收益的波动性。20世纪90年代中期以来，欧美国家寻求养老保险基金向新兴市场国家的投资，一方面通过综合性的资产组合，降低投资组合风险；另一方面增大基金投资回报的机会。由于OECD国家比拉美和东欧国家的投资收益和风险均

① Demaestri, Fierro. Intergrated financial Supervision and Private Pension Funds. OECD Supervising Private Pension, 2004.

② Hinz. Understanding International Practice in Pension Supervision. World Bank, 2004.

要低，促使大量国际资本流向新兴市场国家，推动金融市场的更快发展，提升企业财务管理技术和更大程度的开放策略，促进对外贸易和经济增长。近年来，一些欧美国家、拉美国家和东欧国家放松了对外投资的限制，并将此视为应对人口老龄化挑战的一项重大策略性调整。目前社会保险基金海外投资最发达的当数欧洲国家或者以欧元为主要货币的国家，部分国家的海外投资是其社会保险基金投资方向的绝对主流。例如荷兰有81%的养老金资产投资于海外资产，而立陶宛为76%，斯洛伐克为75%，芬兰为72%，爱沙尼亚为66%，葡萄牙为64%，意大利为59%，斯洛文尼亚为53%。[①] 这些国家通常国内资本市场规模较小，需要以海外投资实现基金的保值增值。

第二节　国际社会保险基金管理的比较分析

各国社会保险基金在具体运作过程中，一般涉及几个基本问题，即如何进行管理、何种机构进行管理、投资政策和投资组合方面有何经验教训等。

一、社会保险基金的管理方式与机构

社会保险基金管理方式和机构因不同国家的社会保险模式选择、制度安排和运行机制上的差异性而形成种类甚多的管理方式及机构设置。实施多层次社会保险模式的国家，一般对第一层次即对国家基本养老保险计划的管理，采取由社会保险机构直接管理或委托社会保险信托基金进行管理的方式。对第二、第三层次的保险基金，则存在多种管理方式。如瑞典建立第一、第二、第三基金局，负责管理补充养老保险基金的运作，同时接受议会和政府有关部门的监督，其中第一基金局负责国家、地方政府等机构的补充养老保险基金，第二基金局管理私营大中型企业的补充养老保险基金，第三基金局主要管理私营企业主和自营劳动者的基金。基金局的基本职责是使养老保险基金在长期内取得较高投资收益，保持基金的流动性，分散投资风险，确保基金的安全。基金局成员由地方政府官员、工会、企业组织、消费者机构、自营劳动者代表和由政府任命的代表组成。基金局局长由政府任命，在基金局成员难以达成一致的决议时，局长可行使决定权。管理费由基金支付。对公积金和社会保险基金的管理一般是由基金管理局实施，并由企业、工会和政府三方组成基金管理局，局长由政府任命，大多数情形由财政部官员

① OECD. Pension Markets in Focus，2015.

担任。财政部和中央银行对社会保险基金管理具有极为重要的作用。基金管理局作出重要的投资决策之后，就由下属的基金投资委员会负责评估和监督实施。聘请外部资产管理经理和精算师实施社会保险基金投资只是少数情形。需要指出的是，社会保险基金管理机构的设置同一国的体制结构及其变化关系十分紧密，如韩国全国养老保险基金管理委员会在1998年调整为由卫生部部长担任主席，成员由11人增加为20人，包括财政部副部长及劳动部相关人员、基金公司主席、3位企业和职工代表、6位海员及其行业代表和2位养老保险专家。这一调整的主要原因是亚洲金融危机导致财政部地位的下降，保障范围的扩大需要有新行业的代表参加管理等。

社会保险基金管理机构实施基金管理与投资政策，必须服从有关法律规定和投资规则。如韩国20世纪80年代初规定，养老保险基金的2/3自动成为财政部的特种贷款；而美国规定所有社会保险基金必须投资于非交易性政府债券；印度1998年规定，90%以上的基金只能投资于政府债券或由政府担保的项目，只允许10%以内的基金按不同等级投资于私人公司债券。

在一些国家要求社会保险基金投资要遵循指导性投资原则，以实现某种社会与经济发展目标，如毛里求斯规定30%的社会保险基金必须投资于经济与社会发展的薄弱领域，即使这类投资的收益会遭受某种损失，目的在于强调通过社会投资改进人们的生活水平，而不是强调以提供养老保险金为目标。社会保险基金投资于一些经济发展项目是不少发展中国家较为普遍的投资策略，如土耳其国家计划局直接参与社会保险基金投资领域，约旦在国家发展计划中适度考虑社会保险基金的投资项目。社会保险基金直接投资于一些结构更新项目和国有企业，如突尼斯要求社会保险基金投资于设备贷款，埃及通过发展银行实施投资计划。但是，这类投资的收益甚微，几乎都低于基金市场的投资水平。

社会保险基金投资于住房是一种较流行的形式。政府通常强迫养老保险基金购买住房抵押债券，或直接提供购买住房贷款项目。如在1960—1970年，瑞典政府扩展了建房计划，通过中央银行安排相当数额的养老保险基金购买低息住房债券，满足政府住房政策目标。社会保险基金投资于住房项目，也是相当数量非洲国家普遍选择的投资项目。有关研究表明，对社会保险基金投资方面的种种限制，通常导致基金向政府的借贷。而政府乐于借用社会保险基金的目的可能在于：第一，社会保险基金的盈余通常可以预测，政府可以较易用于弥补可预计的政府赤字；第二，社会保险基金购买非交易的债券，缺乏透明的市场价格机制，有助于政府降低借贷成本；第三，财务会计的现行操作方式也有利于通过基金购买政府债券的方式减少政府的债务。

二、国际社会保险基金投资组合与投资收益概述

（一）国际社会保险基金投资组合情况

在社会保险基金投资的安全性、收益性、流动性原则的主导下，债券、股票和现金存款一直是国际社会保险基金投资的三个主要渠道，其中，大多数国家社会保险基金投资组合中债券和股票是此消彼长的两个最重要的资产组合。截至2019年，37个OECD国家中，有34个国家股票和债券的投资比例综合超过了所有投资类别的半数以上。而在OECD观察的其他非OECD国家（地区）中，80%以上国家的股票和债券投资占比占据所有投资组合的大半江山。因此，各国社会保险基金的投资表现大多数情况下取决于其股票和债券市场的表现。其中，股票和债券投资占比最高的国家包括智利（99%）、多米尼加（97%）、墨西哥（96.6%）、爱沙尼亚（96.4%）、尼日利亚（96.4%）、罗马尼亚（96.3%）。

股票和债券既可能直接投资，也可能经由集合投资计划（collective investment schemes，CIS）实现间接投资。值得注意的是，受限于多数集合投资计划中具体投资类别无法直接观察，因此如瑞典、美国等集合投资计划比例很高的国家，其实际投资股票和债券的比例可能比观察到的更高。集合投资计划的广泛适用也增大了基金监管和风险控制的难度。一般而言，大多数国家和地区社会保险基金投资结构中的股票和债券投资存在比较显著的此消彼长关系，相对而言，债券投资多于股票投资的国家或地区更多一些，但在中国香港地区、博茨瓦纳等，股票投资在总投资组合中占比超过了60%。

在直接债券投资中，部分国家主要投资于公共债券（以下简称公债），例如阿尔巴尼亚、马尔代夫、塞班岛等公债投资占到直接债券投资的九成以上，捷克和以色列则占到了85%以上。与之相对的，也有部分国家不青睐公债投资，例如挪威的公债投资仅占债券直接投资的21.4%，新西兰则仅有12.2%。需要指出的是，投资于公债可能只是部分国家的不得已之选。受限于国内资本市场的发展状况，政府债券可能是相对最可行的投资方式，例如阿尔巴尼亚最近才开设国内股票交易所，那么在此之前也不太可能投资除政府债券外的其他工具。此外，公债投资也是确保稳定可靠的养老金收入的重要来源，这对于部分具有较大的稳定支出压力的国家（如一些转型国家）具有重要意义，这意味着可以变相使用养老基金为当前养老支出提前融资。同时，还有一些国家对公债等

投资工具有明确的数量要求。

除了股票和债券外，现金存款也是一个比较固定的投资组合构成要素。2019 年捷克养老金资产有 22.9%投资于现金存款，法国占 34.5%。根据 2016 年数据，巴拿马的现金投资占到 43.4%。现金存款主要用于保障社会保险基金必要的流动性。

大多数国家的投资组合中，借贷、房地产、私募基金、另类投资方式的占比较低。但是，另类投资高风险、高收益、高灵活度的投资特征，也往往成为市场环境低迷背景下基金投资的新突破口，从而受到部分国家的关注。例如，瑞典的另类投资占比 35%，加拿大占比 37%，德国则有 41%投资于股票合同。房地产投资在瑞士和加拿大占比较高，分别占到了 20%和 12%。不过与之相对，也有很多国家和地区对房地产投资设立了非常严格的限制，如日本、墨西哥、秘鲁、俄罗斯、泰国、中国香港地区都不允许对房地产进行直接投资。需要注意的是，鉴于集合投资（CIS）的快速发展，房地产可能通过这类间接投资进入社会保险基金投资中，而通过这种方式投资高风险产品往往难以观察和干预。

近年来，部分国家对基础设施等长期投资项目的投资规则有所放松。例如，克罗地亚从 2014 年起允许其强制养老基金投资于基础设施建设和另类投资渠道。截至 2019 年，罗马尼亚养老金资产有 15%投资于基础设施建设。

纵观 2009—2019 年典型国家的投资组合，部分国家呈现出债券投资减少、股票投资增加的现象。在 51 个代表性国家中，有 17 个国家债券投资比例下降了超过 5%，而这 17 个国家中，股票投资比例平均上升了超过 10%。不过这并不意味着股票、债券之间的此消彼长一定是一一对应的，例如丹麦债券投资比例下降了 29%，但同期股票投资比例只上升了 8%。这显示出伴随着多元化投资方法的引入，股票、债券之外的非传统投资受到更多的关注。

投资组合的变化也与基金管理的方式有关，例如当参与者本身能较多干预或选择投资组合时，投资组合会显示出参与者自身的偏好。例如，中国香港地区的强积金投资组合显示出对成长基金的偏好，由此带来的是 2009—2019 年超过 50%的养老金资产投资于股票。此外人口年龄结构也可能对投资组合的发展趋势产生影响。智利、斯洛文尼亚、尼日利亚、拉脱维亚等遵循生命周期投资策略的国家就反映出因人口年龄结构变化而呈现的投资组合变化规律。

从绝对数量看，另类投资的规模有扩大的趋势，但投资组合相对比例变化不大。其中，瑞士的另类投资规模在 10 年间有较大的增长，从 27%上升到了 35%。37 个 OECD

国家中，有31个在2009—2019年增加了海外投资比例。海外投资的比例限制在秘鲁等国家也得到了放松，海外投资对于国内市场较小的国家而言，也有分散风险的效果。事实上，海外投资比重最大的国家一般为欧洲国家或国内资本市场规模较小的国家。数据显示，2019年度海外投资占比排名前十的OECD国家都是欧洲国家，或者用欧元作为主要货币的国家，其中包括马耳他（99%）、科索沃（92%）、立陶宛（90%）、荷兰（88%）、爱沙尼亚（84%）、拉脱维亚（84%）、斯洛伐克（77%）、葡萄牙（77%）、斯洛文尼亚（65%）、意大利（65%）。这些国家的国内资本市场规模较小，无法充分吸纳社会保险基金进行有效投资。[①] 不过海外投资也有其特殊的风险性，因此其他国内市场较小的国家，也有选择将社会保险基金资产主要投资于债券的。目前在代表性非OECD国家中，印度、埃及、多米尼加则完全禁止了海外资产投资。

（二）国际社会保险基金投资收益情况

国际社会保险基金投资以2008年金融危机为分水岭，呈现出一些新的投资特征，但社会保险基金依然从其长期积累中充分实现着资金的时间价值。从2008—2009年的大幅损失，到2015年持续的低利率环境影响，各国社会保险基金都在努力寻找保值增值的方式，近年来投资收益总体有所回升。2019年OECD各国实际投资收益（扣除投资费用后）达到8%，而典型非OECD国家（地区）平均实际投资收益为4%。从2019年年末加权水平看，OECD国家实际收益率达到了9.6%，非OECD国家（地区）则达到了6%。其中荷兰和爱尔兰投资收益率最高，分别达到了18.5%和13.7%。比利时、哥斯达黎加、瑞士、美国均获得了两位数的投资收益率。但是，投资收益波动依然是近期的常态，例如2018年第四季度全球股市低迷便造成了投资收益的显著下降，而2019年的投资收益上升部分也源于股市反弹。宏观经济环境是决定投资收益的本质因素。有观察指出，2019年中美贸易争端的缓和对全球股市有较为显著的正向影响，从而助推了2019年较好的投资表现。2019年，仅有少数国家基金投资收益为负。投资收益不理想的原因可能是多样的，例如捷克是由于其投资收益未能“跑赢”通货膨胀率，而波兰则因其国内股票市场过于低迷，部分非洲国家也受其较高的通货膨胀率拖累，养老基金收益有限。需要时刻牢记的是，社会保险基金投资必须着眼于长期持有带来的时间价值，由此分享长期经济增长带来的收益，而非“一时一地”的损益，更非“追涨杀跌”的快意。即使遭遇了金融危机和低利率时期的损失，但长期持有的社会保险基金依然在不断的稳

① Stewart. Despalins and Remizova，2017.

步增长当中。2009 年以来除了匈牙利和波兰外，所有 OECD 国家养老金资产增长率都为正。所有 OECD 国家以 5 年、10 年、15 年折算的实际年度基金投资收益均为正，在有据可查的 53 个国家中，2015 年以来各类养老基金的实际收益率均为正。

三、国际社会保险基金投资组合监管规则发展及典型案例

社会保险基金投资规则是政府对社会保险基金进行监管，确保其保值增值的核心手段。近 20 年来，社会保险基金投资监管的总体方式和策略较为稳定，监管政策有较强的延续性。数量监管和谨慎人监管依旧是两大主流方式，两者在投资规则设计层面呈现出鲜明的区别。

（一）当前国际社会保险基金投资规则发展概况

1. 数量监管和谨慎人监管

社会保险基金的投资规则框架在过去 20 年间变化不大，总体规制策略趋于稳定。数量监管无疑依然是规制投资的主流方式。在数量监管规则下，各国通常会对基金投资主体的投资类型及相应比例进行限制，其中最主要的投资渠道及相关限制是针对股票、房地产、债券、零售投资基金、私人投资基金、贷款和银行存款这几类。此外，依然有少数国家对任何资产类别都没有设置任何特定上限，主要基于谨慎人原则实施投资管理。在 OECD 国家中，澳大利亚、奥地利、比利时、加拿大、荷兰、新西兰、挪威、英国和美国（依据 1974 年雇员退休收入保障法制定的私营部门雇主资助计划）以及在 OECD 以外的马拉维目前实施谨慎人监管规则。在澳大利亚，虽然没有具体规定投资组合限制，但受托人必须考虑其资产配置的多样化。挪威自 2019 年以来，要求养老基金参照偿付能力Ⅱ[①]的审慎原则进行监管。在美国，雇员退休收入保障法下的私营部门雇主资助计划通常受受托人的审慎、忠诚和多元化的标准约束。

2. 对股票、债券的投资限制情况

对于股票，特别是非上市股票的投资，大多数国家对基金投资组合设置数量上限。有 21 个 OECD 国家和 38 个非 OECD 国家和地区对股票投资设有上限。但是，在某些国家或地区，该规定仅适用于选择养老金计划，如德国和韩国。德国的养老基金规定投资

① 偿付能力Ⅱ（Solvency Ⅱ）是欧盟对其成员国监管保险公司偿付能力所提供的一份监管指引，是欧盟对其成员国保险监管的统一要求和最低标准。欧盟推出 Solvency Ⅱ有三项目标：第一，推动欧盟保险市场一体化进程，促进保险公司之间的公平有序竞争；第二，提升保险公司的财务稳健性和竞争力，包括在困难情况下的生存能力；第三，更好地保护被保险人的利益。

上市股票不得超过35%，非上市股票不得超过15%；韩国规定职业养老金基金对上市股票的投资比例不得超过70%。一般而言，非上市股票的投资限额比上市股票更严格，例如芬兰养老基金对非上市股票的投资比例限制为10%，但公司养老基金和行业养老基金对上市股票的投资比例只需要不超过70%即可。

债券作为最受欢迎的投资工具之一，一般不会有太高的投资限制，尤其是作为最可靠的投资工具之一的政府债券，其投资限制往往十分宽松。例如，希腊养老基金对公司债券的投资有70%的限额，但对政府债券没有任何限制。同样，匈牙利没有对政府债券的投资设限，但公司债券的投资比例设置了10%的上限，抵押债券的投资比例上限则设在了25%。

3. 对其他投资工具的限制情况

除股票、债券这两种常见投资组合外的其他投资方式，一般会受到更加严格的限制。部分国家和地区完全禁止投资房地产、私人投资基金或贷款这类另类投资工具。例如，哥伦比亚、哥斯达黎加、捷克（参与基金）、意大利、日本（互助协会的养老金除外）、立陶宛、墨西哥、波兰、葡萄牙、土耳其、阿尔巴尼亚、亚美尼亚、克罗地亚（养老金基金）、格鲁吉亚（强制性养老金基金）、中国香港、印度、哈萨克斯坦、科索沃、马尔代夫、尼日利亚、北马其顿、巴基斯坦、秘鲁、俄罗斯（强制性计划）、泰国和乌拉圭等国家和地区均直接禁止投资房地产。需要注意的是，在上文列出的大多数国家和地区中，一般仅禁止直接投资和间接投资（通过债券和房地产公司股票投资房地产），但允许通过信托进行房地产投资。

对于海外投资，不同国家和地区的规制方式差异较大。不少国家不允许养老金基金在国外投资，例如多米尼加、埃及、印度、尼日利亚、乌干达和津巴布韦。也有部分国家和地区只允许在选定的地理区域进行海外投资，例如允许在OECD国家、欧盟受监管的市场或欧洲经济区进行投资。一些国家，如芬兰、冰岛、以色列、墨西哥和斯洛伐克，允许在被视为“合格”的国家进行投资，并且在某些情况下，允许在这些符合条件的国家进行无限制的投资。

当资产在不受监管的平台上交易时，发行人的地理位置可能会受到限制。例如，西班牙对养老基金在全球任意受监管的市场交易的资产没有设置任何限制。但是，如果西班牙养老基金投资于不受监管的市场交易，则只能投资总部位于OECD国家的公司发行的证券。对社会保险基金投资海外资产一般有两种主要的限制方式：一是对资产类型等级进行限制；二是对境外资产整体投资份额进行限制。例如，瑞士养老基金对海外投资的资产比例没有总体限制，但是资产投资于外国房地产的比例不得超过10%。在智利，每种类型基金对海外投资都有特别的规定，从基金E的不超过35%到基金A的不设限。不过，智利规定参加海外投资的五类基金的资产份额不得超过总资产的80%。

4. 投资比例、投资集中度、自我投资的相关限制情况

一般而言，各国社会保险基金对投资比例设限并非一概而论，可能因基金类型而有所差异。例如，在智利、哥伦比亚和秘鲁，个人可以加入不同的具有不同风险等级的社会保险基金类型。在最保守的基金类型中，养老基金可以投资于股票的比例非常低（如在智利上限为5%）。而对于风险较高的基金类型，限制投资股票的比例就会显著增加。与之相对，如果基金属于保守型基金，那么会要求将最大比例投资于债券。例如，在智利A~E五种养老基金选择类型中，基金E最多可以将其投资组合的80%投向政府债券。墨西哥自2019年12月起，开启了10种针对不同年龄群体的养老基金选择，根据不同年龄群体的风险耐受度来设计不同的投资组合限制。其中包含1支针对24岁及以下成员的基本初始基金，8支针对25~64岁人群的成年基金（每5岁分化1支），以及1支针对65岁或以上的成员的基金。这些基金的资产配置随着成员年龄的增长而变化，对于成员较年轻的目标日期基金，股票投资的限制比例会有所放宽。除去对部分投资工具设置上限外，部分国家也对某些投资工具设置了投资下限。在以色列，新养老基金和旧养老基金必须将至少30%的投资组合投资于指定用途债券。在新西兰，KiwiSaver基金默认投资基金选项需要投资至少15%成长型资产的投资组合。在巴基斯坦，养老基金通常包括若干子基金，如股权、债务和货币市场子基金，其中股票子基金必须将至少90%的投资组合投资于上市股票证券。在赞比亚，需要将不少于5%的资产投资于股票（同时对股票的投资也不能超过70%）。智利和哥伦比亚的股权投资也设置了相应的最低限额。

对于基金投资的集中度，部分国家和地区没有对单一发行的投资工具或发行人资质设置具体的限制，这些国家和地区包括OECD国家中的澳大利亚、奥地利、比利时、爱尔兰、日本、卢森堡、荷兰、新西兰、挪威、英国和美国，以及非OECD国家和地区中的直布罗陀、根西岛、马拉维、马尔代夫、苏里南、坦桑尼亚和乌干达。但是，投资的多元化依然受到充分重视。例如，澳大利亚、荷兰、日本均在投资规则中要求养老金基金应努力避免投资集中于特定的资产类别。而乌干达虽然对单一发行人的投资产品没有限制，但要求当对单一实体或集团计划投资额超过总资产价值的10%时向监管机构报告。

大多数OECD国家和非OECD国家或地区中，一般会明显限制或直接禁止自我投资

(投资于基金公司统一企业或集团自主发行的投资产品)。少数国家允许这类自我投资但有限制，例如，在瑞典职业养老金基金投资于与计划发起人属于同一集团的企业的比例不得超过10%。

5. 2000—2020年投资组合规制的总体趋势

随着时间的推移，大多数有关投资监管的立法变化导致限制放宽并允许养老金提供者有更多的自由裁量权。综合比较2001—2020年的投资法规，各国（地区）投资规则总体呈现放宽的特征。例如，加拿大在2005年取消了对外国投资的限制（投资组合的30%）。秘鲁的投资限制变得不那么严格，多年来逐步提高了外国投资的限额。2020年，一些国家进一步放宽了投资规定。例如，智利增加了投资另类投资工具的限制：基金A可投资10%~13%，基金B可投资8%~11%，基金C可投资6%~9%，基金D可投资5%~6%。哥斯达黎加授权的本地和国际风险基金投资比例限制达5%。多米尼加把对当地政府金融工具的投资比例从50%提升到了60%。中国香港地区去除了在选定批准的证券交易所上市的REITs的投资限额为10%的比例限制。墨西哥每季度逐步提高股票投资限额，从多基金结构过渡到目标日期基金。瑞士把投资类别为基础设施的10%比例限制与另类投资的15%比例限制分开。2020年在新冠肺炎疫情影响下，为避免投资规则对处于不利经济形势中的社会保险基金产生负面影响，部分投资监管规则得到一定程度的放宽。德国和波兰宣布，如果养老金给付未能满足某些投资限制也是可以接受的，以防止资产被紧急出售。德国联邦金融监管局（BaFin）宣布，如果违规行为是无意发生的，可以暂时允许养老基金投资超过25%的房地产投资限制。波兰金融监管局（KNF）则打算采取个案方法，并在养老金公司超过限制时调整其监管措施投资限额。

（二）典型国家养老基金投资规则案例

本部分选取在养老基金投资领域较有参考价值的三个代表性国家，对其养老基金投资限制进行简要介绍。

1. 澳大利亚

（1）养老基金类型：公司信托养老基金；行业信托养老基金；公开发售的信托管理零售基金；自主运营的养老金信托基金（SMSF）；公共部门职业养老金计划（通常对公共部门雇员是强制性的）；特批的存款型养老信托基金。

（2）养老金提供者在选定资产类别中的投资组合限制：股票，100%；房地产，100%；公共行政部门发行的票据和债券，100%；私营部门发行的债券，100%；零售投资基金，100%；私募投资基金，100%；贷款，100%（其他限制——不允许向成员及其亲属提供贷款或经济援助）；银行存款，100%。在以上条款外，除了禁止向成员及其亲属提供贷款或经济援助外，养老基金也不得将其资产的5%以上投资于内部资产。也就是说，除开例外情形，基金不得投资于或贷款给雇主担保人、成员或其同事。澳大利亚没有规定具体的投资组合限制，但是受托人必须确保提供给每个受益人的投资选择具有充分的多样化。此外，养老基金中的默认产品（MySuper 产品）必须具有独立、多元化或生命周期的投资策略。

显然，作为以谨慎人监管作为基本原则的代表性国家，澳大利亚对各种投资渠道不存在原则上的限制，运营者应基于谨慎人原则对信托养老资产进行妥善的、安全的、保值增值的投资。

2. 智利

智利成立养老基金管理公司（AFPs），设计五种投资限额、风险特征各有侧重的养老基金，分别将其命名为基金 A、基金 B、基金 C、基金 D、基金 E。以下是五种基金的投资组合限制规则。

（1）基金 A。对于非固定股权收入最高投资限额为 80%，包括上市公司股票、房地产公司股票、共同基金股票和投资基金股票等。对于打包成另类投资工具的房地产投资，最高不超过 13%，其中包括用于出租（包括租赁合同）的房地产（非住宅），也包括以私募股权、私募债权、共同投资为载体的房地产投资等。对于政府债券的投资最高不超过 40%，国内外可转换证券不超过 30%。零售投资基金原则上无限制，封闭式基金的承诺付款有 2%的限制。不允许投资私募投资基金。属于另类投资的贷款，如银团投资、私募股权、私募债权、共同投资等，不超过 13%。智利规定，自 2017 年 11 月起，AFPs 可以通过银团贷款向实体借钱。银行存款不超过 60%。除此之外，所有受限制的投资，包括某种债券、股票等，每种基金都有限制。股票的最低限额（可变收益证券）设在 40%。

（2）基金 B。对于非固定股权收入最高投资限额为 60%，包括上市公司股票、房地产公司股票、共同基金股票和投资基金股票等。对于打包成另类投资工具的房地产投资，最高不超过 11%，其中包括用于出租（包括租赁合同）的房地产（非住宅），也包括以私募股权、私募债权、共同投资为载体的房地产投资等。对于政府债券的投资最高不超过 40%，国内外可转换证券不超过 30%。零售投资基金原则上无限制，封闭式基金的承诺付款有 2%的限制。不允许投资私募投资基金。属于另类投资的贷款，如银团投资、私募股权、私募债权、共同投资等，不超过 11%。智利规定，自 2017 年 11 月起，AFPs 可以通过银团贷款向实体借钱。银行存款不超过 75%。除此之外，股票的最低限额（可变收益证券）为 25%。

（3）基金 C。对于非固定股权收入最高投资限额为 40%，包括上市公司股票、房地产公司股票、共同基金股票和投资基金股票等。对于打包成另类投资工具的房地产投资，最高不超过 9%，其中包括用于出租（包括租赁合同）的房地产（非住宅），也包括以私募股权、私募债权、共同投资为载体的房地产投资等。对于政府债券的投资最高不超过 50%，国内外可转换证券不超过 10%。零售投资基金原则上无限制，封闭式基金的承诺付款有 2%的限制。不允许投资私募投资基金。属于另类投资的贷款，如银团投资、私募股权、私募债权、共同投资等，不超过 9%。智利规定，自 2017 年 11 月起，AFPs 可以通过银团贷款向实体借钱。银行存款不超过 85%。除此之外，股票的最低限额（可变收益证券）为 15%。

（4）基金 D。对于非固定股权收入最高投资限额为 20%，包括上市公司股票、房地产公司股票、共同基金股票和投资基金股票等。对于打包成另类投资工具的房地产投资，最高不超过 6%，其中包括用于出租（包括租赁合同）的房地产（非住宅），也包括以私募股权、私募债权、共同投资为载体的房地产投资等。对于政府债券的投资最高不超过 70%，国内外可转换证券不超过 30%。零售投资基金原则上无限制，封闭式基金的承诺付款有 2%的限制。不允许投资私募投资基金。属于另类投资的贷款，如银团投资、私募股权、私募债权、共同投资等，不超过 6%。智利规定，自 2017 年 11 月起，AFPs 可以通过银团贷款向实体借钱。银行存款不超过 95%。除此之外，股票的最低限额（可变收益证券）为 5%。

（5）基金 E。对于非固定股权收入最高投资限额为 5%，包括上市公司股票、房地产公司股票、共同基金股票和投资基金股票等。对于打包成另类投资工具的房地产投资，最高不超过 5%，其中包括用于出租（包括租赁合同）的房地产（非住宅），也包括以私募股权、私募债权、共同投资为载体的房地产投资等。对于政府债券的投资最高不超过 80%，国内外可转换证券不超过 3%。零售投资基金原则上无限制，封闭式基金的承诺付款有 2%的限制。不允许投资私募投资基金。属于另类投资的贷款，如银团投资、私募股权、私募债权、共同投资等，不超过 5%。智利规定，自 2017 年 11 月起，AFPs 可以通过银团贷款向实体借钱。银行存款不受限。除此之外，股票的最低限额（可变收益证券）为 0，也即可以不投资股票。

显然，智利的五种基金投资规则，其风险属性呈现递减特征，在股票投资最低限额中，明显呈现基金 A>基金 B>基金 C>基金 D>基金 E 的特征。智利作为发展中国家，自然以数量监管为监管模式，但允许投资的类型较广，限制较少，总体比较鼓励市场化的资本运作。

3. 匈牙利

匈牙利养老金为私人自愿管理的养老基金（magánnyugdí jpénztár）。在对各投资渠道的限制中，非上市股票不超过5%。而上市公司股票的投资限额依据不同投资组合的类别设置，其中在保守组合中不超过10%，在平衡投资组合中不超过40%，而对增长投资组合则不加以限制。房地产直接投资不得超过5%，连同房地产投资基金合计不得超过10%。债券投资依据债券类别而分别设限，其中公共行政部门发行的票据和债券以及政府债券不做限制，匈牙利市政债券不超过10%，抵押债券不超过25%，国内外私营部门发行的债券分别不超过10%，同时国内外和市政债券合计不得超过30%。私募投资基金同样依据投资组合类型设限，其中常规投资组合不允许投资，平衡投资组合不超过3%且单个发行人不超过2%，增长投资组合不超过5%且单个发行人不超过2%。基金禁止投资于贷款。银行存款属于同一银行集团组织发行的证券和存款的总价值最多不超过投资组合的20%。

而另一种私人自愿性养老基金（önkéntes nyugdí jpénztar）的投资限制则有所区别。在对各投资渠道的限制中，非上市股票不超过5%，上市公司股票则不受限。房地产直接投资不得超过10%，其中涵盖房地产投资基金。债券投资依据债券类别而分别设限，其中公共行政部门发行的票据和债券以及政府债券不做限制，匈牙利市政债券不超过10%，抵押债券不超过25%，国内外私营部门发行的债券分别不超过10%，同时国内外和市政债券合计不得超过30%。私募投资基金中衍生基金不超过5%，风险资本不超过5%且每个发行人最多2%。贷款投资最多不超过5%。银行存款属于同一银行集团组织发行的证券和存款的总价值最多不超过投资组合的20%。同时，这一基金需要投资10%给在匈牙利成立的银行的股份。显然，第二种基金的投资范围更加宽泛，限制更小，同时具有直接刺激资本市场的要素。

第三节　社会保障储备基金管理的国际发展

社会保障储备基金是社会保险基金不可或缺的组成部分，但社会保障储备基金的功能定位较之于其他社会保险基金有显著不同，从而其投资方式、基金管理方式也异于其他社会保险基金。社会保障储备基金主要作为缓冲基金来应对受经济发展、人口结构变迁等冲击的社会保险基金可能产生的收不抵支的情况。储备基金作为应不时之需的准备金，其积累固然来源于投资，但其投资方式、投资管理有着更加多元化的特征，用于长期支付目的的储备基金往往能接受更高的投资风险以换取更优化的投资收益。不同国家的社会保障储备基金规模呈现较大差异，部分国家的储备基金规模甚至可能超过其他社会保险基金，如日本和韩国便是如此。本节关注社会保障储备基金的国际发展。首先，介绍当前社会保障储备基金的不同目标和特点。其次，考察储备基金是如何实现资产积累的。再次，归纳社会保障储备基金的规模和演变趋势。最后，评估从这些储备基金中提取资金的条件及金额。

一、OECD国家社会保障储备基金的建构目的及特征

社会保险基金的财务可持续性在一定程度上取决于基金收支的关系。为保证人口老龄化、经济发展变化背景下的基金偿付能力，各国进行了不少参量化或系统化的社会保障制度调整。但即使如此，长期经济、人口变化的不确定性依然可能导致基金收不抵支，从而需要建立一种应对不时之需的提前储备。有鉴于此，许多国家决定建立储备基金，以支持社会保险基金的长期可支付能力。20多个OECD国家，包括澳大利亚、加拿大、日本、韩国、美国等，持有严格独立运作和管理的社会保障储备基金（见表9-3）。其他国家也建立起一些多元化的储备方式，极端情况下有些储备基金与公共预算相混同，如捷克和拉脱维亚就实行与预算混同的管理；而荷兰成立于1997年的AOW储蓄基金，只是作为国家财政平衡和债务的一个部分，本质上是一个不持有资产的名义基金。

表9-3 部分OECD国家社会保障储备基金建设概况

国家	储备基金名称①	建立年份	针对的社会保障项目	受益人	储备目的
澳大利亚	Future Fund	2006	无基金积累的公共服务、军人养老金、南澳洲和塔斯马尼亚铁路部门	公务员、军人、南澳洲和塔斯马尼亚铁路部门前雇员	为没有基金储备的社会保险项目进行储备，以应对未来老龄化下的收支压力
加拿大	Canada Pension Plan（CPP）Reserve Fund（1）	1966/1997	加拿大养老金计划	职工及自雇者（不含魁北克省）	维持项目的收支平衡
	Reserve of the Quebec Pension Plan（QPP）	1966	魁北克养老金计划	魁北克省的职工及自雇者	维持魁北克养老金计划的长期平衡

① 表中各国储备基金往往没有约定俗成的译名，故保留其原文供查阅；若将其翻译成中文，则大多都只能翻译成“储备基金”，反而容易混淆。

续表

国家	储备基金名称	建立年份	针对的社会保障项目	受益人	储备目的
智利	Pension Reserve Fund（PRF）	2006	团结养老金	无法获得足够退休金的低收入者	支持政府举办的针对低收入者和残障者的团结养老金项目
芬兰	Keva's pension liability fund	1988	Kewa 管理的养老金计划	地方政府部门雇员	协助稳定长期可预期的缴费水平
	State Pension Fund（VER）	1990	国家养老金计划	国家公务员	为国家养老金计划长期筹资服务，缓冲养老金支出未来可能的波动
法国	Fonds de Réserves pour les Retraites（FRR）	1999	CNAV、Organic、Cancava 三种养老金计划	私营雇员、商人、工匠	协助相关养老金项目筹资
	AGIRC-ARRCO	1947	AGIRC - ARRCO（补充养老金）	私营雇员	支持待遇支出，平衡计划收支
	Reserves of special regimes	依据项目设计时间各有差异	BDF、CARCDSF、CARMF、CARPIMKO、CARPV 等不同养老金计划	根据职业划分的碎片化养老金计划，如医生、保险代理人、工程师、建筑师等的养老金计划	支持各项计划的待遇发放
德国	Nachhaltigkeitsrücklage	1972	公共养老金	工人	保障流动性，维持短期收支平衡
以色列	National Insurance Fund	1954	社会保险	工人	维持制度长期可持续
意大利	Privatised funds under L. D 103/1996	1994	Cassa Forense、CIPAG、CNN、CNPADC、CNPR 等不同养老金计划	覆盖特定职业群体如律师、工程师、会计师等	保障支付
	Privatised funds under L. D 103/1996	1996	ENPAB、ENPAIA、ENPAP 等养老金计划	覆盖特定职业群体如地理学家、生物学家、化学家等	保障支付
日本	Government Pension Investment Fund（GPIF）	2001	国家养老金/雇员养老保险	所有工作年龄群体/雇员群体	维持制度的财务稳定性
韩国	National PensionFund（NPF）	1988	国家养老金	职业群体、自由参保者、老年参保者等	维持充足的养老金支出
	Government Employees Pension Fund（GEPF）	1966	政府公务员养老金	公务员	维持制度的财务稳定性

续表

国家	储备基金名称	建立年份	针对的社会保障项目	受益人	储备目的
韩国	Teachers' pension fund	1974	私立学校教师养老金计划	私立学校教师	用于补充保障
	Military Pension Fund	1963	军人养老金计划	军人	维持相关计划的稳定支付
立陶宛	State Social Insurance Reserve Fund	2017	国家社会保险	国家养老保险参保人	覆盖除管理费用外的其他意外支出
卢森堡	Fonds de Compensation (FDC)	2004	养老保险计划	私营部门雇员及自雇者	降低影响计划收入的外部冲击
墨西哥	Reserves of the IMSS	—	IMSS 养老金计划	私营部门雇员	为转型成本融资
新西兰	New Zealand Superannuation Fund	2001	普惠超级年金	新西兰公民	为普惠型福利支付融资
挪威	Government Pension Fund-Norway (GPFN)	1967	国家保险计划	挪威公民	为养老金支出的上升进行储备
波兰	Demographic Reserve Fund	1998	NDC 养老金计划	经济活跃人口	提高待遇偿付能力
葡萄牙	Social Security Financial Stabilisation Fund (FEFSS)	1989	公共养老金计划	公共（2016 年起）及私营部门劳动者	为制度收不抵支时进行筹资
西班牙	Social Security Reserve Fund	2000	社会保障项目	所有职业劳动者（含自雇者）	为可能的制度需求筹资
瑞典	AP1-AP4 and AP6	2000	NDC 养老金制度	所有职业劳动者（含自雇者）	稳定养老金制度，并确保制度支付能力
瑞士	AHV Central Compensation Fund	1948	老年及遗属保险	瑞士公民	为短期收支平滑而储备
英国	National Insurance Fund (NIF)	1948/1975	国家保险计划/国家养老金	各类雇员（含自雇者）	维持收支平衡，应对额外需求
美国	Old-Age and Survivors Insurance (OASI) Trust Fund	1937	社会保障	社会保障参保人	自动调节社会保障支出

资料来源：Pension Markets in Focus，2021.

社会保障储备基金的建构目的因国家而异。储备基金的建立通常是为了提供社会保险基金收不抵支时的流动性短期缓冲，也有储备基金基于未来社会保险基金长期给付压力而用于平衡长期性收支压力。仅作为流动性缓冲而设立的储备基金通常具有短期平滑收支的功能，一般用于缓冲相关社会保险制度短期收支失衡。建立这类储备基金比较典型的国家包括德国和瑞士。有些用途更广泛的储备基金可能也会拿出一部分资产来维持短期的流动性。例如，法国的AGIRC-ARRCO就包含几种类型的储备基金，其中就有流动性储备。这些流动资金储备有助于管理社会保险项目的现金流，特别是当社会保险项目收支在一个月内不能做到收支匹配时，可以用于满足其短期的资产负债匹配需要。还有一些储备基金旨在应对未来可预期的外部冲击（如人口结构变化等）所带来的长期支付压力。例如，澳大利亚和韩国都建立了应对人口老龄化的社会保险储备基金，澳大利亚建立了未来基金（future fund），为人口老龄化高峰期的收支困境做准备；而韩国为了保证养老金制度的长期收支平衡，建立了韩国国民年金基金（national pension fund）以应对人口老龄化带来的养老金收支缺口。

一般而言，建立临时缓冲有以下几个好处。缓冲基金可以应对老龄化社会带来的财政压力，平滑人口结构变化所带来的缴费及待遇平衡问题，并能改善政府的债务状况，同时也有助于代际公平的实现。一些国家通过设立储备基金将未来可能面对的养老金支出预先积累起来。这些国家通常依靠储备基金来保证公共养老金安排的长期财务稳定，例如，加拿大养老金计划（CPP）储备基金和加拿大的魁北克养老金计划（QPP）储备基金，以及芬兰的国家养老基金（VER）。这些基金都基于未来养老金收支压力而设计缴费率，面向当前劳动人口征缴费用来为未来的支出增长进行储备。但是，这些储备基金的“角色”可能随着社会保险基金收支压力的变化而变化，例如，韩国的储备基金原本打算用于长期收支，但伴随着社会保险项目收支压力过大，最终早于预期用尽，转化为短期的应急性基金。

无论储备基金用于临时缓冲还是永久平滑，其覆盖人群都可以是多样化的，一般根据其对应的社会保险项目覆盖群体而定。在大多情况下，储备基金覆盖正规部门的职业就业者。也有一些国家设立储备基金来支持针对特定人群的保障计划，例如，智利的养老储备基金和新西兰的超级年金本质上都是为了向低收入者提供保障而设立的储备基金。也有储备基金用于覆盖特定的职业劳动者，例如，芬兰为国家公务员设立的国家养老基金，韩国为公务员、私立学校教师和军人分别设立的三个储备基金，意大利为不同类型的工人设立的私有化储备基金。在日本，政府养老金投资基金管理两个养老金计划的储备，包括国家养老金计划（覆盖所有工作年龄人口）和雇员养老金计划（仅覆盖私营部门雇员）。瑞典为了减少储备资金对国内金融市场的影响，分散经营风险，通过竞争提高业绩，引进了竞争型的储备基金，而不是像其他国家那样的单一储备基金，从而也使瑞典成为唯一一个运用多个储备基金应对同一人群（名义账户制养老金的参保者）

支出需求的 OECD 国家。

鉴于其操作方式和现金流方面的某些特征，储备基金有时可能被视为社会保险基金，例如一些国家的公共和私人养老基金以及一些主权财富基金。然而，储备基金具有一些不同于其他类型社会保险基金的显著特征。例如，储备基金大多由公共机构运营管理，例如公共养老基金和主权财富基金等，而包括私营养老金在内的其他社会保险基金，则可能由私营部门运营。负责运营管理储备基金的公共机构可以是一个专门化的公共部门机构，或者地方政府，甚至中央政府本身，而许多私营性质的社会保险基金则主要由私营部门管理。此外，从资产属性上讲，储备基金中的资产最终属于管理该计划的机构，如社会保障部门或各级政府，从而往往体现为公共财政的组成部分。这与私营性质的社会保险基金，如私营养老基金的私营产权属性有很大的区别。储备基金和主权财富基金一般不存在对特定个人的承诺，而相比之下，私营养老基金的资产则最终属于成员。养老基金的成员对养老基金的资产拥有合法的或受益权或一些其他类型的偿付权，但储备基金和主权财富基金往往并非如此，其公共性非常鲜明。

二、社会保障储备基金的融资

（一）社会保障储备基金的融资来源

社会保障储备基金的筹资通常源于社会保险项目收入大于支出时的盈余注入。这些收入通常来自雇员、雇主和国家对该社会保险计划的缴费或资助，而支出则包括向符合条件的受益人支付的待遇以及一些行政管理费用。加拿大、芬兰、法国、德国、日本、韩国、卢森堡、墨西哥、挪威、葡萄牙、西班牙、瑞典、瑞士、英国和美国在某种程度上都是通过这种方式筹集储备基金的。而在意大利，根据有关法律规定，建构储备基金的收支差额是投资的基金实际收益与存入个别账户的名义国内生产总值年度变动的资本化率之间的差额。

除此之外，其他筹资渠道也可用于积累储备基金。例如储备基金可以通过来自私有化、专项缴费或税收、特殊或一次性缴费以及任何其他财政转移的收入来筹集。澳大利亚、法国（FRR）和波兰的储备基金收到了国有公司私有化的收益（例如澳大利亚通过将电信公司 Telstra 国有化，增加其储备基金）。在法国、新西兰、波兰和葡萄牙，储备基金的部分资金是通过专项捐款或税收获得的。法国的 FRR 收取资本收入和投资产品的财政转移税，而 AGIRC-ARRCO 的储备账户（专门为运营费用融资）则收取捐款税来筹资。波兰的老龄化储备基金来自一部分养老金直接缴费。在葡萄牙，FEFSS 基金收取员工缴费的2%~4%来进行融资；自 2017 年以来，除收支盈余外，该基金还收取一定比例的房地产和企业税（2018 年为税收的 0.5%，到 2021 年逐渐增加到 2%）。另有几个储备基金从特别缴费中筹资，例如法国 FRR 通过一次性现金支付国家电力和天然气产业基金（IEG）增加储备，韩国 NPF 储备基金从 2018 年的商业租赁存款中获得储备金，而英国国家保险基金（NIF）从 2015—2016 财政年度的承诺中获得额外储备金。储备基金也可能会收到其他类型的资金或财政转移，例如智利的 PRF 基金根据预算盈余的大小，可以获得相当于上一年 GDP 0.2%~0.5%的财政转移支付；西班牙储备基金在 2017 年获得了 101 亿欧元的无息贷款；瑞典的 AP6 从被解散的工资基金的一部分（该基金存在于 20 世纪 80 年代，主要由瑞典公司的利润汇集而成）中获得额外的储备金。

（二）社会保障储备基金的积累目标

部分国家设定了储备基金的积累目标。其中包括：一是设立固定金额水平，如智利设立了 9 亿美元的储备目标，法国 AGIRC-ARRCO 基金自 2019 年以来设立储备 10 亿欧元的目标，因为这个基金此后也将用于支付行政管理费用；二是设立基金支付月数，例如法国 AGIRC-ARRCO 设定了最少能应对 6 个月的支付水平，德国的储备基金要求能支付半个月到一个半月，英国要求能支付 2 个月，卢森堡 FDC 基金要求能支撑 1.5 年的支出，葡萄牙 FEFSS 基金则要求能支撑 2 年，瑞士 AHV 中央补偿基金要求能应对 12 个月的支付；三是一些基金要求能够应对未来一定百分比的福利支出，例如澳大利亚要求覆盖 100%的未建立基金的超级年金负债，芬兰的 VER 基金要求能覆盖 25%的养老金支出。

不同国家可能对储备基金的规模设立上限或下限。英国、日本、卢森堡往往对储备基金设立下限，而澳大利亚、智利、葡萄牙则设立上限。例如，在英国当储备基金资产低于两个月年度福利开支预期时，财政部就需要向储备基金提供转移支付。与之相较，在澳大利亚，目标资产水平是一个上限，也就是说如果未来基金的预期余额超过目标资产水平，就不允许对其额外注资了。同样，智利在 PRF 基金达到 9 亿美元后停止财政注资。在葡萄牙，雇员缴费的一个百分比被转移到储备基金，直到资产能够支付两年的养老金支出。德国设计了储备基金下限（养老金支出的 0.2 个月），如果低于这个下限，就必须提高缴费率；如果超过上限（养老金支出的 1.5 个月），就必须降低缴费率。

（三）社会保障储备基金的投资收益

所有的储备基金都会进行投资并获得收益。利用金融市场获取投资收入的可能性，是各国储备基金对其未来的福利开支进行提前储备的首要原因。对于某些国家，例如韩国的 GEPF 储备基金，投资收益已经成为该基金最主要的收入来源。在澳大利亚，自 2008 年起，投资收入就是其未来基金唯一的收入来源。不同国家储备基金的收益水平差异很大，例如，墨西哥和美国储备基金 2009—2019 年平均每年的投资回报率只有 1.8%，而新西兰却高达 11.8%。储备基金的年度投资业绩也有很大的国别差异，例如墨西哥和美国的储备基金在 2009 年年底到 2019 年年底之间一直维持着正的投资收益率，但从未超过 5%（墨西哥在 2019 年除外）。相比之下，所有其他储备基金在此期间至少有一次投资业绩为负（加拿大除外）。需要指出的是，在整个 21 世纪 10 年代表现最强劲的新西兰养老储备基金也是年度投资表现变动最大的基金（变动幅度在-4%~24.1%），可见其收益和风险并存的投资规律。

与其他社会保险基金投资规律相似的是，社会保障储备基金投资业绩的差异往往也来自储备基金投资其资产的不同方式。其中，挪威的 GPFN 和 NZS 基金是储备基金中股票资产占比最大的，超过投资组合 50%。相比之下，一些国家（如墨西哥、西班牙、以色列、英国和美国）的储备基金并不持有上市股票。美国的外汇储备只投资于指定用途的国债，以保证可预测和稳定的年度投资业绩。在以色列，储备投资于固定利率债券和浮动利率债券两种类型的债券。部分储备基金只持有固定收益工具，从而在过去 10 年里维持了其资产配置。但其他一些储备基金在过去几年里改变了其资产组合。例如，日本的 GPIF 和韩国的 NPF 寻求进一步分散其资产配置，降低了投资于债券的资产比例，同时增加了上市股票在其投资组合中的份额，在 2020 年年末分别达到了 47%和 35%，高于有关分析中 OECD 国家储备基金的平均水平（31%）。这一增加可能使储备基金获得较好的风险回报，并支持其长期储备目标的实现。但鉴于一些储备基金的规模特征，这也可能意味着集中风险和对国内市场的影响。OECD 的数据显示，一些储备基金也增加了对另类投资工具的投资，如日本的 GPIF 储备基金和加拿大的 CPP 储备基金都对另类投资工具有所关注。

实践表明，储备基金的目标任务将影响其资产配置。作为资金流入和流出之间的短期平滑机制运作的储备基金，需要拥有流动资产才能履行其使命，从而其投资策略一般比较保守。而为了从更高的投资业绩和复利中获益，长期储备基金可以承担更多的风险——特别是因为它们没有对特定参保人作出立即承诺时，其投资组合可以更加大胆。这可能是日本和韩国储备基金资产多元化程度提高的原因之一。国际社会保障协会在 2019 年建议对储备基金做充分的分散化投资，以使储备金的长期回报率最大化，同时降低投资风险，并适应社会保障制度负债的性质。储备基金的更好投资业绩可进一步补充储备基金的其他收入来源，并为更多的社会保险支出或更长期的社会保险支出提供资金。旨在减少未来预算赤字的储备基金可能会减少对国内政府债券的投资。当这些基金的目标更广泛（如主权财富基金的目标），并包括更广泛人群的福利时，这些基金可能会考虑更多地投资于低回报的公共产品（如某些类型的基础设施）。

三、社会保障储备基金的增长趋势

实践当中，各国社会保障储备基金的规模差异很大。到 2020 年年底，OECD 国家的储备基金共积累了 6.8 万亿美元的资产。其中，美国拥有 OECD 中最大的储备基金规模，到 2020 年年底其储备已超过 2.8 万亿美元，这无疑得益于美国对储备基金数十年的长期积累。相比之下，立陶宛的资产储备是最少的，因为该国最近才开始积累储备基金。与国内经济规模相比，韩国的国家养老储备基金占 GDP 的比重最高，达到了 43%，远高于韩国对其他三个特定职业计划的储备基金（占 GDP 的比重为 0%～1%）。卢森堡、日本和瑞典的社会保障储备基金占 GDP 的比重也超过了 30%。相比之下，德国（1%）和瑞士（6%）的比值相对较小，不过这两个国家的储备基金是为了流动性目的和短期平滑收支而持有的，所以本就无须储备太多。到目前为止，大多数储备基金的资产一直保持增长，OECD 国家预计至少有 10 个储备基金的资产将继续增长。但是，预测表明，一些储备基金的资产将在不久的将来有所下降。在一些储备基金中，资产预计将枯竭。例如，以色列的国民保险基金预计到 2044 年用完，韩国的 NPF 基金预计到 2058 年用完，而其教师养老储备基金可能在 2048 年告罄，英国的 NIF 基金可能在 2033 年用尽，而美国的 OASI 信托基金也同样可能在 2033 年用完。至于法国 FRR 储备基金和西班牙储备基金的储备资产已经在开始减少。需要指出的是，这些预测对潜在的假设很敏感。假设通常与人口因素（如死亡率、生育率和移民的演变）、经济因素（如工资增长、CPI 增长，特别是当储备是建立在社会保险缴费收入超过社会保险福利待遇的基础上的时候）和财务因素（如投资回报）有关。国家有关机构在预测储备基金的资产时，往往会进行敏感性分析，改变参数值，并考虑更为乐观或悲观的情景。不同的机构可能会作出不同的预测，比如在韩国，NPRI 和 NABO 便有完全不同的预测结果。

四、社会保障储备基金的支出条件

能否从社会保障储备基金中提取支出取决于其设立目标当中的条件规则。如果储备基金的收入源于社会保险收支差额，当社会保险收支状况失衡时储备基金便可能净流出。如果储备金主要通过预算转移支付获得基金积累，或用于支持非缴费养老金计划，法律通常会规定储备基金可以使用的情况或生效日期。例如，澳大利亚 2006 年的《未来基金法案》规定，从 2020 年 7 月 1 日起，或在基金余额大于或等于目标资产水平时，澳大利亚储备基金可以使用，以较早者为准。同样，2001 年新西兰《养老金和退休收入法案》禁止在 2020 年 7 月 1 日前从新西兰基金中提款，除非某年度资本缴费为负。不过，随着时间的推移，其中一些储备基金的支出条件已经改变。例如，澳大利亚政府在 2017 年决定将储备基金支出至少推迟到 2026 年或 2027 年。挪威议会最近通过了财政部的一项提案，要求从 GPFN 基金中撤出资产，以避免基金的持股比例超过 15%的上限。

政府有时也会限制储备基金的支出数量或设定支出速度。在法国，根据 2011 年的《社会保障融资法》的规定，FRR 基金预计从 2011 年到 2024 年每年向国家社会债务摊销基金（CADES）支付 21 亿欧元，并在 2020 年向 CNAV 基金做一次性转移支付。西班牙第 8/2015 号皇家立法令规定，能够提取的储备基金支出金额为养老金和其他管理费用的 3%。智利以 2018 年的年度养老金支出和经通胀调整的养老金支出为基础，设定了储备基金提款上限。在芬兰，预计 VER 储备基金每年将支付其收入关联养老金待遇支出的 40%，很显然，如果这一支付超过 VER 储备基金的收入，那便会导致其资产价值的减少。

在相关储备基金收支规则影响下，目前一些国家已经开始支出储备基金。例如，韩国 NPF 储备基金的资金流入超过资金流出，因此储备基金将被提取出来。同样，美国的 OASIS 信托基金获得的收入自 1984 年以来一直超过其费用支出（2018 年除外），因此储备基金也需要按要求支出。与之相对，瑞典在 2015 年后，从 AP1-AP4 基金拨出的养老金支出都超过了收取的养老金缴费，并且预计今后几年还将继续如此。在某些情况下，实际提取的储备基金金额可能高于最初的计划或预期。芬兰国家养老基金根据一项特殊法律向政府预算支付了 5 亿欧元以应对 2020 年的新冠肺炎疫情，智利临时允许 2020 年和 2021 年从储备基金中提取比通常上限多 3 倍的资金以应对疫情期间经济衰退带来的养老金收入减少。2020 年智利 PRF 储备基金的提款金额为 15.76 亿美元，而 2019 年仅为 5.77 亿美元。西班牙通过多项法律从储备基金中多次提款。

当社会保障储备基金用于非原定用途时，会引起非常广泛的关注。比利时曾经有一个名为 Zilverfonds 的储备基金，该基金本应用于支持公共养老金的支付，但自 2007 年以来，除了投资收入外，该储备基金已经没有任何资金流入，因此该基金于 2017 年 1 月 1 日关闭。爱尔兰国家养老金储备基金（NPRF）成立于 2001 年，旨在支持爱尔兰从 2025 年到 2055 年的社会福利和公共服务养老金，但这一基金在 2014 年便关闭了，其原因在于 NPRF 基金转型成了爱尔兰战略投资基金，用于支持爱尔兰的经济发展和就业。墨西哥国际社会保障局的部分盈余可能已被用于支付与养恤金无关的其他福利和活动，例如医疗、保健、医院建设、剧院、体育事业等。这些现象意味着对储备基金这笔“闲钱”的治理需要大力加强。

补充阅读

ESG 投资融入社会保险基金投资管理

社会责任投资（ESG）[①] 在社会保险基金的投资行为中扮演着日益重要的角色，值得追踪和关注。近年来，ESG 与社会保险基金的关系越来越密切。从投资视角来看，ESG 因素，特别是那些与气候变化有关的因素，被视为投资组合风险和回报的潜在重要驱动因素。从政策视角来看，人们希望利用社会保险基金的金融力量来支持如《巴黎协定》和可持续发展目标的全球协议。2016 年 9 月杭州峰会之后，二十国集团领导人公报首次提到了绿色金融的重要性。相关利益主体也在对社会保险基金持续施压，要求他们利用自己的影响力来改变被投资公司的 ESG 实践。同时，社会保险基金必须将他们就 ESG 的行动与他们对其成员、受益人、投保的义务相协调。社会保险基金制定投资策略是为了履行他们的财务承诺：待遇确定型养老基金必须能够支付他们所承诺的养老金，保险公司必须能够偿付其补充保险承诺。

在投资监管方式上，采用谨慎人监管规则的社会保险基金投资更容易融入 ESG 投资，因其并非传统的投资策略而不易为严格的数量监管方式所采纳。需要指出的是，目前相关社会保险基金的监管框架很少明确提及基金是否可以投资 ESG 要素。因此，一般是在监管框架内，由社会保险基金投资者自主决定整合 ESG 投资是否符合，以及在多大程度上符合谨慎人标准、风险控制、法律要求、利益冲突保障以及他们对其受益人可能承担的任何其他义务。鉴于按照目前的监管框架，这些标准既不限制又不排除 ESG，所以有可能存在广泛的解释。例如投资者可能认为 ESG 问题是非财务性的、定性的，涉及不确定的风险和超出了受益人的投资范围，所以依据谨慎人监管不应将其纳入投资策略；或者投资者可能基于 ESG 因素可以为被投资公司的质量和宏观经济趋势都提供有价

① ESG 是环境、社会和治理的缩写，是一种关注企业环境、社会、治理绩效的投资理念和企业评价标准。通过 ESG 绩效，能评估企业在促进经济可持续发展、履行社会责任方面的贡献。中文语境下的 ESG 和社会责任投资存在交织，虽然两者实际上存在一些区别。

值的洞见，从而支持将ESG纳入投资框架。与之类似的，风险控制一般不会明确提及ESG因素是否合规，而是将其内化于养老基金管理的内容中。不过也有例外，例如法国从2017年起要求社会保险基金必须报告他们面临的与气候变化后果有关的金融风险，以及为减少这些风险而采取的措施。在荷兰，保险公司和养老基金被要求展示出“受控和合乎道德的运营管理”，这一要求涵盖了对非金融风险的理解。智利的养老基金也对ESG因素有所提及，但没有评估他们是否考虑到ESG风险。欧洲系统风险委员会的科学咨询委员会最近建议，未来养老金部门的压力测试应包括与气候有关的风险。

一些社会保险基金——特别是那些基于信托的DB型养老金计划的基金——除了要遵守所有投资者共同的审慎标准外，还要对其受益人承担具有法律约束力的信托责任。受托人有额外的忠诚和谨慎义务，这可能会影响他们对审慎标准的解释以及ESG整合如何帮助或阻碍他们履行职责。值得注意的是，与受益人有合同关系的社会保险基金可能有其他具有法律约束力的义务，相当于某种程度的“信托责任”。同样值得注意的是，一些没有法律约束的信托责任的养老基金和资产管理公司却认为他们有信托责任。他们也可以自愿承担信托义务，例如通过采用CFA协会的包括“诚信行事”等条款在内的养老金受托人行为守则，或者通过签署国家守则，如葡萄牙投资基金协会、养老基金和资产管理公司实践守则来履行相关义务。

伴随着ESG越来越多地受到关注，一些地区的监管机构已经开始着手说明现有的投资监管框架并未禁止ESG整合投资，只要它不危及投资组合业绩，便应得到允准。美国劳动部规定，如果ESG因素对财务分析有影响，受托人可以合法地考虑这些因素，只要整个决策过程符合现有的标准即可。英国养老金监管机构于2016年7月发布了新的缴费确定守则和受托人指南，这些指南反映了法律委员会对受托人职责的研究结果，这些结果呈现了法律上没有任何障碍阻挠ESG因素纳入基金投资的考虑，并且指南鼓励受托人去思考影响长期可持续性的投资风险。在南非，2011年《养老基金法修正案》规定：“谨慎的投资应适当考虑可能对基金资产的长期可持续业绩产生重大影响的任何因素，包括环境、社会和治理方面的因素”，从而明确了社会保险基金对ESG投资的支持。欧盟《职业退休服务机构的活动及监管》（IORPs）的修订案在对谨慎人标准的讨论中明确提到了ESG，并且在修订过程中评估了这一方面对公民社会的影响。这些举措明确表明，在谨慎人规则内，IORPs可以考虑到他们在ESG投资结果方面的潜在长期影响。

一直以来，国际社会保险基金的治理实践深受其他政策措施和基金管理者自助行为的影响。这表明，社会保险基金可以甚至应该将谨慎人标准解释为支持ESG整合（例如汇报标准和管理守则）。然而，一些政策可能会阻碍 ESG 的整合。缺乏共同的定义也是更广泛地应用 ESG 分析的一个障碍：没有明确的术语来描述 ESG 的组成部分，在投资界和不同的司法实践中，对 ESG 的解释也不尽相同。

总而言之，现有各国社会保险基金的监管框架为 ESG 投资的整合融入提供了一定的空间，但不一定意味着监管框架必然有利于融入 ESG 投资。许多国家的政策制定者可能希望鼓励社会保险基金将 ESG 因素纳入其投资治理中，尤其是当 ESG 要素能提高金融市场的效率和风险识别功能时，便可能得到政策制定者的青睐。在此过程中，需要考虑 ESG 投资因素与出于道德动机而投资之间的区别。在此基础上，进一步破除整合 ESG 的监管障碍可能成为未来社会保险基金管理的新动向。

资料来源：OECD. Investment governance and the integration of environmental, social and governance factors, 2017.

深度阅读

1. OECD. Pension Markets in Focus, OECD publishing, 2009–2021.

2. OECD. Annual Survey of Investment Regulation of Pension Funds, 2020.

3. OECD. Financial Markets, Insurance and Pensions Inclusiveness and Finance, http://www.oecd.org/daf/fin/financial-markets, 2019.

4. OECD. Financial Incentives and Retirement Savings, OECD Publishing, Paris, https://dx.doi.org/10.1787/9789264306929-en, 2018.

5. Stewart, F., Despalins, R., & Remizova, I. Pension Funds, Capital Markets, and the Power of Diversification. World Bank Group, 2017.

6. Stewart, F. and J. Yermo. "Pension Fund Governance: Challenges and Potential Solutions", OECD Working Papers on Insurance and Private Pensions, No. 18, OECD Publishing, Paris, 2008.

本章小结

国际社会保险基金经历了 20 世纪 90 年代至 21 世纪 10 年代的兴旺发展后，在国际金融危机、新冠肺炎疫情等黑天鹅事件频发背景下呈现出新的发展趋势和特征。从深层次讲，这反映了国际社会保障制度改革从对基金化改革的全面认同、走向反思到重构不同层次社会保障制度责任的大趋势。在这一趋势下，一方面社会保险基金规模依然保持着总体持续扩大的发展面貌，拥有大规模养老基金的OECD国家享受着长期积累带来的规模效应，积累了巨量基金；另一方面伴随着对多层次社会保障制度的深入建构，一些拉美及东欧国家的私有化社会保险项目如私营养老金计划开始紧缩或废止，从而缩小了社会保险基金的规模。

社会保险基金管理的方式与机构存在着差异性，一般对第一层次的社会保险基金采取了集中管理或委托管理的方式，对第二、第三层次基金则采取较灵活的管理方式。分析不同国家的基金管理方式并从中获得启示与借鉴，对我国社会保险基金管理具有重要政策意义。

社会保险基金投资组合的国际经验显示，社会保险基金投资往往呈现出股票和债券此消彼长的关系，这两者依然是社会保险基金投资类型中最受欢迎的组合。总体而言，应用数量监管策略的社会保险基金投资管理规则在21世纪以来变化不大，其投资组合、限制条件没有发生本质改变。但是，为适应2008年金融危机后持续低迷的国际投资环境，社会保险基金不得不在安全性、风险性、收益性中取得新的平衡，一些另类投资工具开始受到重视，海外投资也成为一些国家的选择。但是另类投资和海外投资总体依然受到非常严格的监管。

社会保险基金储备在应对社会保险短期、中期、长期的收支平衡问题上显现出越来越重要的价值，各国依据自身社会保险制度的理念和项目设立不同类型的储备基金，以应对不同的社会保险支出需求。储备基金的建设已经成为各国建构社会保险基金不可或缺的组成部分，而储备基金的目标设计、筹资来源、资金管理、提取要求的设计则是其基金管理的核心内容。

重要概念

养老基金　社会保障储备基金　另类投资　数量监管　谨慎人监管

复习思考题

1. 金融危机后的国际社会保险基金管理呈现出哪些新特征？
2. 为什么拉美及东欧国家社会保险基金在2000年后呈现退守的特征？
3. 国际社会保险基金投资另类投资工具有哪些值得注意的监管问题？
4. 国际社会保障储备基金建设的主要目标有哪些？
5. 21世纪以来国际社会保险基金管理的新趋势对我国有什么启示？

第十章
我国社会保险基金管理的改革与发展

第一节　我国社会保险基金管理发展概述

我国的社会保险制度建立于20世纪50年代初，当时主要覆盖城镇职工。社会保险基金管理经历了四个发展阶段。第一阶段是20世纪50年代初到60年代中期，社会保险基金管理采用现收现付制，企业社会保险基金实行全国统筹，由企业缴纳社会保险费形成，机关事业单位的社会保险金全部由当期财政支出，没有建立单独的社会保险基金。第二阶段是20世纪60年代中期到80年代中期，企业不提取社会保险费，社会保险金支出由企业实报实销，社会保险统筹调剂和基金积累停止，社会保险演变为单位保险。第三阶段是20世纪80年代中期到21世纪初，社会保险五大项目的基金管理先后改革，建立起新的管理制度。第四阶段是进入21世纪之后，在后金融危机时代和社会保险制度改革不断深化的背景下，社会保险基金管理走向专业化和协同创新。

一、20世纪50年代初到60年代中期

1949年10月中华人民共和国成立之前，除了共产党领导的根据地和解放区之外，中国没有普遍实施的社会保险制度。新中国成立后，1950年6月，经政务院批准，劳动部颁布了《救济失业工人暂行办法》；1951年2月，政务院颁布了《中华人民共和国劳动保险条例》（以下简称《劳动保险条例》）；1952年6月，政务院颁布了《中央人民政府政务院关于全国各级人民政府、党派、团体及所属事业单位的国家工作人员实行公费医疗预防的指示》；1955年12月，国务院颁发了《关于国家机关工作人员退休处理暂行办法》。这些制度涉及养老、医疗、失业、工伤、生育各个方面，标志着我国城镇职工社会保险制度的基本确立。以后这些制度几经修改，逐步得以完善，其中一部分制度

沿用至今。

根据这些制度，机关事业单位的社会保险金全部由当期财政支出，没有建立单独的社会保险基金。城镇企业的社会保险基金由企业缴纳社会保险费（员工个人不缴费）形成，并实行全国统筹。《劳动保险条例》规定："凡根据本条例实行劳动保险的企业，其行政方面或资方须按月缴纳相当于各该企业全部工人与职员工资总额的 3%，作为劳动保险金。此项劳动保险金，不得在工人与职员工资内扣除，并不得向工人与职员另行征收。"这笔社会保险费除了头两个月全数存入中华全国总工会账户内以外，从第三个月起，按 3∶7 的比例分别存入中华全国总工会账户和该企业基层工会委员会账户内，而且中华全国总工会对全国的社会保险基金有调剂权。全部社会保险基金由中华全国总工会委托中国人民银行代理保管。企业工会账户内社会保险基金用以直接支付本企业职工按《劳动保险条例》应得的社会保险金（抚恤金、补助金、救济金等），中华全国总工会账户内的社会保险基金用以举办各种集体劳动保险事业，如疗养院、休养院、养老院、孤儿保育院、残疾人福利院等。对于各项保险金的支付条件，《劳动保险条例》都有详尽的规定。其中养老保险方面，是按照工龄、工种、退休前的工资等确定退休人员的退休待遇。容易看出，在这套制度下，社会保险基金管理模式是采用现收现付的确定给付制，并且基金是集中管理的。

二、20 世纪 60 年代中期到 80 年代中期

1966 年"文化大革命"开始，与其他许多事业一样，社会保险基金管理的正常秩序遭到破坏。以 1968 年国家计委决定由劳动部门统管劳动保险工作和 1969 年财政部《关于国营企业财务工作中几项制度的改革意见（草案）》为标志，社会保险演变为单位保险，社会保险基金既没有统筹，也没有积累。这一局面一直延续了 20 多年。从社会保险基金管理的发展趋势看，这是一种倒退。

其一，社会保险基金管理由原先的政府与工会组织合作共管变成政府单独管理。按照《劳动保险条例》的规定，中华全国总工会为全国劳动保险事业的最高领导机关，中央人民政府劳动部为全国劳动保险业务的最高监督机关。这种由政府与工会分工合作、各司其职的体制，有利于社会保险基金的管理，也有利于社会保险事业的健康发展。但在"文化大革命"中，各级工会组织因受冲击而瘫痪，劳动保险领导机关的职能无法履行。在此情况下，1968 年国家计委决定由劳动部门统管劳动保险工作。这对于扭转当时劳动保险工作瘫痪的局面起到了积极作用，但也确定了由政府独揽社会保险业务、劳动

部门集政策制定、业务管理和监督检查多种职能于一身的格局。

其二，社会保险统筹基金不再存在，社会保险资金由社会统筹倒退为企业从其当期收入列支。1969 年 2 月，财政部《关于国营企业财务工作中几项制度的改革意见（草案）》规定，国营企业一律停止提取劳动保险费，企业的退休人员、长期“病号”工资和其他劳保开支在营业外列支。这一做法使社会保险丧失了统筹调剂的职能，社会保险倒退成了“企业保险”。

其三，1978 年政府对国有企业、国家机关和事业单位的养老保险有关问题作了规范，但这一制度存在明显的鼓励提早退休的倾向，其中包括降低了退休所要求的最低工作年限，并提高了退休金待遇（提高了替代率），从而使企业和国家养老金支付的负担日益加重。

三、20 世纪 80 年代中期到 21 世纪初

20 世纪 80 年代中期，随着经济体制改革的重点由农村转向城市，我国社会保障制度开始改革与探索，其主要标志是，1986 年 4 月六届全国人大四次会议通过了《中华人民共和国国民经济和社会发展第七个五年计划》，其中首次使用了“社会保障”这一概念，并且单独设章阐述了社会保障制度改革及其社会化问题。与此相适应，社会保险制度开始改革，社会保险基金筹资、支付、运营和监督管理采用新的机制，社会保险费用由国家、用人单位和职工个人三方共担，社会保险基金管理逐步走向社会化。

（一）社会养老保险基金管理改革探索

从 1984 年起，广东、江苏、辽宁、四川等省的少数市县开始试行退休费用社会统筹。随后，在国有企业和大部分城镇集体企业中推行了养老金社会统筹，确定实行职工个人缴费制度。另外，1986—1993 年，先后有 11 个全国性行业实行了养老保险系统统筹。

1986 年 7 月，根据国务院《国营企业实行劳动合同制暂行规定》，国家实行劳动合同制度，建立了劳动合同制工人的养老保险制度，规定劳动合同制工人按不超过本人标准工资的 3%缴费，改变了过去养老保险费完全由国家和企业负担的办法。这也是我国社会保险史上第一次建立个人缴费制度。

1991 年 6 月，国务院发布了《关于企业职工养老保险制度改革的决定》，明确规定养老保险实行社会统筹，费用由国家、企业和职工三方面负担，职工个人按不超过本人标准工资的 3%缴纳养老保险费，基金实行部分积累，并开始探索建立国家基本养老保

险、企业补充养老保险和个人储蓄性养老保险相结合的多层次养老保险体系。

1993 年 11 月，党的十四届三中全会明确提出养老、医疗保险制度改革实行“社会统筹与个人账户相结合”的模式。

1997 年 7 月，国务院颁布了《关于建立统一的企业职工基本养老保险制度的决定》。这一制度实行“社会统筹与个人账户相结合”的模式，基金管理的要点是：按职工工资的 11%建立养老保险个人账户，其中职工缴费 8%（4%起步，每两年提高一个百分点，逐步到位），企业缴费划入 3%。企业缴费（含划入个人账户部分）的费率不得超过 20%。养老金支付分为两部分：一是基础养老金，其标准为职工退休时所在省份社会平均工资的 20%；二是个人账户养老金，其标准为个人账户累计额除以退休人员平均余命月数（120 个月）。此外，根据经济发展水平和在职职工工资的增长情况，建立养老金的调节机制。

1998 年 7 月，国务院决定停止实行社会养老保险的全国性行业统筹，并将行业统筹的全部管理工作统一移交地方管理。与此同时，加大了提高基本养老保险统筹层次的推进力度。

2005 年 12 月，在总结东北三省试点经验的基础上，国务院《关于完善企业职工基本养老保险制度的决定》提出完善企业职工基本养老保险制度的主要任务：确保基本养老金按时足额发放，保障离退休人员基本生活；逐步做实个人账户，完善社会统筹与个人账户相结合的基本制度；统一城镇个体工商户和灵活就业人员参保缴费政策，扩大覆盖范围；改革基本养老金计发办法，建立参保缴费的激励约束机制；根据经济发展水平和各方面承受能力，合理确定基本养老金水平；建立多层次养老保险体系，划清中央与地方、政府与企业及个人的责任；加强基本养老保险基金征缴和监管，完善多渠道筹资机制；进一步做好退休人员社会化管理工作，提高服务水平。这对于基本养老保险基金管理产生了重要影响。据此，从 2006 年起，对基本养老金计发办法进行修改，对基础养老金、个人账户养老金和“中人”过渡性养老金这三部分进行结构性调整，建立了参保缴费的激励机制。

机关事业单位的社会养老保险制度改革相对滞后，仍采用 20 世纪 50 年代建立的退休保障制度。进入 21 世纪，一些地方进行了改革探索，且改革的呼声渐高。2015 年 1 月，国务院发布《关于机关事业单位工作人员养老保险制度改革的决定》，开始推进机关事业单位社会养老保险制度的改革。

农村社会养老保险的探索开始于 1986 年，民政部在各地组织了一系列试点。1992

年 1 月，民政部制定了《县级农村社会养老保险基本方案（试行）》，在全国取得了一定成效。但政府责任的缺位和基金管理方面的问题，导致农村养老保险业务停滞。2009 年国家推行新型农村社会养老保险制度，采取政府补贴的基础养老金加个人账户的模式，通过政府的积极推进，新型农村社会养老保险得到很大发展，到 2012 年已经实现制度全覆盖。2014 年，原城镇居民养老保险和新型农村社会养老保险合并实施。截至 2021 年年底，我国城乡居民基本养老保险参保人数为 54 797 万人。

（二）社会医疗保险基金管理改革探索

传统的公费医疗制度和劳保医疗制度在保障职工身体健康，维护社会稳定，促进经济发展等方面曾经发挥过积极作用，但随着改革的深入，这种制度暴露出种种弊端，已不适应社会经济发展的要求，必须进行改革。特别是医疗费用持续上涨，财政不堪重负。多年来，社会医疗保险基金管理的改革主要分为三步：第一步是公费医疗、劳保医疗制度中引入一定程度的医疗费用共担机制；第二步是引入大病医疗费用的社会统筹机制；第三步是建立城镇职工基本医疗保险制度，医疗保险基金实行社会统筹与个人账户相结合的管理模式。

从 1984 年起，开始引入个人分担医疗保险费用的机制，全国普遍实行公费、劳保医疗费用和个人挂钩的办法，就医时个人适当负担部分医疗费用，即实行医疗费用定额包干的办法。同时，引入社会统筹机制，部分省市开展了离退休人员医疗费用社会统筹和职工大病医疗费用社会统筹的试点。1987 年，北京东城、西城两区蔬菜公司率先试行大病医疗费用统筹。1989 年，国家把四平、丹东、黄石、株洲作为医疗保险制度改革试点城市。

从 1994 年 3 月起，国家在江苏省镇江市、江西省九江市进行试点，首次将社会统筹与个人账户相结合的模式引入医疗保险制度，对劳保医疗和公费医疗同步进行改革，形成了医疗费用制约机制、医疗经费筹措机制、个人积累机制。

1998 年 12 月，《国务院关于建立城镇职工基本医疗保险制度的决定》出台。关于基本医疗保险基金的管理，该决定明确：①建立由用人单位和职工共同缴费的机制。用人单位缴费率一般为职工工资总额的 6%左右，职工缴费率一般为本人工资收入的 2%，随着经济发展，缴费率可作相应调整。②基本医疗保险基金由统筹基金和个人账户基金构成，职工个人缴纳的基本医疗保险费，全部记入个人账户，用人单位缴纳的基本医疗保险费分为两部分，一部分用于建立统筹基金，一部分划入个人账户，划入个人账户的比例一般为用人单位缴费的 30%左右，具体比例由统筹地区根据个人账户的支付范围和职工年龄等因素确定。统筹基金和个人账户要划定各自的支付范围，分别核算，不得互相挤占。③确定统筹基金的起付标准和最高支付限额，起付标准原则上控制在当地职工年平均工资的10%左右，最高支付限额原则上控制在当地职工年平均工资的4倍左右。起付标准以下的医疗费用，从个人账户中支付或由个人自付。起付标准以上、最高支付限额以下的医疗费用，主要从统筹基金中支付，个人也要负担一定比例。超过最高支付限额的医疗费用，可以通过商业医疗保险等途径解决。④基本医疗保险基金原则上以地级以上行政区（包括地、市、州、盟）为统筹单位，也可以县（市）为统筹单位，所有用人单位及其职工都要按照属地管理原则参加所在统筹地区的基本医疗保险，执行统一政策，实行基本医疗保险基金的统一筹集、使用和管理。⑤基本医疗保险基金纳入财政专户管理，专款专用，不得挤占挪用。社会保险经办机构负责基本医疗保险基金的筹集、管理和支付，并要建立健全预决算制度、财务会计制度和内部审计制度。社会保险经办机构的事业经费不得从基金中提取，由各级财政预算解决。⑥加强对基本医疗保险基金的监督管理，审计部门要定期对社会保险经办机构的基金收支情况和管理情况进行审计，统筹地区设立由政府有关部门代表、用人单位代表、医疗机构代表、工会代表和有关专家参加的医疗保险基金监督组织，加强对基本医疗保险基金的社会监督。

（三）失业保险基金管理改革探索

如前所述，1950年国家曾有《救济失业工人暂行办法》，但这实际上只是为解决旧社会遗留失业问题的临时性措施。我国城镇企业职工失业保险制度是1986年起开始建立的。经过20多年努力逐步进入了依法运行的阶段。在基金管理方面，一是建立了失业保险基金管理机构；二是确立了国家、用人单位、职工三方共担的筹资机制；三是界定了基金支付的范围；四是明确了基金统筹层次。

1986年7月，国务院颁布了《国营企业职工待业保险暂行规定》，明确待业（即失业）保险基金来源于：①待业保险费，由企业按全部职工标准工资的1%定期缴纳，税前列支，摊入产品成本，职工个人不缴费；②银行储蓄利息；③地方财政补贴。待业保险基金的支出项目有严格的规定，主要用于破产企业和濒临破产企业以及其他企业符合条件职工的待业救济金、医疗补助金、退休金、生产自救费与转业培训费等相关支出。待业职工和职工待业保险基金的管理，由当地劳动行政主管部门所属的劳动服务公司负责。

1993年4月，国务院颁布了《国有企业职工待业保险规定》，失业保险的保障范围扩大，由过去的国营企业拓展到了城镇国有企业，享受者由原来四种人扩大到七种人，同时调整了失业保险费缴费基础和待遇标准。将原先的按全部职工“标准工资”的一定比例改为按全部职工工资总额的一定比例缴费。将待业救济金由过去按本人标准工资的50%~75%计发，改为按当地民政部门规定的社会救济金额的120%~150%计发。对特殊困难的待业人员还提供了特殊保护。

1994年以后，国家正式提出实施再就业工程，突出了失业保险基金在促进失业人员再就业方面的作用，建立了失业救济与促进就业的机制。

1998年6月，中共中央、国务院发布了《关于切实做好国有企业下岗职工基本生活保障和再就业工作的通知》，将失业保险基金的缴费比例由企业工资总额的1%提高到3%，由企业单方负担改为企业和职工个人共同负担，其中个人缴纳1%，企业缴纳2%。失业保险基金增加的部分主要用于保障国有企业下岗职工基本生活和缴纳社会保险费所需资金中的社会筹集部分。这项规定是失业保险政策的一个重大突破，不仅增强了基金的承受能力，更重要的是实现了个人缴费，真正体现出失业保险国家、用人单位和个人三方共担的原则，使失业保险制度得到进一步完善。

1999年1月，国务院发布《失业保险条例》（以下简称《条例》）。《条例》将失业保险的覆盖范围从国有企业及其职工、企业化管理的事业单位及其职工，扩大到城镇所有企业事业单位及其职工。《条例》进一步明确失业保险基金主要由单位、职工缴纳的失业保险费和财政补贴构成，增加了职工个人缴费部分。城镇企业事业单位按照本单位工资总额的2%缴纳失业保险费，职工按照本人工资的1%缴纳失业保险费。在失业保险基金入不敷出时，为保证失业保险基金正常支出，财政将给予必要的补贴。2015年2月，国务院决定将失业保险费率由现行的3%降至2%。单位和个人缴费比例由各地在充分考虑提高失业保险待遇、促进失业人员再就业、落实失业保险稳岗补贴政策等因素的基础上确定。

《条例》界定了支出范围，明确规定失业保险金的标准高于当地城市居民最低生活保障标准、低于当地最低工资标准的原则。失业人员领取失业保险金的期限，根据失业人员失业前所在单位和本人累计缴费时间长短计算。具体规定为：累计缴费时间满1年不足5年的，领取失业保险金的期限最长为12个月；累计缴费时间满5年不足10年的，领取失业保险金的期限最长为18个月；累计缴费时间10年以上的，领取失业保险金的期限最长为24个月。同时，领取失业保险金期间的医疗补助金是支付给失业人员在其失业期间发生的医疗费用的补助。此外，取消了生产自救费和管理费。

《条例》还调整了基金统筹层次，即失业保险基金在直辖市和设区的市实行全市统筹，其他地区的统筹层次由省、自治区人民政府规定。

《条例》规定，失业保险基金必须存入财政部门在国有商业银行开设的社会保障基金财政专户，实行收支两条线管理。《条例》同时规定，失业保险基金要专款专用，不得挤占、挪作他用，不得用于平衡财政收支。

（四）工伤保险基金管理改革探索

1990年前后，一些地区开始了工伤保险改革试点。1996年劳动部发布《企业职工工伤保险试行办法》，明确建立工伤保险基金制度，普遍调整待遇，扩大实施范围，实行社会化管理。

2003年4月，国务院颁布《工伤保险条例》（自2004年1月1日起施行）。2010年12月，根据《国务院关于修改〈工伤保险条例〉的决定》进行修订，自2011年1月1日起实施新的《工伤保险条例》。关于工伤保险基金，该条例明确：①工伤保险基金由用人单位缴纳的工伤保险费、工伤保险基金的利息和依法纳入工伤保险基金的其他资金构成。②工伤保险实行差别费率制，根据以支定收、收支平衡的原则，确定费率。各统筹地区根据用人单位工伤保险费使用、工伤发生率等情况，适用所属行业内相应的费率档次确定单位缴费费率。③职工个人不缴纳工伤保险费。④工伤保险基金逐步实行省级统筹。⑤工伤保险基金存入社会保障基金财政专户，用于工伤保险待遇，劳动能力鉴定，工伤预防的宣传、培训等费用以及法律、法规规定的用于工伤保险的其他费用的支付。任何单位或者个人不得将工伤保险基金用于投资运营、兴建或者改建办公场所、发放奖金，或者挪作其他用途。⑥工伤保险基金应当留有一定比例的储备金，用于统筹地区重大事故的工伤保险待遇支付；储备金不足支付的，由统筹地区的人民政府垫付。

（五）生育保险基金管理改革探索

1987年以来，各地对企业职工生育保险制度进行了改革和探索。1988年江苏省南通市率先试行生育费用社会统筹。

1994年12月，劳动部颁布了《企业职工生育保险试行办法》，明确生育保险的覆盖范围包括城镇企业及其职工。考虑到生育保险享受人数和计划生育政策联系紧密，可预见性强，结余不必太多，生育保险基金根据“以支定收，收支基本平衡”的现收现付原则，按市、地、州、县范围进行统筹，由同级社会保险经办机构负责管理。基金提取比例由当地人民政府确定，但最高不得超过职工工资总额的1%。在基金列支渠道方面，企业缴纳的生育保险费作为期间费用处理，列入管理费用。

生育保险享受者依法享受生育津贴和医疗费用。产假期间支付女职工三个月的生育津贴。生育津贴的支付标准，按照本企业职工上年度职工月平均工资计发。在生育医疗费用方面，生育期间的检查费、接生费、手术费、住院费和药费，女职工生育出院后因生育引起的疾病的医疗费都由生育保险基金支付。社会保险经办机构的基金管理费提取比例最高不得超过生育保险基金的2%。

2019年3月，国务院办公厅印发了《关于全面推进生育保险和职工基本医疗保险合并实施的意见》，要求各省（区、市）2019年年底前实现两项保险的合并实施，生育保险基金并入医疗保险基金。

（六）社会保险基金财务管理制度改革探索

为加强对社会保险基金的财务管理和监督，国家颁布了一系列规定。在财务管理和基金核算方面，1996年7月，国务院颁布了《关于加强预算外资金管理的决定》，规定社会保险基金在国家财政建立社会保障预算制度之前，先按预算外资金进行管理，即实行财政专户储存；同年财政部颁发了《企业职工养老保险基金财务制度》和《企业职工养老保险基金会计核算办法》；1999年6月财政部、劳动社会保障部联合制定颁发了《社会保险基金财务制度》，同时财政部颁发了《社会保险基金会计制度》。在社会保险基金投资方面，1994年11月，劳动部和财政部颁发了《关于加强企业职工社会保险基金投资管理的暂行规定》，规定社会保险基金结余的绝大部分要用于购买国家债券；1997年7月，《国务院关于建立统一的企业职工养老保险制度的决定》规定，基金结余除预留两个月的支付费用外，全部用于购买国家债券和存入财政专户。在基金的监督检查方面，1995年8月，财政部印发了《关于开展企业职工养老保险基金、失业保险基金专项财务检查的通知》，1997年劳动部、财政部组织对养老保险基金、失业保险基金的专项检查，1999年审计署、财政部、劳动社会保障部又组织对社会保险基金的专项检查与审计。这标志着我国社会保险基金的财务管理与监督逐步走向规范化和制度化。

为了加强和规范社会保险费征缴工作，保障社会保险金的发放，1999年1月，国务院颁布《社会保险费征缴暂行条例》。该条例明确规定了基本养老保险费、基本医疗保险费和失业保险费的征缴范围。规定缴费单位、缴费个人应当按时足额缴纳社会保险费。征缴的社会保险费纳入社会保险基金，专款专用，任何单位和个人不得挪用。该条例还规定社会保险费集中、统一征收。社会保险费的征收机构由省、自治区、直辖市人民政府规定，可以由税务机关征收，也可以由劳动保障行政部门按照国务院规定设立的社会保险经办机构征收。2010年1月《国务院关于试行社会保险基金预算的意见》提出了社会保险基金预算的指导思想和原则、编制范围、编制方法、预算编制和审批、预算执行和调整、基金决算，以及预算的组织实施，在社会保险基金预算管理方面迈出了重要步伐。2017 年新的《社会保险基金财务制度》实施。

（七）全国社会保障基金建立发展

为了筹集和积累社会保障资金，进一步完善社会保障体系，2000 年 8 月，中共中央、国务院决定建立“全国社会保障基金”，并同时设立“全国社会保障基金理事会”，直属国务院领导。理事会的主要职责：管理中央财政拨入资金、通过变现部分国有资产所获得的资金以及其他形式筹集的资金；根据财政部、原劳动和社会保障部共同下达的指令和确定的方式拨出资金，挑选、委托专业性的资产管理公司对基金的资产进行运作，以实现其保值增值；向社会公布社会保障基金的资产、收益、现金流量等情况。

全国社会保障基金属于公共养老储备基金，其投资范围包括银行存款、国债、证券投资基金、股票，以及信用等级在投资级以上的企业债、金融债等有价证券。其投资方式包括直接投资和委托投资。全国社会保障基金中由理事会直接运作的部分，投资范围限于银行存款和在一级市场上购买国债；全国社会保障基金中其他部分的投资，包括股票、企业债、金融债的投资以及在二级市场上买卖国债，均需委托国内外专业性投资管理机构管理和运作。

全国社会保障基金理事会成立以来，在完善法律环境、拓宽筹资渠道、提高投资运营绩效、实现社会保障基金保值增值等方面进行了积极的探索。

2006 年 3 月，财政部、劳动和社会保障部、人民银行印发了《全国社会保障基金境外投资管理暂行规定》，明确指出全国社会保障基金境外投资应遵循安全、稳健原则。对于全国社会保障基金的境外资产托管人和投资管理人都设置了严格的资格审定要求；在境外投资比例方面，按成本计算，不得超过全国社会保障基金总资产的 20%，并且只能投资于全国社会保障基金理事会规定的投资品种或工具；对于同一家机构发行的单只证券和基金的投资额度也设置了严格的数量限制。另外，委托单个全国社会保障基金境外投资管理人管理的资产，不得超过全国社会保障基金境外投资委托资产总值的 50%。这些规定对于引导和规范全国社会保障基金境外投资具有重大意义，有利于全国社会保障基金的风险管理和实现保值增值的目标。

根据《全国社会保障基金境外投资管理暂行规定》，全国社会保障基金境外投资限于下列投资品种或者工具：银行存款，外国政府债券、国际金融组织债券、外国机构债券和外国公司债券，中国政府或者企业在境外发行的债券，银行票据、大额可转让存单等货币市场产品，股票，基金，掉期、远期等衍生金融工具，以及财政部会同劳动和社会保障部批准的其他投资品种和工具。

2008 年 3 月，全国社会保障基金理事会获批可用 10% 的基金进行私募股权投资；2008 年 4 月，财政部、人力资源社会保障部同意全国社会保障基金投资经国家发展改革委批准的产业基金和在国家发展改革委备案的市场化股权投资基金，总体投资比例不超过全国社会保障基金总资产（按成本计）的 10%。

2011 年，全国社会保障基金理事会加大了对社会保障房建设的支持，先后向南京、天津、重庆等地保障房项目累计贷款超过 100 亿元。2012—2013 年，社会保障基金理事会参与基础设施建设的西气东输三线合资项目。

四、21 世纪以来我国社会保险基金管理的发展

进入 21 世纪之后，在社会保险制度改革不断深化的背景下，我国社会保险基金管理走向专业化和协同创新。

一是推进社会保险基金尤其是养老保险基金管理的统筹整合。在规范省级统筹制度、加大基金中央调剂力度基础上，推进建立实施企业职工基本养老保险全国统筹制度。巩固提高基本医疗保险统筹层次，全面做实基本医疗保险市地级统筹，推动省级统筹。推动实现失业保险基金省级统筹。推动工伤保险基金省级统筹全面实现统收统支目标。

二是健全完善多层次的社会保险基金管理体系。通过完善养老保险统账结合的制度模式、完善职工养老保险个人账户制度，健全参保缴费激励约束机制，强化养老保险基金管理。通过改革机关事业单位养老保险制度，建议公平、统一的社会养老保险基金管理模式。改进城乡居民和职工基本医疗保险个人账户，开展门诊费用统筹，盘活医保个人账户资金。通过合并实施生育保险和基本医疗保险制度，提高基金管理效率。探索建立长期护理保险制度。实施职业年金制度，扩大企业年金覆盖面，发展补充医疗保险、商业健康保险、商业养老保险和个人养老金制度，做大补充保险基金规模，促进多层次的保障体系和基金管理协同发展。

三是拓宽社会保险基金的保值增值渠道，加强风险管理，提高投资回报率。尤其强化对基本养老保险基金的投融资管理，开展并不断扩大基本养老保险基金委托投资规模，完善基本养老保险基金投资管理办法，促进基金保值增值。同时，强化多层次框架下社会保险基金的分层管理，差异化完善基本养老保险基金、企业年金和职业年金、全

国社会保障基金的投资范围和策略。强化全国社会保障基金的战略储备功能和保障力度。推进划转部分国有资本充实社会保险基金。

四是更加注重社会保险基金尤其是财政补助资金的监督管理。推动建立与基本养老保险全国统筹以及医疗、失业、工伤保险省级统筹相适应的基金监督体制，探索开展智慧监督，完善欺诈骗保行为惩戒机制，健全基金预测预警制度。探索建立年金基金管理机构评价评级体系和养老保险第三支柱监管制度。引入信息技术服务机构、会计师事务所、商业保险机构等第三方力量参与社会保险基金监管，提升监管的专业性、精准性、效益性。伴随多层次社会保障体系风险分担的多元化，公共财政对社会保险制度的参与开拓了社会保险基金管理的新局面。尤其是 2009 年新型农村社会养老保险试点以“基础养老金+个人账户基金完全积累”的制度模式在全国铺开以来，我国城乡居民养老保险财政补贴资金快速增长，基金的财务管理工作也得到强化。近两年，为应对新冠肺炎疫情的冲击和影响，国家财政转移支付大规模用于弥补阶段性减免养老保险费政策后部分省份基金收支缺口的资金，也成为社会保险基金监管的重要内容。

五是更加注重新技术在社会保险基金信息化管理中的应用。在“金保工程”“金财工程”和“金税工程”的基础上，实现财政规划、财务管理和业务追踪的联动效应。推进国家社会保障服务中心的建设，探索利用区块链等新技术加快推动社会保险基金管理数字化转型。全面建立医疗保险智能监控制度，推动长期护理保险等纳入智能监控范围，实现智能审核全覆盖，实现基金监管从人工抽单审核向大数据全方位、全流程、全环节智能监控转变。

近年来完善社会保险基金管理的主要政策法规包括以下七个方面。

1. 扩大社会保险基金管理规模
《国务院关于建立统一的城乡居民基本养老保险制度的意见》（国发〔2014〕8 号）
《国务院关于机关事业单位工作人员养老保险制度改革的决定》（国发〔2015〕2 号）
《国务院办公厅关于印发机关事业单位职业年金办法的通知》（国办发〔2015〕18 号）
《国务院办公厅关于全面推进生育保险和职工基本医疗保险合并实施的意见》（国办发〔2019〕10 号）
《国家医保局　财政部关于扩大长期护理保险制度试点的指导意见》（医保发〔2020〕37 号）
2. 强化社会保险基金监管
《人力资源社会保障部关于开展社会保险基金社会监督试点的意见》（人社部发〔2012〕98 号）
《人力资源社会保障部办公厅关于开展社会保险财政补助资金专项检查工作的通知》（人社厅发〔2014〕3 号）

续表

《人力资源社会保障部　公安部关于加强社会保险欺诈案件查处和移送工作的通知》（人社部发〔2015〕14号）
《人力资源社会保障部关于开展社会保险基金安全评估试点的通知》（人社部发〔2014〕66号）
《人力资源社会保障部办公厅关于印发社会保险欺诈案件管理办法的通知》（人社厅发〔2016〕61号）
《人力资源社会保障部办公厅关于贯彻落实贪污社会保险基金属于刑法贪污罪中较重情节规定的通知》（人社厅发〔2017〕107号）
《人力资源社会保障部关于印发社会保险基金要情报告制度的通知》（人社部发〔2020〕21号）
3. 创新养老保险基金管理
《企业年金基金管理办法》（人力资源社会保障部、中国银行业监督管理委员会、中国证券监督管理委员会、中国保险监督管理委员会令第11号，2011年）
《人力资源社会保障部关于企业年金养老金产品有关问题的通知》（人社部发〔2013〕24号）
《国务院关于印发基本养老保险基金投资管理办法的通知》（国发〔2015〕48号）
《人力资源社会保障部　财政部关于印发职业年金基金管理暂行办法的通知》（人社部发〔2016〕92号）
《人力资源社会保障部办公厅关于印发职业年金基金管理运营流程规范的通知》（人社厅发〔2016〕170号）
《人力资源社会保障部　财政部关于进一步完善企业职工基本养老保险省级统筹制度的通知》（人社部发〔2017〕72号）
《人力资源社会保障部办公厅　财政部办公厅关于规范职业年金基金管理运营有关问题的通知》（人社厅发〔2018〕32号）
《国务院关于建立企业职工基本养老保险基金中央调剂制度的通知》（国发〔2018〕18号）
《人力资源社会保障部关于调整年金基金投资范围的通知》（人社部发〔2020〕95号）
4. 完善战略储备基金管理
《全国社会保障基金条例》（国务院令第667号，2016年）
《国务院关于印发划转部分国有资本充实社保基金实施方案的通知（国发〔2017〕49号）
5. 完善医疗保险基金管理
《国务院办公厅关于进一步深化基本医疗保险支付方式改革的指导意见》（国办发〔2017〕55号）
《国家医疗保障局办公室关于当前加强医保协议管理确保基金安全有关工作的通知》（医保办发〔2018〕21号）
《国家医疗保障局办公室　财政部办公厅关于印发〈欺诈骗取医疗保障基金行为举报奖励暂行办法〉的通知》（医保办发〔2018〕22号）
《国务院办公厅关于推进医疗保障基金监管制度体系改革的指导意见》（国办发〔2020〕20号）
《国务院办公厅关于建立健全职工基本医疗保险门诊共济保障机制的指导意见》（国办发〔2021〕14号）
《国家医疗保障局关于印发〈规范医疗保障基金使用监督管理行政处罚裁量权办法〉的通知》（医保发〔2021〕35号）

续表

《国家医疗保障局关于印发 DRG/DIP 支付方式改革三年行动计划的通知》（医保发〔2021〕48 号）
《国家医疗保障局　公安部关于加强查处骗取医保基金案件行刑衔接工作的通知》（医保发〔2021〕49 号）
《医疗保障基金使用监督管理举报处理暂行办法》（国家医疗保障局令第 5 号，2022 年）
6. 完善失业保险基金管理
《人力资源社会保障部　财政部关于使用失业保险基金支持脱贫攻坚的通知》（人社部发〔2018〕35 号）
7. 完善工伤保险基金管理
《人力资源社会保障部　财政部关于做好工伤保险费率调整工作　进一步加强基金管理的指导意见》（人社部发〔2015〕72 号）
《人力资源社会保障部　财政部关于工伤保险基金省级统筹的指导意见》（人社部发〔2017〕60 号）
《人力资源社会保障部办公厅关于加快推进工伤保险基金省级统筹工作的通知》（人社厅函〔2019〕164 号）

资料来源：根据人力资源社会保障部、国家医疗保障局、全国社会保障基金理事会官网整理。

随着我国社会保险制度的不断完善，社会保险基金规模不断扩大。截至 2020 年，基本养老保险基金累计结存达 58 075 亿元，城乡居民基本养老保险基金累计结存 9 759 亿元；企业年金积累基金 22 497 亿元；于 2020 年启动的职业年金基金市场化投资运营，年末投资规模 1.29 万亿元，全年累计收益额 1 010.47 亿元。其余三项基金至 2020 年的累计结存，基本医疗保险基金（含生育保险）达 31 500 亿元，其中职工基本医疗保险个人账户累计结存 10 096 亿元，失业保险基金为 3 354 亿元，工伤保险基金为 1 449 亿元（含储备金 174 亿元）。①

从基金管理成效看，全国社会保障基金一直保持着稳健的投资策略和较高的基金收益率。2020 年，全国社会保障基金投资收益额 3 786.60 亿元，投资收益率 15.84%。其中，已实现收益额 2 045.74 亿元（已实现收益率 9.58%），交易类资产公允价值变动额 1 740.86 亿元。全国社会保障基金自成立以来的年均投资收益率 8.51%，累计投资收益额 16 250.66 亿元。②

近年来，基本养老保险基金委托投资是我国社会养老保险基金管理迈向专业化、市场化的重要里程碑。2020 年年末，基本养老保险基金权益总额 12 444.58 亿元，其中：委托省份基本养老保险基金权益 12 312.05 亿元（包括委托省份委托本金 10 457.93 亿元，记账收益 1 834.26 亿元，风险准备金 19.86 亿元）；基金公积 0.19 亿元（主要是可

① 资料来源：《2020 年度人力资源和社会保障事业发展统计公报》《2020 年全国医疗保障事业发展统计公报》。

② 资料来源：《2020 年全国社会保障基金理事会社保基金年度报告》。

供出售金融资产的浮动盈亏变动额）；受托管理基本养老保险基金风险基金 132.34 亿元。权益投资收益额 1 135.77 亿元，投资收益率 10.95%，其中：已实现收益 853.27 亿元（已实现收益率 8.50%），交易类资产公允价值变动额 282.50 亿元。基本养老保险基金自 2016 年 12 月受托运营以来，累计投资收益额 1 986.46 亿元，年均投资收益率 6.89%。[①] 截至 2021 年 6 月末，全国 31 个省（自治区、直辖市）均与全国社会保障基金理事会签署了《基本养老保险基金委托投资合同》，签约规模 1.25 万亿元，到账金额 1.09 万亿元。[②]

第二节　我国社会保险基金管理面临的主要问题

作为社会保险制度的重要组成部分，我国社会保险基金管理经过一系列的改革，为社会保险事业的发展创造了条件。但由于社会保险制度动态优化及其改革环境的系统性、复杂性和长期性，我国社会保险基金管理仍存在一些问题。

一、社会保险基金管理面临系统环境变化的严峻挑战

（一）人口老龄化

社会保险基金风险与参保人群的年龄结构有密切的关系。在筹资水平一定的前提下，社会保险某一险种的参保人群中，如果缴费人数相对增加，享受人数相对减少，则该险种的基金状况就好转；反之，如果缴费人数减少，享受人数增加，则基金状况变差。如果把享受人数与缴费人数之比称为负担系数[③]，即负担系数 = 享受人数/缴费人数，则负担系数越大意味着基金状况越差，反之则基金状况越好。

导致社会保险负担系数增高的因素主要有两个：一是全社会人口老龄化，二是社会保险系统内部的老龄化，即缴费人数相对减少而享受人数相对增加。从现实状况看，这两个因素同时存在，负担系数明显地呈上升趋势。

我国当前及未来一个时期正不断向以少子化为特征的深度老龄化社会发展。2020 年第七次全国人口普查结果显示，我国 0～14 岁人口为 25 338 万人，占 17.95%；15～59

---

① 资料来源：《全国社会保障基金理事会基本养老保险基金受托运营年度报告（2020 年度）》。

② 全国社保基金理事会："基本养老保险基金受托管理工作稳步开展"，2021-08-03，http://www.ssf.gov.cn/portal/jjcw/sbjjndbg/webinfo/2021/08/1632636003310029.htm.

③ 又称赡养率或（老龄人口）抚养比。

岁人口为 89 438 万人，占 63.35%；60 岁及以上人口为 26 402 万人，占 18.70%（其中，65 岁及以上人口为 19 064 万人，占 13.50%）。与 2010 年第六次全国人口普查相比，0~14 岁、15~59 岁、60 岁及以上和 65 岁及以上人口的比重分别上升 1.35 个百分点、下降 6.79 个百分点、上升 5.44 个百分点和 4.63 个百分点。① 劳动适龄人口占比呈现一定幅度下降的趋势，人口老龄化程度进一步加深，未来将持续面临人口长期均衡发展的压力。

与此相伴生的，是社会保险基金的偿付能力风险和制度的可持续，尤其是养老保险基金、医疗保险基金和长期护理保险基金面临的持续压力。在负担系数上升时，必然要求提高筹资水平，即提高社会保险费率。而社会保险费率的提高是有限度的，事实上，我国各地的社会保险费率已经偏高。所以，要保持社会保险基金有足够的偿付能力，主要手段有三项：一是通过扩大社会保险覆盖面，改善参保人群的年龄结构，以降低负担系数；二是实现社会保险基金有效和安全的投资；三是增加财政对社会保险基金的投入。

（二）劳动力市场变革

正规就业是传统社会保险制度运行的基本前提和基础，强制性社会保险缴费是社会保险基金不断积累的重要保证。然而近年来，全球非正规就业趋势明显，对传统的社会保险基金征缴形成了较大冲击。我国灵活就业形式多样，主要包括个体经营、非全日制以及新就业形态等，从业人员规模 2 亿人左右。② 企业倾向于扩大灵活用工规模，2021 年我国 61.14%的企业在使用灵活用工，比 2020 年增加 5.46%；③ 2020 年和 2021 年全国高校毕业生灵活就业率均超过 16%。④ 更为显著的是，以新产业、新业态、新商业模式为核心内容的新经济发展迅速，2019 年我国新经济增加值 161 927 亿元，占 GDP 总量的比重为 16.3%，同比增速达 11.7%，高于当年 6.1%的 GDP 增速。⑤

新业态在我国社会经济活动中异常活跃，从业人员不断增加，2019 年我国新业态就

---

① 资料来源：第七次全国人口普查公报。

② 资料来源：2020 年 8 月 7 日国务院新闻办公室政策例行吹风会。

③ 杨伟国，吴清军，张建国. 中国灵活用工发展报告（2022）［M］. 北京：社会科学文献出版社，2022.

④ 资料来源：2022 年 2 月 9 日国务院新闻办公室 2021 年国民经济运行情况新闻发布会；全国高等学校学生信息咨询与就业指导中心数据。

⑤ 资料来源：国家统计局 2020 年 7 月 7 日发布数据，http://www.xinhuanet.com/2020-07/07/c_1126207574.htm。

业人员约 7 800 万人，同比增长 4%。[①] 尽管国家出台一系列政策支持多渠道灵活就业，[②] 也通过相关政策措施逐步完善和保障灵活就业人员的劳动保障权益，[③] 然而，新业态从业人员由于其工作方式灵活、工作地点非固定和雇佣关系不确定，面临巨大社会风险，这也给传统的社会保险制度和社会保险基金管理带来了前所未有的挑战。一方面，传统依托单位参加城镇职工养老保险的规定难以适应无雇主的新业态从业人员，以户籍地参保的碎片化社会保险管理体制也难以适应新业态从业人员的流动性；另一方面，以工资为基数的社会保险缴费方式难以适应新业态从业人员收入的波动性。劳动力市场的一系列变化增大了社会保险基金的筹集难度和管理难度。

与此同时，人工智能、大数据、云计算和区块链等新技术的发展对就业形态带来新的冲击，不仅增加了社会保险基金管理的复杂性和不确定性，而且对社会保险基金的盘活提出了更高的要求。

二、社会保险基金保值增值面临新的压力

资金是社会保险制度健康运行的物质基础，没有稳定、足够的资金来源，社会保险制度就谈不上收支平衡，也不可能持续运行。按照制度设计，社会保险基金的筹集渠道主要有四类：一是用人单位缴费，二是职工个人缴费，三是政府财政补贴，四是社会保险基金投资收益。

（一）基本养老保险基金管理规模效应有待提升

由于我国基本养老保险基金投资运营起步较晚，《基本养老保险基金投资管理办法》（国发〔2015〕48 号）颁布后，截至 2020 年，职工基本养老保险基金累计结余 4 万多亿，但与全国社会保障基金理事会签订委托投资协议的托管资金仅占职工基本养老保险基金结余规模的 1/4，各省（自治区、直辖市）基本养老保险基金归集难度大，投资运营规模有限，未能最大限度发挥基金投资的规模效应，基金管理成本有待降低。

（二）基本养老保险投资管理需要优化

目前，我国基本养老保险基金采取委托全国社会保障基金理事会运营管理的单一模

① 国家信息中心分享经济研究中心．中国共享经济发展报告（2020）［R］．2020-03-15.

② 2020 年 7 月，国务院办公厅印发《关于支持多渠道灵活就业的意见》（国办发〔2020〕27 号）。

③ 2021 年 12 月，国务院印发《“十四五”数字经济发展规划》（国发〔2021〕29 号）；2021 年 7 月，人力资源社会保障部等 8 部门联合印发《关于维护新就业形态劳动者劳动保障权益的指导意见》（人社部发〔2021〕56 号）。

式，由社会保障基金理事会采取直接投资与委托投资相结合的方式开展投资运营。其中，直接投资由社会保障基金理事会直接管理运作，投资主要包括银行存款和股权投资；委托投资由社会保障基金理事会委托投资管理人管理运作，投资主要包括境内股票、债券、养老金产品等。

尽管基本养老保险基金自 2016 年 12 月受托运营以来，年均投资收益率达 6.89%，但仍存在一些尚待优化的问题。一是受托管理主体单一，仅全国社会保障基金理事会一家，多元化管理的竞争优势未能显现；二是基金投资范围和品种有限，与基本养老保险基金长期限、稳定性内在要求较为契合的非标准化债权资产、股权投资基金、市场化债转股及商业银行理财产品等尚未纳入投资范围，同时，股权投资的具体范围未明确，资产支持证券的具体品种也有待明确；三是资产配置和投资模式仍待优化，如目前基本养老保险基金配置非标资产比例相对较小，在现有模式限制下，多通过投资养老金产品，再由养老金产品投资信托计划或基础设施债权投资计划实现非标资产的配置，投融资环节过长，中间成本增加。

（三）医疗保险基金等其他社会保险基金的保值增值有待完善

目前我国对医疗保险基金的管理，主要按照《社会保险基金财务制度》规定，对基金收入户和支出户的活期存款实行优惠利率，按 3 个月整存整取定期存款基准利率计算。对存入财政专户的医疗保险基金利率比照同期居民储蓄存款利率管理。同时，根据《财政部关于进一步加强财政部门和预算单位资金存放管理的指导意见》，财政部门和预算单位按照规定采取竞争性方式或集体决策方式选择资金存放银行，各地按照上述规定，合理确定基本医疗保险基金的开户银行及存款计息办法，在确保安全性和流动性的前提下实现基金保值增值。①

较之于基本养老保险基金，医疗保险等其他社会保险基金对流动性要求更高，但基金结余规模仍然可观。截至 2020 年，我国医疗保险基金累计结存（含生育保险）达 31 500 亿元，自 2014 年其结存超过万亿元以来，连续多年保持高增长态势，年均增长率达 19.9%。② 然而，按照现行的较低存款基准利率，基本医疗保险结存资金仍然面临基金贬值的风险，难以实现保值增值的目标。

---

① 国家医疗保障局对十三届全国人大二次会议第 4584 号建议的答复（医保函〔2019〕11 号）。

② 指从 2014 年到 2019 年 5 年间的年均增长率。

三、社会保险基金管理体制改革需要加强

（一）社会保险基金管理的部门协同效果欠佳

目前，我国社会保险基金管理的法律法规仍待完善，顶层设计仍需加强。由于我国社会保险项目的业务主管部门不尽相同。养老保险、失业保险、工伤保险由人力资源社会保障部门管理，企业年金与职业年金也需要在人力资源社会保障部门备案并受其监管；而医疗保险、生育保险和长期护理保险的管理权限归属于国家医疗保障局，加之不同社会保险项目的统筹层次参差不齐，加大了社会保险基金运营管理的制度成本。

（二）社会保险基金的筹资分担和调整机制需要完善

目前我国就业人员参加社会保险多由用人单位和个人共同缴费，非就业人员由个人缴费，政府按规定给予补助，缴费与经济社会发展水平和居民人均可支配收入挂钩。然而，当前的筹资分担和调整机制仍存在资金来源渠道单一、多方筹资责任动态调整不尽合理、政府补助结构和时长亟待优化等问题。尤其在职工基本养老保险单位缴费连续多年下调、城乡居民基本养老保险财政补贴占比较大、长期护理保险筹资来源仍在试点探索、急重大社会公共事件对社会保险基金产生较大冲击的背景下，建立在社会保险精算基础上，适应灵活就业人员参保、满足人口老龄化需求的多元筹资分担和调整机制亟须完善。

（三）社会保险基金的预算管理和风险预警需要加强

随着跨区域人口流动的日益频繁，社会保险异地转续和结算的需求增大，加之“互联网+医疗”和医疗机构服务模式发展需要，对社会保险基金收支预算的科学编制、监督执行和全面预算绩效管理提出了更高的要求。目前，对社会保险基金风险评估、风险预警、跨区域基金预算试点、基金中长期精算及收支平衡机制的探索仍不充分。

（四）社会保险基金的监管机制需要优化

社会保险基金是人民群众的“保命钱”，管理者有责任保证其安全与完整。社会保险基金监督有以下几个方面：一是人民代表大会的监督；二是各地社会保险基金监督委员会的监督；三是行政监督，即审计监督、财政监督、税务征收监督以及劳动保障执法监督；四是经办机构的内部监督；五是社会监督。但这些方面的监督都尚未完全到位。尤其是随着信息社会和新的实践发展，新的骗保方式和侵蚀社会保险基金的案件仍有发生。目前医疗保障信用管理体系和监督激励机制仍不完善，失业和医疗保险基金的监管

能力仍待加强，跨部门协同监管、第三方监管、社会监督仍较薄弱，协同监管的创新度不足，对新技术在监管领域的应用还不够，大数据实时动态智能监控的成熟度和应用范围仍待提升，严密有力的基金监管机制仍需健全。

第三节　强化我国社会保险基金管理的政策思路

一、强化社会保险基金征收和预算管理

（一）完善社会保险基金征收制度

党的十九届三中全会作出了关于社会保险费征收体制改革的决定，明确将社会保险费交由税务部门统一征收。其后，中共中央办公厅、国务院办公厅印发《国税地税征管体制改革方案》，明确从 2019 年 1 月 1 日起，将基本养老保险费、基本医疗保险费、失业保险费、工伤保险费、生育保险费等各项社会保险费交由税务部门统一征收。这是我国社会保险管理体制和治理方式的重大改革，既符合我国社会保险改革的总目标和总方向，也可以有效提升社会保险基金预算管理的绩效。由于各地征收制度的前期基础不同、政策实施进度也略有差别，未来仍需进一步做实衔接工作，明确部门职责分工，规范征缴管理，提高征缴效率，实现社会保险基金的安全、可持续增长，为早日实现基本养老保险全国统筹、科学合理地降低社会保险费率创造条件。

同时，针对新业态下的就业人员，对于员工流动性大的企业，要完善会计制度，避免漏保；在全民参保时代下，需尽快采取措施加以应对，制定新的规范，维护新的秩序。在进一步巩固全民参保登记成果的同时，对新业态从业人员等重点人群分类施策，精准识别未参保人员和未参保原因，有针对性地推进参保扩面，提高征收效率。针对企业偷缴漏缴等违法违规行为，要强化基层执法，坚决惩处故意偷缴漏缴社会保险费的责任主体，构建一个惠及全民的社会保障体系。

（二）强化社会保险基金预算管理

新修订的《中华人民共和国预算法实施条例》于 2020 年 10 月 1 日实施，并将社会保险基金纳入了国家预算体系。加强社会保险基金财政预算管理，首先要优化顶层设计，严格遵循相关法律法规，明确中央、地方政府以及相关部门三者之间的职权范围以及责任划分，发挥中央的统筹规划作用，加强各方密切配合和督促检查。积极推进体制

机制创新，提升各级政府在社会保险基金预算过程中的约束力和管理能力，加强对社会保险基金预算编制、汇总、审批、执行、调整和决算工作的监管力度，从而全面掌握社会保险基金年度收支运行状况，建立起一个“事前有计划，事中可控制，事后能监督”的社会保险基金预算管理体系。

实现社会保险基金的可持续发展，核心是实现社会保险基金预算的内部平衡，确保社会保险基金长期的收支平衡。要对社会保险基金的收入与支出制定明确的规划，并制定出与之相对应的长、短期发展战略和投资策略。立足于长期发展战略，构建社会保险基金预算管理体系，加快建设精算分析数据库、社会风险基金管理指标体系、管理法律法规信息库。完善社会保险基金绩效评价方法，厘清我国经济局势变动给社会保险基金管理带来的机遇与挑战，对社会保险基金预算管理过程中暴露出的问题进行长期动态监控，立足长远，善于总结，不断提高社会保险基金预算管理的绩效水平，实现社会保险基金的长期高水平可持续发展。

二、完善多元化的社会保险基金投资管理

（一）强化顶层设计，完善社会保险基金投资管理的法律法规

实现社会保险基金的保值增值和制度的可持续，需要加强顶层设计，完善相关法律法规和政策体系，强化投资领域的体制机制创新，建立符合我国社会保险基金投资特点与风险规避需求的投资法律制度和政策体系。2015 年，国务院印发了《基本养老保险基金投资管理办法》，开启了基本养老保险基金市场化运营的新纪元。由于社会保险基金与其他类型的基金有所不同，安全性是社会保险基金最大的投资原则，为此，完善我国养老保险基金投资管理的法律规范，首先要兼顾安全性与收益性并重，在增加市场运营主体、分阶段扩大产品类别和投资范围的同时，逐步扩大受托资金的比重。需要明确的是，第一层次的养老保险基金与第二、第三层次的补充保险基金及战略储备基金对于安全性和投资收益的要求不尽相同，为此，应强化分层管理的思路。处于第一层次的基金必须将投资安全放在首位，必须高度重视和强调基金监管的集中性、安全性和适度投资性的原则，设立专门的政府管理机构与市场运营相结合，加强对于系统性风险的监管能力，制定健全的投资法律规范确保资产安全。位于第二、第三层次的基金在实行多元化投资的同时，允许在一定程度上将战略储备基金在资本市场的投资运作中适当放开，但必须防范金融风险，加强金融监管，关注市场运营，实施信息披露，构建社会保险基金监管体系，实现基金安全有效运行的目标。

同时，要完善投资机构的准入制度，制定严格的标准筛选委托投资机构，从源头上预防委托人不当干预风险的发生，降低非系统性风险发生的概率。必须完善我国社会保险基金的监管制度，加强对投资机构的监管力度，保证信息公开透明。

（二）注重社会效应和高价值投资，优化投资策略

兼具社会属性和安全属性的社会性投资为社会保险基金投资提供重要的思路。社会性投资，即将资本投入社会各界各类基础设施产业、支柱产业中去，如基础建设、教育、医疗等领域。要充分发挥社会保险基金与社会性投资的协同效应，一方面，社会性投资为社会保险基金提供了一种风险相对较低、社会价值高且可持续的投资方式；另一方面，用社会保险基金为基础产业注入新的活力，提高利民产业的经济效益，实现社会保险与社会建设的良性循环、协调发展，充分发挥社会保险“经济减震器”和“社会稳定器”的作用，提升国家整体教育、医疗水平和就业率，使社会保险真正成为惠及全民、改善民生的核心力量。

在坚持安全性原则的前提下，社会保险基金投资也要关注收益。为了应对通货膨胀风险，社会保险基金投资要将实业投资和证券化投资有机结合起来，厘清社会保险基金与实体经济投资和资本金融市场之间的内在关联，发挥基金与市场之间相互促进的协同效应，实现社会保险基金的可持续发展。社会保险基金作为保障国民安居乐业、维护国家长治久安的国家重点战略基金，应该成为服务实体经济发展、推动国家战略发展的重要力量。

在选择投资方向时，要首先关注内含价值高、可持续能力强的产业，注重中长期收益。第一，在“一带一路”倡议和粤港澳大湾区、京津冀协同发展等重大国家发展战略项目上发挥长期投资优势，围绕中央的重大战略决策部署，发挥社会保险基金与国家重大项目的相互促进作用，更好地实现社会保障的基本目标。第二，发挥养老保险基金投资与我国工业化、信息化、城镇化、农业现代化四化共同发展的协同效应，振兴实体经济，积极服务于新兴能源产业和新兴技术产业。第三，重视碳达峰、碳中和以及发展低碳经济对我国具有的重要战略意义。坚持绿色投资、长期投资、价值投资、责任投资，与国家发展低碳经济的战略方针协同发展。第四，要坚持投资于具有重要战略意义且未来发展前景良好的产业，大力支持供给侧结构性改革，全力助推我国重大产业的经济效益增长和长期可持续发展。

（三）拓宽投资渠道，运用充分多样的投资组合方式

为进一步提高投资收益，实现可持续发展，养老保险基金要积极拓宽投资渠道，探

索新的投资工具和投资方式，逐步增加市场化运营的受托主体，通过专业的投资公司和投资机构实行专业化市场运作。要积极探索养老保险基金运营的指数化机制及其相关政策措施，规避通货膨胀风险可能对养老保险基金可持续发展所带来的重大冲击。指数化投资是一种以复制指数构成股票组合来作为资产配置的投资模式，它通常可以作为对其他资产定价评估的基准参考。要实行指数化投资，就要优化资产配置组合，将选择股票的权利交给市场，从而降低投资组合风险，实现社会保险基金投资的长期收益。此外，要将基金投资于分散且不存在关联性的投资组合，规定单个项目的最高比例限额，借助创新型、组合型投资工具分散社会保险基金的市场化投资风险，提升投资效益。同时，也应注意保持银行活期存款、一年期以内的定期存款等货币市场基金的一定比例，以确保社会保险基金的变现能力。

（四）建立健全风险预警识别系统，提高风险控制能力

在社会保险基金管理过程中，必须重视风险规避，提高风险控制能力，确保社会保险基金的运营管理安全。对于社会保险基金投资运营风险的规制，首先，应该关注可分散的非系统风险，要着眼于预防和管控内部风险，形成合理的内部治理结构和有效的内部控制机制，对内部风险进行科学的量化与预测，建立健全风险预警识别系统，保证安全的投资运营。其次，要防范化解委托代理风险，完善投资机构的准入制度，预防委托人不当干预风险的发生，明确委托人、受托人和监督人的权利与义务，科学设计好投资管理过程中的责任体系，明确监管环节责任人，让投资管理活动在完备的内部风险控制体系下运行。再次，要控制好强流动性资产在社会保险基金资产中的占比，保证在有社会保险支付需要的时候能够及时支付，降低流动性风险和信用风险发生的概率。最后，在经济全球化逐步深入的时代背景下，我国社会保险基金不仅要防范化解内部风险，还要警惕国际经济环境的变化带来的外部风险，审慎投资。

（五）完善社会保险基金配套条件，发挥系统协同效应

实现社会保险基金的可持续发展，不只是追求低风险、高收益的投资运作，还要完善社会保险基金的配套条件，让社会保险基金在完善的法律环境和规范的投资秩序中实现良性循环，协调社会资源共同发展。要培养精通投资与风险管理理论且能在实践中高效运用的高素质专业人才，为金融产品创新、专业化基金管理注入新的活力。要进一步健全完善我国资本市场，推动金融市场的改革与发展，发挥社会保险基金与资本市场的相互促进作用，全力助推社会保险基金的可持续发展。要评选出具有良好资产管理业绩

和财务信誉的专业机构进行专业化的市场化投资，提高基金投资效率和可持续发展能力。要大力推进信息化、专业化的新技术改革，通过推进部门间信息共享和互联互通，建设社会保险基金与投资项目互联互通的信息平台，助力社会保险基金高效可持续发展。

三、优化社会保险基金监管体制

（一）采取分层监管模式，建立起多方参与的监督体系

社会保险基金监管是一个极其复杂的系统工程，碎片化的监管主体以及单一的监管方式不能保证监督的有效性。要提高社会保险基金的监管能力，首先要明确监管部门，采取集中监管与分散监管相结合的方式，设立专门的政府监管机构与市场运营相结合。在社会保险基金的筹集、运营以及支付等环节采取政府强有力的集中监管，而在市场化投资过程中则要发挥市场监管机制信息化、专业化的市场优势。要加快完善社会保险基金管理机构的内部控制，落实行政监督，制定好社会保险基金征收、运营和支付过程中的规章制度，提高社会保险基金投资过程的公开透明度，设立多层次的监管模式为社会保险基金投资安全创造良好的监管环境，为社会保险基金的可持续发展保驾护航。

要建立起多方监督的监督体系，同时高度重视新技术在社会保险基金监管中的应用，有效利用智能监管手段，加强职能部门内部和社会各界对于社会保险基金的监督能力。在社会保险基金投资的监督管理中引入更多的社会参与，定期披露社会保险基金的管理使用和投资情况，举办社会公开报告会，开通监督专用热线，保障公众的知情权及举报权，鼓励公民积极参与对社会保险基金管理的监督，公开社会保险基金运营管理信息，做到公开透明立法，公平持续保障，全民监督，惠及全民。

（二）防范金融风险，加强对社会保险基金的金融监管

稳健有序的金融市场环境，是社会保险基金有效运转的基础。要坚持底线思维，借鉴国外社会保险基金投资的先进实践经验，完善社会保险基金投资过程中的金融监管法律制度。要加强金融混业监管，督促管理机构稳健投资，更加审慎地对社会保险基金的资产分布进行监测，完善组织架构，制定监管规则，关注市场运营，实施信息披露，构建社会保险基金监管体系，实现基金安全有效运行的目标。

要完善投资机构的准入与退出制度，制定严格的标准筛选委托投资机构并对投资机构的投资过程进行严密的监管。对于风险最高的市场化投资，要通过市场化招标，寻找

资本雄厚、信誉良好的投资公司进行社会保险基金市场化投资管理，要明确最低回报率，对于出现信誉风险以及达不到最低回报率的投资机构实行限制或取消其对于社会保险基金的经营资格的措施，以确保基金投资的安全性。

（三）落实中央发展改革战略，提升国家治理能力

突出战略管全局、战略管长远的指导思想，将我国社会保障领域30余年来的改革经验总结与对我国未来几十年的社会经济发展趋势预测结合起来，充分认识国际经济环境变化对社会保险基金可持续发展带来的机遇与挑战，比较借鉴国际先进经验，立足长远，顺应经济发展趋势，提升国家在社会保险基金投资领域的监管与治理能力。要对我国社会保险基金管理提出明确的近期、中期及长期发展目标，提出先进的战略构想，落实各项社会保险基金管理的战略措施，实现我国社会保险基金管理的机制与制度创新，实现我国社会保险基金管理的长期可持续发展。

补充阅读

全面实施社会保险基金管理提升年行动

2022年3月17日，人力资源社会保障部召开社会保险基金管理提升年行动动员部署会。会议强调，各级人力资源社会保障部门要持续深入学习贯彻习近平总书记关于加强社会保障工作、维护社保基金安全的重要讲话和重要指示批示精神，提高政治站位，层层压实责任，扎实开展好“社会保险基金管理提升年行动”，将整治范围扩展到各险种，构建人防、制防、技防、群防“四防协同”风险防控机制，不断完善制度，优化经办管理，以零容忍态度严厉打击欺诈骗保、套保或挪用贪占各类社会保障资金的违法行为，确保社保基金安全平稳运行，确保群众各项社保待遇落到实处。湖南省、山东省人力资源社会保障厅和部属有关单位负责同志发言。部属相关单位负责同志在主会场参会，各省、自治区、直辖市和新疆生产建设兵团以及各副省级城市人力资源社会保障部门相关负责同志在各地分会场参会。

资料来源：中国组织人事报，2022-03-21.

深度阅读

1. 林义，等. 多层次社会保障体系优化研究［M］. 北京：社会科学文献出版社，

2021.

2. 郑功成．中国养老金：制度变革、问题清单与高质量发展［J］．社会保障评论，2020（1）．

3. 郑功成．全面深化医保改革：进展、挑战与纵深推进［J］．行政管理改革，2021（10）．

4. 吴述萍等．养老金改革的分析框架与路径选择：周小川有关论述汇编［M］．北京：中国金融出版社，2021.

5. ［美］佛朗哥·莫迪利亚尼，阿伦·莫拉利达尔．诺贝尔经济学奖获得者丛书：养老金改革反思［M］．北京：中国人民大学出版社，2013.

本章小结

我国社会保险基金管理经历了四个发展阶段。20 世纪 50 年代初到 60 年代中期，初步建立了城镇职工社会保险制度，社会保险基金管理模式采用集中管理的现收现付制。20 世纪 60 年代中期到 80 年代中期，社会保险演变为单位保险，社会保险基金既没有统筹，也没有积累。20 世纪 80 年代中期到 21 世纪初，社会保险制度开始改革，社会保险基金筹资、支付、运营和监督管理采用新的机制，社会保险费用由国家、用人单位和职工个人三方共担，社会保险基金管理逐步走向社会化。进入 21 世纪，社会保险基金管理走向专业化和协同创新。

由于社会保险制度改革的经济社会环境的复杂性和改革目标模式本身的原因，我国社会保险基金管理存在以下问题：一是社会保险基金管理面临系统环境变化的严峻挑战，如人口老龄化和劳动力市场变革；二是社会保险基金保值增值面临新的压力，如基本养老保险基金管理规模效应有待提升、基本养老保险投资管理需要优化、医疗保险基金等其他社会保险基金的保值增值有待完善；三是社会保险基金管理体制改革需要加强，如社会保险基金管理的顶层设计和部门协同仍需加强、社会保险基金的筹资分担和调整机制亟须完善、社会保险基金的预算管理和风险预警仍待加强、社会保险基金的监管机制需要优化。

针对以上问题，需要采取以下措施强化我国社会保险基金管理：一是强化社会保险基金征收和预算管理。二是完善多元化的社会保险基金投资管理，包括强化顶层设计，完善社会保险基金投资管理的法律法规；注重社会效应和高价值投资，优化投资策略；拓宽投资渠道，运用充分多样的投资组合方式；建立健全风险预警识别系统，提高风险控制能力；完善社会保险基金配套条件，发挥系统协同效应。三是优化社会保险基金监管体制，创造良好监管环境。

重要概念

社会保险基金　历史债务　资本市场　全国社会保障基金

复习思考题

1. 简述我国社会保险基金管理的发展历史。
2. 试述我国社会保险基金管理面临的主要问题。
3. 试述强化我国社会保险基金管理的主要措施。
4. 试述我国社会保险基金管理的发展趋势。

主要参考文献

1. 丁建定，等. 中国养老服务发展报告（2019）［M］. 武汉：华中科技大学出版社，2019.

2. 申曙光. 社会保险学［M］. 广州：中山大学出版社，1998.

3. 成思危. 中国社会保障体系的改革与完善［M］. 北京：民主与建设出版社，2000.

4. 周弘，张浚. 走向人人享有保障的社会——当代中国社会保障的制度变迁［M］. 北京：中国社会科学出版社，2015.

5. 郑功成，等. 中国社会保障制度变迁与评估［M］. 北京：中国人民大学出版社，2001.

6. 郑功成. 社会保障概论［M］. 上海：复旦大学出版社，2018.

7. 郑功成，等. 中国社会保障发展报告 2018［M］. 北京：中国劳动社会保障出版社，2019.

8. 郑功成. 社会保障学：理念、制度、实践与思辨［M］. 北京：商务印书馆，2000.

9. 林义，等. 多层次社会保障体系优化研究［M］. 北京：社会科学文献出版社，2021.

10. 林义. 社会保险（第五版）［M］. 北京：中国金融出版社，2022.

11. 林义，等. 统筹城乡社会保障制度建设研究［M］. 北京：社会科学文献出版社，2013.

12. 林义，等. 企业年金的理论与政策［M］. 成都：西南财经大学出版社，2006.

13. 林义. 社会保险基金管理（第三版）［M］. 北京：中国劳动社会保障出版社，2015.

14. 林义. 养老保险改革的理论与政策［M］. 成都：西南财经大学出版社，1995.

15. 王东进. 中国社会保障制度的改革与发展［M］. 北京：法律出版社，2001.

16. 王晓军. 中国养老金制度及其精算评价［M］. 北京：经济科学出版社，2000.

17. 王晓军. 社会保障精算原理［M］. 北京：中国人民大学出版社，2000.

18. 王梦奎. 中国社会保障体制改革［M］. 北京：中国发展出版社，2001.

19. 郭士征. 社会保险基金管理［M］. 上海：上海财经大学出版社，2006.

20. 卓志，李恒琦，陈滔，等. 保险精算通论［M］. 成都：西南财经大学出版社，2006.

21. 孙光德，董克用. 社会保障概论［M］. 北京：中国人民大学出版社，2000.

22. 史柏年. 中国社会养老保险制度研究［M］. 北京：经济管理出版社，1999.

23. 郑秉文. 中国基本养老保险个人账户基金研究报告［M］. 北京：中国劳动社会保障出版社，2012.

24. 郑秉文. 中国养老金精算报告 2019—2050［M］. 北京：中国劳动社会保障出版社，2019.

25. 世界银行. 老年保障：中国的养老金体制改革［M］. 北京：中国财政经济出版社，1998.

26. 中国证券投资基金业协会. 个人养老金：理论基础国际经验与我国探索［M］. 北京：中国金融出版社，2018.

27. 周小川. 养老金改革考验我们经济学的功底和智慧［J］. 金融研究，2020（1）.

28. 李向前. 机构投资者、公司治理与资本市场稳定研究［J］. 南开经济研究，2002（4）.

29. 李珍. 养老社会保险的平衡问题分析［J］. 中国软科学，1999（12）.

30. 郑功成. 中国养老金：制度变革、问题清单与高质量发展［J］. 社会保障评论，2020（1）.

31. 林义. 中国多层次养老保险的制度创新与路径优化［J］. 社会保障评论，2017（3）.

32. 林义. 养老基金与资本市场互动发展的制度分析［J］. 财经科学，2005（4）.

33. 林义，陈志国. 养老基金与资本市场互动机理及其条件分析［J］. 保险研究，2006（2）.

34. 林治芬. 社会保障预算：目标模式与操作设计［J］. 中国社会保障，2000（3）.

35. 邓子基. 养老保险改革与资本市场［R］//2001 年社会保障制度与养老基金管

理国际研讨会报告，2001.

36. 董克用，等. 中国养老金融调查报告［R］. 北京：中国老龄金融50人论坛，2017.

37. 房连泉. 智利社保基金投资管理［D］. 中国社会科学院博士论文，2006.

38. ［美］乔治·考夫曼. 现代金融体系：货币、市场与金融机构（第六版）［M］. 陈平，译. 北京：经济科学出版社，2001.

39. ［加］安思集. 养老金管理的未来：综合设计、治理与投资［M］. 养老金管理翻译小组，译. 北京：中国发展出版社，2017.

40. ［英］尼古拉斯·巴尔，［美］彼得·戴蒙得. 养老金改革：理论精要［M］. 郑秉文，等，译. 北京：中国劳动社会保障出版社，2013.

41. ［奥］罗伯特·霍尔茨曼，理查德·欣茨. 21世纪的老年收入保障——养老金制度改革国际比较［M］. 郑秉文，等，译. 北京：中国劳动社会保障出版社，2006.

42. ［英］约翰·威廉姆森，等. 中国养老保险制度改革：从FDC层次向NDC层次转换［J］. 经济社会体制比较，2004（03）.

43. Börsch-Supan，A.，M. Coppola，and A. Reil-Held. "Riester Pensions in Germany：Design，Dynamics，Targetting Success and Crowding - in"，NBER Working Paper，2012.

44. Billig A，Ménard J C.. "Actuarial Balance Sheets as a Tool to Assess the Sustainability of Social Security Pension Systems"，International Social Security Review 66（2），2013.

45. OECD. Pensions at a Glance 2019：OECD and G20 Indicators（Paris：OECD Publishing，2020）.

46. OECD. Pension Markets in Focus 2019（Paris：OECD Publishing，2020）.

47. PalaciosR. Systemic Pension Reforms in Latin America at a Crossroads. // In FIAP：Pension Reforms：Results and Challenges. Santiago，2003.

48. Thomas Schneeweis. Alternative Investments in the Institutional Portfolio，2002.

49. Laurens Swinkels. Alternative Investments and the Solvency Requirements for Defined Benefit Pension Schemes. Society of Actuaries，2004.

50. Zvi Bodie. Pension Fund and Financial Innovation，Financial Management. // The ABO，the BPO and the Pension Investment Policy，1990.

51. Palacios R., R. Rofman. Annuity Markets and Benefit Design in Multi-pillar Pension Schemes: Experience and Lessons from Four Latin American Countries. Social Protection Discussion Paper, 2001.

52. Devesa Carpio, Vidal-Melia. The Reformed Pension Systems in Latin America. The World Bank, 2002.

53. Thomas Paster. The Politics of Pension Reform in Sweden from 1984 to 2001. The New Pension System.

54. Ole Settergren. The Automatic Balance Mechanism of the Swedish Pension Reform, 2001.

55. Edward Palmer. The Swedish Pension Reform Model: Framework and Issues. The National Social Insurance Borad, 2001: 40.

56. Hu Y. Pension Reform, Economic Growth and Financial Development—An Empirical Study. Economic and Finance Working Paper, 2005 (05-05).

57. Dr. Carolyn Kay Brancato, Stephan Rabimov. The 2005 Institutional Investment Report: U. S. and International Trends-Report 1376. The Conference Board, 2005.

58. Hirshleifer. et al. Security Analysis and Trading Patterns When some Investors Receive Information Before Others, Journal of Finance, 1994 (49).

59. Blommestein. Ageing, Pension Reform and Financial Market Implications in the OECD Area. OECD, 2001.

60. Stavros Peristiani. Introduction to UA Banks and Financial Institutions. Central Banking Seminar, 2005.

61. Smith, M. P. Shareholder Activism by Institutional Investors: Evidence from Calpers. Journal of Finance, 1996.

62. Sylvia van Waveren. View on Corporate Governance for Pension Funds, 2003.

63. Davis. E. P. The Role of Pension Funds as Institutional Investors in Emerging Markets. Brunel University and NIESR, 2005.

64. Davis. E. Philip. Pension Funds, Financial Intermediation and the New Financial Landscape, 2001.

65. Zvi Bodie. Pension Funds and Financial Innovation. NBER Working Paper, 1989.

66. Uthoff Andras. Pension Funds, the Financing of Transition Costs and Financial mar-

kets Development: Lessons from the Chilean Privitization Reform, 1998.

67. Lefort, F., Walker E.. Pension Reform and Capital Markets: Are There Any Links? // World Bank. Social protection Discussion Paper Series, 2002.

68. Yuan Yermo. The Contribution of Pension Funds to Capital Market Development in Chile, 2005.

69. Kenichi Hirose. Topics in Quantitative Analysis of Social Protection Systems, Geneva, International Labour Office. Social Security Department, 1999.

70. M. David R. Brown, Robert C. Dowsett, James G. Paterson. Review of the Seventeenth Actuarial Report on the Canada Pension Plan. CPP Actuarial Review Panel, 1999.

71. Frederick W. Kilvourne. Social Insurance and the Casualty Actuary, Proceedings. Volume LXX, Part 2, No. 134.

72. James Hickman. History of Actuarial Profession. Encyclopedia of Actuarial Science. John Wiley & Sons, Ltd, 2004.

73. David Collinson. Actuarial Methods and Assumptions used in the Valuation of Retirement Benefits in the EU and other European countries. European Actuarial Consultative Group, 2001.